21世纪普通高等学校（本科）法学精品教材

环境与资源保护法学

Environment and Natural Resources Protection Law

主 编 幸 红

暨南大學出版社
JINAN UNIVERSITY PRESS
中国·广州

图书在版编目（CIP）数据

环境与资源保护法学 / 幸红主编. —广州：暨南大学出版社，2009.4
(21 世纪普通高等学校（本科）法学精品教材)
ISBN 978-7-81135-178-1

Ⅰ. 环… Ⅱ. 幸… Ⅲ. ①环境保护法—法的理论—中国—高等学校—教材②自然资源保护法—法的理论—中国—高等学校—教材 Ⅳ. D922. 601

中国版本图书馆 CIP 数据核字（2009）第 003741 号

出版发行：暨南大学出版社

地 址：中国广州暨南大学
电 话：总编室（8620）85221601
营销部（8620）85225284 85228291 85220693（邮购）
传 真：（8620）85221583（办公室） 85223774（营销部）
邮 编：510630
网 址：http://www.jnupress.com http://press.jnu.edu.cn

排 版：广州市天河星辰文化发展部照排中心
印 刷：肇庆市端州报社印刷厂

开 本：787mm × 1092mm 1/16
印 张：20.5
字 数：480 千
版 次：2009 年 4 月第 1 版
印 次：2009 年 4 月第 1 次
印 数：1—3000 册

定 价：39.00 元

总 序

胡锦涛总书记在中国共产党第十七次全国代表大会上的报告中指出："最广泛地动员和组织人民依法管理国家事务和社会事务，管理经济和文化事业；坚持依法治国基本方略，树立社会主义法治理念，实现国家各项工作法治化，保障公民合法权益；坚持社会主义政治制度的特点和优势，推进社会主义民主政治制度化、规范化、程序化，为党和国家长治久安提供政治和法律制度保障。"依法治国是社会主义民主政治的基本要求，要全面落实依法治国的基本方略，建设社会主义法治国家，必备的法律知识应当成为人们尤其是普通高等学校学生知识结构的重要组成部分；熟悉和掌握法律法规，对于弘扬法治精神，形成自觉学法、守法、用法的社会氛围具有重大意义。

当前，党和国家致力于完善中国特色社会主义法律体系，建设公正、高效、权威的社会主义司法制度。在这样的背景下，对培养法律高级专门人才的高等学校法学教育提出了更新、更高的期望和要求。我国法学专业的教材建设处在一个高速发展的过程中，这为普通高等学校法学教育的具体实施提供了一定程度的保障。但从严格意义上来说，制约普通高等学校法学教育发展的教材问题依然存在，主要表现为法学教材理论与实际结合的程度不够，尤其表现在高职高专法学教材中。

为了适应法学教育发展的新形势，积极探索和总结高等法学教育教学改革的方法和经验，针对当前绝大多数法学教材理论脱离实际的倾向，暨南大学出版社组织了全国几十所大学共同编写了"21世纪普通高等学校法学精品教材"。这套教材分为本科和高职高专两个系列，内容涵盖了法学的全部学科，系统性强；囊括了最新立法成果、相关领域的理论研究成果和前沿热点问题，贴近时代发展，做到了理论性与实用性的较好结合。这两套系列教材堪称系统工程，其规模之大、覆盖面之广，在法学教材建设中首屈一指；在知识系统的完整性、理论观点的稳妥性、引用资料和法规的准确性以及文字表达的规范性和可读性等方面都达到了较高的水平。

教材是教学之本，好的教材对提高教学质量、提升科研水平有着重要的作用。组织编写和出版一套高质量的教材，殊非易事，由全国相关院校的专家学者认真编写的这套系列教材必将对全国法学高等教育起到积极的推动作用。衷心希望更多的高校学者和教师为建设适应新世纪法学教学和实践需要的教材继续贡献力量。是为序。

中华人民共和国司法部原部长 邹瑜

2008年3月3日

前 言

环境与资源保护法学是以环境法这一新兴部门法作为其主要研究对象的科学，是在法学和环境科学相互渗透的基础上形成的一门新兴边缘学科。环境与资源保护法学是以环境法的理论与实践及其发展规律为研究对象的法学学科。环境与资源保护法学的根本目的和宗旨，是保护人类赖以生存发展的环境，协调人与环境的关系。环境与资源保护法学的调整对象具有不同于其他部门的特殊性，它既调整人与人之间的关系，也调整人与自然的关系，既保护有利于执政阶级的社会环境、社会关系和社会秩序，也保护人类共享的自然环境，更强调保护人与自然和谐共处的社会关系。这些社会关系可分为以下三种：

第一，基于国家环境行政管理而产生的社会关系。

这类社会关系产生于国家以保护和改善环境、合理利用自然资源、防治污染和其他公害为目的而进行的环境行政监督管理活动。国家对自然环境、自然资源的宏观配置与监督管理在现代社会中具有重要意义，因此，调整基于国家环境的行政管理产生的社会关系是环境法的重要任务。

第二，平等主体之间基于环境和自然资源而产生的社会关系。

这类社会关系有两个特点：一是这种社会关系通常基于对环境资源的使用而产生。随着社会科技水平的提高，人类使用环境和自然资源的方法和手段也在不断地发生变化，导致这类社会关系日趋复杂。二是这种社会关系主体之间处于平等的地位，他们平等地享有环境权益，履行保护环境的义务。

第三，社会公众参与环境保护与环境管理而产生的社会关系。

环境的公共性和环境问题产生的复杂性、环境保护任务的艰巨性以及环境保护与环境管理的民主性均决定了在环境保护中必须给社会公众参与留有一席之地。近年来我国公众自觉参与环境公益事业活动的情况日趋增多，法律应通过相应规范保障和促进公众环境保护的积极性。

目前，国内教科书关于环境与资源保护法学研究方法的论述较多，论述各有不同，本教材认为环境与资源保护法学的研究方法主要包括如下三个方面：

(1) 以唯物辩证法为指导。环境与资源保护法学的研究必须坚持运用唯物辩证法，着眼于环境法的整体性、综合性的特点，深入研究各环境因素之间、人与环境之间、各环境保护措施之间以及环境、资源、人口和发展之间的相互联系和相互制约的矛盾统一关系。只有以科学的世界观和方法论为指导，才能提高研究水平，不断完善国家的环境法制体系。

(2) 运用比较研究方法。各国在处理环境问题的过程中既有许多共同之处，也有各自的经验和教训。我们应当运用比较分析的研究方法，立足于我国的基本国情，充分吸收其他国家先进的研究成果和立法经验，以利于我们开阔视野，丰富研究课题，加强有关的国际交流与合作。

（3）坚持理论联系实际。环境与资源保护法学是一门实践性很强的学科，研究环境法学，要从实际出发，把理论上的研究与环境保护工作、环境立法以及司法实践紧密结合起来，并进行系统、周密的调查研究，认真总结环境保护、环境立法和司法实践的经验，才能进行科学的概括和抽象。

环境与资源保护法学作为一门新兴的法学分支学科，它不仅与其他法学学科有着密切的联系，还涉及社会学科的诸多学科，同时它还与自然科学中的环境科学等学科息息相关，成为我国法学教育发展最迅速的领域之一。一方面，在本专业学者的共同努力和整个法律界的积极支持下，我国环境与资源保护法学的体系日趋完备，"十一五"期间更是被列为法学核心课程，随着中国环境法理论与实践不断完善，人们对环境法的认识也在不断更新，这对环境与资源保护法学教材提出了新的更高要求。另一方面，环境与资源保护法学的理论、制度及学说体系在国内外尚存在相当的差异。本教材的编写力求博采众长，整合本专业多年来教学科研实践成果，更好地适应环境与资源保护法学作为核心课程的教学需要。我们力图在现有同类教材的基础上，根据上述法律、法规和近年来国内外环境保护法律建设的进展，紧扣教育部教学大纲，注重教材的时效性，注重最新立法成果和理论成果，把握环境与资源保护法学领域研究成果和前沿热点问题，从内容到体例诸方面都有所创新。在内容上，注重知识性、理论性和实践性的统一，特别注意吸收国内外法学教育与研究的最新成果，同时考虑到司法考试对教学、教材的导向影响；在体例上，教材的每一章均由正文内容和案例分析（案情、问题、解析）构成。这样安排的目的是使读者对每一章的主要理论以及相关实践难点有一个比较全面的了解和把握，并根据教材所提供的线索进行深入的思考和研究。

参加本书编撰的有：广东海洋大学法学院杨柳(第一章)；河南大学法学院王京歌(第二章、第四章、第十四章)；广东商学院法学院张少峰(第三章、第八章)；广东海洋大学法学院谢玲(第五章)；广东商学院法学院吴亚平(第六章、第七章)；广东商学院法学院幸红(第九章)；广东商学院法学院杜曙光（第十章、第十一章)；广东商学院法学院陈丽华(第十二章、第十三章)。

全书由幸红、陈丽华、杜曙光统稿。

由于编者水平所限，全书的疏漏谬误之处在所难免，敬请读者批评指正。

编者

2009年1月

目　录

第一编　环境与资源保护法原理

第一章　环境与资源保护法概述

第一节　环境与资源保护法的概念

一、环境

(一) 环境的概念

“环境”是在日常生活中使用频率很高的一个词。它在不同的学科和不同的背景中有不同的含义。为学习环境与资源保护法，我们应当了解“环境”一词的本义，因为它的本义是我们学习环境与资源保护法具体原则和具体制度的基础。不同的学科，对环境有不同的定义，因此，我们还应当了解环境概念在环境科学领域和法学领域里有不同的含义，认识它们之间的联系和区别对于认识环境与资源保护法的概念有重要的意义。

一般而言，环境是指围绕中心事物的周围事物。环境的概念会因中心事物的不同和围绕中心事物的具体状况的不同而有所不同。

1. 环境科学所称的环境

环境科学以人类为研究对象，环境主要是指人类的生存环境，即围绕着人群的空间，以及其中可以直接、间接影响人类生存和发展的各种天然的和经过人工改造过的自然因素的总体。①

2. 生态学所称的环境

生态学以整个生物界（包括动物、植物和微生物）为研究对象，环境指环绕着生物界并影响其生存和发展的外部空间和无生命物质，如大气、水、土壤、阳光和其他无机物质。所以，生态学所称的环境包括人类环境，但范围要比人类环境广泛得多。

生态学家认为，生态学以生物为主体，将环境看作生物生存空间周围的一切因素，包括物理的和生物的因素，称为“生物的环境”或“生境”。生物的环境可以分为生物个体的环境、种群的环境和群落的环境。生物个体的环境，如一片树林的环境，有同种其他树木、其他生物以及非生物因子；生物种群的环境，如一株树木的环境，则由其他动植物和非生物因子组成；当指整个生物群落的环境时，则只包括非生物因子了。生物的环境可笼统地说成是由生物因素和非生物因素组成的。生物是环境的产物，受环境的

① 中国大百科全书总编辑委员会《环境科学》编辑委员会. 中国大百科全书·环境科学卷. 北京：中国大百科全书出版社，1983. 154

影响，同时，生物也在不断地改变或改造周围的环境，生物和环境的这种相互作用的关系，称为生态关系。

3. 环境与资源保护法所称的环境

较之于自然科学而言，环境与资源保护法中的环境与通常意义上所说的环境有所不同。因为当人们将法律适用于某一类行为或事物时，如果对有关专门术语未在立法上作出解释，则会导致人们根据自己的理解或认识而对这些术语在法律的适用上产生歧义，所以，在环境立法中对专门术语的解释是不能含糊的。我国现行的《中华人民共和国环境保护法》（以下简称《环境保护法》）第二条规定："本法所称环境是指：影响人类生存和发展的各种天然的和经过人工改造的自然因素的总体，包括大气、水、海洋、土地、矿藏、森林、草原、野生生物、自然遗迹、人文遗迹、自然保护区、风景名胜区、城市和乡村等。"这个定义中的"环境"，主要有以下四层法律含义：

首先，作为《环境保护法》保护对象的环境，是以环境科学中环境的定义为基础的，但其范围要小得多。《环境保护法》第二条的前半部是关于环境的定义，揭示了法律意义上环境的属性——是人类赖以生存和发展的各种自然因素的总体；后半部所列举的 14 种环境因素只是当前与人类关系最密切，即既是其赖以生存的基础，又是法律能够加以保护的自然要素。

其次，在立法中列举的某些自然资源、历史文物、自然状态等，也由于其作为自然因素的属性而属于环境的范畴，所以自然资源也是我国《环境保护法》所调整的对象。需要指出的是，该定义将自然资源纳入其中。所谓自然资源，是相对于非自然资源属性的"资源"而言的，如经济资源、人力资源等，是指与人类生产或者其他活动有关并能为人类利用的那部分环境因素。可见，从《环境保护法》看，自然资源是组成环境的因素，即环境的组成部分。环境包括自然资源的观点，符合我国《中华人民共和国宪法》（以下简称《宪法》）和《环境保护法》的精神，也与外国环境保护法以及国际环境保护法的环境定义相一致。①

再次，自然资源的概念是从经济的角度提出的，即它是一种物质财富，是经营管理的对象，是可以进入社会物质生产过程的劳动资料和劳动对象。相应地，自然资源法的着眼点是用法律保障自然资源被充分、合理地开发利用，最大限度地实现其经济价值。

最后，环境的范畴不是无限的，它仅相对于人类而言，特指对人类的生存与发展有影响的那些自然因素的总体，而不包括社会或经济等其他因素在内；它是有一定范围的，是能够通过法律手段来保护的环境。

（二）环境的分类

为了方便研究，可以对环境从不同角度进行划分：

（1）根据是否经过人类加工改造为标准，可将环境分为自然环境和人为环境。这一定义把环境分为两大类：一类是"天然的自然因素总体"，也就是人们通常所说的自然环境，其特点是天然形成，无人工干预；另一类是"经过人工改造的自然因素总体"，

① 韩德培，陈汉光. 环境保护法教程. 北京：法律出版社，2003.2~3

即在天然的自然因素基础上，人类经过有意识地劳动而构造出的有别于原有自然环境的新环境，如人文遗迹、风景名胜区、城市和乡村等。我国《环境保护法》对这两类环境均予以保护。

（2）根据人类的视野或人类活动所及的空间范围，可以把人类环境分为许多层次，如居住环境、生活环境、地面环境、地质环境、区域环境、地球环境、大气环境、水环境、宇宙环境等；根据人类环境的国界性，可分为国内环境、国际环境、区际环境等。

（3）根据与人类生存和发展的关系，可以将环境分为生活环境和生态环境。所谓生活环境，是指与人类生活密切相关的各种天然的和经过人工改造的自然因素，如房屋周围的空气、河流、水塘、花草树木、风景名胜、城镇、乡村等；所谓生态环境，则是指影响生态系统发展的各种生态因素，即环境条件，包括气候条件（如光、热、降水等）、土壤条件（如土壤的酸碱度、营养元素、水分等）、生物条件（如地面和土壤中的动植物和微生物等）、地理条件（如地势高低、地形起伏、地质历史条件等）和人为条件（如开垦、采伐、引种、栽培等）的综合体。这也是我国《宪法》中对于环境类型的规定。

二、环境与资源保护

（一）环境与资源保护的概念

众所周知，环境为人类提供赖以生存的物质基础。与此同时，人类具有主观能动性，不仅可以利用环境，而且可以改造环境以满足自己的需求。但是，由于认识能力、科学技术水平和历史的局限，人类在利用环境的过程中也带来了一定的副作用，即给环境造成了污染和破坏；被污染和破坏的环境，又反过来影响人们的经济发展，以致危害人体健康和生命安全。为了防治环境污染和生态破坏给人类带来的危害，人类逐渐开始运用多种综合性手段和措施来保护和改善环境，如利用科学技术、经济、行政、宣传教育和法律等方式对环境污染和生态破坏进行防治。

环境问题是20世纪50年代后在西方、80年代后在我国国内引起广泛关注的一类新型社会问题，它涉及人体健康、生物生存、工农业生产直至经济发展、生态平衡等方方面面。20世纪50年代，随着环境污染的加剧，八大公害事件的产生，促使日、美等发达国家出现了反污染的运动，但仍比较狭义地把环境保护理解为局部的问题：没有把环境污染与整个生态危机联系起来，对其复杂性、整体性与危害性认识不足；也没有把环境问题与社会因素联系起来，所以未能找到环境问题的根源和解决的有效途径。后来，美国人蕾切尔·卡逊在《寂静的春天》一书中指出：农药污染会导致生态危机。1968年，美国环保主义者加雷特·哈丁发表了一篇题为“公地的悲剧”的论文，文中讲述了草地共有、畜群私有所导致的后果。[①] 1972年，联合国人类环境会议把人们对环境问题

① 该论文描述了一个对所有牧民开放的牧场，草地公有而畜群私有。于是一方面，牧民们为了获得较多的收入，尽可能地增加自己的牲畜头数；另一方面，当牧场的畜群承载能力达到极限时，再增加牲畜无疑给牧场带来某种损害，但人类在眼前利益的驱使下，每个人都努力增加自己的牲畜，最终导致牧场的退化直至毁灭。

的认识提高了一大步，指出人类面临着各种环境污染和生态破坏，揭示了两者的内在联系，并提出了解决的途径。会议所发表的《联合国人类环境宣言》庄严宣布："保护和改善人类环境关系到全世界各国人民的幸福和经济发展的重要问题，也是全世界各国人民的迫切希望和各国政府的责任。"从此，环境保护开始得到世界各国人民和政府的重视。1992 年联合国环境与发展大会所提出的"可持续发展"战略，使人们对环境保护的认识上升到一个新的高度，也是人类环境保护历史上一个重要的里程碑。

由前述可知，所谓环境与资源保护，是指为了促使人与自然的和谐共处、保障社会的可持续发展，采取行政、法律、科学技术、经济和宣传教育等各种手段，保护和改善生活环境与生态环境，防止污染和其他各种公害活动的总称。

（二）我国环境与资源保护的内容

由于世界各国的历史发展过程和经济发达程度不同，各国环境问题的成因也不尽相同，这就意味着环境资源保护的内容也不可能完全一致，即使在同一个国家，不同的时期也有不同的内容。从《环境保护法》规定来看，我国环境与资源保护的内容可以概括为两个方面：

一是保护和改善生活环境和生态环境。这包括保护城乡环境、保持乡土景观、减少或者消除有害物质进入环境、改善环境质量、维护环境的调节和净化能力、确保物种多样性和基因库的持续发展、保持生态系统的良性循环。保护环境包括保护组成环境的各种因素及自然资源，包括大气资源、水资源、海洋资源、土地资源、矿产资源、森林资源、牧草资源、野生动植物资源等。保护环境的中心任务是维持人类适宜的环境质量；保护、合理利用和增殖可更新自然资源使其持续发展，避免灭绝，为人类所持续利用；保护和合理利用不可更新的自然资源使其免于被浪费和破坏，并努力寻找替代品，使其为人类所充分利用。

二是防治环境污染和其他公害，即防治在社会生产和生活中产生的废气、废水、废渣、粉尘、恶臭气体、放射性物质以及噪声、振动、电磁波辐射等对环境的污染和危害，以保护人体健康和生命安全，防止物种生存环境受污染，促进人类社会的持续发展。

环境资源保护的这两项内容，是相辅相成、密切联系的。一方面，从本质上说，造成我国环境污染严重的主要原因是自然资源的浪费，只有做好环境保护工作，加强经营管理，合理利用自然资源，减少浪费和破坏，才能提高环境的净化能力，减轻甚至避免对环境的污染危害；另一方面，加强对环境污染的防治，采用耗能低、原材料利用率高的清洁生产工艺和设备，既能减轻对环境的污染危害，提高环境质量，也能使自然资源得到充分、永续的利用，保护和改善生态环境。从现实来看，我国的环境资源保护实践仍是一种"救火式而非规划综合性"[①]的活动。我国的环境保护工作往往只注重污染防治，偏重于开发利用，忽视了对生态环境的保护和改善，一些地区的生态环境遭到严重的破坏，污染防治工作因而也难以奏效。因此，应当清醒地认识到生态破坏容易恢复

① 陈慈阳. 环境法总论. 北京：中国政法大学出版社，2003.2~3

难，在自然资源开发利用、建设项目的活动中保护和改善环境，合理利用自然资源，同样是环境保护工作的重要内容，应将环境污染防治和生态保护放在同等重要的地位。

三、环境与资源保护法

（一）我国环境与资源保护法名称的提出

新中国成立初期，我国的环境问题已初现端倪。当时我国的环境问题主要表现为森林和草原的滥伐滥垦，植被遭到破坏，以及由此导致的水土流失及土壤侵蚀。1958 年至 1960 年的"大跃进"时期，由于不顾环境条件发展工业，加上防治措施未跟上，一些城镇的环境受到污染，自然资源特别是森林资源遭到了比较严重的破坏。1966 年至 1976 年的十年内乱期间，不仅国民经济受到重创，环境也遭受到前所未有的污染和破坏。周恩来总理在听取了我国参加联合国第一次人类会议代表团的汇报之后，针对我国当时的环境状况，提出对环境问题再也不能放任不管，应当把它提到国家的议事日程上来。在周总理的指导下，国务院召开了第一次全国环境保护会议，提出了"全面规划、合理布局、综合利用、化害为利、依靠群众、大家动手、保护环境、造福人民"的环境保护"三十二字"方针，颁布了新中国第一个环境保护文件《关于保护和改善环境的若干规定（试行草案）》。随后中央和地方的环境保护机构相继成立，并在开展环境保护的工作过程中取得了一定的成绩。1973 年至 1978 年，我国的环境资源保护事业开始起步，但在政治动乱的形势下，环境资源保护的一切努力，只能减缓某些地区和某些方面的污染程度，却无力阻挡污染恶化的趋势。1979 年 9 月 13 日，我国颁布了《环境保护法（试行）》。1983 年年底，国务院召开了第二次全国环境保护会议，宣布"环境保护是我国的一项基本国策"。全国人大常委会还先后颁布了《中华人民共和国海洋环境保护法》（以下简称《海洋环境保护法》）、《中华人民共和国森林法》（以下简称《森林法》）、《中华人民共和国水污染防治法》（以下简称《水污染防治法》）、《中华人民共和国大气污染防治法》（以下简称《大气污染防治法》）、《中华人民共和国草原法》（以下简称《草原法》）、《中华人民共和国土地管理法》（以下简称《土地管理法》）、《中华人民共和国矿产资源法》（以下简称《矿产资源法》）、《中华人民共和国渔业法》（以下简称《渔业法》）、《中华人民共和国水法》（以下简称《水法》）、《中华人民共和国野生动物保护法》（以下简称《野生动物保护法》）等。1989 年，国务院召开了第三次全国环境保护会议。同年，全国人大常委会颁布了《环境保护法》。由上可知，所谓环境与资源保护法是从学理上对该法的称呼，从现实看来，学者对此有不同的称呼，有的称为环境法，有的称为环境资源法，有的亦称为环境保护法，但无论是哪种称呼，其指向都是一致的。

（二）环境与资源保护法的概念

环境与资源保护法，是指调整人们在保护和改善生活环境与生态环境，防治污染和其他公害的活动中而产生的社会关系的法律规范的总称。对于这一定义，可以从以下三个方面来理解：

（1）环境与资源保护法是调整人们在环境保护中的社会关系的法律规范。环境问题是指由于自然界的因素或人类活动使环境被破坏和环境质量变化，以及由此给人类的生存和发展带来的不利影响。由自然界的因素所引起的环境问题，如地震、海啸、泥石流等自然灾害，称为原生或第一类环境问题。由人类活动引起的环境问题称为次生或第二类环境问题。①环境与资源保护法所调整的显然是第二类环境问题，也就是说原生的环境问题不属于环境与资源保护法以及其他一切部门法的调整范围。法律的强制性特点决定了作为一个部门法的环境与资源保护法，只调整因人类活动引起的环境问题中的人与人之间的关系。至于自然原因造成的环境问题，不是也不需要由环境与资源保护法调整，因为法的意志性无法加诸环境资源这一客观物质世界之上，法律亦不能以自然界为惩罚对象；如果需要调整人与自然的关系，必须首先通过调整人与人之间的关系。正如马克思所指出："人们在生产中不仅仅同自然界发生关系。它们如果不以一定的方式结合起来共同活动，便不能进行生产。为了进行生产，人们便发生一定的联系和关系；只有在这种社会联系和社会关系的范围内，才会有他们对自然界的关系。"②

（2）环境与资源保护法调整的社会关系具有特定的范围。并非与环境有关的一切社会关系都由环境与资源保护法调整，它只调整人们在保护和改善生活环境与生态环境，防治污染和其他公害中产生的社会关系，即环境与资源保护关系。以森林资源为例，森林的所有权、使用权、管理权、保护权等权利涉及多个部门法，如《中华人民共和国民法》（以下简称《民法》）、《中华人民共和国经济法》（以下简称《经济法》）、《中华人民共和国刑法》（以下简称《刑法》）和《环境保护法》等.显然，环境与资源保护法只调整其中的森林资源保护关系，即调整因合理开发利用森林资源、防止破坏森林资源的社会关系。再如我们所谓的海洋法，其中包括对海洋的所有权、使用权、管理权和保护权等。而环境与资源保护法只调整保护和改善海洋环境，合理开发利用海洋资源，防止海洋污染损害而产生的社会关系。因此，应将海洋法和海洋环境保护法严格区分开来，否则在理论上势必造成混乱，继而对实践也会产生不利影响。

（3）环境与资源保护法是指一切调整环境保护关系的法律规范的总称，即指一切保护和改善生活环境与生态环境，防治污染和其他公害的法律规范的总称。它既包括由全国人民代表大会制定的《宪法》中有关环境保护的规范，由全国人民代表大会常务委员会制定的《环境保护法》以及各种自然资源保护和污染防治单行法；也包括由国务院制定的环境保护行政法规和国务院各部委发布的环境保护规章；又包括各省级人民代表大会及其常务委员会、省政府所在地的市和经国务院批准的较大的市人民代表大会及其常务委员会，以及经全国人民代表大会授权的经济特区人民代表大会及其常务委员会制定的地方性环境保护法规；还包括地方人民政府依法发布的地方性环境保护规章和具有普遍约束力的环境保护命令、决定。

① 吕忠梅，高利红，余耀军. 环境资源法学. 北京：中国法制出版社，2001.7

② 马克思，恩格斯. 马克思恩格斯全集. 北京：人民出版社，1961.486

第二节 环境与资源保护法的分类和特征

一、环境与资源保护法的分类

(一) 狭义和广义的环境与资源保护法

根据调整范围的不同，环境与资源保护法可以分为广义的环境与资源保护法和狭义的环境与资源保护法。广义的环境与资源保护法是指环境法所调整的社会关系涉及国土、资源以及环境、能源等领域，因此，环境法律体系的范围应当同样也扩及这些领域；狭义的环境与资源保护法是指环境法所调整的社会关系主要是在保护环境和自然资源、防治污染和其他公害的过程中产生的，所以，环境法律体系的范围应当只包含这些领域。

(二) 一般和特别环境与资源保护法

根据调整对象不同，环境与资源保护法可以分为一般环境与资源保护法和特别环境与资源保护法。所谓一般环境与资源保护法是指环境资源保护的基本法，即国家制定的全面调整环境社会关系的法律文件，它对环境资源保护的重大问题作出全面的原则性规定。《环境保护法》是我国环境资源保护的基本法。特别环境与资源保护法是指针对特定生态环境资源保护对象和特定污染防治对象而制定的法律规范，如《水法》、《渔业法》、《土地管理法》、《水污染防治法》、《大气污染防治法》、《中华人民共和国环境噪声污染防治法》（以下简称《环境噪声污染防治法》）等。

(三) 实体和程序环境与资源保护法

根据法律规范性质不同，环境与资源保护法可以分为实体环境与资源保护法和程序环境与资源保护法。实体环境与资源保护法是指规定具体权利义务内容或者法律保护的具体情况的法律规范的总称，如《环境保护法》、《水法》、《森林法》等。程序环境与资源保护法是指规定行使具体环境资源实体法所要遵循的程序，这类法律规范多是一些部门规则或地方条例。

二、环境与资源保护法的特征

(一) 综合性

环境与资源保护法具有极强的综合性，它是在以往环境保护法、土地法、自然资源法和区域开发整治法基础上的更高层次的综合。从形成的基础看，如前所述，环境与资源保护法是以法学和环境科学为基础，是邻近诸部门法和有关自然科学相互交叉、渗透的产物。它是一般法律规范和法律化的科学技术规范的综合体，是社会性与科学性高度统一的法律规范；从调整方法看，对环境资源社会关系实行综合法律调整，主要依靠行政法，除此之外的民法、刑法、环境保护法等也发挥着调整作用，即在此过程中，各个法律部门是互相配合、互相联系和互相作用；从保护对象看，环境与资源保护法涉及的范围包括 14 个环境因素，且还将随着经济的发展和人们的要求而不断扩大；从环境保护监督管理机关看，除了县级以上人民政府环境保护行政主管部门之外，还包括海洋、港监、海事、渔业、渔政、军队、公安、交通、铁道、民航以及土地、矿产、林业、农业、水利等 15 个依法实施环境监督管理权的行政主管部门，在一些场合，还包括县级以上地方人民政府。

（二）科学技术性

环境与资源保护法具有很强的科学技术性，它不仅反映社会经济规律和自然生态规律，还反映人与自然相互作用的环境规律。这一特点根源于学科的交叉性和渗透性。环境与资源保护法的基本原则和基本制度，如环境保护与经济建设协调发展原则，污染者付费、利用者补偿、开发者保护、破坏者恢复原则，预防为主、防治结合、综合治理原则等，以及环境影响评价、征收环境资源保护费等制度，都体现了这些客观规律，这就是环境与资源保护法的科学性。环境与资源保护法中有关保护自然资源和防治环境污染的许多措施，如土地复垦、植树种草、物种保护、清洁生产、污染物总量控制等，以及大量的环境保护标准，都是从环境科学的研究成果和环境保护实践中，由技术规范上升而来的，这就是环境与资源保护法的技术性。

（三）区域特殊性

在现今社会，环境问题是世界各国在发展过程中必须面对的一个难题，如全球气候变暖，大部分国家都在为解决这个问题而限制温室气体的排放，但每个国家的经济发展程度、产业结构、森林覆盖率等因素都是不一样的，因而在采取具体措施时侧重点也会不一样；即使在同一个国家，不同的历史时期环境资源保护法律、法规的侧重点也不一样，我国地大物博，但每个区域的资源特点不尽相同，环境破坏的程度也存在巨大的差异，所以这就需要地方政府因地制宜，在合乎法律的前提下，制定相应的条例、办法进行保护环境资源。

（四）社会性和公益性

环境与资源保护法的根本目的是保护和改善人类赖以生存的基本物质条件，保护环境，使人类社会得以在和谐的自然中持续发展。它是一项造福人类，惠及千秋万代的最大的、根本性的公益事业。人类社会的所有其他利益和价值，都必须服从这个根本的公益事业。地球一体化要求世界各国在环境资源保护领域携手合作，使得这一部门法的社会性与公益性更为显著。环境与资源保护法为人们利用、保护和改善环境的行为设定规则，使其始终不超出保持环境的永续性所需要的限度，从而保护环境这个最大的、根本的“公共资源”或“公共品”。环境与资源保护法的公益性还可以从其客体的范围不断扩大这一事实得到证明。

（五）前瞻性

环境与资源保护法的价值之一体现为可持续发展的理念，可持续发展的重要内容即要保证代内公平和代际公平。要实现这两个重要的公平，我们首先要做的不是事后治理，而是事前预防。作为环境与资源保护法的基础——环境科学也是有着强烈的技术性，在进行事前预防的时候，我们以环境科学的技术规范为依托，使得在对环境进行开发和利用的同时，避免了将会发生的不良结果或可能发生的危险。环境问题的产生是多方面的，国家的财力有限，不可能拿出大量的资金用于治理环境污染。因此，环境与资源保护法的这一特性可以起到事半功倍的作用。

第三节　环境与资源保护法的调整对象

一、环境与资源保护法的调整对象

环境与资源保护法所调整的是人们在开发利用、保护改善环境和防治环境污染过程中产生的各种社会关系。这类社会关系以人类—环境关系为基础，我们将其称为环境资源社会关系。作为环境与资源保护法调整对象的社会关系，主要包括两个方面的内容：

（1）合理开发利用环境的社会关系。这类关系可简称为生态环境保护关系，具体为人类在开发和合理利用大气、水、土地、矿藏、森林、草原、野生动植物等环境资源过程中所产生的社会关系。这种社会关系的特征为：①客观性。人类要生存和发展，必须要对自然环境加以改造，对资源加以利用，这些活动是人类进步所必不可少的。它们为人类提供必要的物质条件，创造物质财富。生态环境保护关系在一定程度上讲具有客观性，是必然要产生的。②经济—环境效益统一性。人类对自然环境资源的利用往往带有经济目的，而忽视自然规律，必然会受到自然的惩罚。在此过程中，人类渐渐明白必须遵循自然规律，在可持续发展的前提下获取经济利益。人类对于环境资源的开发利用在取得经济效益的同时，必然会造成一定的环境影响，环境与资源保护法的目的在于使人们在进行环境资源的开发利用活动时谋求经济效益与环境效益的统一，将开发活动对环境的不良影响降至最低程度。

（2）防治环境污染和其他公害的社会关系。这类关系可简称为污染防治关系，具体为人类在防治生产和生活过程中产生的大气污染、水质污染、固体废物污染、噪声污染、有毒有害物质污染、电磁辐射污染、食品污染等活动中形成的各种社会关系。这种社会关系的特征为：①主观性。环境污染和其他公害的产生是人类对自然规律认识不足所导致的；对污染的防治是人类有意识地协调人与自然的关系，重新认识自然规律的行为。从这个意义上说，污染防治关系的产生具有主观性。② 环境效益优先性。环境资源保护的优先考虑可能会在一定程度上限制经济发展的速度和规模，影响到经济效益，但从全局上、长远利益和可持续发展的角度看，在防治环境污染和其他公害方面优先考虑环境效益是为了经济的健康、持续发展，最终目的是保护人类的根本利益。

以上是人类在开发利用、保护改善环境资源过程中产生的社会关系的两个方面，两者相互联系，不能截然分开。合理利用自然资源、保持生态系统的平衡有利于充分利用环境的自净能力，在环境容量内防治环境污染和其他公害；而防治环境污染和其他公害、改善环境质量又是维持生态平衡的必要条件；人们开发利用自然资源、保护生态环境与防治环境污染和其他公害、改善环境质量的活动也是不能割裂的。因此，我们说环境资源社会关系既是一个统一整体，又各有特点、各有侧重；既不能完全对立，又不能混淆，它们共同构成了环境资源法的调整对象。①

二、环境与资源保护法的部门法地位

（一）环境与资源保护法有自己独立的调整对象

如前所述，环境与资源保护法所调整的对象是因人类—环境关系而产生的活动中形成的环境资源社会关系，这类关系是人们开发利用、保护改善环境的过程中所产生的，其特征是它的产生及发展以人类—环境关系为基础，并且与人类对环境资源保护的认识水平密切相关。由前述可知，环境资源社会关系，既包括国家及其职能部门在环境资源管理活动中所产生的社会关系，也包括社会生产和生活过程中与开发利用、保护改善环境有关的社会关系。这类关系既不是单纯的行政关系，也不是单纯的经济关系。因此，环境与资源保护法的任务不是保护某一个或某些环境要素，更不是单纯的污染治理，而是保护整个的人类生存环境。可见，这样的关系不是其他任何法律部门所调整的社会关系所能包含的。

（二）环境与资源保护法有自己的调整方法

区别不同法律部门的重要标志之一是调整方法的不同。环境与资源保护法在调整人类与环境所产生的法律关系的过程中，有自己独特的调整方法，并建立了相应的法律原则和制度，这些原则如协调发展原则、风险预防原则、环境责任原则等，制度如环境影响评价制度、“三同时”制度、排污收费制度、限期治理制度等，这些原则和制度明显地不同于其他法律部门。在实施过程中，大多采用预防性手段并采用大量技术规范，这些都是其他法律部门不能做到的。

（三）我国环境资源保护法体系的形成

环境与资源保护法法律体系是指环境与资源保护法的内部层次和结构，是由各种法

① 吕忠梅，高利红，余耀军. 环境资源法学. 北京：中国法制出版社，2001.22~23

律规范组成的统一的法律整体。它是由环境资源法的调整对象决定的，调整对象的独立性决定了法律规范的独特性，从而决定了整个环境法体系的独特性。环境与资源保护法虽然出现的时期不长，但由于其与人类生存和发展密切相关而得到迅速发展，迄今为止，各国均制定和颁布了大量的环境资源法律、法规，进行了多种理论研究，形成了独立的法律体系。在我国，现在已有以宪法为依据，以环境资源保护基本法为基础，以各种环境要素保护法为主干并结合环境技术规范的环境立法体系；以国家立法为主、部门立法和地方立法相结合的环境资源法效力体系以及环境资源法学基础理论与各种环境要素保护法理论相结合的环境资源法学理论体系。这些体系的形成，也是环境与资源保护法能够区别于其他法律部门并取得独立地位的重要条件。

第四节　环境与资源保护法的本质和性质

一、环境与资源保护法的本质

（一）环境与资源保护法是以社会利益为本位的法

所谓社会利益就是指不特定多数人的利益。美国社会学法学家庞德认为，社会利益是从社会生活角度出发，为维护社会秩序、社会的正常活动而提出的主张、要求和愿望。[①]环境与生态是人类的经济和社会发展的基础，与社会、经济发展的秩序密切相关，因而成为社会利益的重要组成部分。环境问题的产生无一不与私人利益的盲目追逐和市场机制调节失灵直接相关。在社会经济发展的严重问题面前，人们应认识到，个人利益与社会利益并非完全一致。在处理个人利益与社会利益时，就必须从社会利益出发，对不利于社会利益的行为加以限制。

（二）环境与资源保护法是公法手段干预私法领域的法

环境问题是在私法秩序下产生的，它表明私法对于环境保护的技能。而在现代社会中，环境资源与生态保护已成为人类社会经济发展的必要条件，它的社会公共利益性使之作为独立利益形态的要求日趋突出。要全面协调人类与环境的关系，而有能力担负这一重任的只可能是国家。国家实现其管理职能的基本方式就是建立代表国家的相应职能机构，赋予其权力，以对全社会实施环境资源管理。从这个角度来看，人类社会的共同利益要求公法手段必须作用于私法领域，否则，环境保护无从谈起。

（三）环境与资源保护法是以可持续发展为价值目标的法

社会公共利益有诸多方面，但主要表现为人类社会经济的可持续发展，这正是环境

① 沈宗灵. 现代西方法理学. 北京：北京大学出版社，1992.259

与资源保护法的价值目标和中心任务。可持续发展是当代人类共同的选择，而环境资源保护是可持续发展的核心内容，它要求既满足当代人的需要，又不对后代人满足其需要的能力构成危害。

二、环境与资源保护法的性质

如前所述，环境资源社会关系具有广泛性、复杂性和综合性，国家行政权力的干预是环境资源保护主要的也是最重要的手段，但仅仅依靠这种单一的手段是不够的。环境资源保护涉及各个行业，是千百万人参与的事业。国家的公法干预有其强制性和简便性等特征，但它容易置管理相对人于对立和被动的地位，不利于调动和发挥相对人的积极性，使之僵硬和机械；况且，环境资源社会关系中还存在着与行政关系相互独立的民事关系及其他管理关系。因此，对环境资源社会关系的法律调整不可能也不应该是单一的，除了行政法律手段以外，还必须有其他法律手段。环境与资源保护法实际上是一种综合运用多种法律部门手段和对环境实行综合调控的部门法。

第五节　环境与资源保护法律关系

一、环境与资源保护法律关系概述

（一）法律关系

法律关系是指社会关系为法律规范调整之后所形成的权利和义务关系。一般情况下，法律关系都是由这个法律部门对特定的社会关系进行调整而形成的，是这种特定的社会关系的法律化，社会关系的属性决定了法律关系的属性。在现代社会法律分工日趋精细，新的法律部门不断产生的情况下，不同法律对同一领域的社会关系进行调整的现象十分普遍。正如环境与资源保护法这样的法律部门，其综合运用各种法律手段对社会关系进行调整，所涉及的社会关系是十分复杂的。

（二）环境与资源保护法律关系的概念

作为区分环境资源法律或法律规范标准的调整对象也不是社会关系本身，而是一定社会条件下环境资源社会关系对于立法者而言能够实现的环境意志和利益。人们为了实现环境利益必须进行种种行动及自觉努力，其中包括运用法律手段规范人们与环境有关的种种行为，形成具体的权利义务关系，以保障环境利益的实现。于是便形成了环境资源法律关系。由此我们可知，环境资源法律关系是指环境与资源保护法主体根据环境与资源保护法的规定，在参加与环境有关的社会经济活动过程中所形成的保护环境的权利义务关系。它们是为环境资源法所确认和调整的环境资源社会关系。只有在环境资源法律关系里，环境资源社会关系才取得法律形式，环境资源法律规范才能发挥调整环境资源保护活动的作用。

（三）环境与资源保护法律关系的特征

（1）环境资源法律关系的主体具有广泛性。它的主体明显广于民事法律关系和行政法律关系的主体，任何机关、团体、社会组织、公民个人都可以成为环境资源法律关系的主体。环境资源法律关系中，国家环境资源机关是最重要的主体，并且具有不可替代性和不可选择性。

（2）从环境资源法的规定来看，各种主体的权利义务既不均衡，也不对等。例如，有一些环境资源法规侧重于规定管理主体的权利与义务，很少为受制主体设定义务；而有的环境资源法规则更侧重于规定受制主体的义务，或者更偏重于受制主体的权利或义务，等等。此外，环境资源法在对同一主体的权利义务的具体规定方面还存在着一定的倾斜性。

（3）作为环境资源法律关系客体的环境资源不仅具有经济性而且具有生态性，且生态性和生态效益处于优先考虑的地位。环境行为是环境关系的经常客体。由于环境资源法主要调整由国家干预的环境资源社会关系，而环境资源法对此类关系的调整，又通过制定相关的法律、法规，规定管理机关的职权以及实施这些职权来实现的。同时，人们对环境的开发利用又是与社会经济发展和人类生存密不可分的，对环境的保护反映在社会经济活动的各个方面，这就决定了行为是环境资源法律关系最重要和最经常的客体。

二、环境与资源保护法律关系的构成要素

（一）环境与资源保护法律关系的主体

环境与资源法律关系的主体是指环境权利的享有者和环境义务的承担者，或者参加环境资源法律关系享受环境权利、承担环境义务的当事人。在环境资源法律关系中，享有环境权利或环境职权的一方被称为权利主体或职权主体；承担环境义务或环境职责的一方被称为义务主体或职责主体。在环境资源法律关系中，双方当事人在许多情况下，既享有环境权利或环境职权，同时又承担环境义务或环境职责。

环境与资源保护法的主体是环境资源法中权利和义务的载体，没有环境与资源保护法主体，环境与资源保护法中的权利和义务也就会因为失去依托而无法存在，环境与资源保护法的调整也就变得毫无意义，其宗旨、作用便无从存在。那么，作为环境与资源保护法的主体与其他法律关系主体有何不同？或者说环境与资源保护法的主体行为能力和权利能力有什么特殊性吗？各法律部门对于自然人、法人的权利能力的规定是相同的，其行为能力则是由不同的法律部门加以规定的，即无论是自然人还是法人，权利能力一旦为民法作出规定便可适用于任何法律部门，但行为能力则不然，它作为主体有享有权利和承担义务的资格，需要根据其参加的法律关系的不同性质而作出不同规定。

环境与资源保护法的主体范围也是由环境与资源保护法的调整对象决定的。根据法学原理，法律的调整对象是确定的一定范围的社会关系，继而也限定了能够参与该社会关系的主体的范围。因此，环境资源法的主体也就是为环境与资源保护法所调整的国家在对环境活动进行调控过程中所发生的社会关系的参加者。由于环境与资源保护法依调整对象分为生态环境保护法和污染防治法两大类，环境与资源保护法的主体便可分为生态环境保护法主体与污染防治法主体。

生态环境保护法的主体可以分为两类：一类即代表国家对自然环境和自然资源的开发利用进行监督管理的主体，简称为管理主体。管理主体以环境资源法对自然环境的开发和利用活动进行组织、指挥、协调和监督，是主动者；另一类即在经济社会活动中接受国家环境资源管理的主体，简称为开发主体。开发主体在接受国家管理方面，则处于被动者的地位。

污染防治法的主体也分为两类：一类即代表国家对污染环境的行为进行监督管理的主体，称为管理主体。管理主体依法对污染和破坏环境的行为进行监督，行使执法权，是主动者。另一类是在防治环境污染和其他公害接受国家管理的主体，称为污染防治主体。污染防治主体接受国家的环境资源管理，因而处于被动的地位。

由此可见，环境与资源保护法的主体主要包括：生态环境保护法中的管理主体和开发主体以及污染防治法中的管理主体和污染防治主体。在这四种主体中，由于生态环境保护法的管理主体与污染防治法的管理主体都是依法代表国家对环境活动进行的法律调整，因而可以合称为管理主体；而无论是开发主体还是污染防治主体都要受到国家调控和管理的制约，因此，可以统称为受制主体。一般而言，管理主体是能够代表国家行使其环境资源保护职能的各种国家机关；受制主体是在经济和社会活动中接受国家的调控和管理的主体，包括机关、团体、社会组织、公民个人等。①

（二）环境与资源保护法律关系的内容

环境资源法律关系的内容是指环境资源法当事人的权利义务的总和，每一个具体的环境资源法律关系都是由主体双方的权利义务构成的，将所有的环境资源法律权利义务概括起来，就是这里所要说明的环境资源法律关系的内容。

环境资源法权利，是指法律规定的环境资源法律关系主体主张其法定利益的可能性，主体实现自己利益的行为界限和法律规定。环境资源法义务，是指环境资源法律规范对环境资源关系主体作出一定行为和不得作出一定行为的约束。环境资源法权利和环境资源法义务是环境资源法律关系主体的行为规范，是建立环境资源法律秩序的根据和实施环境资源法制监督的前提，对于环境资源保护尤其是环境资源管理活动具有重要意义。

根据上述对环境与资源保护法主体的分类，我们可以对环境与资源保护法中的管理主体和受制主体的权利和义务分别进行阐述。

① 吕忠梅，高利红，余耀军. 环境资源法学. 北京：中国法制出版社，2001.30~31

1. 环境资源管理主体的权利和义务

环境资源管理主体的权利，是指法律赋予的在管理国家环境资源的过程中，综合运用各种国家机器保证自己的意志得以实现的各种方法和强制力的总称。这些权利包括：

（1）环境资源保护规范制定权。这是指依据宪法或法律授权，制定法律、法规、规章以及其他规范性文件的权利。

（2）环境资源行政处理权。这是指根据环境资源行政法律规范，具体为相对人设立、变更和取消权利义务的权利。

（3）物权。国家对特定物的管理权，如河流、海域、滩涂等国有财产，这些物的取得、收益和处分不完全适用民法规定，而是由国家专门机关进行管理，实现其环境效益和经济效益。

（4）环境司法权。这是指处理因执行环境资源法律规范而发生的民事、刑事和行政纠纷的权利，主要包括公安、检察、法院的司法权和环境资源行政管理部门的行政司法权。

环境资源管理主体的义务，可以将其归纳为如下方面：

（1）管理性义务。管理性义务指为建立和保持正常生产和生活所必需的环境资源法律秩序的总和，如制定法律、法规及管理各种开发利用环境的活动、管理各种污染和破坏环境的活动、协调环境与发展的关系等。

（2）服务性义务。服务性义务指为保护和改善环境创造各种条件的义务的总和，如进行环境资源保护的宣传教育、推广先进的环境资源保护工艺流程、提供污染治理设施等。

（3）接受监督的义务。接受监督的义务包括接受立法机关的权力监督，社会组织、公民的社会监督，司法审查，行政监督以及行政赔偿等。

2. 环境资源受控主体的权利和义务

环境资源受控主体的权利是指受控主体在环境资源法中为实现自己利益的意思力量。主要有：

（1）参与环境资源管理权。主要是对环境资源法律、法规的制定进行讨论和建议，对环境资源管理工作进行批评、监督以及参与环境管理的权利。

（2）环境使用权。这是指受控主体拥有的使用环境的权利，如对自然资源的开发利用、对环境治理的保护改善以及在健康优美的环境中生存的权利等。

（3）保障权。受控主体在开发利用和保护改善环境的过程中，可以主张国家环境资源管理机关为改善环境质量提供服务，以保障自身权利的实现。

（4）收益权。受控主体在开发利用环境过程中享有法定利益的权利。它包括两方面：一是在直接开发利用和保护改善环境中享有获得相应收益的权利；二是享有保护改善环境质量的环境效益的权利。

（5）申诉和控诉权。这是指在与管理主体发生争议和受到违法处理后，享有通过正当、合法的渠道寻求救济的权利，以及在环境权益受到侵害后有依法寻求司法救济的权利，具体有检举、申诉、申请复议和提起环境诉讼的权利等。

环境资源受控主体的义务主要包括：

（1）遵守环境资源法律规范的义务。环境资源法律规范是服务于整个社会公共利益的，应当遵守各种规则，发生正常、融洽的环境资源社会关系，不从事法律所禁止的行为。每一个公民和社会组织都应当自觉主动地加以维护，并协助国家环境资源管理机关履行法定职责。

（2）服从国家环境资源管理的义务。在某些情况下，管理主体拥有一定的裁量权，即在合法的前提下，有视情置宜的余地。一切公民和社会组织应服从管理机关各种方式的管理。即使对管理行为的合法性有争议，也应当通过法定程序和途径进行解决，不可擅自否定其确定力。

（三）环境与资源保护法律关系的客体

环境资源法律关系的客体是环境资源法主体的权利和义务所指向的对象。在环境资源法律关系中，如果仅仅只有主体和内容，而无权利义务所指向的具体事情，那么权利与义务则是无本之木，主体之间建立环境资源法律关系也就失去了意义。根据我们对环境资源法调整对象的认识，可以将环境资源法的客体确定为以下两类：

（1）环境资源，也称为自然资源。根据生态学上的最小限制率，任何一个环境要素的恶化都会导致整个环境质量的降低。所以，环境资源是一个综合体，任何一个环境要素的生态作用都不可忽视。在这里，我们指的是由法律所确认的人类赖以生存和发展的客观物质条件的总和，它包括大气、水、海洋、土地、矿藏、森林、草原、野生生物、自然遗迹、人文遗迹、自然保护区、风景名胜区、城市和乡村等及各种环境要素的生态效益、美学价值和其他非生态价值。

（2）环境行为。一般称之为环境资源管理行为，是指环境资源法主体在开发利用和保护改善环境的过程中，为达到协调人类与环境关系的目的而进行的有目的、有意识的活动。环境行为应该包括管理主体的行为和受控主体的行为。这种行为，可以表现为具有权力因素的环境资源管理行为，如环境资源管理机关的职权行为；又可以表现为具有财产因素的行为，如对开发利用环境者合法利益的保护、对环境资源的开发利用等。①

三、环境与资源保护法律事实

（一）环境与资源保护法律行为

根据法学原理，法律行为是指具有法律意义和属性，能够引起一定法律后果的行为，即能发生法律效力的人们的意志行为，或者说是根据当事人的个人意愿形成的一种有意识的活动。它是在社会生活中引起法律关系产生、变更和消灭的最经常的事实。在环境与资源保护法调整的社会关系中，根据主体的意志，能引起环境资源法律关系的发生、变更和消灭的行为即环境与资源保护法律行为。如工厂的排污造成周边农田减产、饮用水污染，周边村民享有向工厂请求赔偿的权利，而工厂亦有进行赔偿的义务。这种

① 吕忠梅，高利红，余耀军. 环境资源法学. 北京：中国法制出版社，2001.40~41

行为便是环境与环境保护法律行为。

(二) 环境与资源保护法律事件

法律事件是以法律规范规定的、不以当事人的意志为转移而引起法律关系形成、变更或消灭的客观事实。对于法律关系主体而言，都是不可避免，不以其意志为转移的。环境与资源保护法律事件即根据环境资源法律规范所规定，不以当事人的意志为转移而引起的环境资源法律关系形成、变更或消灭的客观事实。

第六节　环境与资源保护法的目的和任务

一、环境与资源保护法的目的

环境与资源保护法的目的指国家在制定或认可环境资源法时希望达到的目的或实现的结果，即环境与资源保护法的立法目的。它也是立法者对环境与资源保护法所要追求的价值目标的最直接、最明确的表达。我国目前采用的是二元目的，即经济、社会和环境保护的协调是值得追求的。环境与资源保护法不仅应该保护环境，维护人体的健康，亦应促进经济的发展。

(一) 保障人体健康、维护广大人民群众的环境权益

马斯洛认为，人类有五个层次的基本需要，依次是：生理需要、安全需要、社交需要、尊重需要和自我实现需要。人要生存，他的需要能够影响他的行为；人的需要按重要性和层次性排成一定的次序；只有当人的某一级的需要得到最低限度满足后，才会追求高一级的需要。需求从横向看可以分为两类，即物质的需求和精神的需求，从纵向看，这也是两个由低到高的层次。据此，我们也可以将环境法的功利价值分为两类，即物质功利价值和精神功利价值。物质功利价值分为高、低两个层次，对物质生存基础的追求是较低的层次，也是基础层次，它是作为生物的人的功利追求；对经济效益的追求是较高的层次，是作为社会的人以及经济的人的功利追求，诸如可持续发展就是这种经济功利价值的体现。精神功利价值包含两项内容，这就是对环境安全感和生活舒适权的追求。对环境安全感的追求是人类基本的精神功利价值追求，对生活舒适权的追求是随着社会的发展人们对环境法提出的另一项较高层次的要求。[①]

(二) 促进经济持续发展，以满足人民群众日益增长的物质和文化生活的需要

经济发展和环境保护相互促进、相互制约。实际上，经济、社会发展和环境保护是

① 刘建辉. 论环境法的价值. 河北法学，2003（2）

对立统一的辩证关系。环境和自然资源是经济、社会发展的物质基础，保护环境，维护生态平衡，促进生态系统良性循环，有利于经济、社会的发展；同时，经济、社会的发展又为防治污染、保护生态提供了有利条件。环境受到破坏，不仅影响工农业生产，而且危害人体健康。保护环境就是保护劳动力，就是保护生产力，促进经济的持续发展，与国际上倡导的“可持续发展”原则的基本含义是一致的。

二、环境与资源保护法的任务

（一）防治环境污染和其他公害

根据《环境保护法》第二十四条的规定可知，防治环境污染和危害就是指防治在生产建设和其他活动中产生的废气、废水、废渣、粉尘、恶臭气体、放射性物质对环境的污染，以及防止噪声、振动、电磁波辐射对环境的危害。防治“其他公害”则是一项补充性规定，主要是指防治除前述的环境污染和其危害之外，目前尚未出现而今后可能出现的，或者现在已经出现但尚未包括在前述的污染和危害之中的污染和危害。

与一些早期制定的有关法律比较，《环境保护法》和《海洋环境保护法》、《大气污染防治法》、《水污染防治法》、《中华人民共和国固体废物污染环境防治法》（以下简称《固体废物污染环境防治法》）、《环境噪声污染防治法》等，在防治环境污染和其他公害的规定中，具有以下三个特点：第一，《环境保护法》除明确规定了环境保护监督管理体制、排污者的责任和扩大了适用范围之外，还将原来按照每种污染物逐一设条改为概括性地规定各种污染物的一般防治措施，这种立法形式更加体现了该法的综合性基本法地位；第二，在各种污染防治法及《刑法》中，增设了近年来环境保护实践中涌现出来并行之有效的制度和措施，如污染物排放总量控制、排污许可证、淘汰落后的设备和工艺、禁止生产和使用有毒建筑材料、划定“两控区”、“污染防治重点城市”和“排污收费、超标处罚”等；第三，在法律责任部分，提高了处罚的力度，增设了新的处罚形式，在《刑法》中增设了“破坏环境资源保护罪”专节，等等。①

要实施防治环境污染和其他公害，无论是管理主体还是受控主体，必须要认真执行《环境保护法》和各种环境污染防治单行法的有关规定，继续实行环境影响评价、“三同时”、限期治理、淘汰落后设备工艺等制度；严格控制新的污染源，巩固和提高工业污染源主要污染物达标排放成果，努力控制污染物排放总量；抓好防治重点区域和重点行业，大力推行清洁生产，降低能耗物耗，减少污染物的排放量；强化核环境管理，严格核设施运行监督，积极防治电磁辐射污染。特别要明确的一点是，环境保护工作是各级人民政府的一项重要职责。《环境保护法》第十六条规定：“地方各级人民政府应当对本辖区的环境质量负责，采取措施改善环境质量。”因此，谁应当对环境质量负责有了明确的答案，只有上至中央、下至地方政府负起责任，才能顺利完成环境保护法的两大任务。

---

① 韩德培，陈汉光. 环境保护法教程. 北京：法律出版社，2003.32~33

(二) 保护和改善生活环境和生态环境，合理地利用自然资源

从西方一些发达国家的环境保护的实践中，我们知道先污染后治理的道路是行不通的。因此，仅将污染防治作为环境保护的任务是不够的，保护和改善我们赖以生存和发展的环境才是重中之重。要切实做好保护和改善生活环境和生态环境，重点是合理利用。虽然我国具有地大物博的优势，但也不能忽视我国人口众多的缺陷，因而如何合理利用就成了关键。《环境保护法》第一条规定："为保护和改善生活环境与生态环境，防止污染和其他公害，保障人体健康，促进社会主义现代化建设的发展，制定本法。"由此可见，它突出了对生态环境的保护和改善，尤其要加强对农业环境和海洋环境的保护和改善，它对大气、水、海洋、土地、矿藏、森林、草原、野生动植物等自然资源的保护，是作为环境因素加以保护的，并且主要是为了保护和改善生活环境和生态环境，防止在开发利用自然资源中造成环境污染和生态破坏。因为合理利用自然资源是保护和改善环境的重要途径，是实现该任务的手段。这不仅从理论上划清了环境保护法中的自然资源保护法与经济法中的自然资源管理法之间的界限，还指明了保护和改善环境与合理利用自然资源之间的关系，并要求人们在开发利用自然资源中要重视并采取措施保护和改善生态环境。这样，才能做到既保障了人体健康，又促进了经济和社会的可持续发展。

第七节　环境与资源保护法的适用范围和作用

一、环境与资源保护法的适用范围

(一) 对地域的适用范围

环境与资源保护法在空间的适用范围指环境资源法在哪些地方、区域有效力，可分为"域内效力"原则和"域外效力"原则。

"域内效力"原则指法律的效力及于国家主权所管辖的领域的规定。我国不同的环境保护法律、法规，在空间上的适用范围是有区别的，但一般都在所辖区内有效。全国人大及其常委会制定的环境保护法律和由国务院制定的环境保护条例、决定、命令等，一般均在全国范围内有效。但环境保护单行法律、法规，虽然在全国范围内生效，但其效力只在特定的范围有效。地方国家机关依法制定的地方性（包括少数民族地区）环境保护法规、规章，只在该辖区内有效。由于实行一国两制，环境保护法律、法规效力也不及于香港、澳门特别行政区。我国签订和参加的国际环境保护条约，与国内环境保护法具有同等效力，但国际环境保护法有不同规定时，适用国际环境保护法的规定。对跨行政区域的环境保护纠纷案件，除遵循在全国生效的环境保护法律、法规之外，原则上应以环境保护违法行为发生地的法律规范为依据。

“域外效力”原则即可在本国领域以外生效的原则。以《海洋环境保护法》为例，该法第二条第三款规定：“在中华人民共和国管辖海域以外，造成中华人民共和国管辖海域污染的，也适用本法”。这种“域外效力”一般都以有关国家缔结的国际条约为依据，才得以顺利贯彻实施。

（二）对人的适用范围

环境与资源保护法对人的适用范围是指环境资源法对哪些人发生效力，包括对哪些自然人和法人具有效力。

（1）属人主义指凡是本国人（包括自然人和法人及其他组织，下同），不论在国内或国外，均适用本国的法律，但对在该国领域内的外国人不适用。

（2）属地主义指一国的法律对其管辖领域内的所有人，不论本国公民或外国公民以至无国籍人都具有同样的效力，但在国外的本国人则不受该国法律的约束。

（3）保护主义指本国法律对任何损害该国利益的人都有约束力，而不论此人的国籍或所在国。

（4）综合型的原则即以属地主义为基础，把属地主义、属人主义和保护主义三者结合起来的原则。这是当今世界各国法律比较普遍的做法，我国也是如此。

根据我国《宪法》和《环境保护法》的规定，《环境保护法》对人的适用范围如下：一是对本国人的效力，一律适用于在本国境内的我国公民和法人。对于在我国领域外的我国公民和法人，原则上仍受我国《环境保护法》的保护，同时也有遵守我国《环境保护法》的义务；二是对外国人的效力，在我国领域内的外国人、外资企业及与外国合资、合作企业等，都必须遵守我国的《环境保护法》。

（三）在时间上的适用范围

在时间上的适用范围是指环境与资源保护法在什么时间生效和何时终止效力，以及在环境与资源保护法颁布以前对破坏或污染环境的行为是否有效力的问题。

1. 环境与资源保护法的生效时间

环境与资源保护法的生效时间一般有三种形式：

（1）立即生效，即自颁布之日起生效。这种形式在环境与资源保护法中比较少见。

（2）公布之日至一定期限后才生效。之所以公布之后不立即生效，而另行规定生效时间，是因为这些法律的贯彻实施，需要有一定时间进行准备。例如，思想准备，即通过广泛的宣传教育；又如业务准备，即包括由国家有关行政部门制定实施条例、细则和标准，建立各种必要的监督管理手段等；再如组织准备，即包括设立执法机构，组织监督管理队伍，以适应执法、司法的要求，等等。

（3）公布之后经过试行阶段再正式生效。在试行阶段该法是具有约束力的。之所以采用试行的形式公布，主要是针对技术性比较强，需要在实践中积累经验的立法。

2. 环境与资源保护法的失效时间

环境与资源保护法的失效时间一般也有以下三种形式：

（1）经修订的法律明文规定该法施行之后相应的原法律同时废止。例如《环境保护法》第四十七条规定："本法自公布之日起施行。《中华人民共和国环境保护法（试行)》同时废止。"

（2）规定与新法相抵触的原法律规范失效有两种情况：一是采用该法实施之日起与该法相抵触的原法律规范立即失效的形式；二是采用与该法相抵触的原法律规范，必须在该法公布之日起依据该法的规定予以修订，超过一定限期则自行失效的失效形式。

（3）随着新法的施行原有同类法律自动失效。

上述三种失效形式中，前两种是属于"明示废止"的情况，是"以法废法"的做法，为当今世界各国所普遍采用；后一种是"默示废止"。

3. 环境与资源保护法的溯及力问题

环境与资源保护法的溯及力问题，即环境与资源保护法对其生效以前的行为和事件是否有效力的问题。一般比照《刑法》的有关规定：

（1）从旧原则指新法对其生效以前的行为和事件没有溯及力。

（2）从新原则指新法对其生效以前的行为和事件有溯及力。

（3）从轻原则指新法与旧法比较，以对行为人惩罚较轻的法作为处罚的依据。

（4）从旧兼从轻原则指新法原则上不溯及既往，但新法对行为人惩罚较轻时，从新法。

（5）从新兼从轻原则指新法原则上溯及既往，但旧法对行为人惩罚较轻时，从旧法。

我国法律一般是无溯及既往的效力。但也有例外，有的法律明确规定有溯及力，如环境保护法中的《野生动物保护法》的个别法律规范具有溯及既往的效力。

二、环境与资源保护法的作用

（一）它是在环境与发展之间建立和谐关系的协调器

发展与环境存在着一种复杂的依存关系，两者相互制约、相互促进。发展经济不可避免地带来环境问题，维护和改善环境需付出一定代价，这是问题的一方面；另一方面，保护环境，就是保护资源，保护生产力。环境保护能促使资源、能源的节约、技术革新和综合利用，促使再处理技术的发展。环境质量的改善，不仅有助于经济增长，而且可以获得显著的经济利益；反过来经济发展又为保护和改善环境提供物质、技术基础。因此，不能只看到问题的一方面，更不能把两者对立起来。在我国经济比较落后的情况下，以牺牲环境为代价，片面谋求经济发展，其结果将重蹈资本主义国家公害泛滥的覆辙，不但不能稳定、健康地发展经济，还要付出巨大的社会代价，甚至使民族的生存与繁衍受到威胁。问题的关键在于，每一个国家都应找到一种适当规模和速度的合乎环境要求的发展方式，把发展经济与环境保护按照客观比例协调起来，做到既能使经济稳步健康地增长，又能保护和改善环境。

（二）它是实施可持续发展战略的推进器

环境与资源保护法通过调整和规范人们在开发、利用、保护、改善环境的活动中所发生的各种社会关系，对不符合可持续发展的高投入、高消耗、低产出、低效益的粗放型经济增长方式予以禁止和制裁，对符合可持续发展的低能耗、低物耗的集约型经济增长方式予以促进和鼓励；同时，要求对污染控制从源头抓起，推行“预防优先”原则，采取清洁生产方式，实现废物无害化、资源化；此外，还要求把对环境的负荷减少到最低限度，实行综合的环境整治计划，以确保当代人及其子孙后代均能“以与自然相和谐的方式过健康而富有生产成果的生活”。而正是环境与资源保护法这一作用的充分发挥，使得可持续发展战略得以顺利实施。

（三）它是保障人体健康，促进社会主义现代化建设的法律武器

进行经济建设，必须走可持续发展的道路，否则，将受到自然的惩罚，这是不以人的主观意志为转移的客观规律。但是，一些人并未认识到这个道理。他们有的认为，搞建设而破坏或者污染环境是难免的。有的认为，我国是发展中国家，首先要解决的是吃饭、就业的问题，引进一些污染严重的设备、工艺，先把经济搞上去，其余一切都好办。有的甚至以牺牲环境为代价去追求经济增长。上述的认识和做法显然是造成我国一些地区环境质量继续恶化的主要原因。要改变这种情况，国家在采取行政、经济、技术和宣教等手段来保护环境的同时，必须采取强有力的法律手段。当前，我国环境保护法“除了有些需要完善之外，关键在于严格执法”。要切实改变有法不依、执法不严、违法不究的状况。各级人民政府应当依法将环境保护规划纳入国民经济和社会发展计划，采取有利于环境保护的经济、技术政策和措施，力戒决策不当对环境造成严重破坏。行政、司法部门要“不负重托、不辱使命”，加大执法、司法力度，凡是破坏或者污染环境的，要依法追究其法律责任，决不姑息。同时要加强环境保护监督管理队伍的建设，严肃查处以言代法、以权代法、以法代刑等渎职行为。凡是保护和改善环境有显著成绩的，则依法给予奖励，做到赏罚分明。

（四）它是明确各种环境保护职责和权利义务的有效手段

在社会主义经济建设中，普遍存在的吃大锅饭、没有严格的责任制、赏罚不明等现象，严重阻碍了我国社会经济的发展，因此，以法律的形式明确各级主管部门环境保护的职责、企业内部法定管理者及其责任、公民权利义务、明确违反法律应负的各种责任，是加强环境管理不可缺少的重要措施，是其他形式不可代替的。

（五）它是维护国家环境权益，开展环境保护国际交流和合作的重要工具

由于环境是无国界的，所以环境问题造成的危害性叠加效应往往超越了国家的界线。臭氧层破坏、温室效应、海洋污染、放射性物质泄漏等，其危害范围往往跨越国境，这就涉及国家间环境权益的维护问题。近年来，随着对外贸易、引进外资和旅游事业的发展，一些发达国家或者地区向我国内地转嫁污染；一些地方还发生外来物种的入侵和珍贵、濒危野生动植物被偷运出境等污染和破坏环境的行为。为了维护我国的环境权益，环境保护法已出台相应的规范，例如，“禁止引进不符合我国环境保护规定要求的技术和设备”，“造成环境污染的设立合资企业申请不予批准”，“禁止中国境外的固体废物进境倾倒、堆放、处置”，等等。这些规定，体现了环境保护法在维护我国环境权益的重要作用，有关部门、企事业单位和个人，要结合我国加入世界贸易组织后面临的新形势、新任务，正确运用《环境保护法》的有关条款，维护国家、单位和公民个人的环境权益。

20世纪80年代以来，我国政府积极参与国际环境保护事业，签署了多项国际环境保护条约。如关于保护臭氧层的《维也纳公约》及其议定书、关于控制危险废物越境转移及其处置的《巴塞尔公约》、《气候变化框架公约》、《生物多样性公约》、《联合国海洋法公约》等，我国参与了自1972年以来的四次联合国环境会议，此外，我国还加强了与周边国家和地区的环境保护交流和合作。我国代表在各种国际环境保护会议上多次表示，愿为保护和改善全球环境作出积极的贡献，但是不能承诺与我国发展水平不相适应的义务。世界环境的恶化主要是发达国家造成的，它们理所当然应该在这方面多负责任。我国坚决反对一些发达国家借环保问题干涉别国的内政，在国内环境保护立法方面也体现了我国政府这一原则立场。

【案例分析】

【案情】1999年3月24日，台州市东海海运有限公司（以下简称“台州公司”）下属的“东海209轮”与中国船舶燃料供应福建有限公司（以下简称“福建公司”）下属的“闽燃供2轮”在珠江口水域发生碰撞。“闽燃供2轮”泄漏的200吨重油造成珠海市部分水域及海岸带污染，海洋生态环境和资源遭到破坏。为减少损失，珠海市环保局投入大量人力、物力、财力进行油污清理工作，并采取了相应的预防措施。

为了弥补环境和渔业资源损失，珠海市环保局和广东省海洋与水产厅，一纸诉状将台州公司和福建公司告上了法庭。广州海事法院经过审理，认为这是一宗海域污染损害赔偿纠纷案，原告主体资格符合法律规定，有权代表国家对责任者提出损害赔偿要求。对珠海市环保局判决：①被告福建公司向原告广东省珠海市环保局赔偿损失707.972 4万元。②驳回原告珠海市环保局对被告台州公司的诉讼请求。对广东省海洋与水产厅判决：①被告福建公司赔偿国家天然水产品直接经济损失265万元及利息，原告广东省海洋与水产厅受领后应转呈国库。②驳回原告广东省海洋与水产厅的其他诉讼请求。③驳回原告广东省海洋与水产厅对被告台州公司的诉讼请求。福建公司不服一审判决，上诉至广东省高级人民法院，随后又申请撤回上诉。2001年6月18日，广东省高级人民法院终审裁定准许撤诉，双方均按一审判决执行。[①]

【问题】本案中珠海市环保局和广东省海洋与水产厅是否具备提起民事诉讼的资格？

【解析】本案原告资格问题实际上取决于有关主管部门能否代表国家对责任者提出损害赔偿要求。对于国家所有的自然资源和资产，我国法律的普遍规定是：国务院代表国家行使所有权。既然国务院行使所有权，在国家所有的自然资源和资产的所有权受到

①案例来源：王灿发. 环境与资源保护法案例. 北京：中国人民大学出版社，2006. 308

侵害时，当然可以通过民事诉讼寻求救济，但是，只有国务院才能行使民事起诉权。不过，鉴于事实上国务院不太可能行使该项权利，这种现象将会导致在国家所有的自然资源和资产的所有权受到侵害时不能像私人所有权一样受到《民法》的保护，我国在国家所有权的保护方面确有必要建立行之有效的制度，如授权地方政府或者对国有自然资源和资产行使管理权的部门行使国家所有权，这样，地方政府和有关部门就可以通过《民法》对国有自然资源和资产所有权受到侵害的行为进行保护。

第二章 环境与资源保护法的基本原则

第一节 环境与资源保护法基本原则概述

一、环境与资源保护法基本原则的概念和特征

"原则"一词与英文中的"principle"有相通之处，根据《布莱克法律词典》的解释，"principle"一词可以从以下四个方面来理解：①法律的基本原理和学说；构成其他规则或学说的基础或者来源的规则和学说；确立的行为规则、程序和司法判决。②一项明晰的原理或论点，除非有更明晰的论点，否则不能对之予以反驳。③构成一个主体或者主体的组成部分的核心。④一门学科的理论部分。[①]可见，原则是事物的本源或精神之所在，由此，可以将法律原则界定为：为其他规则提供基础性或本源的综合性规则或原理，是法律行为、法律程序的决定性规则，是法律的基础性真理、原理。法的基本原则贯穿于整个法律体系的始终，体现了法的基本价值，反映了一国社会经济生活条件的本质要求。基于此，我们可以将环境与资源保护法的基本原则界定为：为环境与资源保护法所确认的，贯穿于整个环境与资源保护法体系，体现环境与资源保护法基本特点和环境保护工作基本方针、政策的基本准则。可以说，在环境与资源保护法中，其他制度或规范要么是基本原则的具体体现，要么是基本原则得以贯彻实施的手段，因此，基本原则是环境与资源保护法的精神、灵魂。

概括起来，环境与资源保护法的基本原则具有如下特征：

（1）环境与资源保护法的基本原则，必须由环境与资源保护法规定确认或体现，具有法定性。法定环境与资源保护法的基本原则不是随意确定的，不是谁认为某一条重要就可以列为基本原则，它应该是由法律确认并且在环境与资源保护法中有所体现的。法定环境与资源保护法基本原则与学理环境与资源保护法基本原则性质不同，法定原则具有法律效力，学理原则只有理论性，没有法律效力。学理原则对法定原则有指导意义，如被立法者采纳，经法律确认后则成为法定原则，我国《环境保护法》中有关环境影响评价制度的规定就是对学理上"预防为主"原则的体现。

（2）环境与资源保护法的基本原则，必须是环境与资源保护法这一新兴的、独立的法律部门所特有的原则，同一般立法、司法原则是有所不同的。环境与资源保护法的基本原则具有部门法的特性，它必须是环境与资源保护法所特有的原则，而不是从环境科学角度提出的环境科学研究的原则，也不宜把我国法律的通用原则或我国法制建设中的

---

① *See Black's Law Dictionary*，West Publishing Co.，1979，p.1074

共同原则当作环境与资源保护法的基本原则。例如，立法原则中的实事求是、群众路线，司法原则中的以事实为依据、以法律为准绳及法律面前人人平等的原则等，这些是一般立法、司法所要遵循的原则，环境与资源保护法当然不能例外，但环境与资源保护法的基本原则是环境与资源保护法自身特殊性的体现，具有自身的特点，其也是环境与资源保护法与其他法律部门相区别的一个重要尺度。

（3）环境与资源保护法的基本原则是环境保护的基本方针、政策在法律上的体现，是贯穿于整个环境与资源保护法的，具有普遍意义和指导性的规范环境与资源保护法的基本原则。环境与资源保护法的基本原则具有普遍指导性或者原则性。基本原则不同于具体原则，不宜把环境与资源保护法中所确认的、只适用于某个特定领域或者特定对象的个别原则或个别政策称为环境与资源保护法的基本原则。一部法律通常包含基本原则和具体原则，其中，具体原则一般只是适用于该法律的某一个特定领域的准则，而基本原则则是适用于该部法律的全部领域的准则。对于环境与资源保护法的基本原则而言，其与具体原则的区别主要表现在：①基本原则是环境与资源保护法的根本准则，贯穿于整个环境与资源保护法，统率环境与资源保护法的各项制度及规范；具体原则是某个或某些环境法制度的一般准则，适用特定的范围。②基本原则体现了环境与资源保护法的基本价值，是环境立法、执法、守法及研究环境与资源保护法的总指导思想；具体原则虽然也体现基本价值，但直接反映的是特定的普通价值，仅仅是法定领域或环节的指导思想。③基本原则是国家对环境法律关系的基本政策的集中体现，反映的是社会经济生活条件的本质要求；具体原则所体现和反映的往往间接一些。[①]因此，环境与资源保护法的基本原则，必须是在环境法制中得到广泛适用，构成环境与资源保护法的基础和核心，并适用于环境法制的各个环节和所有领域的原则，而不是仅仅适用于某个环节、某个领域的具体原则。

二、环境与资源保护法基本原则的功能

环境与资源保护法基本原则的功能，是法定环境与资源保护法基本原则在环境与资源保护立法、司法和环境与资源保护活动中的作用。环境与资源保护法基本原则的功能可以作如下概括：

（一）指导功能

环境与资源保护法基本原则的功能突出表现在它的指导性，基本原则对立法、司法和环境与资源保护活动均有指导意义。立法者在制定环境与资源保护法规范时，立法的出发点和指导思想是什么？环境与资源保护法所反映的社会经济文化制度的本质特征是什么？用什么样的条款高度概括这些出发点、指导思想和本质特征？这些都属于立法思想、立法政策、立法理论的范畴，落实在概括性条款上就成为环境与资源保护法基本

① 齐树洁，林建文. 环境纠纷解决机制研究. 厦门：厦门大学出版社，2005.57

原则。

司法机关以环境与资源保护基本原则为指导，才能正确理解、解释和适用环境法规范正确处理环境案件。在法律规范存在漏洞的情况下，需要法院造法，这是各国环境与资源保护立法与司法经验的总结。法院造法必须以环境与资源保护基本原则为指导。

环境法律关系主体确立了环境与资源保护法的基本原则，在进行各项环境与资源保护活动时也就有了基本准绳，便于对自己的行为作出正确的预测、指引。

（二）约束功能

环境与资源保护法基本原则是原则性环境与资源保护法规范，它对环境与资源保护立法、司法和环境与资源保护活动均具有约束力。环境与资源保护法基本原则对环境与资源保护法中的具体规范和单行环境与资源保护法律规范，都具有约束力，即环境与资源保护法律规范不能违反环境与资源保护法基本原则。环境与资源保护法基本原则对环境与资源保护司法活动具有约束力，法官适用环境与资源保护法律规范（特别是灵活性较大的环境与资源保护法律规范）如果偏离环境与资源保护法基本原则，形成错判，则应当依法定程序予以纠正。环境与资源保护行为也受环境与资源保护法基本原则的约束，违反环境与资源保护法基本原则的行为不受法律保护。

（三）补充功能

环境与资源保护法基本原则在环境与资源保护法律规范中处于统率与指导地位，有时又对具体环境与资源保护法律规范起补充作用。虽然环境与资源保护法基本原则不具有法律规范所要求的具体构成要件与法律后果，但从环境与资源保护法基本原则的立法发展看，环境与资源保护法基本原则在立法上的确定，正是克服成文法局限性的产物，是用基本原则弥补成文法不足的需要。由于立法者的认识有局限性；由于法律具有稳定性，不应朝令夕改；由于社会关系不断发展，立法不可能穷尽一切，因此现行法规往往不能完全适应社会实际的需要。在新的环境与资源保护法律关系发生而无具体法律规范的情况下，司法机关可以直接适用环境与资源保护法基本原则处理案件，环境与资源保护主体也可以援用基本原则作出行为，处理问题。从这个意义上说，环境与资源保护法基本原则是原则性环境与资源保护法律规范，是具体法律规范的补充。

我们还应当看到，环境与资源保护法的基本原则不是一成不变的，它只是一定时期在根据环境问题的特点及其解决方法的认识的基础上形成的。根据前面对环境与资源保护法基本原则的界定，联系我国相关的环境与资源保护法律、政策，本教材认为，环境法的基本原则应该包括以下方面：协调发展原则、公众参与原则、风险预防原则、环境责任原则。以下将逐一进行阐述。

第二节 协调发展原则

协调发展原则又称环境、经济、社会可持续发展和协调发展的原则，是指为了实现经济社会的可持续发展，必须做到环境保护与经济建设和社会发展统筹兼顾、有机结合、共同进行，以实现人类与自然的和谐共存，使经济和社会发展持续、健康地运行。

一、协调发展原则的形成和发展

人类生存繁衍的历史可以说是人类社会同大自然相互作用、共同发展和不断进化的历史。人类在发展的过程中取得了辉煌的成绩，但也遭受到了自然环境一连串的沉重打击和报复。选择什么样的生存与发展模式以及如何实现它，一直是困扰人类的重大问题。从对大自然的顶礼膜拜到对“人定胜天”的自信，进一步到对协调发展的认识和对可持续发展的着手实施，是人们长久以来在环境保护实践中得出的经验和教训的总结。

从国外看，工业革命以来随着生产力的不断发展，一方面，人类在改造自然和发展经济方面成绩斐然；另一方面，“高生产、高消费、高污染”的发展模式导致了公害问题和能源问题的出现，面对大自然的疯狂报复，人类开始反思自己的行为，提出了不同的发展方式：①悲观论：1972 年，以 D.L.米都斯为首的美国、挪威、德国等一批西方科学家组成的罗马俱乐部提出了关于世界趋势的研究报告——《增长的极限》。该报告认为，我们只有一个地球，而其适合人类生存的条件又是非常有限的，如果人类按照当前的发展模式继续走下去，世界就会面临一场“灾难性的崩溃”，人类将走向地狱之门，而避免人类灾难的最好方式就是限制增长，即“零增长”或“负增长”。②乐观论：一批专家学者奉行“技术至上”，认为科学的进步对资源的利用效率的提高，将有助于克服困难，人类在不谈环境保护的情况下，已经生存了几百万年，今后仍会继续生存下去，“车到山前必有路”，随着技术的不断进步，一定能找到解决问题的办法，当时发表的《资源丰富的地球》、《没有极限的增长》和《多疑的环境保护论者》代表了他们的观点。可见，人类为寻求一种合适的经济发展模式进行了不断的努力，在人类的不断摸索、实践过程中，逐渐形成了第三种发展模式，即体现可持续发展思想的新的发展模式——环境与经济、社会协调发展的模式。1972 年，在瑞典首都斯德哥尔摩召开了联合国人类环境会议，大会通过的《人类环境宣言》宣布：“为了这一代和将来的世世代代保护和改善人类环境，已经成为人类的一个紧迫的目标，这个目标将同争取和平和全世界的经济与社会发展这两个既定的基本目标共同和协调地实现。”可以认为，当时人类已经开始认识到环境与经济、社会发展相协调的重要意义。1987 年，由挪威首相布伦特兰夫人领导的世界环境与发展委员会发表了著名的《布伦特兰报告》，即《我们共同的未来》[1]，该报告在对传统的发展模式进行反思和批判的基础上提出可持续发展的思想，即“可持续发展是既满足当代人需求，又不妨碍后代人满足其需求能力的发展”。但遗憾的是当时人们对此观念尚未完全接受。在传统发展模式下，世界环境状况进一步恶化，发达国家经济增长同环境保护之间的矛盾日益突出，发展中国家更处于环境与经济双重恶化的困境，与此同时，跨国环境污染问题也愈演愈烈，环境恶化已经成为制约全人类生存和发展的重大问题，在此背景下，1992年，联合国在里约热内卢召开了联合国环境与发展大会，大会通过的《里约环境与发展宣言》（以下简称《里约宣言》）和《21世纪议程》，第一次把可持续发展由理论和概念推向行动，把可持续发展作为未来共同发展的战略。由于有183个国家和地区的代表团、102位国家元首参加此次联合国环境与发展里约会议，因而可以认为，“环境、经济、社会可持续发展和协调发展”的原则已经成为全世界的共识。

就我国来讲，早在20世纪70年代初，我国就在国家计划工作中提出了“要把防止污染、保护环境列入国民经济计划中去”的经济政策。1973年11月，《国务院批转国家计划委员会关于全国环境保护会议情况的报告》的批文中就已经强调“经济发展和环境保护，同时并进，协调发展”。1983年年底召开的第二次全国环境保护会议，是该原则发展的一个里程碑，会议制定了“经济建设、城乡建设和环境建设要同步规划、同步实施、同步发展，实现经济效益、社会效益、环境效益的统一”的战略方针。我国《环境保护法》（1989年）第四条规定：“国家制定的环境保护规划必须纳入国民经济和社会发展计划，国家采取有利于环境保护的经济技术政策和措施，使环境保护工作同经济建设和社会发展相协调”，由此可知，可持续发展思想已经得到我国环境法的确认。在里约环境大会之后，我国积极贯彻大会精神，国务院于1994年通过了《中国21世纪议程》，提出了“人口、经济、社会、资源和环境相互协调、可持续发展的总体战略、对策和行动方案”。迄今为止，可持续发展、协调发展的原则已经成为指导我国环境法制建设的基本性原则，可持续发展的思想已经成为我国经济发展的一个战略性要求。

二、协调发展原则的内涵

协调发展原则是当代环境立法的首要基本原则，它不仅反映了当代环境法的实质，体现了当代环境法的价值取向，同时也符合当代环境法的发展趋势，是我国环境社会工作的基本出发点和战略方针，其内容主要包括两个方面：

（一）可持续发展

如前所述，可持续发展是既满足当代人的需要，又不对后代人满足其需要的能力构成威胁的发展。它要求人类在发展中讲究经济效益，关注生态和谐和追求社会公平，以期达到人类的全面发展，它所寻求的是社会、经济、环境各要素之间相互协调的发展，

① 世界环境与发展委员会. 我们共同的未来. 国家环境保护局外事办公室译. 北京：世界知识出版社，1989

我们可以这样认为，可持续发展是以人类的全面发展为中心的“生态—经济—社会”三维复合系统的运行轨迹与发展态势。它体现了生态、经济、社会三位一体的发展模式，即可持续发展是以经济可持续发展为基础，以生态可持续发展为条件，从而达到整个社会的可持续发展的一种发展模式。

可持续发展本质上是有限度的发展，即对发展需要限制。我们可以从“需要”和“限制”两个方面来理解可持续发展：①需要，指的是人类需求的满足，包括满足全体人民的基本需要和改善生活的需要，这是发展的主要目标。人类要发展，尤其是穷人要发展。对于发展中国家，在基本需要还没有满足的情况下，经济的增长更需要优先考虑。②限制。首先是通过社会管理机制和科学技术，对向自然的索取和投入加以限制，以保持对环境和资源的永续利用，保持可持续发展，即我们的发展是有限度的，不能危及子孙后代满足其需求的发展。这里的关键因素是人口控制，人口增长是给环境和资源造成压力的根源。其次是协调社会发展与经济发展，只有人口增长、社会与经济发展同环境与资源相协调，可持续发展才能进行下去。[①]可持续发展包括自然资源与生态环境的可持续发展、经济的可持续发展和社会的可持续发展，是三者的协调统一。

（二）协调发展

协调发展是从环境保护与经济建设之间的相互关系的角度对发展方式提出的一种要求，这种发展方式既要符合经济规律，也要符合生态规律。“零增长”和“先污染后治理”的观点都是行不通的。协调发展的内涵是指经济建设和环境保护必须同步规划、同步实施、协调发展，实现经济效益、社会效益和环境效益的统一。协调发展的原则从根本上否定了传统发展思想中只追求国民生产总值和国民收入的增长，而不顾环境资源严重破坏和枯竭的价值观念，从人类的生存和发展的整体出发，界定了环境资源在社会经济发展中的地位和作用。强调应保护和加强环境系统的生产和更新能力，根据生态系统持续性的条件和限制因子，调整生产方式和资源需求，公平分配有限的环境资源，满足发展需求，更加重视高效地利用有限的环境资源，使环境开发利用与保护相协调，满足发展需求。应在生态系统保持相对稳定的范围内，确定环境资源消耗标准，增加对有利于环境保护的产业、产品的支持和鼓励，限制或禁止严重污染环境的产业、产品的发展，加强环境保护与经济建设、社会发展的统筹规划、同步实施、协调发展，实现经济效益、社会效益与环境效益的统一，实现经济、社会、环境相互协调的可持续发展。

可持续发展战略的实施，要求保护整个生命支撑系统和生态系统的完整性和持续性，发展不应损害支持地球生命的自然系统，不能超越资源与环境的承载能力。因此，环境法应向对环境整体的、持续的保护方向发展。

三、协调发展原则的贯彻

可持续发展是协调发展原则的灵魂所在。可持续发展是以自然资源的可持续利用和

① 金瑞林. 环境与资源保护法学. 北京：北京大学出版社，2006.103

良好的生态环境为基础，以经济、社会的可持续发展为前提，以谋求社会的全面进步为目标的。我国处于社会主义初级阶段，经济不够发达，人均资源相对不足，生态环境基础薄弱，经济发展与生态环境之间矛盾十分突出，实施可持续发展战略对我国来说尤其重要。在社会的工业化日益加强的今天，环境问题是可持续发展理念中最需要关注的问题，而可持续发展理念是解决环境问题的根本出路。因此，协调发展原则应体现于国家各个层次的决策和各项行动计划中，应将“环境与经济、社会的协调发展”作为国家建设的一个基本目标。

(一) 将环境保护纳入经济、社会发展计划与决策之中，并通过一定的法律予以规范

首先，协调原则应作为指导综合决策的基本原则，促进建立健全综合决策机制和协调管理机制。国家领导机关和综合决策部门在进行综合决策时，应考虑、维护和促进环境、经济、社会三方面的可持续发展和协调发展；其次，协调原则作为市场经济的目标，应贯穿于国家计划调控之中，我国的国民经济和社会发展计划从“六五”计划开始就对环境保护作了专门规定，提出了环境保护的目标、要求和措施，使环境保护从国家计划上得到保证。从 1992 年开始，在国民经济和社会发展年度计划中也列入了环境保护指标。1996 年 3 月 5 日，八届全国人大四次会议审议通过了《关于国民经济和社会发展“九五”计划和 2010 年远景目标纲要》，明确了要试行经济体制和经济增长方式这两个根本性转变，把科技兴国和可持续发展作为两项基本战略，并提出：“到 2000 年，力争使环境污染和生态破坏加剧的趋势得到基本控制，部分城市和地区的环境质量有所改善。到 2010 年，基本改变生态环境恶化的状况，城乡环境有比较明显的改善。”在随后的“十五”规划和“十一五”规划中都体现了环境保护与经济、社会协调发展和可持续发展的战略思想；再次，协调发展要求人们改变传统的生产方式和生活方式，改变人类对于自然的态度，在开发和利用自然资源的同时，必须注重对环境资源的保护。因此，实现协调发展必须以法律作保障。为了实施可持续发展战略，我国应把协调发展作为环境资源立法的指导思想，通过修改旧法，制定新法，把可持续发展贯彻到环境资源法律、法规之中，协调发展原则应体现于所有的环境法律、法规和整个环境法制建设过程。

(二) 将环境保护纳入到有关部门的经济管理与企业管理中去

协调发展原则的贯彻不但包括宏观上的政策、计划，还应体现在微观上的对环境污染的控制和自然资源保护上，即要把环境管理和资源管理，包括对大气、海洋环境、水、环境噪声、固体废物等的污染防治，对土地、水、森林、草原、渔业、矿产资源的保护和合理开发、利用等，都要纳入和渗透到有关部门的经济管理与企业的生产管理中，而且要规定具体的考核目标以及相应的监督检查制度。当前我国的经济发展基本上仍然沿用着以大量消耗资源粗放经营为特征的发展模式，采用这种模式，要保持经济快速增长，而开发强度又不超过环境承载能力是不可能的，因为粗放经营需要大量投入、大量消耗资源才获得经济快速发展，必然排污量大、过度开发资源，这不但损害环境，也会使经济发展难以为继，因此，我们应推行循环经济管理模式，实现资源的可持续利用。

此外，诸如推行绿色 GDP 的国民经济核算体系，认真贯彻执行《中国 21 世纪议程》，加强公民可持续发展意识的培养，加强环境监管力度，参与制定和加入有关条约或宣言，使保护环境和资源的有关措施成为国际社会的共同行为准则，并形成明确的行动计划和纲领等也能很好地保证协调发展原则的贯彻。

第三节　公众参与原则

一、公众参与原则的形成和发展

加强国家对环境的管理，维护环境质量，需要公众的广泛参与。在社会学中，公众参与是指社会团体、组织或个人作为主体，在权利义务范围内代表社会公众利益而非私人利益从事有目的的社会活动的行为；在法哲学中，公众参与是民主政治的本质特征和根本需求，体现了民主的现代形式，是民主原则在环境保护领域的延伸。一般认为，公众参与原则得以形成和发展的力量源泉有两个：一是“公共信托论”；二是“环境权”理论。

（一）关于“公共信托论”

“公共信托论”是公众参与环境保护原则的重要理论基础。“公共信托论”源于罗马法，基本含义是：空气、水、河流及其他自然资源本质上属于公民的共同财产，应基于公共利益之目的由政府或其他组织以信托的形式加以管理和利用。而现代的“公共信托论”是由美国学者萨克斯教授发展而来的。萨克斯教授认为，空气、水、阳光等环境要素之于人类生活不可或缺，我们应该摒弃将环境要素当作“自由财产”的传统做法，使其成为所有权的客体，将其视为全体国民的“公共财产”，国民为了合理利用和保护这些“公共财产”，将其委托给国家，由国家加以管理，国民与国家之间是委托方与受托方的关系，国家作为全体共有人的委托代理人，为了全体国民的利益，必须对全体国民负责，不得滥用委托权，应当对环境资源予以保护和维持，因此，为了确保政府更好地履行受托人之义务，公众参与环境保护就很有必要。

（二）关于“环境权”理论

“环境权”理论是公众参与环境保护的另一个重要理论根据。1960 年，联邦德国的一位医生向欧洲人权委员会提出控告，认为向北海倾倒放射性废弃物的做法违反了《欧洲人权条约》中有关保障清洁卫生环境的条款，这就引发了一场关于环境权法律依据的大讨论。1970 年 3 月，在日本东京召开了公害问题国际座谈会，会后发表的《东京宣言》提出了环境权，即把每个人享有其健康和福利等要素不受侵害的环境的权利和当代传给后代的遗产应当是一种富有自然美的自然资源的权利，作为一种基本人权，在法律体系中确定下来。在20世纪六七十年代，美国也掀起了有关环境权的争论，萨克斯教授的“公共信托论”为公民享有环境权提供了依据。他认为，就环境资源而言，公民与政府的关系是委托人和受托人的关系，政府作为受托人，负有使公民的环境资源得到合理管理和不受破坏的义务，而公民则享有在良好的环境下生活的权利，环境权是一种法律上的合法权利，环境权可以通过公众参与法律机制以及诉讼机制得以保障和实施，环境权应当成为构建环境法制的根基。在他的倡导下，密歇根州于1970年通过了《密歇根环境保护法》，该法规定：“为保护空气、水和其他自然资源和这些资源的公共信托免受污染、损害或破坏，检察总长或任何人可对任何人维持诉讼，请求确认性救济和衡平法上的救济。”此规定通过公益诉讼制度使公众参与法律制度得到了保障，从而成为美国公众参与环境保护法律的典范。

随着理论研究的不断深入，公众参与原则在许多国家的法律中得以体现。如美国1969年通过的《国家环境政策法》、日本1969年的《东京都公害防止条例》及《德国宪法》、《波兰宪法》等都相继在立法上贯彻了公众参与环境管理的原则。而公众参与原则为世界所普遍接受，则体现在1972年联合国人类环境会议上通过的《人类环境宣言》，该宣言庄严宣布：“人类有权在一种能够过尊严和福利的生活环境中，享有自由、平等和充足的生活条件的基本权利，并且负有保护和改善这一代和将来的世世代代的环境的庄严责任。”其后的《世界自然宪章》、《里约宣言》等一系列世界性的文件都体现了公众参与原则。就我国来看，环境公众参与原则正在成为我国环境保护法的指导性原则，我国《宪法》、《环境保护法》、《中华人民共和国环境影响评价法》（以下简称《环境影响评价法》）、《水污染防治法》、《噪声污染防治法》等都体现了环境公众参与原则。

二、公众参与原则的内涵

公众参与原则是指在环境与自然资源保护领域，公众有权通过一定的程序或途径参与一切与环境利益有关的决策活动，并有权受到相应的法律保护和救济，以防止决策的盲目性，使得该项决策符合广大公众的切身利益。我国是社会主义国家，人民是国家的主人，环境与资源保护的公众参与原则实质上是人民民主和党的群众路线在环境保护工作中的体现，其实质是依靠人民群众保护环境和依靠法制捍卫人民群众的环境利益，它是环境与资源保护法的公益性、社会性的体现。

（一）任何公民和社会组织都享有环境保护的权利，同时也负有环境保护的义务

环境资源的“公共物品”属性决定了防治全球性的环境污染和保护、改善地球环境不是个别人的事业，而是全人类的事业。全人类的事业必须是正义、公平的事业，必须实行民主、依靠全人类即公众的积极参与。公众参与原则是民主主义在环境管理及其相关事务中的延伸，是民主精神在环境领域里的具体体现和贯彻。我国环境法之所以要确立公众参与原则，是出于实现社会主义民主政治的需要。我国《宪法》明确规定：“人民依照法律规定，通过各种途径和形式，管理国家事务，管理经济和文化事业，管理社

会事务。”《环境保护法》也对公众参与原则作了规定。这表明，我国公众可以参与政治和社会生活各个领域事务的管理，环保领域也不例外，体现了人民当家作主的理念。此外，由于现今的环境保护问题具有综合性、复杂性和广泛性等特点，必须依靠全体民众的力量才能解决，任何公民和社会组织都享有环境保护的权利，同时也负有环境保护的义务，唯有如此，才能实现对环境全面、系统、有效的管理，才能协调好人与环境的关系、实现人与自然的和谐共处。

（二）实施环境公众参与原则有利于提高和强化全民族的环境意识和环境法制观念，树立保护和改善环境的良好社会风气

我国当代民众的环境意识不够强烈，主要表现在其普遍漠视环境问题、环境科学知识贫乏和消极对待环境保护活动等诸多方面，故公众参与无法具体操作，即使是相关的环保专家代表了公众的意见，参加一些环境影响评价，但是他们的意见是否被采纳，为何采纳或不采纳，是专家意见重要还是政府官员意见重要，还缺乏法律的规范，与公众的环境意识贫乏对应，政府官员的环保意识和知识也较缺乏，其公众参与的法律意识和政治意识都不足。群众的环保意识主要集中在环境遭到污染后，该如何行使权利予以追究责任的“事后意识”上，针对预防环境污染的环境影响评价制度的“事前意识”不强，有的群众根本不知道自己有这项权利，对于如何行使更是一无所知。还有的群众认为这项权利可有可无，采取无所谓的态度。根据国内的多项调查结果，我国居民的环境意识明显成二元结构，即“日常生活环境意识较高”，而“生态环境意识薄弱”，是一种典型的“自我保护型”环境意识。国家环保总局和教育部调查显示多数被调查者的环境意识模糊，公民的低度参与比为65.8%，高度参与比为8.3%，公众普遍对自身努力和民间自上而下的环保活动没有信心，更谈不上参与环评及环境决策等具有更高政治含量的环境保护行为。因此，必须对公众加强宣传，公开信息，培养其环保意识。环境公众参与原则能唤醒群众的环保意识，为其积极参与环境保护工作提供保障。

（三）实行环境公众参与原则可以使公众对政府的环境资源决策进行监督

2007年8月24日，合肥市环境保护科学研究所将合肥港总体规划环境影响报告书挂在合肥市环保局网站上，征求公众的意见。9月4日，为期10天的“合肥港总体规划环境影响报告书二次公示”结束。但在这10天内，有关部门并没有接到市民关于这份规划环评的意见和建议。其实，合肥港规划与市民息息相关，而环境影响报告书也指出，施工中产生的“三废”及垃圾可能对附近造成污染，规划实施后船舶、车辆等也可能产生有毒、有害气体和大量废水。合肥市环科所有关工作人员说，以前公示的很多环评也同样遭到冷遇，很少有市民主动提出意见。对此，安徽省环保局宣教处高级工程师陶绪凯分析说：一是因为很多人这方面的意识不够，像环保这样看起来并不直接涉及个人利益的事情可能被忽视；另外，一些环评编制单位的宣传力度还不够，导致一些市民根本不知道所谓的环评公示。合肥市民江先生说：“平时没有习惯上环保局的网站，如果能在大众媒体或者知名网站上公示，传播范围就更广了。”因此，在法律上确立公众参与原则为公众对政府环境资源决策行为的监督提供了法律依据，使公众能更好地参与

到环境保护事业中来。

(四) 环境公众参与原则使公民参与环境资源保护的权利得到法律上的保障，规范了公民参与的各种途径和程序

环境公众参与原则的确立，一方面是由于政府管理环境的成本过于高昂和公众对政府应付日趋严重的环境危机的能力持怀疑态度，另一方面是为制约环境权力，维护公众的环境权益。孟德斯鸠认为：“一切有权力的人都容易滥用权力，这是万古不易的一条经验。”博登海默也认为：“一个拥有绝对权力的人试图将其意志毫无拘束地强加于那些为他所控制的人。”如果得不到有效的规制和约束，环境权力也随时存在着异化的可能性，环境权力权利化的现象普遍存在，从而对人们的环境权益构成威胁。政府并不总是环境权益的最忠实守卫者，由于政府承担着诸多的职能，其中立性是极其有限的，导致人们的环境权益往往成为达成经济目标实现的牺牲品。鉴于此，我们就完全有必要构建“参与性社会”，确立环境公众参与原则。知情权与参与权是保证公众参与原则得以实现的重要内容，前者更是保证后者实现的前提条件。环境信息必须要透明，公共当局持有的诸如环境规划和计划、环境调查报告、环境影响评价报告等资料应当向公众公开提供或者以某种方式让其查阅。环境政务要公开，也就是环保决策要公开，公众有权了解有关决策的制定依据和程序。并且，为保证公众的知情权和参与权，国家还应当进一步通过专门立法，逐步建立健全公众参与环境管理的法律制度，使公众参与环境管理的主要途径、程序和内容制度化、具体化、正规化，具体包括：通过立法明确公众参与环境管理的权利与义务，如公众的环境信息知情权、环境信息传播权、环境决策参与权和环境政策监督权，等等；通过立法明确公众参与环境管理的主要途径、形式和程序；通过立法明确国家机关对公众参与环境管理的职责，建立公众参与环境管理的保障机制。[①] 如此一来，环境公众参与原则就能很好地得以贯彻实施，公民参与环境资源保护的权利也得到法律上的保障。

三、公众参与原则的贯彻

(一) 通过立法确立公民的环境权

我国现行法律没有明确规定公民的环境权，但在一些法律中隐含体现了对公民环境权的保护，如《宪法》第二十六条规定：“国家保护和改善生活环境和生态环境，防治污染和其他公害。”我国《环境保护法》第六条规定：“任何单位和个人都有保护环境的义务，并有权对破坏环境的单位和个人进行检举和控告。”第四十一条规定：“造成环境污染危害的，有责任排除危害，并对直接受到损害的单位或个人赔偿损失。”但遗憾的是我国《环境保护法》的规定太原则、太空泛，“环境权”这一专门的术语没有在条文中出现。这种状况已远不能适应我国目前日趋严峻的环境状况。就我国当前日益严

① 蔡守秋. 调整论——对主流法理学的反思与补充. 北京：高等教育出版社，2003.821~822

重的环境侵权问题来讲，《环境保护法》对公民环境权的保护显得捉襟见肘，苍白乏力。环境权的立法确认可以适应这一需求：一方面，可以以“环境权”为立法的核心，来制定环境保护工作所需的大量法律和法规，并可以随着实践的需要，不断发展完善环境法法规体系，为经济建设的进一步增长提供法律保障，也为环境资源的永续利用提供法律保障；另一方面，立法上对环境权的确立可以进一步奠定环境权的理论基础，为环境法的理论研究开拓新的思路。此外，我们还应该看到，环境权的立法确认必将有助于我们与世界环境保护运动相接轨，为我国积极地参加国际环境保护活动，充分行使国家环境主权，保护我国的环境资源提供有利条件。

由此看来，首先，我们应尽快在《宪法》中明确规定环境权，使环境权成为一种具有宪法位阶的权利，并从宪法上明确我国中央政府和各省级政府作为行政权力主体、公共环境资源所有权的代表者、未来世代人类环境利益监护者的三重身份，以及其所应负有的与环境权相对应的环境义务和为保障环境权的实现而应当履行的行政职责，为环境基本法和其他单行的环境资源法律确立环境权的子权利体系奠定宪法基础；其次，我们的《环境保护法》应当从实体性环境权和程序性环境权两个方面来体现对环境权的保护：第一，作为实体性权利的环境权——良好的环境享有权，即公民有追求在一种健康、和谐的环境中生存、发展的权利，它具体包括日照权、宁静权、清洁水权、清洁空气权等基本的环境生存权和环境美学权、景观权、环境福利权等环境发展权；第二，程序性环境权，包括环境知情权，环境参与权和环境检举、控告、诉讼权；第三，环境权是一种新型权利，并由此引发了许多问题，诸如环境权保护的范围如何界定？环境权的权利性质、权利主体、权利客体如何认定？凡此种种都很难与传统的权利相协调，倘若处理不当，不仅承认环境权毫无意义，而且足以破坏原有法律体系或权利体系的完整。[①]因此，我们理应对传统法律体系予以调整，做好相关部门法与环境权的衔接。

（二）建立系统的环境诉讼制度，完善司法救济

环境影响评价制度是迄今为止最能体现公众参与原则的一项制度，以我国现行的《环境影响评价法》和《环境影响评价公众参与暂行办法》为例，两部法律都没有规定公众参与权利受到侵害时如何救济、规划部门或建设单位如不考虑公众意见应当承担何种法律责任等条款。针对这一点，《环境影响评价公众参与暂行办法》实际上已经作出了一定的努力，即给予公众在环评报告审批前提出意见的机会，也允许公众在不满意建设单位或其委托的环评机构处理自己意见的方式时，向有关环保主管机关提出申诉。然而，我国法律既没有对建设单位或环评机构如何实施公众参与提出要求，也没有对主管机关接到该种申诉时应采取何种行动作出强制性要求，导致《环境影响评价公众参与暂行办法》在保障公众的环评参与权方面收效甚微。建设单位或环评单位或者审批机关对公众参与的必要性认识不足，在整个过程中不主动履行自己应尽的义务，又缺乏相应的问责机制，公众参与难免流于形式，“走走过场”，公众仅得到极其简单而模糊的信息，无法有效参与。为了保证公众真正参与到环境保护中来，我们应当建立相应的程序

① 陈泉生. 可持续发展与法律变革. 北京：法律出版社，2000. 276

保证制度。美国最早建立了公民诉讼制度和完善的公益诉讼制度，为公民进行环境诉讼提供了制度保障。其《清洁空气法》（1970）第304条最早规定：任何人都可以以自己的名义对任何人就该法规定的事项提起诉讼。该条款确立了公众诉讼制度，此后其一系列联邦或州的法律对其加以确认。该制度弥补了普通诉讼中起诉者仅可为自身权益受到侵害者的局限，起诉的对象可以是实施环境影响的单位，也可以是从事项目审批的政府机关。在环境保护领域，由于针对实施环境影响的单位提起的诉讼，一般是侵权之讼，因而需要有权益受到实际损害的客观事实，由于环评的先行性，该种诉讼在环评领域一般不会出现，因而公民诉讼主要是集中在针对政府机关的诉讼，一般针对其不合法的自由裁量行为或非自由裁量行为提起诉讼。[①] 只有为公民创设这种诉讼上的便利，才能使公众更有效地维护环境权益，并促使行政机关谨慎行使审批权，从而为公众参与环评提供最终的保护。因此，应在立法过程中根据我国实际情况引进公民环境行政诉讼的条款，尽量放宽提起诉讼的条件，最好能够建立完善的环境公益诉讼制度，使社会团体和民众能够对政府的环境资源行为进行经常性的监督和法律上的对抗与制衡，保证公民环境权益的实现，使环境公众参与原则真正落到实处。

（三）探索民间环保团体的运作模式，成立民间环境资源保护组织和社会团体，使民间环保成为一支积极力量

我国一直实行行政主管模式，行政机关对公众参与决策存在一定的抵制情绪，公众与行政机关之间隔了一道墙，个体公民的力量相形见绌。正是如此，我们认为必须强调公众参与的有序性，鼓励公民团结成有序的组织体，即非政府环保组织，使市民社会中“原子化”的个人成为“团体化”的组织，使分散的个体利益汇聚成群体利益，充分激励公众参与各项环境保护决策，增加面对公权机关的谈判能力和决策影响力，同时增强专业知识水平，展开与专家进行沟通与协作。西方国家环保社会团体已初具规模。以各种绿色团体或绿党为代表的环境保护社会团体引发了一场“绿色革命”，而与此相比，我国的环保大都由政府发动和支持赞助。环保组织受到资金问题、申报限制问题、国内企业对民间环保组织的赞助免税问题等一系列问题影响，我国非政府环保组织在环保中起到的作用十分有限，大部分环保社团仍然停留在宣传环保知识方面，对政府的决策影响很小。所以必须改善我国环保社团的组织现状，使其发挥应有的作用。

第四节　风险预防原则

风险预防原则又称预防为主、防治结合、综合治理的原则，是现代环境法的一项重要原则，是可持续发展战略的要求，它适应了环境问题的特点，是处理人和自然关系的

① 宋国君. 论中国环境影响评价中的一般模式. 环境污染与防治，2006（4）

一种经验总结。

一、风险预防原则的形成和发展

科学技术在促进人类进步的同时，也逐渐将人类推向了环境恶化的深渊。科技的发展给人类带来了众多恶果，环境风险便是其中之一。鉴于环境风险具有危害后果无法预测、爆发时间不可确定等特性，要求人类不仅要重视采取措施防范环境损害，而且应该重视采取合理措施防范环境恶化的可能性，为此现代环境法将风险防范确立为其基本原则。该原则是国内外防止环境污染和环境破坏的经验教训的科学总结。

西方发达国家在经济发展过程中，大体都走了一条“先污染后治理”的道路，当时所采用的环境保护战略是废物管理和污染控制。但是，从世界环境明显恶化的 20 世纪 70 年代出现“环境危机”的情况看，经济的发展是以牺牲环境为代价的，而其后果是使社会和经济为之付出了重大的代价。从这一历史教训中，人们认识到，在处理环境问题上，人类因受知识发展水平的局限，无法预测当前自身的行为或科技成果的应用对日后将产生消极影响的可能性和严重度。人类在此情形下采取措施对之加以控制、防范甚至禁止，将最终有益于自身及自然环境。1980 年发表的《世界自然资源保护大纲》推荐了一揽子预期性的环境政策，并指出“这些政策要求在环境受损害之前便要付诸行动”，“我们的行动策略应是把治理与预防明智地结合起来”。在同一时期，经济合作与发展组织环境委员会也提出建议，即各国环境政策的核心应该是预防为主。1982 年 5 月，纪念联合国人类环境会议十周年特别会议第十三次会议通过的《内罗毕宣言》指出：“与其花很多钱、费很多力气在环境破坏之后亡羊补牢，不如预防其破坏”，“只有采取一种综合性的并在区域内做到统一的办法……才能实现于环境无害和持续的社会经济发展”。1992 年在里约热内卢召开的联合国环境与发展大会上确认了可持续发展的战略原则，使预防污染、全面管理、综合防治的环境保护战略和环境管理思想进入一个新的阶段。关于环境与发展的《里约宣言》规定：“为了保护环境，各国应按照本国的能力，广泛适用预防措施。遇有严重或不可逆转损害的威胁时，不得以缺乏科学充分确实证据为理由，延迟采取符合成本效益的措施防止环境恶化。”《气候变化框架公约》将“各缔约方应当采取预防措施，预测、防止或尽量减少引起气候变化的原因，并缓解其不利影响。当存在造成严重或不可逆转的损害的威胁时，不应当以科学上没有完全的确定性为理由推迟采取这类措施，同时考虑到应付气候变化的政策和措施应当讲求成本效益，确保以尽可能最低的费用获得全球效益”规定为该公约的一项基本原则。另外，《联合国海洋法公约》、《世界自然宪章》等国际环境条约或国际环境会议通过的重要文件，也有许多有关预防污染、全面管理、综合防治的内容。这样一些主张和建议，导致 20 世纪 80 年代后各国在环境政策的调整和转变过程中，预防为主的原则越来越受到重视，并成为国家环境管理和立法中的重要指导原则。在美国，自 1969 年《美国国家环境政策法》颁布以来，大部分环境法规已有诸如环境影响评价等预防污染的内容，其随后制定的诸如《资源保护回收法》、《污染预防法》和《污染预防战略》等都体现了环境风险预防原则。1996年欧盟理事会通过的《污染综合防治指令》也强调在环境保护工作中要做到事前预防。日本于1993年制定的《环境基本法》也规定要对公害问题做到事先预防。

就我国来讲，早在1973年的《关于保护和改善环境的若干规定（试行草案）》中就已经提到要贯彻“预防为主”的方针。在1982年8月召开的全国工业系统防治污染经验交流会上，原城乡建设环境保护部部长李锡铭已将我国防治工业污染的基本经验总结为四条，即“通过技术改造，最大限度地把三废消除在生产过程中，是防止工业污染的根本途径；大搞综合利用，实现三废资源化，是防治工业污染的必经之路；结合企业整顿，把环境保护纳入企业经济责任制，加强环境管理，是防治工业污染的重要保证”。我国的《环境保护法》第二十五条也规定：“新建工业企业和现有工业企业的技术改造，应当采用资源利用率高、污染物排放量少的设备和工艺，采用经济合理的废弃物综合利用技术和污染物处理技术。”此外，我国的《中华人民共和国水土保持法》（以下简称《水土保持法》）、《大气污染防治法》、《水污染防治法》、《固体废物污染环境防治法》及《环境影响评价法》等都体现了风险预防的原则。

二、风险预防原则的内涵

风险预防原则（预防为主、防治结合、综合治理的原则）是指对开发和利用环境行为所产生的环境质量下降或环境破坏等，应当事先采取预测、分析和防范措施，以避免由此可能带来的环境损害，而对已经造成的环境污染和破坏要积极治理。

（一）风险预防原则是现代环境保护的灵魂，体现了防与治的辩证关系

所谓预防，是指在预测人为活动可能对环境产生或增加不良影响的前提下，事先采取防范措施，防止环境问题的产生或扩大，或把不可能避免的环境污染和环境破坏控制在许可的限度内。众所周知，限于现有科学技术水平，人类很难对环境污染或破坏造成危害的可能性作出事先的认识，许多行为事前很难预料会不会发生危害，如果对这种行为不加以预防，一旦危害发生，后果将不堪设想。这就要求我们：第一，运用已有的知识和经验，对开发和利用环境行为带来的可能的环境危害事前采取措施以避免危害的发生；第二，在科学不确定的条件下，基于科学知识进行事前的预测和分析、评价，促使开发、决策避免这种风险。

预防为主，不是代替治理措施，也不代表治理措施不重要，它是指对于已经产生的环境问题，要采取积极的治理措施，运用科学技术和工程办法消除或减少其有害影响，做到防治结合。

环境污染或破坏造成的危害往往十分复杂，大多是经过多种因素的参合最终形成的，而且，其危害也具有缓慢性的特点，常常要透过广大的空间和长久的时间，通过多种因素的复合累积后才逐渐形成或扩大。因此，在预防上应从空间和时间上着眼，不能只针对单一排污行为或环境开发行为，还应当考虑到如何预防众多的上述行为形成的危

害，这就需要采取综合治理的措施。

由此可见，预防是基于人类凭借现有的科技水平，在尽可能的范围内，事先防范各种干扰环境的行为，把对环境的负荷尽量减少到最小限度。所谓防治，是指对一切环境污染或破坏所进行的治理。也就是说，只要该行为对自然环境或人体健康造成了损害或具有这种可能性，就应该对其加以防治。同时，防治也还具有积极请求权益保护的意义，它不仅要求行为人负有防治环境污染或破坏的责任，而且赋予每个人在遭受环境危害或将受环境危害时，可以提请行政机关介入帮助解决，确保其合法权益。而所谓综合治理，又称综合整治，则是指根据环境污染或者破坏的具体情况，对预防和防治进行统筹安排，综合运用各种手段来保护和改善环境。因为预防固然可以对各种可能发生的环境污染或破坏起到防患于未然的作用，但对于通常发生的环境污染或破坏仅仅依靠预防显然是不够的，还必须对其加以治理，方能确保人身健康，防止环境恶化。因此，预防理当优先，但防治亦不可或缺，只有根据各种具体情况运用各种手段和措施，对环境进行综合整治，才能达到保护和改善环境的目的。①

（二）风险预防原则最大限度地体现了法律的公平与效率的结合，使环境保护与管理更趋全面和科学

人类在经历了新旧八大公害事件之后逐渐认识到，在处理环境问题上，采取“预防为主”的方针是极为重要的。这是因为：①由于环境污染和破坏一旦发生，往往难以消除和恢复，甚至具有不可逆转性。例如，重金属的污染、地下水的污染就很难消除；由于植被破坏造成的水土流失、土壤沙化或者物种的灭绝，也很难恢复或者根本无法恢复。这种情况将给人类健康和经济社会发展造成严重危害。②环境造成污染和破坏后，再进行治理，从经济上来讲是最不合算的，往往要耗费巨额资金。20 世纪 60 年代到 70 年代，发达国家的环境投资一般要占到国民生产总值的 1%到 2%。欧共体对此进行了估算，若以一国的国民经济增长率按世界平均水平，定位为 5%，而治理环境污染的投资则需要占国民生产总值的 3%。如此一来，一个国家大部分资金都要用于环境污染的治理上去了，这是相当不划算的。③环境问题在时间和空间上的可变性很大，环境问题的产生和发展又有一种缓发性和潜在性，再加上科学技术发展的局限，人类对损害环境的活动造成的长远影响和最终后果，往往难以及时发现和认识，但后果一旦出现，往往为时已晚，而无法救治。这就要求人类必须深深地注意对环境的长远的、全局的影响，注意“防患于未然”。② 正是由于环境问题具有上述特点，实行风险预防原则就显得尤为必要。该原则以预防方法为中心，防治兼顾，强调综合运用各种手段、措施和对各种防治方法的优化组合。该原则强调事前控制、源头控制和多种环境介质管理、全过程管理，它使环境管理从废物、末端管理扩大到产品、源头管理，是建立更加节约的环境管理法律制度的指导原则，如体现风险预防原则的环境影响评价制度、源削减、清洁生产制度等是对传统环境保护方法和环境管理思想的突破，重视发挥环境科学技术、清洁生产和

① 陈泉生. 论环境法的基本原则. 中国法学，1998（4）

② 金瑞林. 环境与资源保护法学. 北京：北京大学出版社，2006. 105~106

污染源单位的力量和作用，有利于调动各方面防治污染的积极性，同时也明确了新世纪环境保护战略和环境保护管理的模式，使环境保护与管理更趋全面和科学。

三、风险预防原则的贯彻

环境侵害往往是长期环境污染和生态破坏的结果，其危害结果常常要经过相当长的复杂变化过程才会显现出来，而一旦形成危害就很难治理和恢复，且治理所耗费的时间和金钱亦相当高，预先采取防范措施不仅经济得多，而且也有效得多。据计算，预防污染费用与事后治理费用两者间的比例是1∶20。有鉴于此，各国环境立法逐渐从消极的防治污染转到了积极的预防上来，采取了预防为主和综合治理的环境政策，并将风险预防原则作为环境立法的重要原则加以确立。

(一) 全面规划、合理布局

全面规划、合理布局，就是对工业和农业，城市和乡村，生产和生活，经济发展和环境保护各方面的关系做通盘考虑，进而制定国土利用规划、区域规划与环境规划。同时，在制定区域城市和环境规划时，应根据地区和城市的自然条件、经济条件，制订出一种既能有利于经济和社会发展、合理布局生产，又能维持区域生态平衡、保持环境质量的最佳总体规划方案。①我国《环境保护法》第四条规定："国家制定的环境保护规划必须纳入国民经济和社会发展计划，国家采取有利于环境保护的经济、技术政策和措施，使环境保护工作同经济建设和社会发展相协调。"第十八条规定："在国务院、国务院有关主管部门和省、自治区、直辖市人民政府划定的风景名胜区、自然保护区和其他需要特别保护的区域内，不得建设污染环境的工业生产设施；建设其他设施，其污染物排放不得超过规定的排放标准。已经建成的设施，其污染物排放超过规定的排放标准的，限期治理。"第二十三条规定："城乡建设应当结合当地自然环境的特点，保护植被、水域和自然景观，加强城市园林、绿地和风景名胜区的建设。"此外，实践中，合理的工业布局应当注意：适当利用自然环境的自净能力；加强资源和能源的综合利用；大型项目的分布和选址，必须事先进行环境影响评价，并尽可能减少对周围环境的不良影响；严禁污染型工业建在居民稠密区、城市上风向、水源保护区、名胜古迹和风景游览区、自然保护区。②

(二) 建立健全环境与资源保护法律制度

鉴于西方国家过去环境立法采用"先污染后治理"的失败教训，我国环境立法一开始就贯彻了风险预防的原则。在有关的法律、法规中对各种可能造成环境污染或破坏的行为规定了许多预防措施。比如，我国《环境保护法》第十二条规定："县级以上人民

---

① 徐祥民. 环境法学. 北京：北京大学出版社，2005. 127

② 金瑞林. 环境与资源保护法学. 北京：北京大学出版社，2006. 108

政府环境保护行政主管部门，应当会同有关部门对管辖范围内的环境状况进行调查和评价，拟订环境保护规划，经计划部门综合平衡后，报同级人民政府批准实施。”第十三条规定：“建设污染环境的项目，必须遵守国家有关建设项目环境保护管理的规定。建设项目的环境影响报告书，必须对建设项目产生的污染和对环境的影响作出评价，规定防治措施，经项目主管部门预审并依照规定的程序报环境保护行政主管部门批准。环境影响报告书经批准后，计划部门方可批准建设项目设计任务书。”一直以来，《环境影响评价法》被公认为是最能体现风险预防原则的法律制度，其第二条规定：“本法所称环境影响评价，是指对规划和建设项目实施后可能造成的环境影响进行分析、预测和评估，提出预防或者减轻不良环境影响的对策和措施，进行跟踪监测的方法与制度。”第三条规定：“编制本法第九条所规定的范围内的规划，在中华人民共和国领域和中华人民共和国管辖的其他海域内建设对环境有影响的项目，应当依照本法进行环境影响评价。”此外，我国的《海洋环境保护法》、《水污染防治法》、《大气污染防治法》等均有专章或专款规定，这都体现了风险预防原则。

（三）增强风险防范意识，加强环境科学技术研究，提高环境科学技术水平

环境保护问题是关系全人类的大事，风险预防原则是环境与资源保护法的基本原则，因此，我们除了要求各级政府搞好全面规划，合理布局，并制定相应的法律制度外，还应当发动群众，增强全民族的风险防范意识，使人民群众树立“防患于未然”的忧患意识，如此一来，才能使我们的环境保护工作落到实处。因为环境保护工作带有很强的科学技术性，所以我们还应当为环境保护领域的科学技术研究提供制度保障，以解决好环境问题，因此，我们要加强环境法制、管理、宣传、教育、科学、技术等各项工作，充分发挥环境科学技术、环境宣传教育、道德力量和经济刺激手段的作用，通过行政、经济、技术、法律、教育等各种手段，提高人们的环境资源保护意识、道德观念、科学技术水平、环境法制观念和保护环境资源的能力，综合防治环境污染和环境破坏。

第五节　环境责任原则

环境责任原则，在我国也被叫做“污染者付费、利用者补偿、开发者养护、破坏者恢复原则”或者简称为“谁污染谁治理、谁开发谁保护的原则”。它是我国环境法中的一项重要原则，也是改善环境，控制污染，保护国家、法人、公民合法环境权益的有效手段。

一、环境责任原则的形成和发展

环境责任在国内外都有一个逐渐认识和发展的过程。随着经济全球化的加速和蔓延，人类社会不断进步，人们对物质和文化的需求也在逐步地提高，同时伴生的环境问题也日益突出，环境的恶化将环境问题摆在人类前进的步伐之下。而在过去很长一段时间内，环境被认为是公共物品，造成环境污染或生态破坏的组织和个人，只要对其他人的人身和财产没有造成直接的损害就不必承担任何责任，而在经济发展过程中所出现的环境问题绝大多数是由国家来进行治理的。随着环境危机的愈演愈烈，国家对环境保护的投入也越来越大，使政府不堪重负，并且形成越治理污染越严重，治不胜治的恶性循环。此时，人们开始反思自己的行为，并对传统的环境污染单一国家责任的做法提出质疑和反对：个别人追求经济利益给环境造成的损害凭什么要全体纳税人或受害人来负担？对于环境污染和破坏造成的损失，以及治理环境污染所支付的费用，究竟应由谁来承担呢？为了解决这个问题，人们在物权理论的基础上提出了排除妨碍、恢复原状的责任形式，在“公共资源”理论或“公共委托”理论的影响下，由24个国家组成的经济合作与发展组织环境委员会于1972年在债权理论的基础上首次提出了环境民事法律责任的基础性原则——“污染者负担原则”，或称为“污染者赔偿原则”，明确了环境责任。由于该原则有利于实现社会的公平和防治环境污染和破坏，因而迅速得到国际社会的广泛认可和接受，并被确定为国家环境保护的一项基本原则。1992年在联合国环境与发展大会上通过的关于环境与发展的《里约宣言》对此原则进行了确认，该宣言第13条规定：“各国应制定关于污染和其他环境损害的责任和赔偿受害者的国家法律。”第16条规定：“考虑到污染者原则上应承担污染费用的观点，国家当局应该努力促使内部负担环境费用。”此外，在《21世纪议程》等国际环境政策和其他国际环境条约中也有有关环境责任原则的内容。这都是污染者负担原则的国际认可。“谁污染谁治理”是我国早期环境保护工作中确立的环境责任原则。1979年颁布的《环境保护法（试行）》第六条规定：“已经对环境造成污染和其他公害的单位，应当按照谁污染谁治理的原则，制定规划，积极治理或者报请主管部门批准转产、搬迁。”20世纪80年代后期我国实行自然资源有偿使用制度，这项原则随之增加了“利用者补偿”的内容。到1996年国务院发布的《关于环境若干问题的规定》将这项原则完整地表述为“污染者付费、开发者保护、利用者补偿、破坏者恢复”。此外，我国的《大气污染防治法》、《水污染防治法》、《环境噪声污染防治法》、《固体废物污染环境防治法》等，都以环境责任原则为基准，规定了相应的法律制度。由此，环境责任原则在我国经历了一个从发展到完善的过程，并逐步形成了具有环境法特色的责任内容。

二、环境责任原则的内涵

环境责任原则是指环境法律关系的主体在生产和其他活动中造成环境污染和破坏的，应当承担治理污染、恢复生态环境的责任，它和民法中的“欠债还钱”、刑法中的“杀人偿命”等朴素的法律观念相一致，都是在追究肇事者的法律责任，体现了法律的“公平”理念。环境责任原则具体包括污染者付费、开发者保护、利用者补偿、破坏者恢复四项内容，它通过区分不同主体对环境的影响来界定各主体的不同责任。其具体包括以下内容：①

（一）污染者付费

污染者付费是指对环境造成污染的单位或个人必须按照法律的规定，采取有效措施对污染源和被污染的环境进行治理，并赔偿或补偿因此造成的损失。污染者付费主要是针对已经发生的污染起作用，即事后的消极补偿。它作为国家保护环境的一种手段，也可以通过征收超标排污费或排污税等形式，来达到促使行为人减少对环境污染的目的。此外，在对污染者进行认定上，需引入共同危险责任。因为环境污染和环境破坏具有复杂性、多元参与性、缓释性，其牵涉的高深科技知识非一般人所能了解，其因果关系的有无更非普通方法所能确定。况且形成污染的多种因素中的每个单一的排污行为在我国现阶段的法律上大多又是合法的，很难确定到底谁是污染者。为此，立法上须将那些对某一污染负有共同危险责任的行为人，不论其主观上是否有过错，也不论各行为人之间有无意思联络，只要对侵害的发生有着直接和间接的因果关系，各行为人就应当共同地承担赔偿责任或合理负担治理费用。

（二）开发者保护

开发者保护是指对环境将进行开发利用的单位或个人，有责任对环境资源进行保护、恢复和整治。构成生态系统的各种环境要素和自然资源之间是相互联系和相互影响的。任何一种开发利用行为都不仅可能会对原有环境资源造成不同形式、不同程度的改变和破坏，而且会对周围的环境和生态系统构成影响。而盲目开发活动越发会导致环境和自然的破坏以及生态系统的失衡。例如，森林采伐、草原放牧、土地使用、矿产开发等都会不同程度地对周围环境和该资源本身产生影响。环境资源的开发和保护紧密相连，开发的目的是利用，保护的目的则是为更好地利用创造条件。开发过程中注意对环境资源的维护和开发后的后续整治、恢复，可以使资源开发对环境和生态系统的影响降到最低程度，可以节约和综合利用资源、保持可更新资源的最大增殖能力。也只有把开发和保护相结合，才能实现生态的良性循环和经济的可持续增长。

---

① 陈泉生，周辉. 论环境责任原则. 2003 年中国法学会环境资源法学研究会年会论文集. 武汉：武汉大学出版社，2003. 632

（三）利用者补偿

利用者补偿也称“谁利用谁补偿”，是指开发利用环境资源的单位和个人应当按照国家的有关规定承担经济补偿责任。所谓的补偿不仅是对已利用的资源要有金钱上的代价，而且更重要的是对其已利用的环境资源或开发替代所付出的劳动予以补偿，对所耗用的自然资源、占用的环境容量和恢复生态平衡予以补偿，建立并完善有偿使用自然资源和恢复生态环境的经济补偿机制。除此之外，我们应当对传统观念中的利用者的范围要作扩大解释，不能仅仅局限于直接从事开发利用环境资源的单位和个人。例如，对一些社会公共设施的建造、使用所带来的污染和破坏，应该由谁来恢复和补偿？因为有些企业、个人的开发利用环境资源的行为，兼具私益和公益性质，企业和个人活动所产生的公共利益实际上还被社会分享，造成企业所创造的利益并非独享，形成“利益溢出”。利益的公共享用使环境保护活动演化为一种特殊“公共消费”，而“公共消费”的消费者实际是社会的全体成员，由此补偿的责任就推广至全体社会成员。凡是享用环境改善利益的每个社会成员就应当承担必要的环境保护公共费用，从而解决环境保护公共费用的资金渠道问题。从环境法角度而言，与其是为了减少外部性，不如说是使外部性分配更为合理，是通过国家强力对外部性所造成的损失进行强制性分配（损失分散化、分担化，即环保责任分散化、社会化）。

（四）破坏者恢复

破坏者恢复也称“谁破坏谁恢复”，是指造成生态环境和自然资源破坏的单位或个人必须承担将受到破坏的环境资源予以恢复和整治的法律责任。该规定明确了造成环境破坏的人即使付费了，也不能当然免除其恢复和整治的责任，摒除了放纵环境污染或破坏环境行为的嫌疑。如我国《水污染防治法实施细则》第四十四条规定：“不按照排污许可证或者临时排污许可证的规定排放污染物的，由颁发许可证的环境保护部门责令限期改正，可以处5万元以下的罚款；情节严重的，并可以吊销排污许可证或者临时排污许可证。”

由此可知，实行环境责任原则明确了政府和污染源单位的不同责任，体现了社会公平和正义，有利于企业和个人积极防治环境资源的污染和破坏，依靠自己的力量解决有关问题，有利于环境资源的节约利用，实现资源的永续利用，促进和保证经济与社会的可持续发展。

三、环境责任原则的贯彻

贯彻环境责任原则的基本途径，是通过制定、实施体现该项原则的有关法律措施和法律制度，也就是说通过有关环境立法、执法、守法活动来贯彻。

（一）通过立法，在有关法律中规定各环境法律关系主体的环境责任

为了有效贯彻环境责任原则，我国有关法律对此作了各种强制性规定。例如，《环境保护法》第十八条规定："在国务院、国务院有关主管部门和省、自治区、直辖市人民政府划定的风景名胜区、自然保护区和其他需要特别保护的区域内，不得建设污染环境的工业生产设施；建设其他设施，其污染物排放不得超过规定的排放标准。已经建成的设施，其污染物排放超过规定的排放标准的，限期治理。"第十九条规定："开发利用自然资源，必须采取措施保护生态环境。"第二十四条规定："产生环境污染和其他公害的单位，必须把环境保护工作纳入计划，建立环境保护责任制；采取有效措施防治在生产建设或者其他活动中产生的……环境污染和危害。"第二十八条规定："排放污染物超过国家或者一方规定的污染物排放标准的企业事业单位，依照国家规定缴纳排污费，并负责治理。"第四十一条规定："造成环境污染危害的，有责任排除危害，并对直接受到损失的单位或者个人赔偿损失。"第十九条规定："开发利用自然资源，必须采取措施保护生态环境。"在《渔业法》中还设立了"渔业资源的增殖和保护"专章，规定了捕捞者的养护责任。此外，我国的《森林法》、《草原法》、《土地管理法》、《矿产资源法》、《水土保持法》、《大气污染防治法》、《水污染防治法》、《环境噪声污染防治法》、《固体废物污染环境防治法》等单行法规中都体现了环境责任原则。

（二）实行环境保护目标责任制，采取污染限期治理的措施

环境目标责任制是在第二次全国环境保护工作会议以后，在我国很多城市开展起来的一种把环境保护的任务定量化、指标化，层层落实的管理措施。我国《环境保护法》第十六条规定："地方各级人民政府，应当对本辖区的环境质量负责，采取措施改善环境质量。"据此，地方各级人民政府必须加强对环境保护工作的统一领导，有计划地解决环境问题。明确"谁主管谁负责"，以签订责任书的形式具体规定各级领导——从省长、市长、县长、乡长直到基层企业的厂长，在任期内的环境目标和管理指标，并以环境保护目标的完成情况作为评定政府工作成绩和领导政绩的依据之一。这样有利于把各级领导的责任层层分解并真正落实，把环境保护的任务定量化、指标化，加强了环境管理。此外，通过建立相应的各种配套措施和支持系统，如定期的检查考核制度、监测和监督系统、相应的奖惩办法，促进环保机构的建设，强化环保部门的监督管理职能。

对污染严重的企业实行限期治理，是贯彻污染者治理原则的一种强制性和十分有效的措施。这种措施使污染企业的治理责任更加明确并有了时间上的限制，同时也有助于疏通资金渠道和争取基建投资指标，使污染治理得以按计划进行。如我国《环境保护法》第二十九条规定："对造成环境严重污染的企业事业单位，限期治理。中央或者省、自治区、直辖市人民政府直接管辖的企业事业单位的限期治理，由省、自治区、直辖市人民政府决定。市、县或者市、县以下人民政府管辖的企业事业单位的限期治理，由市、县人民政府决定。被限期治理的企业事业单位必须如期完成治理任务。"但是，就我国目前关于限期治理制度的规定来看，我们对污染的限期治理仅仅要求环境污染者或环境破坏者承担防治的责任，却没有要求其承担赔偿的责任，对排污者起不到很好的警戒和惩罚的作用。针对这一情况，美国《加州海岸带法》第30822条规定："州海岸带委员会可以对故意违反该法规定者提起惩罚性赔偿之诉，该赔偿费额由法院决定，法院在决定此数额时，应考虑到使其足以威胁后来的违法者。"该规定对于那些环境污染者来讲，一旦造成环境污染，不仅要赔偿损失，而且要承担所谓的惩罚性赔偿费，而在各国的实践中，这种惩罚性赔偿费往往高于其污染所造成的实际损失的几倍乃至几十倍，由此一来，对于污染者是一种惩罚，对于后来的违法者也是一种威慑。

（三）加强对承包经营活动的环境资源管理

承包经营土地、企业及其他经营活动，应同时承包保护环境资源的任务，承包经营合同应有保护环境资源的内容。防止承包经营者短期掠夺性开发行为的发生，承包者必须对其承包经营活动承担环境资源保护责任，违者追究其环境行政、环境民事责任，甚至是环境刑事责任。我国《环境保护法》第十九条规定："开发利用自然资源，必须采取措施保护生态环境。"《中华人民共和国农村土地承包法》（以下简称《农村土地承包法》）第四十六条规定："承包荒山、荒沟、荒丘、荒滩的，应当遵守有关法律、行政法规的规定，防止水土流失，保护生态环境。"

（四）加强各种配套制度的建设

制定和实施具有预防性的环境资源管理制度，强化环境资源的监督管理，加强环境监测和制度改革、创新。推广清洁生产，广泛运用环境经济评估以改善环境质量，促进为降低风险提供备选政策方案的科学研究，尤其是要加强环境影响评价制度的执行。我国《环境保护法》第十一条规定："国务院环境保护行政主管部门建立监测制度，制定监测规范，会同有关部门组织监测网络，加强对环境监测的管理。"第二十五条规定："新建工业企业和现有工业企业的技术改造，应当采用资源利用率高、污染物排放量少的设备和工艺，采用经济合理的废弃物综合利用技术和污染物处理技术。"第二十六条规定："建设项目中防治污染的设施，必须与主体工程同时设计、同时施工、同时投产使用。"此外，我国的《环境影响评价法》等也对此作了规定。

【案例分析】

【案情】制糖业是广西贵港市的支柱产业，制糖工业及其辐射带动的产业产值占全市GDP的30%以上。但制糖业也是当地环境污染的主要来源，制糖工业产生的甘蔗渣、废糖蜜等废物该如何处理的问题已经成为制约贵港市经济发展的瓶颈。贵港市市委书记覃远通介绍说，为使贵港区域内的资源得到最佳配置，废弃物得到有效利用，环境污染降至最低水平，贵港市提出建设生态工业园区。在生态工业园的物流中没有废物的概念，只有资源概念，各环节实现充分的资源共享，变污染负效益为资源正效益。园区由蔗糖系统、制糖系统、酒精系统、造纸系统、热电联产系统和环境综合处理系统组成，各系统内分别有产品产出，各系统之间通过中间产品和废弃物的相互交换而相互衔接，从而形成一个比较完整和闭合的生态工业网络。蔗糖系统保障园区制造系统有充足的原料供应，制糖系统生产高品质的糖类产品，酒精系统利用废糖蜜产出酒精，造纸系统利用蔗渣产出高品质的纸，热电联产系统利用制糖的副产品蔗髓替代部分燃煤，保障园区生产系统的动力供应，环境综合处理系统为园区提供废气处理、回用水等环境服务。①

【问题】联系所学，谈谈你对贵港市经济发展模式的看法。

【解析】贵港市建立国家生态工业（制糖）园区从根本上解决制糖业带来的结构性污染，是我国用生态产业理念改造传统工业的有益尝试，实现了对传统行业的产业结构调整。从国民经济规划和经济布局的高度上实施污染预防和源削减，是我国区域可持续发展的新模式。

① 案例来源：刘世昕. 贵港要建国内第一个工业生态园区，让“废物”的概念在衔接中消失. 中国环境报，2001-07-02

第三章　环境与资源保护法律制度

第一节　环境与资源保护法律制度概述

一、环境与资源保护法律制度的含义和特征

环境与资源保护法律制度是指为了实现环境与资源保护法的任务和目的，依照环境与资源保护法的基本原则，由调整特定环境资源的社会关系的一系列环境与资源保护法律规范组成的相对完整的规则系统。它是环境管理制度的法律化，是环境法规范的一个特殊部分。它既不同于环境法的基本原则，也不同于一般的环境法规范，而是有自身特点的一类环境法律规范的系统。

首先，环境与资源保护法律制度具有较强的集合性。环境与资源保护法律制度不是单一的法律规范，而是由一系列法律规范共同组成的。这些规范之间相互关联，相互配合，共同构成一个相对完整的系统。正因为环境与资源保护法律制度具有较强的系统性的特点，才使其显示了一般单个法律规范所不具有的整体功能，在环境与资源保护法制的实施及管理中起着重要的作用。

其次，环境与资源保护法律制度具有具体性。环境与资源保护法律制度是我国的基本政策，和环境法基本原则不同之处是环境与资源保护法律制度的目标之一就是要对具体法律关系进行调整，是环境与资源保护法律关系主体必须共同遵守的规则，对实现环境与资源保护法的任务和目的起主要的制度保障作用，其适用对象的范围相对明确，适用的频率高，在调整特定的或各不相同的环境资源社会关系的法律规范中一般都作了相对明确、具体的规定。

第三，环境与资源保护法律制度具有严格的程序性。环境与资源保护法律制度作为调整某一方面和某一类环境资源的社会关系，从法律上明确了法律关系主体的实体权利、义务和必须遵循的规则、程序，把环境资源监督管理工作规定制度化、法律化，从而既维护了环境与资源保护法制的正常秩序，又提高了工作效率。环境与资源保护法律制度在实践中能够得到有效的贯彻实施，与程序性的规定有密切的关系。

第四，环境与资源保护法律制度具有约束性。由于环境与资源保护法律规范多属于强制性规范，且系统性强，明确规定了环境与资源保护法律制度的使用条件、法律关系主体的权利和义务以及应承担的法律后果，因而法的强制性明显，约束力强。

二、环境与资源保护法律制度的分类

环境与资源保护法律制度是由若干项制度所组成的制度体系，每一项制度在环境保护管理中都有着不同的具体作用。依照不同的角度，可以对环境与资源保护法律制度进行不同的分类：

（一）依照在环境管理中的地位划分

依照环境与法律保护制度在环境保护管理中所处的地位分，可分为基本环境法律制度和一般环境法律制度。其中，基本环境法律制度是指那些在环境保护管理中起着主导和基础作用的制度。一般环境法律制度是指那些在环境保护管理中起着辅助和配合作用的制度。

（二）依照环境与资源保护法律制度适用时间特点划分

依据环境与资源保护法律制度适用的不同时间阶段特点，可以将其分为环境行为前适用的制度、环境行为过程中适用的制度、环境行为后适用的制度和环境行为全过程适用的制度等。

（三）依照环境与资源保护法律各制度中主要行为的性质划分

根据环境与资源保护法律制度中主要行为手段的性质，可以将其分为经济型的制度（如税费制度、经济刺激制度、奖励制度等）、技术型的制度（如核准制度、环境标准制度、监测制度、清洁生产制度、动植物检验检疫制度等）、行政型的制度（如限期治理制度、现场检查制度、许可证制度等）和社会型的制度（如公众参与制度、污染事故报告及处理制度等）。

三、构成环境与资源保护法律制度的条件

环境与资源保护法的主要制度是指以环境与资源保护法的基本原则为依据，由调整特定环境资源社会关系的一系列环境法律规范形成的相对系统的实施规则体系。一般来说，构成环境与资源保护法的主要制度应当具备两个方面的条件：一是普遍适用性，即这项制度应当是在环境保护中起主导和决定作用的制度，在环境保护的某一方面全部法律规范中具有代表性或标志性。此外，环境与资源保护法的主要制度既各自相对独立，又是彼此关联的有机体系。它们覆盖环境法的基本领域，并且对环境保护关系的调整表现为一个操作性很强的运作过程，这些主要制度在法律适用上相互配合、顺序上相对地有先后之分。二是特定性或独立性，即这项制度必须为环境与资源保护法所独有，具有不同于其他规范类型、部门法的显著特点。

第二节 环境影响评价制度

一、环境影响评价制度概述

环境影响评价，又称为环境质量预测评价、环境质量评估。依照我国《环境影响评价法》第二条规定，所谓环境影响评价，是指对规划和建设项目实施后可能造成的环境影响进行分析、预测和评估，提出预防或者减轻不良环境影响的对策和措施，并且进行跟踪监测的方法与制度。

环境影响评价的概念最早出现在1964年于加拿大召开的一次国际环境质量评价的学术会议。而将其作为一项环境资源管理的基本法律制度，最早见于1969年美国的《国家环境政策法》，它对转变环境管理思想起着关键作用，是“预防为主”方针的基础。因此，它在世界范围得以迅速而广泛地传播，为许多国家环境立法所采用。

环境影响评价制度是针对有关环境影响评价的范围、内容、程序、法律后果等事项所制定的法律规则系统。对开发建设项目进行环境影响评价，是为了在从事可能有害环境的活动前就分析该活动对环境的影响，以便采取有效措施尽可能地防止不利于环境影响的后果发生。与其他制度相比，环境影响评价制度是实现预防为主原则的最有效的基本途径之一。

二、我国环境影响评价制度的主要内容

（一）环境影响评价的分类

《环境影响评价法》根据建设项目对环境的影响程度和范围不同，将环境影响评价分为三类。《环境影响评价法》第十六条规定，建设单位应当按照下列规定组织编制环境影响报告书、环境影响报告表或者填报环境影响登记表（以下统称为环境影响评价文件）：①可能造成重大环境影响的，应当编制环境影响报告书，对产生的环境影响进行全面评价；②可能造成轻度环境影响的，应当编制环境影响报告表，对产生的环境影响进行分析或者专项评价；③对环境影响较小，不需要进行环境影响评价的，应当填报环境影响登记表。

（二）环境影响评价的范围

根据《环境影响评价法》第三条的规定，编制该法第九条所规定的范围内的规划，在中华人民共和国领域和中华人民共和国管辖的其他海域内建设对环境有影响的项目的，应当依照该法进行环境影响评价。

（三）环境影响评价的内容

现行法律对环境影响评价的具体内容也作了规定。专项规划的环境影响报告书内容包括：①实施该规划对环境可能造成影响的分析、预测和评估；②预防或者减轻不良环境影响的对策和措施；③环境影响评价的结论。

建设项目的环境影响报告书内容包括：①建设项目的基本情况，包括项目地点、建设规模、产品方案和工艺方法、主要原料、燃料、用水量和来源、各种废物的排放量及排放方式、废弃物回收利用方案等；②建设项目周围环境状况的调查，包括水文地质状况、气象情况、自然资源情况和人文环境状况等；③建设项目对环境可能造成影响的分析、预测和评估；④建设项目环境保护措施及其技术、经济论证；⑤建设项目对环境影响的经济损益分析；⑥对建设项目实施环境监测的建议；⑦环境影响评价的结论。

三、环境影响评价的程序

（一）评价形式筛选程序

环境影响评价形式筛选程序的主要工作是确定一个开发建设项目是编制环境影响报告书还是填写环境影响报告表。对于建设项目环境评价形式，在具体筛选中可分为三类，并且实行不同程度的管理措施。

1. 可能造成重大环境影响的建设项目

对可能造成重大环境影响的建设项目，应当编制环境影响报告书，对可能产生的环境影响进行全面评价。属于该类项目的有：所有流域开发、开发区建设、城市新区建设和旧区改建及区域开发性项目；可能对环境敏感区造成影响的大中型建设项目；污染因素复杂，产生污染物种类多，产生量大，产生的污染物毒性大且难降解的建设项目；造成生态系统结构的重大变化或生态环境功能重大损失的项目；影响到重要生态系统、脆弱生态系统、有可能造成或加剧自然灾害的建设项目；易引起跨行政区污染纠纷的建设项目。

根据环境评价法的规定，这类建设项目必须编制环境影响报告书以对环境产生的环境影响进行全面的评价，并规定：除国家规定需要保密的项目外，对环境可能造成重大影响、应当编制环境影响报告书的建设项目，建设单位应当在报批建设项目环境影响报告书前，举行论证会、听证会，或者采取其他形式，征求有关单位、专家和公众的意见；且建设单位报批的环境影响报告书应当出具对有关单位、专家和公众的意见采纳或者不采纳的说明，即要求在环境评价中必须有公众的参与。

2. 可能造成轻度环境影响的建设项目

对可能造成轻度环境影响的建设项目，应当编制环境影响报告表，对产生的环境影响进行分析或者专项评价。属于该类型的项目有：不对环境敏感区造成影响的中等规模的建设项目；污染因素简单，污染物种类少和产生量小且毒性较低的中等规模的建设项目；对地形、地貌、水文、植被、野生珍稀动植物等生态条件有一定影响，但不改变生态系统结构和功能的中等规模以下的建设项目；污染因素少，基本上不产生污染的大型建设项目；在新、老污染源均达标排放的前提下，排污量全面减少的技术改造项目。

3. 对环境影响很小、不需要进行环境影响评价的建设项目

对环境影响很小、不需要进行环境影响评价的建设项目，应当填报环境影响登记表。属于该类项目的有：基本不产生废水、废气、废渣、粉尘、恶臭、噪声、振动、放射性、电磁波等不利影响的建设项目；基本不改变地形、地貌、水文、植被、野生珍稀动植物等生态条件和不改变生态环境功能的建设项目；未对环境敏感区造成影响的小规模的建设项目；无特别环境影响的第三产业项目。

（二）评价报告的编写

国务院有关部门、设区的市级以上人民政府有关部门，对其组织编制的工业、农业、畜牧业、林业、能源、水利、交通、城市建设、旅游、自然资源开发的有关专项规划（以下简称专项规划），应当在该专项规划草案上报审批前，组织进行环境影响评价，并向审批该专项规划的机关提出环境影响报告书。设区的市级以上人民政府在审批专项规划草案，作出决策前，应当先由人民政府指定的环境保护行政主管部门或者其他部门召集有关部门代表和专家组成审查小组，对环境影响报告书进行审查。审查小组应当提出书面审查意见。由省级以上人民政府有关部门负责审批的专项规划，其环境影响报告书的审批办法，由国务院环境保护行政主管部门会同国务院有关部门制定。设区的市级以上人民政府或者省级以上人民政府有关部门在审批专项规划草案时，应当将环境影响报告书结论以及审查意见作为决策的重要依据。

建设项目的环境影响评价文件，由建设单位按照国务院的规定报有审批权的环境保护行政主管部门审批；建设项目有行业主管部门的，其环境影响报告书或者环境影响报告表应先经行业主管部门预审后，报有审批权的环境保护行政主管部门审批。海洋工程建设项目的海洋环境影响报告书的审批，依照《海洋环境保护法》的规定办理。

编写环境影响报告书的，由建设单位负责并委托有评价资格的评价单位承担评价工作。接受委托为建设项目环境影响评价提供评价服务的机构，应当经国务院环境保护行政主管部门考核合格后，颁发资质证书，并按照资质证书规定的等级和评价范围，从事环评服务，其应对评价结果负责。评价报告要依照经环境保护行政主管部审查通过的建设项目环境影响评价大纲及其审查意见和要求编写。如果是填写环境影响报告表，则应由建设单位或委托有环境影响评价资格的单位填写。

审批部门应当自收到环境影响报告书之日起 60 日内，收到环境影响报告表之日起 30 日内，收到环境影响登记表之日起 15 日内，分别作出审批决定并书面通知建设单位。

（三）公众参与及报告审批

除国家规定需要保密的情形外，专项规划和对环境可能造成重大影响的建设项目，建设单位应当在报批环境影响评价报告书前，举行论证会、听证会，或者采取其他形式，征求有关单位、专家和公众的意见。编制机构应当认真考虑有关单位、专家和公众对环境影响报告书草案的意见，并应当在报送审批的环境影响报告书中附具对意见采纳

或者不采纳的说明。

四、环境影响评价的法律效力及法律责任

（一）规划编制机关的法律责任

规划编制机关违反规定，组织环境影响评价时弄虚作假或者有失职行为，造成环境影响评价严重失实的，对直接负责的主管人员和其他直接责任人员，由上级机关或者监察机关依法给予行政处分。

（二）规划审批机关的法律责任

规划审批机关对依法应当编写的环境影响评价的篇章或者说明而未编写的规划草案，依法应当附送环境影响报告书而未附送的专项规划草案，违法予以批准的，对直接负责的主管人员和其他直接责任人员，由上级机关或者监察机关依法给予行政处分。

（三）建设单位的法律责任

建设单位未依法报批建设项目环境影响评价文件，或者未依规定重新报批或者报请重新审核环境影响评价文件，擅自开工建设的，由有权审批该项目环境影响评价文件的环境保护行政主管部门责令停止建设，限期补办手续；逾期不补办手续的，可以处5万元以上20万元以下的罚款，对单位直接负责的主管人员和其他直接责任人员，依法给予行政处分。建设项目环境影响评价文件未经批准或者未经原审批部门重新审核同意建设单位擅自开始建设的，由有权审批该项目环境影响评价文件的环境保护行政主管部门责令停止建设，可以处5万元以上20万元以下的罚款，对建设单位直接负责的主管人员和其他直接责任人员，依法给予行政处分。

此外，法律还规定，对有关的行政主管人员、工作人员和其他直接责任人员违反法律规定，构成犯罪的，要依法追究刑事责任。

第三节 “三同时”制度

一、“三同时”制度的概念

“三同时”制度是指从事对环境有影响的一切建设行为，其环境保护设施与主体工程同时设计、同时施工、同时投产使用的制度，简称“三同时”制度。

从世界环保立法史上来看，“三同时”制度是我国环境保护工作的一项创举，是我国环境保护法规定的一项基本法律制度。它与环境影响评价制度相辅相成，两者成为控

制新污染源的产生、实现预防为主原则的重要途径和基本手段。

自20世纪60年代初，国务院在防治矽尘危害的规定中就提出了“三同时”的要求。1979年的《环境保护法（试行）》将其确定为环境与资源保护法的一项主要制度，以后的各种环境资源保护法律、法规也都体现了这项制度的要求。在其后为了适应环境资源保护形势发展的需要，1998年11月29日国务院发布了《建设项目环境保护管理条例》，进一步完善了“三同时”制度。另外，《水污染防治法》、《固体废物污染环境防治法》、《环境噪声污染防治法》、《水土保持法》等环境保护单行法中也对“三同时”制度作了规定。

二、“三同时”制度的适用范围

“三同时”制度开始只适用于新建、改建和扩建的企业，后来其适用的范围不断扩大。根据1998年发布的《建设项目环境保护管理条例》的规定，“三同时”制度可适用于以下四个方面的开发建设项目：①新建、扩建、改建项目。②技术改造项目。③一切可能对环境造成污染和破坏的工程建设项目。这方面的项目包括的范围特别广，几乎不分建设项目的大小、类别，也不管是新建、扩建或改建，只要可能对环境造成污染和破坏，就要执行“三同时”制度。④确有经济效益的综合利用项目。

三、“三同时”制度的实施要求

建设项目一般包括设计、施工和投入使用三个阶段，“三同时”制度贯穿于建设项目的全过程，并且对不同阶段都提出了特定的管理要求。

建设项目的初步设计，应当按照环境保护设计规范的要求，编制环境保护篇章。其内容包括：环境保护的设计依据，主要污染源和主要污染物及排放方式，计划采用的环境标准，环境保护设施及简要工艺流程，对建设项目引起的生态变化所做的防范措施，绿化设计、监测手段、环境保护投资概（预）算等。依据批准的环境影响报告书（表）或者环境影响登记表，在环境保护篇章中落实防治环境污染和生态破坏的措施以及环境保护设施投资概算。

建设项目的施工，环境保护设施必须与主体工程同时施工。在施工过程中，应当保护施工现场周围的环境，防止对自然环境的破坏，或者减轻粉尘、噪声、震动等对周围生活居住区的污染和危害，并接受环境行政主管部门的日常监督检查。

建设项目的主体工程完工后，需要进行试生产的，其配套建设的环境保护设施必须与主体工程同时投入试运行。建设项目竣工后，建设单位应当向审批该项目环境影响报告书（表）或登记表的环境保护行政主管部门申请对该项目需要配套建设的环境保护设施竣工验收，并应与主体工程竣工验收同时进行。

建设项目需要配套建设的环境保护设施需经验收合格后，该建设项目方可正式投入生产使用。

四、违反“三同时”制度的法律后果

违反“三同时”制度的法律后果主要有：

（1）试生产建设项目配套的环保设施未与主体工程同时投入试运营的，由审批该环境影响报告书（表）或登记表的环境行政主管部门责令限期改正；逾期不改正的，责令停止试生产。

（2）建设项目投入试生产超过两个月，未申请环保设施竣工验收的，责令限期办理环保设施竣工验收手续；逾期未办理的，责令停止试生产，可以处5万元以下的罚款。

（3）建设项目需要配套建设的环保设施未建成、未经验收或者经验收不合格，主体工程正式投产使用的，责令停止生产或者使用，并可以处以10万元以下的罚款。

第四节　环境标准制度

一、环境标准概述

（一）环境标准的概念

所谓环境标准，是指为了防治环境污染，维护生态平衡，保护人体健康和社会物质财富，依据国家环境法的基本原则，对环境保护工作中需要统一的各项技术规范和技术要求依法定程序所制定的各种规定的总称，又称为环境保护标准。

（二）我国环境标准的发展沿革

在我国，环境标准首次出现于1973年8月颁布的《工业三废排放试行标准》，1979年9月颁布的《环境保护法（试行）》明确了环境标准的制定、审批、实施权限，使环境标准工作自此有了法律支撑和保证，之后涉及国民经济和社会生活各个方面的环境标准迅速出台。在加快国内环境标准立法的同时，我国也积极参加到国际标准化的各种活动之中。1980年我国加入国际标准化组织（ISO），1996年ISO14000系列标准发布，我国积极响应，于1997年成立了中国环境管理体系认证指导委员会，以推进该项国际标准。我国在综合考查具体国情与国际趋势的基础上，制定并基本形成了种类齐全、结构完善、协调配套、科学合理的环境标准体系。

（三）环境标准分类

从不同角度对环境标准可以进行不同的分类。

（1）环境监督管理中的标准分类。国家环保总局于1999年4月1日发布了《环境标准管理办法》，该办法将环境标准分为国家环境标准、地方环境标准和国家环境保护总局标准。国家环境标准包括国家环境质量标准、国家污染物排放标准（或控制标准）、国家环境基础标准、国家环境检测方法标准和国家环境标准样品标准等。地方环境标准主要包括地方环境质量标准和地方污染物排放标准（或控制标准）。地方环境标准仅在其主管机关管辖地域范围内使用，当地方污染物排放标准严于国家污染物排放标准时，地方污染物排放标准优先实施。国家环保总局标准（又称为环境保护行业标准），它是根据有关法律的规定，由国务院环境保护行政主管部门对没有国家环境标准而又需要在全国环保行业范围内统一的环保技术要求，而制定的环境保护行业标准，是对环保工作范围内所涉及的部分活动以及设备、仪器等所作的统一技术规定。国家环境保护标准在全国范围内实施，但是相关的国家环境标准发布实施后，国家环境保护总局标准自行废止。

（2）依据内容的不同又可将环境标准分为：①环境质量标准；②污染物排放标准；③环境基础标准；④环境监测方法标准；⑤环境标准样品标准。

（3）根据是否具有强制性可分为强制性环境标准和推荐性环境标准。

（4）依照环境标准适用空间和法域的不同，主要分为国内环境标准和国际环境标准。

二、ISO14000环境管理标准

（一）ISO14000概况

1993年6月，国际标准化组织（ISO）经过充分的筹备，正式成立了ISO / TC207环境管理技术委员会，并在短期内推出ISO14000环境管理标准。这是继ISO9000系列标准后推出的又一重要国际通行的管理标准，其是为了满足各种类型的组织建立环境管理体系的需要而制定的，旨在规范各国企业和社会团体等各种类型的组织的环境行为，从而达到减少环境污染、节约资源的目的，并消除贸易壁垒，促进世界贸易发展的国际统一的环境管理标准。它用标准和指南的形式规范了环境管理中的内容、方式以及认证所需要的审核程序等。

ISO14000系列环境标准是一体化的国际标准，它包括环境管理体系、环境审核、环境绩效评价、环境标志、产品生命周期评估等。

（二）ISO14000系列标准与贸易的关系

随着科学技术和全球经济的迅猛发展，环境污染和生态破坏日趋严重，世界各国开始关注并由此而认识到，制定国际统一的环境管理标准具有十分特殊的意义。

早在20世纪80年代就有一些发达国家和国际组织率先制定和推出环境管理的法规和标准，并在本国实施。这些国家的部分企业也开始在其生产和贸易中以环境标准为依据向他们的国际合作伙伴提出要求。在发展至当前的国际贸易往来中，由于环境意识的提高，产品的环境因素显得格外重要，因而就使ISO14000认证企业的产品占有更大的市场优势。

在国际贸易中，ISO14000统一了环境管理体系的基本要求，使那些凭借技术和经济实力制定贸易壁垒的国家有所收敛，可以说ISO14000是有利于消除国际贸易壁垒的，但从另一个角度来讲，ISO14000又是另一种贸易壁垒，它本身就是一整套技术和管理要求，它对那些信息闭塞、行动迟缓的国家和组织将构成国际贸易障碍。

ISO14000的推出迎合了绿色革命的潮流，适应了可持续发展的需要。在其推出后受到了世界各国和国际组织的高度重视和普遍欢迎，使之迅速成为在环境、生产、贸易等各个领域发挥重要作用的国际性标准。对ISO14000发达国家是以积极态度响应，在该标准尚为草案时即开始了各国的试点认证工作，并以环境为借口向发展中国家提出了要求。而国际标准的应用都是以自愿为原则，国际标准只能转化为各国的国家标准，而不等同于各国所制定的法律、法规，不可能要求组织中的各成员国强制实行，因而也不会增加或改变一个国家的法律责任，但对于要想摆脱受制于人的被动地位的部分发展中国家而言其就必须迅速开展ISO14000的实施工作。另外WTO对ISO14000也高度重视，并在其文本中对其予以确认，使这些标准在国际贸易中具有更大的约束力。可以说ISO14000系列标准有效协调了环境与贸易的关系，成为沟通环境与贸易的桥梁。

（三）ISO14000与国内环境标准

我国现行环境标准可以分为环境质量标准、污染物排放标准、环境监测方法标准、环境标准样品标准和环境基础标准。其中，最核心的是环境质量标准和污染物排放标准，前者是环境质量目标值，后者是对工业企业污染排放的限制指标。这两类标准限制着排污企业的排污行为，它们均是通过定量化指标来达到约束目的的。ISO14000系列标准的核心标准是ISO14001，其内容是建立环境管理体系及实施环境审核的基本准则。ISO14000不是针对排污的定量化限制指标，而是环境管理体系的规范化标准，其中包含管理要素标准化和运行规范化，总的来说，在我国推广ISO14000应以现行环境标准为基础展开实施工作。

（四）我国ISO14000的推行情况

ISO14000的推行有利于企业的成长与发展。发达国家对ISO14000的实施采取积极态度，一般要求其供应商提供ISO14000认证证明，而随着ISO14000在国际范围内的不断推广，首先在实施与不实施该标准的国家和企业之间形成了新的贸易障碍。因此，加快与国际标准的接轨，实施该标准将成为消除绿色壁垒的主要举措。同时，实施该标准也有助于提高企业的环境管理水平，减少环境风险，改善企业的公共关系，增强产品的市场竞争力。当前，我国正处于工业化、城市化的高速成长阶段，如不采取有效的环境保护措施，将使环境污染状况不断加剧。而ISO14000系列标准的推行恰好有助于解决我们的具体问题，适用ISO14000将有效提高企业资源和能源利用率，减少污染物排放，提高企业环境管理水平，从而合理解决我国现有的环境问题。

从1996年起，国家环保总局就在自愿基础上在全国范围内开展环境管理体系认证的试点工作。1997年中国环境管理体系认证指导委员会成立，从而使ISO14000的推行具备了统一的机构保证。国家环保总局会同有关部门在全国环保重点城市及地区实施ISO14000国家示范区，自1999年ISO14000国家示范区创建工作启动以来，各示范区不仅成为当地新的经济增长点，同时各项耗能指标也大大降低，区域环境质量改善使示范区市场竞争力不断提高。为维护ISO14000的公正性和权威性，保证认证质量，我国在实施ISO14000系列标准的同时，正在积极快速地建立规范科学的中国环境管理体系认证的国家认证制度。

第五节　清洁生产与循环经济制度

一、清洁生产

（一）清洁生产概述

清洁生产的概念最早出现在1976年在巴黎召开的“无废工艺和无废生产的国际研讨会”上，研讨会同时提出协调社会和自然的相互关系应主要着眼于消除造成污染的根源，而不仅仅是消除污染引起的后果。这一概念和理论被许多国家在立法中所接受。1989年联合国环境规划署工业与环境计划活动中心（UNEPIE / PAC）根据联合国环境规划署（UNEP）理事会会议的决议，制订了《清洁生产计划》，在全球范围内推行清洁生产。联合国环境规划署在1989年把清洁生产定义为：将综合预防的环境策略持续地应用于生产过程和产品中，以便减少对人类和环境的风险。1994年我国制定的《中国21世纪议程》对清洁生产的定义是：清洁生产是指既可满足人们的需要又可合理使用自然资源和能源，并保护环境的实用生产方法和措施，其实质是一种物料和能耗最少的人类生产活动的规划和管理，将废弃物减量化、资源化和无害化，或使废弃物消灭于生产过程中。

我国于2002年制定的《清洁生产促进法》第二条规定的清洁生产是指不断采取改进设计、使用清洁的能源和原料、采用先进的工艺技术与设备、改善管理、综合利用等措施，从源头削减污染，提高资源利用效率，减少或者避免生产、服务和产品使用过程中污染物的产生和排放，以减轻或者消除对人类健康和环境的危害。

清洁生产法律制度的历史并不长，但在短短的历史轨迹中其内涵的发展则使我们看到：从生产和服务的源头减少资源的浪费，促进资源的循环利用，控制污染的产生，减轻或者消除对人类健康和环境的危害已是世界普遍趋势。因此，在我国推行清洁生产，可以节约资源，削减污染，降低污染治理设施的建设和运行费用，提高企业经济效益和竞争能力；可以将污染物消除在源头和生产过程中，有效解决污染转移问题；可以挽救一批因污染严重而濒临倒闭企业的命运，缓解就业压力和社会矛盾。推行清洁生产，可以从根本上减轻因经济快速发展对环境造成的巨大压力，减少生产和服务活动对环境的破坏，促进经济增长方式的转变，实现经济效益和环境效益相统一。

（二）国外清洁生产立法

1972年的联合国人类环境会议以后，各国更加重视环境保护，在那一时期欧洲许多国家都制定了以污染预防为目标的“清洁工艺和清洁生产”的法律、法规。在此基础上，欧共体理事会在1979年4月正式宣布推行清洁生产的政策。1979年11月召开了开展国际合作的全欧高级会议，该次会议通过了《关于少废无废工艺和废料利用的宣言》。1984年之后又制定了促进清洁生产的两个法律，明确对清洁生产的工业示范工程提供财政及金融支持。

日本1991年以来制定了多部促进实施清洁生产的专门法律，如《资源有效利用促进法》、《推动建立循环社会基本法》、《容器包装再利用法》等。美国国会于1990年通过了《污染预防法》，从而以污染预防政策取代末端治理的污染控制政策，以法律的形式确定将污染预防作为国家治理污染的基本战略。

1989年联合国环境规划署工业与环境计划活动中心制订了《清洁生产计划》，在全球范围内推行清洁生产。1990年9月在英国坎特伯雷举办了首届“促进清洁生产高级研讨会”，会上提出了一系列建议，支持世界不同地区发起和制订国家级的清洁生产计划，支持各国创办国家级的清洁生产中心等。此后，这一高级研讨会每两年召开一次，以便定期评估进展，交流经验，及时发现问题，提出新的目标。在1998年韩国汉城（现更名为首尔）举行的第五届会议上制定和签署了《清洁生产国际宣言》。

（三）我国清洁生产立法

“清洁生产”一词在我国出现虽然时间不长，但我国在20世纪70年代末期就认识到通过技术改造最大限度地把“三废”消除在生产过程之中是防治工业污染的根本途径。1992年中共中央和国务院发布了《环境与发展的十大对策》，明确宣布实行可持续发展战略，尽量采用清洁工艺。在1993年我国第二次工业污染防治会议上，我国正式使用了清洁生产的概念，提出积极推行清洁生产，走可持续发展的道路。1994年，我国制定的《中国21世纪议程》，把推行清洁生产列入了可持续发展战略与重大行动计划，并指出清洁生产的实质是一种原材料和能耗最少的人类生产活动的规划和管理。

1995年通过的《固体废物污染环境防治法》第一次将“清洁生产”写进法律中。2001年12月26日，国务院批复的《国家环境保护“十五”计划》再次强调要大力推行清洁生产。

全国人大常委会于2002年6月29日通过、2003年1月1日起实施的《中华人民共和国清洁生产促进法》（以下简称《清洁生产促进法》），是一部以推行清洁生产为目的，旨在动员各级政府、有关部门、生产和服务企业推行并实施清洁生产的法律。它的制定，标志着我国可持续发展事业有了历史性的进展，它对促进我国经济、社会的进一步健康发展具有重要作用。2005年2月28日全国人大常委会通过并颁布了《中华人民共和国可再生能源法》（以下简称《可再生能源法》），该法为可再生能源同常规能源竞争创造了公平的市场环境，引导和激励各类经济主体积极参与到可再生能源的开发利用中来，以有效加快我国可再生能源的开发利用进程。而此时正逢《京都议定书》生效的良好时机，此时此举正好表明我国为保护全球气候问题所作出的努力；而且《可再生能源法》的颁布也将开辟我国的风能等其他可再生能源技术领域的巨大市场，必将推动我国的可持续发展事业，是我国构建和谐社会的一个具体而重要的举措。

（四）我国清洁生产的主要法律规定

《清洁生产促进法》的调整范围包含了全部生产和服务领域。立法一方面扩大了清洁生产的范围，由传统工业生产领域向全部生产和服务领域扩展；另一方面为了突出工业生产领域的清洁生产，立法对其作出了具体规定，而对其他领域的清洁生产只作了原则性规定。这样的立法处理在满足我国当前工业领域推行清洁生产的迫切需要的同时，又体现了法律的前瞻性，为其他领域推行清洁生产提供了法律依据和活动空间。

在管理体制方面，《清洁生产促进法》规定：①国务院经济贸易行政主管部门负责组织协调全国的清洁生产促进工作；县级以上地方人民政府负责领导本行政区域内的清洁生产促进工作；县级以上地方人民政府经济行政主管部门负责组织协调本行政区域内的清洁生产促进工作。②国务院和县级以上地方人民政府环境保护、计划、科学技术、农业、建设、水利和质量技术监督等行政主管部门，按照各自职责负责相关事务。

《清洁生产促进法》第三章规定的清洁生产的实施要求可分为三类：指导性要求、自愿性要求和强制性要求。指导性要求是对生产经营者从事清洁生产发出的倡导，主要内容涉及对更新、改建、扩建项目及企业技术改造、产品包装设计提出要求，并对农业生产业、服务性企业、建筑工程、矿产资源勘查和开采、废物回收和利用以及普通企业清洁生产提出了相应的倡导性要求；自愿性要求是鼓励生产经营者自愿实施清洁生产，改善企业及其产品形象，相应可以依照有关规定得到奖励和享受政策优惠的要求；而强制性要求是生产经营者的法定义务，如果不履行该义务，则要承担相应的法律责任。其主要内容涉及：注明产品材料成分、建筑和装修材料必须符合国家标准、产品和包装物的强制回收、超标排放或超总量控制指标排放污染物企业的清洁生产审核、公布主要污染物的排放情况等方面的要求和相应的法律责任。

此外，《清洁生产促进法》专门设立了“鼓励措施”一章，以确保清洁生产促进工作能得以顺利有效地开展，具体体现为奖励制度、资金支持制度和税收优惠制度。在所有鼓励措施中最能起到直接作用的是对清洁生产技术改造的资金支持。考虑到企业进行清洁生产活动往往面临资金瓶颈的困扰，该法规定了由国务院和县级以上地方人民政府同级财政安排有关技术进步专项资金以扶持清洁生产项目。此类扶持项目包括三种：一是清洁生产的研究、示范和培训项目；二是实施国家清洁生产重点技术改造项目；三是本法规定的自愿削减污染物排放协议中载明污染物的技术改造项目。为促进中小企业进行清洁生产，解决其资金方面的困境，该法还规定对中小企业进行清洁生产给予适当的资金扶持，具体做法是在依法设立的中小企业发展基金中，安排适当数额用于支持中小企业实施清洁生产。关于税收优惠该法在税收减免和成本列支两方面规定了相应的鼓励措施。对利用废物生产产品和从废物中回收原料的，税务机关按照国家规定，减征或免征增值税；企业用于清洁生产审核和培训的费用，可以列入企业经营成本。

二、循环经济

（一）循环经济的概念

循环经济是一种以资源的高效利用和循环利用为核心，以减量化、再利用、资源化为原则，以低消耗、低排放、高效率为基本特征，符合可持续发展理念的经济增长模式。

1972 年，斯德哥尔摩人类环境会议通过了具有里程碑意义的《人类环境宣言》，1992 年在联合国环境发展大会上与会国家签署了《里约宣言》和《21 世纪行动议程》，承诺在追求经济发展的过程中保护地球环境和不可再生资源，这标志着一种全新的经济模式——循环经济的诞生。此后，世界上许多国家将发展循环经济、构筑循环型社会体系作为实施可持续发展的战略，是实现环境与经济协调发展的重要途径和实现方式，并以立法形式对其加以推进，使循环经济成为 21 世纪经济新的亮点。

作为一种新的理念，循环经济自 20 世纪 90 年代后期被引进以来，就得到了我国政府、学术界及公众的支持。走循环经济之路，是我国实现可持续发展的必然选择。环境问题的实质在于对环境资源的不合理利用，而其中的环境污染实际上是对资源和能源的浪费。循环经济理念的产生就建立在对污染的产生和废弃物的重新认识上。虽然在人类的生产消费中会产生废弃物，但所谓废弃物是属于这种物质能量交换循环中的一部分能量流，是另一种形式的资源。通过废弃物作为资源的再利用，通过对废弃物的减量化、资源化、无害化处理，使得所有的物质和能源在这个不断进行的经济循环中得到合理和持续的利用。

（二）循环经济的三大原则

在各国立法上循环经济普遍遵循的基本原则是“3R”原则，即减量化、再使用、再循环原则。

其中减量化原则是输入端，要求用较少的原料和能源特别是无害于环境的资源投入来达到既定的生产目的和消费目的，即对废弃物的产生是通过预防的方法而不是末端治理的方式来加以避免。

再使用原则属于过程性方法，要求制造产品和包装容器能够以初始的形式被反复利用，要求制造商尽量延长产品的使用期，呼吁抵制一次性用品。也就是说，尽可能多次或多种方式地使用物品，避免物品过早地成为垃圾。

再循环原则属于输出端方法，要求生产出来的物品在完成其使用功能后能重新变为可以利用的资源，而不是变成不可恢复的垃圾，也就是人们通常说的废品的回收和废物的综合利用。

（三）循环经济与清洁生产

循环经济与清洁生产两者之间究竟有什么关系呢？如果没有认识清楚这个问题，就会造成概念的混乱、实践的错位，既影响清洁生产的实施，也不利于循环经济的健康开展。

清洁生产与循环经济既具有一致性，两者在层次上又有区别。

这两个概念的提出都基于相同的时代要求，两者都是为了协调经济发展和环境资源之间的矛盾应运而生的。两者均以工业生态学作为理论基础，依照该理论经济系统不单要受社会规律的支配，更要受自然生态规律的制约。为了谋求社会和自然的和谐共存、实现技术圈和生物圈的兼容，唯一的解决途径就是使经济活动在一定程度上仿效生态系统的结构原则和运行规律，最终实现经济的生态化，亦即构造生态经济。循环经济和清洁生产同属于工业生态学中的主要组成部分，两者有共同的目标和实现途径。近年来，一些发达国家围绕非物质化，提出了“3Z”（即污染物零排放、物耗能耗零增长、废弃物零填埋）的奋斗目标，显然“3Z”同样代表了清洁生产和循环经济的目标。

另外，从实现途径来看，循环经济和清洁生产也有很多相通之处。清洁生产的实现途径可以归纳为两大类，即资源削减和再循环，包括减少资源和能源的消耗、重复使用原料、中间产品和产品、对物料和产品进行再循环、尽可能利用可再生资源、采用对环境无害的替代技术等。循环经济的“3R”原则就源自于此。

清洁生产和循环经济两者最大的区别是在实施的层次上的区别。在范围上清洁生产的范围比循环经济的范围要小，清洁生产主要实施的范围是生产领域，而循环经济将清洁生产、资源综合利用、生态设计和可持续消费融为一体，其范围比清洁生产大，清洁生产只是实现循环经济的一种手段、一种机制，而循环经济是一种理念、一种目标，两者是手段和目标的关系。

（四）国外循环经济立法

德国是发展循环经济的先驱国家，早在1972年，德国就制定实施了《废弃物处理法》，但当时立法的目标仅仅是为了处理生产和消费所产生的废物，属于环境问题的末端处理方式。因此，该法尚不属于循环经济性质的立法。1986年，德国将《废弃物处理法》修改为《废物限制及废物处理法》，强调要通过节省资源的工艺技术和可循环的包装系统，把避免废物产生作为废物管理的首要目标，将立法目的由“怎样处理废弃物”转变为“怎样避免废弃物的产生”。1994年9月27日，德国公布了发展循环经济的《循环经济和废物管理法》，提出将循环经济理念从包装扩展到所有的生产部门，把废弃物处理提高到发展循环经济的思想高度，并建立了系统配套的法律体系。

第二次世界大战后，日本实行“追赶式和赶超型”的经济政策，国民经济多年持续快速增长，到1968年，其国民生产总值（GDP）已位居世界第二位。但是其经济快速增长是以牺牲环境为代价的。环境污染、生态破坏事件频频发生，严重影响了自然界正常的生态循环，并最终演变成严峻的社会问题和政治问题。为了谋求环境问题的彻底解决，日本政府认为，应当抛弃传统的经济运行方式，代之以抑制废物的产生、促进废物的再利用为目的，形成废物处理与资源循环再利用一体化的物质循环链条，构筑起抑制自然资源浪费、减轻环境负荷的“循环型社会”。基于上述认识，日本于2000年12月6日制定了《建立循环型社会基本法》，其作为循环经济基本法，具有特别重大的意义，标志着日本已经成为世界循环经济法制化的先进国家，其环境保护技术和产业经济发展进入新的发展阶段，其社会结构开始从过去“大量生产、大量消费、大量废弃”的传统经济社会，向降低环境负荷、实现经济社会可持续发展的循环经济社会转变。

目前，美国还没有一部全国性的循环经济法规，但美国有《资源保护和回收法》（1976年通过，1980年修订）和《污染预防法》（1990年制定），在一定程度上体现了发展循环经济的要求。同时，美国联邦政府和各州政府还推行了一些有利于发展循环经济的政策，自20世纪80年代中期以来，美国已有半数以上的州先后制定了促进资源再生循环利用的法规。

（五）我国循环经济立法情况

“循环经济”一词引入我国较晚，但是与循环经济有关的一些理念以及与发展循环经济有关的一些实质性的内容，在我国早已有人研究，在政策法律方面也有过一些规定，这些都是我国现阶段进行循环经济立法的有利条件基础。

1995年，我国颁布了《固体废物污染环境防治法》，这成为治理固体废物污染的主要法律根据。为适应经济增长方式转变和可持续发展战略的需要，1996年颁布了《关于进一步开展资源综合利用的意见》。这是指导我国资源综合利用的纲领性文件，对推动我国资源综合利用的发展起到了积极作用。2002年6月颁布的《清洁生产促进法》规定了政府、有关部门和企业应积极推动清洁生产的实现，为循环经济的形成创造了良好的法制环境。此外，为改革我国排污收费制度，适应从末端治理向源头和全过程控制、实施清洁生产转变的要求，国务院于2003年1月公布了《排污费征收使用管理条例》，再次为我国循环经济的推进注入了强劲活力。

我国在循环经济立法方面已经有了一定的进步，但从总体上看还处于初级阶段。我国虽然有了一些关于污染预防、资源综合利用的规定，在有的环境法中也规定了一些关于循环经济的内容，甚至在一些法律条文中也有若干关于发展循环经济的规定，但是从总体上看这些还是初步的，对全局有重大影响的实质性内容的规定并不是很多。因此，我们应考虑在借鉴国外先进立法经验并结合我国国情的基础上，构建我国的循环经济立法。

第六节　环境许可证制度

一、环境许可证的概念、种类

许可通常是指国家行政机关根据当事人的申请，准许其从事某种活动的一种行政行为。在法律上许可常常表现为认可、登记、承认等，并常以证书的形式对外表现。环境行政许可证制度是指环境行政主管机关对从事可能造成环境不良影响活动的开发、建设或经营者提出的申请，依法进行审查，通过颁发许可证、执照等形式，赋予或者确认该申请人从事该种活动的法律资格或法律权利的一系列法律制度。环境许可证制度采用规范化的行政许可程序，既有利于管理机关了解环境资源的实际状况从而实施有针对性的管理，又有利于社会公众进行监督，申请人也能在公开透明的条件下获得公正待遇。在许多国家中，许可证制度被认为是环境资源行政管理的支柱性措施，我国也广泛采用了许可证制度。

根据被许可行为的内容不同，我国环境行政许可证大致可分为三类：第一类是防止环境污染的行政许可，如颁发排污许可证，海洋倾废许可证，危险废物收集、贮存、处置许可证，放射性同位素与射线装置的生产、使用、销售许可证，化学危险物品生产、经营许可证，废物进口许可证等；第二类是防止环境破坏的行政许可，如颁发林木采伐许可证、采矿许可证、捕捞许可证、取水许可证、野生动物特许猎捕证、狩猎证、驯养繁殖许可证等；第三类是针对环境保护的一般行政许可，如颁发建设规划许可证等。

二、环境许可证制度的作用

环境行政许可证制度是我国环境法的一项基础性法律制度。目前，我国建立了较为齐全的环境保护法律、行政法规及规章制度，这为环境保护行政许可实施体系的建立奠定了坚实基础。特别是 2004 年 7 月 1 日起施行的《中华人民共和国行政许可法》（以下简称《行政许可法》），是规范我国环境许可证制度的重要法律依据。环境资源许可证制度是国家为加强环境资源管理而采用的一种卓有成效的行政管理制度。在环境资源管理中发挥着重要的作用，具体表现为：

（1）它可以把影响环境的各种开发、建设、经营、排污活动纳入国家统一管理的轨道，并将其严格控制在法律规定的范围内，使国家能够有效地进行环境资源管理。

（2）它有利于主管机关及时掌握各方面情况，及时制止不当开发、生产和各种损害环境的活动，便于及时发现违法者，加强国家环境资源管理部门的监督检查，促使法律、法规的有效实施。

（3）它有利于调动环境管理相对人保护环境资源的积极性，促使开发和使用环境资源者加强环境资源管理，进行技术改造和工艺改造，推行清洁生产，节约资源，减少排污。

（4）它有利于实现我国环境资源管理战略思想的转变，促使环境资源管理向科学化、法制化和规范化方向发展。

（5）它有利于群众参与环境资源管理，特别是对损害环境资源活动的监督。

三、环境许可证的管理程序

（一）申请

申请即由申请人向有关主管机关提出书面申请，并附有为审查所必需的各种材料。行政机关在受理环境行政许可申请时应该做到履行公示义务，做好有关解释说明工作，不得要求提供无关材料，规范受理申请等。

（二）审查与听证

环境主管机关可在报刊上公布受理的申请，并征求各方面的意见，根据有关规定对申请进行审查。同时应依照《行政许可法》的规定举行听证制度，听证制度有利于规范环境保护行政许可活动，保障和监督环境保护行政主管部门依法行政，提高环境保护行政许可的科学性、公正性、合理性和民主性，保护公民、法人和其他组织的合法权益，因此，听证是环境行政许可程序的重要内容。《行政许可法》、《环境影响评价法》等有关法律对听证的适用原则、适用范围、听证主持人、相对人和参加人、听证程序、罚则等作了专门而详细的规定，使得环境保护行政许可听证做到了有法可依。

（三）决定

主管机关经审查后作出颁布或拒发许可证的决定，同意发证的，应告知持证人的义务和限制条件；拒发证的，应说明拒发的理由。

（四）监督

环境行政许可的监督主要包括行政机关内部的层级监督和行政机关对被许可人的被许可行为监督两种。环境主管机关要依法随时对持证人执行许可证的具体情况进行监督检查，要求持证人提供有关资料，现场检查设备，监测排污情况，发布行政命令等。

（五）处理

如果持证人违反许可证规定的义务或限制条件，主管机关可以中止、吊销许可证，并对违法者追究法律责任。

四、总量控制制度与排污权交易制度

排污权交易是 20 世纪 70 年代由美国经济学家戴尔斯提出，被美国国家环保局用于河流污染源和大气污染源管理中，以后德国、澳大利亚、英国等国家相继进行了排污权交易的实践。排污权交易在全球主要污染物排放总量控制计划中的作用，将显得越来越重要。排污总量控制和排污许可证制度是实行排污权交易的基础。排污权交易，又称排污指标有偿转让，是指排污单位在环境行政主管部门的监督管理下，以排污指标为标的进行交易。通过采用市场刺激措施，鼓励企业采用低费用、低污染的措施，有利于污染源合理布局和资源的优化配置。近年来充斥全球的二氧化碳全球总量控制和世界二氧化碳排放指标交易（又称为碳指标交易）即是这一制度的例证。

第七节　排污收费制度

一、排污收费制度的概念和作用

排污收费制度又叫征收排污费制度，是指国家环境管理机关依照法律规定对排污者征收一定费用的审查管理措施和制度。征收排污费制度最早是在 1976 年联邦德国的《污水收费法》中确定的，随后，法国、日本、澳大利亚等国家也实行了这一制度。我国在 1978 年的《环境保护工作汇报要点》中，首次提出“排放污染物收费制度”。1979 年《环境保护法（试行）》以法律形式确立了这一制度，其中规定：超过国家规定的标准排放污染物，要按照排放污染物的数量和浓度，根据规定收取排污费。之后经修订的《环境保护法》再次确定了这项制度。特别是 2003 年《排污费征收使用管理条例》的适时颁布，以行政法规的形式确立了市场经济条件下的排污收费制度，维护了排污收费制度的严肃性和稳定性。

排污收费在行为性质上属于国家强制性征收，征收的排污费纳入国家财政预算，作为环境保护专项资金使用。这项制度的作用表现为：①它体现了利用经济杠杆调节经济发展与环境保护的关系，将环境保护与排污者的经济利益直接联系起来，从根本上改变了“污染有理，治理吃亏”的旧观念。②它有利于促使排污改造，开展综合利用，促进了对污染源的治理。③它开辟了一条重要的资金渠道，增强了治理污染的能力。

现行的排污收费制度虽然具有以上这些作用，但仍反映出其固有的缺陷：其一是在全国范围内许多排污项目仍缺乏总量控制要件，其二是超标收费与污染收费的本质不同，这与绿化税制的基本目标有较大差距。

二、排污费的征收

依照 2003 年《排污费征收使用管理条例》（以下简称《条例》）第三章对征收排污费的标准、收费对象、收费程序以及排污费的减免等作了规定。

（一）征收对象

《条例》第二条原则规定直接向环境排放污染物的单位和个体工商户，应当依照《条例》的规定缴纳排污费。《条例》第十二条则具体规定，依照《大气污染防治法》、《海洋环境保护法》的规定，向大气、海洋排放污染物的，按照排放污染物的种类、数量缴纳排污费。依照《水污染防治法》的规定，向水体排放污染物的按照排放污染物的种类、数量缴纳排污费；向水体排放污染物超过国家或者地方规定的排放标准的，按照排放污染物的种类、数量加倍缴纳排污费。依照《环境噪声污染防治法》的规定，产生环境噪声污染超过国家环境噪声标准的，按照排放噪声的超标等级缴纳排污费。

排污者向城市污水集中处理设施排放污水、缴纳污水处理费用的，不再缴纳排污费。排污者建成工业固体废物贮存或者处置设施、场所并符合环境保护标准，或者其原有工业固体废物贮存或者处置设施、场所经改造符合环境保护标准的，自建成或者改造完成之日起，不再缴纳排污费。

（二）征收的范围和标准

《条例》第十一条规定由国务院价格主管部门、财政部门、环境保护行政主管部门和经济贸易主管部门，根据污染治理产业化发展的需要、污染防治的要求和经济、技术条件以及排污者的承受能力，制定国家排污费征收标准。国家排污费征收标准中未作规定的，省、自治区、直辖市人民政府可以制定地方排污费征收标准，并报国务院价格主管部门、财政部门、环境保护行政主管部门和经济贸易主管部门备案。

（三）计算方法

同一排污口排放两种以上污染物的，只按收费最高的一种计算收费。而对于排放大气污染物的，其收费额有的按照排放污染物的数量乘以收费单价计算，有的按消耗的燃料数量乘以收费单价计算。对于固体废物的排污费，其收费额通常是用收费单价乘以每月废物量（吨）来计算。对于水污染物超标排放的废水，其收费额按收费单价乘以污染物超标总量计算。对于水污染物未超标的废水，其收费额按废水总量（吨）乘以收费单价计算。其中，水污染物超标总量为废水排放量与废水中污染物超标倍数的乘积。

（四）加收、减收、免收和缓收

依照规定，在四种情况下可以加收排污费：其一，对缴纳排污费后仍未达到排放标准的排放单位，从开征第三年起每年提高征收标准5%。其二，对新建的建设项目，排污超标的，加倍收费。其三，对有污染物处理设施不运行或擅自拆除，排污超标的，加倍收费。其四，对经限期治理逾期未完成治理任务的，加倍收费。

排污费的减收或停收，是指在一般法定额度以下少收或停收排污费。减收发生在排污单位显著降低了排污数量和浓度的情况下。停收发生在排污单位经过治理已经达到排放标准或者已经建成符合环境保护标准的固体废物贮存、处置设施、场所的情况下。减收或停收排污费，应由排污单位向环保部门提出申请，经环保部门监测属实后决定。

排污费的缓收，是指排污者因有特殊困难不能按期缴纳排污费的，经发出缴费通知单的环境保护行政主管部门书面决定缓期缴纳排污费。根据我国《排污费征收使用管理条例》规定，排污者因有特殊困难不能按期缴纳排污费的，自接到排污费缴纳通知单之日起7日内，可以向发出缴费通知单的环境保护行政主管部门申请缓缴排污费；环境保护行政主管部门应当自接到申请之日起7日内，作出决定；期满未作出决定的，视为同意。排污费的缓缴期限最长不超过3个月。

（五）征收程序

排污费的征收程序为：

（1）公告。负责污染物排放核定工作的环境保护行政主管部门，应当根据排污费征收标准和排污者排放的污染物种类数量，确定排污者应当缴纳的排污费数额，并予以公告。

（2）送达。排污费数额确定后，由负责污染物排放核定工作的环境保护行政主管部门向排污者送达排污费缴纳通知单。

（3）缴纳排污费。排污者应当自接到排污费缴纳通知单之日起7日内，到指定的商业银行缴纳排污费。商业银行应当按照规定的比例将收到的排污费分别解缴中央国库和地方国库。排污者未按照规定缴纳排污费的，由县级以上地方人民政府环境保护行政主管部门依据职权责令其限期缴纳；逾期拒不缴纳的，处应缴纳排污费数额1倍以上3倍以下的罚款，并报经有批准权的人民政府批准，责令停产停业整顿。

三、排污费的管理和使用

排污费的征收、使用必须严格实行“收支两条线”，征收的排污费一律上缴财政，环境保护执法所需经费列入本部门预算，由本级财政予以保障。

依照《条例》第十八条规定，排污费必须纳入财政预算，列入环境保护专项资金进行管理，主要用于下列项目的拨款补助或者贷款贴息：重点污染源防治；区域性污染防治；污染防治新技术、新工艺的开发、示范和应用；国务院规定的其他污染防治项目。使用环境保护专项资金的单位和个人，必须按照批准的用途使用。如果环境保护专项资金使用者不按照批准的用途使用环境保护专项资金的，由县级以上人民政府环境保护行政主管部门或者财政部门依据职权责令其限期改正；逾期不改正的，10年内不得申请使用环境保护专项资金，并处挪用资金数额1倍以上3倍以下的罚款。

四、排污费征收公告和稽查

为了确保排污费征收工作透明、公正、高效，《条例》规定，排污费征收实行公告制度。各级环境监察部门对排污者的排污申报进行核定，确定应缴纳的排污费数额，必须先予以公告后实施；《条例》明确了上级环保部门对下级环保部门征收排污费的稽查权，对应当征收而未征收或者少征收排污费的，上级环保部门有权责令其限期改正，或者直接责令排污者补缴排污费。按照此项要求，环境监察部门要建立相应的排污费征收的稽查机制，确保排污费依法足额征收。

第八节 限期治理制度

一、限期治理制度的概念和意义

限期治理制度是指对污染严重的项目、行业和区域，由有关国家机关依法限定其在一定期限内完成治理任务，达到治理目标的法律制度的总称。它是减轻或消除现有污染源污染，改善环境质量状况的一项环境法律制度，也是我国环境管理中所特有的一项管理制度。它与环境事故报告制度一样，其性质属于环境保护的补救性措施，主要适用于环境保护的事后阶段。

第一次提出"限期治理"的概念是在1973年全国环境保护工作会议上，1978年原国家计委、国家经委和国务院环境保护领导小组联合下达了冶金、石油等七个部门的167个企业共277个严重污染环境的污染源为第一批限期治理项目，自此基本上形成了限期治理的环境管理政策。1979年和1989年的环境保护基本立法均将限期治理制度作为一项核心制度而加以明确规定。

限期治理制度的意义和作用在于：

第一，它是合理解决现有污染最直接的途径。限期治理的对象一般是重点污染源，其所排放的污染物在全国排放总量中占有相当大的比例。把这些污染大户作为重点实行限期治理，就可以针对性地控制污染。限期治理不仅适用于重点项目，同时还包括有关行业和特定区域、流域的限期治理，尝试把行业环境管理和区域环境管理相结合，调动各部门、各行业和各地区的积极性，选择布局不合理、污染和破坏严重、危害大、群众反映强烈的项目，分期分批进行限期治理。

第二，可以集中有限的资金解决突出的环境污染问题。

第三，较好地反映了环境法的强制性。一方面，市场经济决定了环境保护的成本与经营者的利润成反比例，市场规律与环境保护是相对抗的，市场规律不能自发地解决环境问题，只会加剧环境恶化，这就需要政府的直接干预；另一方面，环境法的许多规范强制性不足，必须借助政府的特殊制度和强制性的手段予以弥补，以确保环境问题及时有效解决。

第四，有利于改善社会关系和促进社会的和谐稳定。限期治理项目，一般是污染危害严重、群众反映强烈的突出的环境问题。解决这些污染问题，有助于改善社会关系和促进社会的和谐稳定。

二、限期治理的对象和内容

限期治理的对象指那些应被纳入限期治理规范内的污染源。目前我国法律规定的限期治理对象主要有两类：一是严重污染环境的污染源。《环境保护法》第二十九条规定，对环境造成严重污染的企业事业单位，限期治理。但哪些属于严重污染，法律未作明确规定。实践中主要是将污染严重、影响大、群众反映强烈的污染源作为限期治理对象。二是位于特别保护区域内的超标污染的污染源。这些区域如风景名胜区、自然保护区等。《环境保护法》规定，在上述区域内不得建设污染环境的工业设施；已建的其他设施其污染物排放超过规定的排放标准的，限期治理。

限期治理的内容包括在规定的期限内的治理目标。限期治理的期限不宜过长，应尽量做到科学、合理。计划性限期治理项目，多为一年，也有两年和三年的；随机性限期治理项目期限较短，一般从几个月到一年不等。对于具体的污染源的限期治理，其目标是达标排放；对于行业污染源的限期治理，可以要求分期分批逐步做到所有的污染源都达标排放；对于区域环境污染的限期治理，则要求通过治理达到适用于该地区的环境质量标准。

三、限期治理的决定权

中央或者省、自治区、直辖市人民政府直接管辖的企业事业单位的限期治理，由省、自治区、直辖市人民政府决定。

市、县或者市、县以下人民政府管辖的企业事业单位的限期治理，由市、县人民政府决定。

四、违反限期治理制度的法律后果

违反限期治理制度的行为主要指经限期治理未完成治理任务的情况，其法律后果首先是依照国家规定加收超标排污费，其次是根据所造成的危害后果可处以罚款，或者责令停业、关闭。

第九节 环境事故报告制度

一、环境事故报告制度的概念和意义

环境事故报告制度又称为环境报告制度，是指发生事故或者其他突发事件使环境受到或者可能受到严重污染或破坏，事故或事件的当事人必须立即采取措施处理，及时向可能受到环境污染与破坏危害的公众通报，并向当地环境保护行政主管部门和有关部门报告，接受调查处理的法律制度。

据统计，20 世纪 80 年代以后，全世界平均每年发生 200 多起严重的污染事故。印度博帕尔农药泄漏事件、苏联切尔诺贝利核电站泄漏事故造成的惨重危害令人震惊。我国发生的川东油气田硫化氢泄露事件更是让我们记忆犹新。但更可怕的是一些环境事故的当事人出于各种目的而故意隐瞒事故真相，人为地造成环境事故的危害范围扩大、时间持久，使本来可以及时避免或减轻的污染后果得不到有效控制。为了防止这种悲剧的重演，污染事故报告与处理制度便应运而生。

环境污染事故报告制度的意义在于：

首先，它可以使政府和环境保护监督管理部门及时掌握环境污染与破坏事故的情况，查明事故原因、确定危害程度，便于采取有效措施，防止事故的蔓延和扩大。

其次，它可以使受到环境污染和破坏威胁的公众提前采取防范措施，避免或减少损失，最大限度地降低事故的危害程度。

最后，环境污染与破坏事故的报告及处理制度，可以使造成环境污染与破坏的企事业单位在自身及时采取措施进行处理的同时，通过报告环境保护行政主管部门来获取行政上的指导和技术上的帮助，防止危害结果的发生，有效地控制损失的扩大。

二、我国环境事故报告制度的内容

（一）环境污染与破坏事故的报告

（1）造成环境污染与破坏事故的单位，必须在事故发生后 48 小时内，向当地环境保护部门报告，事故查清后，还应向其作出书面报告，并附有关证明文件。

（2）环境污染与破坏事故发生后，当地环境保护部门应当立即赴现场调查，并对事故的性质和危害作出恰当的认定。凡属一般或较大环境污染与破坏事故，均由县级以上（含县级）环境保护部门确认；凡属重大或特大环境污染与破坏事故，均由地、市级以上环境保护部门确认，对法律、法规未作出具体规定的环境污染与破坏事故，地、市级以上的环境保护部门可根据实际情况作出重大或特大事故的确认。

（3）凡属重大环境污染与破坏事故，地、市级环境保护部门除应及时报告同级人民政府外，还应同时报告省级环境保护部门。凡属特大环境污染与破坏事故，地、市环境保护部门除应及时报告同级人民政府和省级环境保护部门外，还应同时报告国家环境保护总局。

（4）重大或特大环境污染与破坏事故的报告，分为速报、确报和处理结果报告三类。速报是从发现事故后起，48 小时以内通过电话、电报上报或派人直接报告。其内容主要包括污染事故的类型、发生时间、地点、污染源、主要污染物质、经济损失数额、人员受害情况等基本情况。确报是在查清有关基本情况后通过电话或书面报告的形式立即上报。其内容主要是在速报的基础上报告有关确切数据，事故发生的原因、过程及采取的应急措施等基本情况。处理结果报告是在事故处理完后立即上报。其内容是在确报的基础上报告处理事故的措施、过程和结果，事故潜在或间接的危害、社会影响，处理后的遗留问题，参加处理工作的有关部门和工作内容，出具有关危害与损失的证明文件等详细情况。

（二）环境污染与破坏事故的处理

造成环境污染与破坏事故的单位应该立即采取一切可能的措施防止污染扩散，对于已经造成的环境污染事故还应有技术上的防范措施，以防止污染发展和蔓延。在客观上已造成污染危害或可能造成危害的企事业单位，除了自身应当立即采取措施进行处理外，还应当及时通知附近可能受到污染危害的单位和居民，并尽可能地提供交通、物质等方面的帮助。

环境保护行政主管部门在收到事故（或事件）报告之后，应立即组织调查组，赴事故现场进行调查，指导受害单位或排污单位采取紧急措施，防止危害结果的发生，或有效地控制损失的扩大，及时对环境事故地的环境进行认定，作出环境质量监测报告，准确地对环境事故的诱因和事故的性质、类型、级别进行认定，作出环境事故认定书，提出环境事故的处理意见，在查清其性质和危害之后，对违法者依法给予行政处罚。

在环境受到严重污染与破坏、威胁居民生命安全时，县级以上环境保护部门必须立即向本级人民政府报告，由人民政府采取有效措施，解除或者减轻危害。

【案例分析】

【案情】1999 年 4 月 21 日武汉市汉阳区龙阳湖 1 800 亩的水面上泛起一片片死鱼，龙阳湖对岸的仙山村土地变黑，蔬菜枯萎，空气中弥漫着令人作呕的化学气味，村民们呼吸困难。经查，原来是有人将含剧毒苯酚的近百桶废渣倾倒在附近的锅顶山上，连续四天的暴雨将有毒物质冲下山，顺地势侵入下游的仙山村和龙阳湖，导致土壤及水中苯酚含量严重超标，村民鱼池、菜地、藕田和湖水遭受污染。

武汉市环保局在事发当天就赴事故现场进行了调查，经查，1997 年武汉市某化工公司将生产过程中封存的 197 桶化工废料送到武汉市洪山区环保局环保固体废物交换中心，并交付处置费用 19 900 元。洪山区环保局将这些铁桶露天存放在该局所属的废弃物交换中心花山仓库内。1999 年 3 月，洪山区环保局决定处理这批废料，局长办公会决定由刚从副局长转任助理调研员的王华楚具体负责。1999 年 3 月，被告人王华楚在得知该中心主任朱某某准备将此化工废弃物交给无业人员方国强、何利华处理时，提出对上述化工废弃物应进行化验。之后，该中心工作人员徐某某提供了一份未加盖印章的虚假化验报告单，王华楚提出化验单需要加盖检验单位公章。而后，被告人王华楚既未督促朱某某、徐某某提供化验单，也未制止朱某某将此化工废弃物交给无业人员方国强、何利华处理。

1999 年 4 月 2 日、9 日、11 日，方国强、何利华分三次从花山仓库拖走 197 个装有化工废料的铁桶。4 月 11 日，其中 90 桶被何、方等人雇民工连夜运上了锅顶山。他们在山上找了个洼地，把其中 82 桶中的废物作为渣子倒掉，因时间紧，匆忙中留下 8 桶放于锅顶山，准备有空时再来处理。

1999 年 4 月 13 日，武汉市洪山区环保局局长指派被告人王华楚到现场监督处理情况，但王在方国强等人的劝说下，未到现场实地查看而返回。被告人王华楚返回后未将情况如实向局领导汇报，4 月 17 日，天降大雨，灾难发生。

案发后，武汉市检察机关和公安机关认为肇事者严重违反国家环保法律规定，将有剧毒的含苯酚的废渣倾倒在汉阳锅顶山上，造成直接经济损失达 100 余万元。但武汉市环保部门测算的直接经济损失仅 20 万元左右，随后就予以赔偿。而构成犯罪必须是直接经济损失达 30 万元，由于对损失认定不统一，检察、公安两家撤销此案。2003 年 4 月，汉阳区检察院渎职侵权科接到仙山村的举报信：污染依然存在，犯罪分子却逍遥法外。污染在继续，就表明损失也在继续扩大，汉阳区检察院决定再次展开调查。尘封四年的案子，再度引起省、市检察院的关注，将此案定为省检察院督办、市检察院交办的大案，湖北最大的一起环境污染事故案就此立案。最终汉阳区法院判决被告人王华楚犯环境监管失职罪，判处有期徒刑六个月，缓刑一年；被告人方国强、何利华被判重大环境污染事故罪。①

【问题】本案应如何处理？

【解析】案例中的被告人在环境保护的管理中有不同的法律地位，依法所负有的法律义务也不相同。依照现有法律制度的规定，界定是否构成环境法上的犯罪要从行为性质和危害结果两个方面考察。案例中的违法处理污染物的行为和监管上的渎职行为已明显与法律规定相吻合，对危害结果的认识差异也就决定了行为的罪与非罪，同时该案也反映出在发展经济的同时依法保护环境的必要性。

① 案例来源：张梓太. 环境纠纷处理前沿问题研究. 北京：清华大学出版社，2007. 122

第四章　环境与资源保护法律责任

第一节　环境与资源保护法律责任概述

一、法律责任的概念

法律责任是法学基本范畴之一，也是现实法律运行操作中必须予以充分把握和高度重视的概念，是法学理论和法律实践中一个极其重要的问题。正如博登海默所言："概念乃是解决问题所必需的和必不可少的工具。没有限定的专门概念，我们便不能清楚地和理智地思考法律问题。没有概念，我们便无法将我们对法律的思考转变为语言，也无法以一种易懂明了的方式把这些思考传达给他人。如果我们试图完全摒弃概念，那么整个法律大厦就将化为灰烬。"[①]关于法律责任的概念问题历来众说纷纭，理论界主要有以下五种观点：①两层含义说。它认为法律责任大体是指以下两个密切联系的含义："第一，相当于义务……第二，指有违法行为或违约行为，也即未履行合同义务或法定义务，或仅因法律规定，而应承受的某种法律后果。"[②]②责难说。这种学说把法律责任认为是行为人因其违法行为所应承受的、代表国家的司法机关依法对该行为和行为人的非难、谴责，如"刑事责任是指犯罪人因实施刑法禁止的行为而应当承担的，代表国家司法机关依照刑事法律对其犯罪行为及其本人的否定性评价和谴责"[③]。③负担说。它认为"法律责任是有责主体因法律义务违反之事实而应当承受的由专门国家机关依法确认并强制或承受的合理的负担"[④]。④新义务说。它认为法律责任是一种特殊的义务，如"法律责任主要是由于违反法定义务和侵犯法定权利引起的由专门国家机关认定并归结于法律关系的有责主体的、带有直接强制性的义务，即由于违反第一性法定义务而招致的第二性义务"[⑤]。⑤状态说。它把法律责任认为是一种状态，如"法律责任是指由于某些违法行为或法律事实的出现而使责任主体所处的某种特定状态"[⑥]。再如"法律责任是由于产生了违反法定义务及契约义务或不当行使权利和权力，不当履行义务的思想或行为，国家迫使行为人或其关系人或与损害行为、致损物体有利害关系的人所处的受

① [美] E. 博登海. 法理学——法律哲学及其方法. 北京：华夏出版社，1987.465

② 沈宗灵. 法理学. 北京：高等教育出版社，1999.404

③ 何秉松. 刑法教科书. 北京：中国法制出版社，1993.353

④ 刘作翔，龚向和. 法律责任的概念分析. 法学，1999（10）

⑤ 张文显. 法理学. 北京：北京大学出版社，高等教育出版社，1999.122

⑥ 杜飞进. 试论法律责任的若干问题. 中国法学，1993（6）

制裁、强制和给予补救的必为状态，这种状态有法律加以规定”①。结合以上观点，我们认为，法律责任是指有责主体因法律义务违反之事实而应当承受的某种不利法律后果。

二、环境与资源保护法律责任的概念界定

与法律责任的含义一样，学术界对环境法律责任的概念也有不同的理解。有的学者认为，环境法律责任是指“环境法主体由于实施了环境法律行为，而应当承受的某种不利的法律后果”②。有的学者认为，环境法律责任是指“违法者对其环境违法行为所应承担的具有强制性的法律后果”③。还有学者认为，环境法律责任是指“环境法律关系主体因违反环境法律、法规的规定，或违反环境行政和民事合同的约定，破坏了法律上或合同中的功利关系或道义关系所应承担的对人、单位、国家、社会和环境的补偿、惩罚或其他性质的具有强制性的不利法律后果”④。综合以上观点，我们认为，环境法律责任是指环境法主体因环境法律义务违反之事实而应当承受的某种不利法律后果。

同一般的法律责任相比，环境法律责任具有以下特点：

（一）主体的广泛性

法律责任的主体是指依法享有权利和承担义务的法律关系的参加者，在其实施加害或违法行为时，应承担一定法律责任。就环境法律责任主体来讲，凡是对环境和资源进行开发利用者，或对环境保护负有监督、管理职责者，都可能成为环境法律责任的主体。这里包括国家机关、企事业单位、其他社会组织、公职人员和公民个人。

（二）产生原因的多样性

引起环境法律责任的原因是复杂多样的，其既可以由环境污染行为引起，也可以由环境破坏行为引起；既可以由相关人的违法行为引起，也可以由相关人的合法行为引起；既可以由当事人的过错行为引起，也可以由不可抗力引起；既可以由加害人的故意或过失行为引起，也可以由受害人自身或第三人的行为引起。

（三）因果关系认定的复杂性

在环境污染和破坏所引起的环境法律责任中，加害原因与结果之间的关系是复杂多样的。因为污染物种类众多，相互之间的作用形式复杂。环境污染和破坏一般都是综合作用的结果。加害既可能是一种污染物对环境权利的侵害，也可能是复合污染；加害既可能是一次污染所造成的，也可能是二次污染的结果。此外，环境污染损害既可以直接

---

① 周永坤. 法律责任论. 法学研究，1991（3）

② 蔡守秋. 环境法学教程. 北京：科学出版社，2003. 141

③ 吕忠梅. 环境法. 北京：法律出版社，1997. 170

④ 黄霞，常纪文. 环境法学. 北京：机械工业出版社，2002. 245

导致对环境权益的侵害，也可以是污染物经过长时间的积累缓慢而间接地侵害环境权益。

三、环境与资源保护法律责任的作用

环境与资源保护法律责任是环境法律制度的重要组成部分，是环境法适用的重要条件。分析研究环境与资源保护法律责任是促使环境法有效实施的重要手段，正确处罚违法行为是遏制环境破坏的重要保证。这不仅是一个法理问题，更重要的是一个法律实践问题。具体而言，环境与资源保护法律责任的作用有如下三个方面：①

（一）保障各项环境法制度的实施

环境法作为一个新兴的法律部门，是在传统的法律部门的基础上产生和逐步发展起来的。几乎所有国家在建立环境与资源保护法律责任制度之前，都已有较为完备的民事、行政和刑事法律责任制度。随着环境保护运动的不断向前发展，各项专门的环境保护制度开始形成，过去的法律责任制度已不能有效地保障这些制度的实施，于是，环境与资源保护法律责任逐步从传统法律责任形式中分离出来并对传统的法律责任形式有了极大的发展，环境法中的民事、刑事、行政责任制度已经突破了传统的责任形式及其内容，形成了特殊的责任制度体系。这一责任制度体系是与环境法的各项制度、各种规范相一致的，因此，环境与资源保护法律责任制度既是对各项环境法律制度的完善，又是各项环境法律制度有效实施的保障。

（二）保障环境法立法目的的实现

环境法的立法目的是保障人体健康，保障和改善生活环境和生态环境，促进经济、社会与环境的协调发展。环境与资源保护法律责任作为国家强制力的具体体现，通过对违法者施以制裁，保障环境立法目的的实现。环境违法行为从本质上讲是一种具有极大社会危害性的行为，污染环境、破坏环境的生态平衡不仅直接危害广大人民群众的生命健康，并且通过生态系统中的链（网），通过生物富集和放大作用使污染物质间接渗透到人类社会的各个角落，甚至通过遗传基因贻害子孙后代。这不仅会给国家、社会和公民个人造成巨大的经济损失，而且危及整个人类生存的基本条件，其所造成的严重后果常常是不可逆转的，损失也是无法以通常的经济价值来衡量的，所以必须通过制定严格的法律责任制度，加强制裁，达到控制违法行为发生的效果，以保证环境法立法目的的实现。

（三）保障环境执法和司法的顺利进行

在我国，一方面，由于一些公民的环境保护意识淡薄，法制观念不强，存在着许多

---

① 吕忠梅. 环境法. 北京：法律出版社，1997. 159~160

妨碍环境法有效实施的因素；另一方面，我国的环境保护起步较晚，许多有关法律制度处于初步形成时期，法律责任制度也正处于发展和完善阶段，加之执法和司法人员数量有限、业务素质和执法水平有待提高，还存在一些有法不依或执法不严的现象。这些问题都给环境法的有效实施带来了一定的困难，因此，健全环境法律责任制度，一方面为执法者提供执法的尺度，对违法者予以制裁，另一方面也对执法者的执法行为加以规范，对于不依法执法者予以追究，以保障环境执法和司法的顺利进行。

第二节　环境民事责任

一、环境民事责任概述

环境民事责任就是指自然人、法人及其他组织因污染环境或破坏环境而侵害他人环境民事权益并依法所应承担的民事方面的法律后果。界定环境侵权行为，是追究行为人的环境民事责任或为受害人提供救济的前提条件。

（一）环境侵权的概念界定

何谓环境侵权？长期以来，学界众说纷纭，莫衷一是。目前，国内学者对环境侵权的界定，较有代表性的观点有：马骧聪教授指出："危害环境的侵权行为，是一种特殊侵权行为。其侵犯的客体包括他人的财产权、人身权和环境权。"[①]陈泉生教授表述为："环境侵权是因人为活动致使生活环境和生态环境遭受破坏或污染而侵害相当地区多数居民生活权益或其他权益的事实，包括环境破坏和环境污染。"[②]吕忠梅教授认为："环境侵害是指由于人类活动所造成的环境污染和破坏，以致危害居民的环境权益或危及人类生存和发展的环境侵权行为。"[③]曹明德教授认为："狭义的环境侵权是指因行为人污染环境造成他人财产权、人格权以及环境权受到损害，依法应当承担民事责任的一种特殊侵权行为。而广义的环境侵权还包括因破坏环境造成上述损害的行为。"[④]王明远博士则界定为："环境侵权是因产业活动或其他人为原因，致使自然环境的污染或破坏，并因而对他人人身权、财产权、环境权益或公共财产造成损害或有造成损害之虞的事实。"[⑤]邹雄教授认为："环境侵权是指因产业活动或其他人为原因，致使环境介质的污染或破坏，并因而对他人人身权（含人格权）、财产权造成损害或有造成损害之虞，依

① 马骧聪. 环境保护法. 成都：四川人民出版社，1998. 141

② 陈泉生. 论环境侵权的诉讼时效. 环境导报，1996（2）

③ 吕忠梅. 环境法新视野. 北京：中国政法大学出版社，2000. 152

④ 曹明德. 环境侵权法. 北京：法律出版社，2000. 18

⑤ 王明远. 环境侵权救济法律制度. 北京：中国法制出版社，2001. 13

法应当承担民事责任的行为。”[①] 纵观上述观点，本书参考邹雄教授的观点，认为环境侵权的客体只能是人身权和财产权，不包括环境权。理由如下：通过以上对环境权的概念的界定，可知环境侵权和侵害环境权是两个不同的概念。首先，环境权是自然人享有适宜自身生存和发展的良好环境的法律权利。这里的“良好环境”是指具有良好“环境生态功能”的环境。所谓环境生态功能，是指通过土地、森林、水、大气等组成的有机统一体——生态系统所表现出来的对环境污染、破坏与冲击的容量、环境的舒适性、景观优美性、可观赏性等生态价值。基于此，只有发生或可能发生如臭氧层空洞加大、沙漠扩展、气候变暖、水土流失、农业生产条件被永久破坏、珍贵野生动物生存和繁殖条件恶化等这样一些危及人的生存与发展的、不可逆转或难以逆转的情形，构成对“环境生态功能”的损害，从而构成侵害环境权。而对被学界普遍识别为所谓“实体性环境权”的内容——日照权、通风权、安宁权、清洁水权、清洁空气权、景观权等的侵犯，并不一概构成侵害环境权。其中，对日照权、通风权的侵犯，只能是对财产权的侵犯。《中华人民共和国民法通则》（以下简称《民法通则》）将采光权、通风权规定在“财产所有权和与财产所有权有关的财产权”一节就是明证。在一些国家安宁权已作为人格权之一受到法律保护，也证明对安宁权的侵犯就是对人格权的侵犯。至于对水体、空气、景观的污染或破坏，只要没有造成或可能造成对“环境生态功能”的损害，就还只是对人身权、财产权的侵犯，如对无毒烟尘污染、对特定水域的污染、对房前屋后花草树木的破坏等。可见，并不是所有污染、破坏环境的行为都会侵害环境权。简言之，将日照权、通风权、安宁权、清洁水权、清洁空气权、景观权等直接识别为环境权，从而认为对它们的侵犯都侵害环境权是错误的。实际上，在绝大多数情况下，污染、破坏环境的行为仅侵犯他人的人身权、财产权，并不侵害环境权。其次，从救济的角度看，环境侵权与侵害环境权也有明显的区别：①救济方式不同：前者主要以民事诉讼方式救济，后者主要以公众参与方式救济；②行使权利的主体不同：前者是人身权、财产权遭受侵害的具体当事人，后者是不特定公众；③救济目的不同：前者为私益，后者为公益；④救济性质不同：前者是私法救济，后者是社会法救济；⑤救济的结果及其归属不同：前者一般是赔偿金，归原告所有，后者一般是恢复环境的费用，归公众所有。所以，有必要将侵害环境权从环境侵权中分离出去，即环境侵权的客体仅限于人身权、财产权，不包括环境权。

（二）环境侵权的特点

较之于传统侵权行为，环境侵权具有如下特征：

1. 主体地位的不平等性

在环境侵权中，法律关系主体的地位是不平等的，环境侵权的加害者往往是经济实力雄厚的企业或企业集团，而受害者则往往是欠缺抵抗能力的一般公民。双方实力、地位相差悬殊，无平等性可言。尤其是随着社会的发展，企业的巨型化、高科技化，使弱小的社会个体无法与之抗衡，而受害人由于“信息偏在”的问题，使得双方地位悬殊差

---

① 邹雄. 环境侵权救济研究. 北京：中国环境科学出版社，2004. 21

距越来越大。

2. 价值判断的双重性

传统的侵权行为是以违法性为构成要件的，由于其本身就是一种危害社会安全，对社会毫无益处的行为，因而在价值判断上，其本身就是一种无价值的行为，而环境侵权行为与经济发展具有相伴相随的孪生关系，造成环境侵权的原因事实，如工业生产中产生的大气污染、水污染等，其本身往往是各种创造社会财富、增进公众福利的活动在进行过程中的附带行为，因此环境侵权行为在侵害他人权益的同时，还具有相当程度的价值正当性或社会有用性，即在某种程度上，环境侵权属于一种有价值的侵害，属于一种"可容许的危险"。

3. 行为认定的复杂性

在传统的侵权行为认定过程中，加害主体、加害行为与损害的事实、损害程度和损害过程一般都比较明确，受害者对证据的把握不需要很强的专业知识，证明致害人的主观心理状态也相对容易，但是环境污染造成的损害往往同时侵害多数人的生命、身体、健康、财产，且环境侵权除同时侵害多数人的权益外，更表现为继续性、持续性的侵害形态，此外，环境侵权的污染源众多，如大气污染、水污染、固体废物污染、环境噪声污染等，并且，环境侵权往往是以环境为介质，经过转化、代谢等一系列过程而最终导致污染结果的，所以在认定环境侵权行为时，传统的法律规则已经显得苍白无力，需要我们作出相应的变革。

二、环境民事责任的归责原则——无过错责任原则

（一）无过错责任概述

在环境污染侵权行为中，现行的法律都是以无过错责任原则取代了以往的过错责任原则作为其归责的原则。无过错责任原则可以说是与过错责任原则相对立的一种责任形态，如在英美法等国的法律中将其称为严格责任，德国法称为危险责任，法国法称为无过错责任，日本法称为无过失责任。

无过错责任是指在已对他人造成损害的民事不法行为中，不论行为人主观上是否有过错，也不论在客观上是否有过错，只要造成了损害结果就应当承担民事赔偿责任。无过错原则的产生是随着社会生产力发展到一定阶段的产物，就无过错责任原则产生的基础问题，可谓众说纷纭，主要包括以下五种：①危险说。企业或个人在生产过程中为了自己的利益而造成了危险的存在，应当对危险产生的危害结果承担责任。②利益说，即所谓"利之所生，损之所归"。管理人或所有人对其物支配而获得利益，应当承担因此而造成的损失，这也是与民法的公平、公正原则相符的。③公平说。环境侵权中如果采用无过错就无责任原则，将不利于保护环境侵权受害者的合法权益，也不利于整个社会的安定与和谐。④截制说。让事故的原因控制者来承担责任，可以刺激他保护环境，防治污染事故发生。⑤风险分担说。当加害者为企业，且无法证明其具有过错时，加害者就应当承担法律责任。这是因为企业相对于受害者而言具有优势地位，同时还可以将损

失计入成本，转嫁于社会。这些不同的学说，各有各的道理。我国台湾学者王泽鉴先生把无过错责任原则归纳为："特定企业，物品或装置的所有人或持有人制造了危险来源；在一定程度上他们可以控制这些危险；收益者应对其收益程度负一定的责任，也是符合公平、正义的要求；因风险而产生的损害赔偿，可通过各种保险机制得以分散。"[①] 这一原则在《法国民法典》、《德国民法典》中都有所体现，我国《民法通则》第一百零六条也规定"没有过错，但法律规定应当承担民事责任的，应当承担民事责任"。

（二）在环境民事责任中实行无过错责任原则的原因

在环境民事责任中确立无过错责任原则的原因在于：①环境侵害发生往往涉及其深刻的科技知识，而被侵害人不具备这些科技知识，就不可能知道被侵害的因果关系。②环境侵害形成的结果，往往要经过多种因素，长期累积，逐渐形成。如果多种因素中某一个具体行为又为合法行为，就很难将其归咎于过失。③环境侵害的举证是一个比较复杂的问题，有些致害环境的因素，处于不断运动之中，比如在空气中、在流水中，不易取证。另外，有些证据须用科学方式才能证明，而一般环境侵害的受害人不具备这样的客观条件。所以要解决环境侵害行为的归责问题，唯有突破传统民法过失责任，才能有效归咎环境责任。确立环境侵权无过错责任原则有利于保护受害者的合法权益，只要加害人的行为造成了环境损害，无论其主观意识是否有过错，都要承担责任，不以过错作为归责的条件，体现和实现了法律的公平和正义，充分地保护了环境侵权中的受害者的权益。由此，我们可以认为，环境侵权中的无过错责任原则是指一切危害环境的单位和个人，只要其污染环境的行为给他人的人身和财产造成损害的，即使其主观上没有故意或过失，也要对所造成的损失承担赔偿责任。我国《环境保护法》第四十二条、《固体废物环境污染防治法》第七十一条，以及其他的环境保护条例、规定、办法等在对环境污染进行损害赔偿时都没有要求要有行为人的主观状况，只是规定了危害结果和因果关系，行为人就应当对此承担责任，这意味着无过错责任原则在我国环境侵权责任归责中的确立。

三、环境民事责任的构成要件

（一）发生了损害事实或有损害之虞

环境侵权的致害状态包括实际损害和有发生实际损害之虞。环境侵权行为具有累积性、复合性的特点，决定了损害结果往往具有滞后性、潜伏性。污染物质在进入到水体、大气、土壤等环境介质中后，往往会发生复杂的物理、化学或生化反应，甚至经过多种因素的化合、累积后，经过长久的时间，其损害结果才会表现出来，更因不同个体对污染物质的承受能力不同，其损害结果的具体表征亦不尽相同；而且，在环境侵权中，侵害一旦发生，后果不堪设想，无论是对自然人还是对环境而言，都可能造成无法

① 王泽鉴. 民法学说与判例研究（第五册）. 北京：中国政法大学出版社，1998. 262

弥补的损害。所以，只要有损害事实的发生或者有发生实际损害的危险，即构成了环境侵权。关于损害的内容，纵观各国法律，环境侵权损害主要包括财产损害、人身损害、环境损害和精神损害。

财产损害是指由于侵权行为侵害了受害人的财产权或人身权而致其经济利益之损失，包括直接损失和间接损失两部分；人身损害是指侵权行为对受害人的身体权、健康权、生命权的侵害；环境损害是指环境生态功能遭受破坏，环境损害的赔偿额大致相当于恢复环境生态功能所需要的费用，或者替代和弥补这一生态功能缺失所需的价值；①精神损害是指因环境污染或环境破坏而致受害人精神痛苦或精神利益的丧失。

（二）行为与损害事实之间具有因果关系

侵权法中的因果关系，是指违法行为作为原因，损害事实作为结果，在它们之间存在的前者引起后者，后者被前者所引起的客观联系。在环境损害产生的民事责任中，因果关系作为构成要件之一，学界不存在任何异议。只是环境侵权的因果关系认定比一般侵权损害的因果关系的认定要困难和复杂得多。由于环境污染具有流动性、交叉性等特征，一种危害后果的形成往往是由多种危害行为造成的，或者某种危害行为可以造成多种危害后果，即出现“一果多因”或“一因多果”现象。同时，环境污染还具有潜伏性等特征，有些污染物质对生物和人体健康造成的危害是逐步形成的，有一个很长的过程，或者对某种污染物质对生物和人体健康造成的危害进行科学论证和说明需要很长的时间，有的甚至难以论证和说明，因而也难以取得因果关系的直接证据。由于环境民事法律责任中因果关系的特殊性，目前一些国家在认定环境民事法律责任因果关系时，采用了一些特殊原则，主要有：①因果关系推定原则，即把因果关系的直接认定改为因果关系的“推定”，如日本《关于危害人体健康公害犯罪处罚法》规定在公害案件中，废止因果关系的直接认定，而采取因果关系“推定”原则，该法第5条规定：“在某工厂或事业场所，在其事业活动中已排放了有害人体健康的物质，且其单独排放量已使公众的生命或健康受到危害的程度的情况下，若在排放物质的地域内，公众的健康或生命已由此物质的排放而受到损害和威胁，即可推定，这种危害纯系该排放者所排放的这种有害物质所致。”②举证责任倒置原则，即在公害案件中，本应由原告承担的举证责任，改为由被告举证，或者原告只需提出受到损害的事实的证据，如果被告否认应承担民事责任，则需要提出反证。我国最高人民法院1992年7月14日发布的《关于适用〈中华人民共和国民事诉讼法〉若干问题的意见》第七十四条中规定，在环境污染引起的损害赔偿诉讼中，对原告提出的侵权事实，被告否认的，由被告负责举证。从因果关系理论看，这是举证责任倒置原则，除此之外，我国对环境侵权推定因果关系问题并无法律明文规定，但在司法实践中因果关系推定原则在环境污染案件中已得到广泛承认，如1980年我国最早的一起环境民事案件——青岛市中级人民法院审理的王娟诉青岛化工厂氯气污染案件中，就运用了因果关系推定原则。

① 邹雄. 环境侵权救济研究. 北京：中国环境科学出版社，2004. 32

四、环境民事诉讼

环境民事诉讼是指环境法主体在其环境民事权利受到或者可能受到损害时，为保护自己的合法权利依据民事诉讼的条件或者程序，向人民法院对侵权行为人提起的诉讼。环境民事诉讼的程序与一般民事诉讼程序基本相同，都需要严格依照《中华人民共和国民事诉讼法》（以下简称《民事诉讼法》）的规定进行诉讼，但由于引发诉讼的环境侵权行为与传统的侵权行为相比具有自身的特点，所以环境民事诉讼也具有与一般民事诉讼不同的特点，下面一一进行阐述。

（一）起诉资格的放宽

根据我国《民事诉讼法》的规定，起诉资格必须“与本案有直接利害关系”，也就是说，提起环境民事纠纷必须是那些人身或财产权益直接受到他人民事不法行为侵害的人。这显然对环境民事侵害的受害人十分不利。由于环境污染本身具有复杂性和间接性的特点，致使在环境民事诉讼中，很多受害者并不是直接受害者，而且环境侵害与一般民事侵害相比有着特殊性，对受害人的侵害多为“无形的”和“间接的”。间接性是指环境侵害行为是通过“环境”这个载体间接作用于受害人，而且在环境污染中有的受害人并非直接受害人，是间接受到了污染的损害。由于环境污染的复杂性在污染损害的认定上并不一定能够确定受害人到底是属于直接受害人还是间接受害人，而根据传统的诉权理论只有直接利害关系人才可以作为诉讼主体，这就剥夺了间接受害者的诉权，其结果必然淡化人们维护公共利益的热情，同时也影响公众参与环境事务的积极性。因此，我们应当适当放宽环境民事诉讼的起诉资格，这有利于完善我国的环境民事诉讼制度，更好地保护环境民事诉讼当事人的合法权益。

我国《民事诉讼法》规定的“集团诉讼”和“代表人诉讼”制度，对于污染和破坏范围较大、受害人数较多的环境案件是很适合的，这在一定程度上也扩大了起诉人的范围。

（二）举证责任倒置

举证责任是民事诉讼中的当事人就自己主张的事实提出证据的义务。在一般的民事诉讼中，举证往往从原告开始，被告人只是对原告人提出的理由和证据进行反证。如果原告人不能证明自己所主张的事实和理由，被告人就无须反驳原告人便可摆脱诉讼。可见，由谁先举证是民事诉讼中的一个重要原则。然而，在环境案件的审理过程中，举证是一项极其复杂的事情，对于原告来讲，收集充分的或大量的证据是十分困难的，考虑到受害人和致害人之间基于环境侵权制度所致的信息不对称和地位不对等因素，在举证责任分配上，诉讼中原告的举证责任将有一部分转移给被告。

《最高人民法院关于适用〈中华人民共和国民事诉讼法〉若干问题的意见》第七十四条第（三）项规定：“因环境污染引起的损害赔偿诉讼，对原告提出的侵权事实，被告否认的，由被告负举证责任。”《最高人民法院关于民事诉讼证据的若干规定》第四条第一款第（三）项规定：“因环境污染引起的损害赔偿诉讼，由加害人就法律规定的免责事由及其行为与损害结果之间不存在因果关系承担举证责任。”从这两条规定看，我国在环境侵权纠纷中确立了举证责任倒置的原则。举证责任倒置原则，并不意味着原告将一切举证责任都转移给被告承担，只是将原告的部分举证责任转移给被告承担，原告本身仍然负有一定的举证责任。具体来讲，原告方对以下事实提供证据：①受害人是环境污染中遭受损失的实体权利的享有者。虽然放宽环境民事诉讼的起诉资格是势在必行的，但是就请求赔偿这种责任方式来讲还是应当要求原告主体适格，否则其请求赔偿的基础就不存在。②合法权益受到侵害。其包括侵害行为和损害结果。③对因果关系提出一定程度的证明。当然，因果关系的证明多涉及科技与证据远近等很专业的问题，原告一般情况下不可能作出完全的证明。就被告来说，其应对以下事实提供证据：①其行为与环境污染损害结果之间不存在因果关系，这一点其实是举证责任倒置的关键所在。由于环境侵权的特殊性，它往往是以环境为媒介的，所以，因果关系不会直接表现出来，而被害人又很难具备相应的背景知识和取证的手段，所以被告对此应当承担举证责任。这样有利于抑制加害行为的发生，对环境保护来说也是具有积极意义的。②存在着法律规定的免责事由。

（三）因果关系的推定

加害行为与损害结果之间的因果关系的证明，是一个确定环境损害责任的关键问题。因环境侵权行为的特殊性，在环境民事诉讼中，就因果关系方面应当实行推定因果关系，鉴于前面已经论及，此处不再赘述。

（四）延长诉讼时效

诉讼时效是指权利人在法定期间内不行使权利及丧失请求法院依法保护其民事权利的制度。法定期间亦即诉讼时效期间，一旦诉讼时效期间届满，权利人则不再享有请求法院保护的权利。我国《民法通则》第一百三十五条规定：“向人民法院请求保护民事权利的诉讼时效期间为两年，法律另有规定的除外。”这是我国民事法律对一般诉讼时效的规定。对于环境污染损害赔偿，《环境保护法》第四十二条规定：“因环境污染损害赔偿提起诉讼的时效期间为 3 年，从当事人知道或者应当知道受到污染损害时起计算。”原因在于：

（1）环境污染问题致害原因复杂，普通民众即使察觉之后也不一定知道是污染造成的后果，即使知道了是由于污染造成的后果也未必知道究竟谁是侵害者，因为从污染到损害结果的发生有一段较长的时间差。因此，若依据普通民法时效来进行诉讼时效计算，就很难有效保护受害人的利益。所以，在环境民事诉讼中，我们应当适用环境民事诉讼的特别诉讼时效，我国的环境民事诉讼时效较普通诉讼时效长，使环境污染受害者能有充分时间去发现受害的事实，如果环境民事诉讼时效规定过短就有可能使受害者的诉权受到剥夺，使处于弱势地位的受害者在还未发现受侵害的时候就已经失去了诉讼的权利。

（2）有些环境污染造成的损害受害人无法及时发现，特别是一些二次污染和积累型污染受害人往往不易察觉，环境污染受害人发病的时间具有滞后性，损害与后果的出现时间并不一致，在时间跨度上较一般民事侵权长。如水俣病从受污染到发病甚至长达几十年，所以环境时效问题的关键在于如何确定起算的具体时间。环境民事诉讼的诉讼时效期间如果从权利受侵害时就开始计算，那么就有可能在环境污染尚未造成损害后果之前，当事人就失去了诉讼权，等到损害结果出现之后受害人已经无法向侵权人主张权利，这也显然违背环境立法的宗旨，不利于环境保护。

第三节　环境行政责任

一、环境行政责任概述

（一）环境行政责任的概念

环境行政责任是指环境行政法律关系主体违反环境法律规范，给环境造成污染和破坏，依法所应承担的法律后果。与一般行政责任相比，环境行政责任具有以下特征：

（1）环境行政责任是环境行政法律关系主体的责任，它包括环境行政管理主体和环境行政管理相对人的责任。在环境行政法律关系中，尽管行政主体与行政相对人法律责任的实现方式和范围是不同的，但都不能脱离环境行政法律规范的调整。环境行政主体享有行政职权，同时也负有实施环境行政管理的义务，如果其不依法做出环境行政行为，不依法实施环境行政管理，就要承担法律责任。而环境行政相对人在享有权利的同时，也必须履行法定的义务，其不履行法定义务同样也要受到法律的追究。

（2）环境行政责任是一种法律责任，任何环境行政法律关系主体不履行法律义务都应依法承担法律责任。环境行政责任是以环境行政法律规范所规定的职责义务为基础的，环境行政法律规范所规定的责任和义务的方式与内容，是追究环境行政责任的依据，环境行政责任是对环境行政违法或不当的救济，它是一项法律责任，具有强制性，由有权国家机关依法追究。

（3）环境行政责任是环境行政违法行为的必然法律后果。环境行政法律责任以环境违法行为为前提，没有环境行政违法行为也就无所谓环境行政法律责任。所谓环境行政违法行为是指环境行政法律关系主体违反环境行政法律规范，侵害法律所保护的环境行政关系，对社会造成一定程度的危害，尚未构成犯罪的行为。环境行政违法行为必然引起法律上的后果，产生环境行政责任。

（二）环境行政责任的构成要件

环境行政责任的构成要件是指形成环境行政责任所必须具备的各种要件之总和，具体包括以下四项：

1. 行为的违法性

行为的违法性是指行为人实施了法律禁止的行为或违反了法律规定的义务，即产生了行政违法行为。没有实施环境行政违法行为，就谈不上追究行为人的环境行政责任。环境行政违法行为的主体是环境行政管理主体，即环境行政管理机关工作人员或环境行政管理相对人。环境行政违法行为包括两大类：环境行政管理机关工作人员在环境行政管理中的违法行为和环境行政管理相对人所造成的污染和破坏环境的行为。环境行政违法行为在危害程度即后果的严重性上均轻于犯罪行为，它所带来的后果是承担环境行政责任。

2. 行为人主观上有过错

这是实施污染或破坏环境行为人主观上的一种心理状态或动机，包括故意和过失两种，如果行为人主观上没有过错就不应承担行政责任。故意是指行为人明知自己的行为会造成污染和破坏环境的结果，并且希望或放任这种结果的发生。过失是指行为人应当预见自己的行为可能给环境带来损害，因疏忽大意没有预见或者已经预见而轻信能够避免，以致发生了环境污染或环境破坏的结果。分析行为人的心理状态，对界定是否承担行政责任以及责任的轻重具有十分重要的法律意义，过失的心理较之故意的社会危害性要轻些，因此在对待同一危害结果适用法律上，过失的制裁比故意的制裁为轻，实践中，对环境和资源的破坏多表现为故意，对环境的污染多表现为过失的心理状态。

3. 行为有危害结果

行为有危害结果是指行为给环境造成了污染或破坏。需要注意的是，我国环境立法中在大多数情况下并不把“危害结果”作为承担行政责任的必要条件。如我国《环境保护法》第三十五条规定：“违反本法规定，有下列行为之一的，环境保护行政主管部门或者其他依照法律规定行使环境监督管理权的部门可以根据不同情节，给予警告或者处以罚款：（一）拒绝环境保护行政主管部门或者其他依照法律规定行使环境监督管理权的部门现场检查或者在被检查时弄虚作假的；（二）拒报或者谎报国务院环境保护行政主管部门规定的有关污染物排放申报事项的；（三）不按国家规定缴纳超标准排污费的；（四）引进不符合我国环境保护规定要求的技术和设备的；（五）将产生严重污染的生产设备转移给没有污染防治能力的单位使用的。”其并不要求产生危害后果，而在有些情况下，“危害后果”则作为追究行为人行政责任的必要条件。如我国《环境保护法》第三十八条规定：“对违反本法规定，造成环境污染事故的企业事业单位，由环境保护行政主管部门或者其他依照法律规定行使环境监督管理权的部门根据所造成的危害后果处以罚款；情节较重的，对有关责任人员由其所在单位或者政府主管机关给予行政处分。”也就是说，是否罚款，罚款多少是以是否造成危害结果以及危害结果的大小作为条件的，在这种场合，危害结果的大小，会影响承担行政责任的轻重程度。由此可知，“危害结果”在某种情况下是追究行为人法律责任的选择条件，而不是必要条件。

4. 违法行为与危害结果之间存在因果关系

法律上的因果关系大体分为直接因果关系和间接因果关系两种。直接因果关系是指原因与结果之间存在着内在的、必然的联系。甲行为出现，必然出现乙结果，甲不出现，乙也不出现。间接因果关系一般表现为：甲行为的出现，产生了乙、丙、丁等几种危害结果（或尚无危害结果），而乙、丙、丁又和其他条件结合（可能是自然条件或其他人为原因）产生了戊危害结果，则甲行为只是原因或条件之一，其与戊结果之间就没有必然因果关系。在认定环境行政责任过程中，要求违法行为与危害结果之间必须是一种内在的、必然的因果关系。需要注意的是，在法律规定不要求危害结果作为承担行政责任的条件时，也就不存在因果关系的认定问题。

（三）环境行政责任的追究原则

1. 责任法定原则

责任法定原则是指只有存在法律明文规定时，才能确认和追究环境行政法律责任，对环境违法责任的确定和追究，必须严格依法进行，并严格限制类推适用，只有这样，才能有效地防止追究责任的任意性，真正实现法治行政。具体来讲，责任法定原则包括：追究环境行政责任必须有法定的依据；必须严格依照环境行政法律规范规定的形式与幅度追究环境行政责任；必须依照法定程序来予以追究环境行政责任。

2. 责任与违法程度相一致原则

追究违法行为的责任，目的在于对受到损害的权益给予适当的补救，惩罚违法行为责任者，以达到教育的目的。如果违法责任极轻，被害人的合法权益就得不到有效的补救，对环境违法者也起不到警戒的作用。反之，如果违法责任极重，同样也不能实现追究法律责任的目的。这就要求适用于环境违法责任者的法律责任的种类和形式等必须与违法行为所造成的损害后果以及违法行为的情节和责任能力等相一致，必须根据破坏或者污染环境行为的事实、性质、情节以及社会危害程度决定运用适当的责任形式，选择适当的强度和方式。

3. 补救、惩戒和教育相结合原则

对环境违法行为的责任追究，往往表现为对环境违法责任者的惩罚，其最终目的在于对受到损害的权益的补救，以恢复正常的管理秩序。同时，对环境违法行为的责任追究科处补救性义务或予以惩戒本身是以此为教育手段，以达到教育效果，抑制与预防将来对环境行政管理秩序的侵害。在确认和追究环境行政责任时，对责任种类、方式和强度的选择，都应体现补救、惩罚和教育相结合的原则。

二、环境行政管理主体承担环境行政责任的违法行为种类和方式

（一）环境行政管理主体承担环境行政责任的违法行为种类

我国环境法对此并未作出统一的规定，综合国家宪法、环境保护法、各环境保护单行法以及相关的法律、法规的规定，可以作如下分类：

（1）事实上的错误。这是指环境行政主体在环境行政执法过程中因对具体事实的认定不当或不全面而导致的违法行为。这种行为主要表现为环境行政主体所作出的具体行政行为的证据不足。

（2）法律上的错误。这是指环境行政主体在具体行政行为中出现的法律适用上的错

误，本来应当适用这个法律或这个条款的却适用了那个法律或那个条款。

（3）程序上的错误。这是指环境行政主体不按法律规定的程序进行相应的行为，如不经过法定步骤、附加非法定步骤、顺序颠倒、不遵守时间限制等。违反程序可能会影响行政行为的公平与正确，因而也属于违法行为。

（4）行政越权。这是指环境行政主体及环境行政人员超越职务权限的行为，如环境行政主体不具备法律要求的事实而采取法律规定的行为，或虽然具备这样的事实但权力超越了法定范围，均属于越权行为。越权行为属于无效的行政行为。

（5）滥用职权。这是指环境行政主体及其环境行政人员在其职权范围内违反法律规定的目的和原则，考虑一些与法律规定不相关的因素而作出的具体行政行为。这种行为虽未超越环境行政主体的职权，但由于行使该行为的目的不当，或该行为的作出不符合法律规定的目的，因而属于违法行为。

（6）行政失职。这是指环境行政主体包括其工作人员不履行法定义务或消极履行法定义务的行为。行政失职的成立必须是环境行政主体或有关人员有法律上的相关义务，而环境行政主体或有关人员没有履行或消极履行这个义务。

（二）环境行政管理主体承担环境行政责任的方式

在我国，环境行政管理主体承担环境行政法律责任的方式包括两种：一是补救性的行政责任，二是惩罚性的行政责任。①

1. 补救性的行政责任

（1）承认错误，赔礼道歉。环境行政违法行为损害相对人的合法权益时，应当向相对人承认错误，赔礼道歉。这种责任方式虽然对受损害者的物质损害没有补偿，但能使受损害者在精神上得到安慰，平息其激愤的情绪，维护行政法治的尊严。

（2）恢复名誉、消除不良影响。环境行政违法行为造成相对人名誉上的损害，并造成不良影响时，应通过一定形式为相对人恢复名誉，消除不良影响。责任的履行方法取决于相对人名誉受到损害的程度和影响的范围。

（3）履行职务。当环境行政主体不履行法定义务或不积极履行法定义务时，相对人可以向法定机关申请要求环境行政主体履行法定义务。针对环境行政主体失职的这种责任形式，既可以由环境相对人申请，也可以由人民法院判决或上级行政机关决定予以确立。

（4）撤销违法行为。这是指法定有权机关撤销环境行政主体及环境行政人的违法行为。当环境行政主体所作出的环境行政行为具有如下情形之一时，应当予以撤销：主要证据不足的，运用法律、法规错误的，违反法定程序的，超越职权的，滥用职权的。

（5）返还利益。这是指环境违法行为非法剥夺了环境相对人的权益后，在撤销或变更该行政行为时，必须返还相对人的利益。

（6）恢复原状。这是指环境行政主体即环境行政人员在依法行使职权时，导致相对人的物品损坏的，应当恢复原状。

① 吕忠梅. 环境法. 北京：法律出版社，2004. 163~164

（7）行政赔偿。这是指环境行政主体及环境行政人员由于侵权行为导致相对人的合法权益受到侵害的，该环境行政主体应当依国家赔偿法进行赔偿，该环境行政人员承担连带责任。

2. 惩罚性的行政责任

（1）通报批评。这是指上级行政机关对下级行政机关或个人的违法行为所作的一种书面形式的处罚，这种处罚并不直接涉及处罚人的权利和义务，但将可能对其权利和义务产生一定的影响。通报批评的目的主要在于教育当事人和其他有关人员以及提醒人们对某件事、某种行为的警觉。

（2）行政处分（此问题将在“环境行政制裁”部分中论及）。

三、环境行政制裁

环境行政制裁是指由尚未构成犯罪的环境违法行为人所在单位或特定的国家行政机关，依照法律对违法行为人所采取的惩罚措施，它分为环境行政处分和环境行政处罚两种形式。

（一）环境行政处分

1. 环境行政处分的概念和特征

环境行政处分是指国家行政机关对于其系统内部违法失职的公务员实施的一种惩戒措施。[①]我国《环境保护法》、《水污染防治法》、《大气污染防治法》、《固体废物污染环境防治法》以及《水法》、《野生动物保护法》等都对环境行政处分责任形式作了规定。环境行政处分具有以下特点：

（1）环境行政处分是国家行政法律规范规定的责任形式，在这一点上，要与一般的纪律处分区别开来。纪律处分是组织内部依照组织章程、决议等作出的。

（2）环境行政处分的实施主体只能是行政机关，对象只能是行政机关的公务员。

（3）环境行政处分是一种行政主体的内部责任形式，是国家行政机关对其行政系统内部的公务员实施的一种惩戒，不涉及一般行政相对人的权益。

2. 环境行政处分的种类和适用

根据国家有关行政法律规范的规定，环境行政处分共有六种，即警告、记过、记大过、降级、撤职和开除。

行使环境行政处分权的行政机关在追究公务员的环境行政责任时，应按照公务员违法行为的性质、情节和危害后果，给予适当的行政处分：对于违反环境行政法律规范情节轻微的，可在批评教育后，免于行政处分；对于违反环境行政法律规范，使国家和人民利益遭受一定损失的，可分别给予警告、记过、记大过、降级处分；对于严重违反环境行政法律规范，使国家和人民利益遭受重大损失、不能继续留任现职的，可分别给予

① 蔡守秋. 环境资源法学教程. 武汉：武汉大学出版社，2000. 511

降职、撤职处分，无职可降或无职可撤的，也可给予降级处分；对于严重违反环境行政法律规范，屡教不改的，可给予开除处分；对于从违法行为中得到的经济利益，应予以没收、追缴或责令退赔，经济处罚和行政处分可以并用；对于违反环境行政法律规范，情节严重，构成犯罪的，在其承担刑事责任后，仍可给予一定的行政处分。

环境行政处分的程序为：调查取证、会议讨论、当事人申辩、作出处分决定、上级主管部门批准生效、通知、存档、复议或申诉。

（二）环境行政处罚

1. 环境行政处罚的概念和特征

环境行政处罚是指由特定的国家行政机关（享有环境与资源保护监督管理权的国家机关），按照国家有关行政处罚法律、法规的程序，对违反环境与资源保护法律、法规或行政法规而尚未构成犯罪的公民、法人或其他组织给予的法律制裁。和其他法律制裁手段相比，其具有以下特点：

（1）实施处罚的机关必须是法定的环境行政管理机关或其委托、授权的组织。这一特点使之区别于环境刑事制裁和环境民事制裁，环境刑事制裁和环境民事制裁的实施主体基本上是国家司法机关。

（2）被处罚人必须是实施了破坏或污染环境的行为，违反了环境与资源保护法律、法规的单位和个人。这是其与环境行政处分的区别。

（3）环境行政处罚应坚持处罚法定、公正公开、处罚相当、责任自负、一事不再罚、法律救济及教育与惩罚相结合等行政处罚原则。

2. 环境行政处罚的种类

按其性质和作用来分，环境行政处罚可以分为四大类：

（1）声誉罚，又叫精神罚或是申诫罚。这是指环境资源管理行政主体对违法者的名誉、荣誉或者精神上的利益造成一定损害以表示警戒的处罚。声誉罚既适用于个人，也适用于组织。处罚方式为警告，只能单独适用。

（2）行为罚。行为罚是限制和剥夺违法的相对人某种能力或资格的处罚措施，有时也称为能力罚。行为罚既可以针对个人，也可以针对组织。主要的处罚方式有责令限期改正、责令停止违法行为、责令停止生产或使用、责令停业、责令关闭、责令限期恢复原状、责令采取补救措施、吊销排污许可证、吊销捕捞许可证、吊销狩猎证、吊销驯养繁殖许可证等。

（3）财产罚。财产罚是指使被处罚人的财产权益受到损害的环境行政处罚，又称为经济罚。主要处罚方式有罚款、没收财物（包括没收非法财物、没收违法所得和没收从事非法活动的工具、财物）、责令支付消除污染费用、责令赔偿损失、加收排污费等。

（4）人身自由罚。人身自由罚是指行政管理机关依法实施的在短期内限制或剥夺环境资源违法行为人的人身自由的一种制裁方式。人身自由罚是环境行政处罚中最为严厉的处罚种类，其只能适用于个人。处罚方式为行政拘留。

3. 环境行政处罚的程序

环境行政处罚是环境管理主体依法追究环境管理相对人的环境行政责任通常运用的

一种方式。环境行政处罚程序是指有权实施环境行政处罚的环境管理部门，依法对破坏或者污染环境而应承担行政责任者，提起、认定并给予行政处罚的步骤的总称。环境行政处罚程序分为一般程序和简易程序两种。

（1）一般程序。其具体包括：首先，调查取证，即环境保护行政监督管理主体对行政处罚案件依法收集证据并对其进行审查核实的活动。其次，申辩与听证，即环境保护监督管理主体在作出处罚决定之前，必须充分听取相对人的陈述和申辩；对符合法定条件的，还应组织听证会，对调查的证据与事实予以核定。再次，作出行政处罚，即环境保护监督管理主体在事实和法律的基础上，依法对环境管理相对人作出处罚的决定。根据不同情况，分别作出如下决定：①确有应受行政处罚的违法行为的，根据情节轻重及具体情况，作出行政处罚决定。②违法行为轻微，依法可以不予行政处罚的，不予行政处罚。③违法事实不能成立的，不得给予行政处罚。④违法行为已构成犯罪的，移送司法机关。最后，复议、执行。这包括：当事人对处罚决定不服，可在法定期限内申请行政复议或者提起行政诉讼。在行政复议或者行政诉讼期间，不停止行政处罚的执行；当事人逾期不履行的，对不缴纳罚款者每日按罚款金额3‰加收滞纳金，同时可依法申请人民法院强制执行。

（2）简易程序，即当场处罚程序。简易程序适用的案件必须同时符合违法事实确凿，有法定依据和符合《中华人民共和国行政处罚法》（以下简称《行政处罚法》）所规定的处罚种类和幅度三个条件，即只有对个人处以50元以下、对组织处以1 000元以下罚款或者警告的处罚可以当场进行。当场处罚不等于当场收缴罚款。《行政处罚法》对当场收缴的范围作了规定：依法给予20元以下罚款的；不当场收缴事后难以执行的，在边远、水上、交通不便地区，当事人向指定的银行缴纳罚款确有困难，经当事人提出，行政机关及其执法人员可以当场收缴罚款。

第四节 环境刑事法律责任

一、环境刑事法律责任概述

刑事法律责任的概念在刑法理论中是最根本的概念，但一直都是争议很大的问题之一，归纳起来有刑事法律义务说、制裁义务实现说、法律禁止责任说、规范认定责任说和国家法律责任说等观点。这些观点反映了不同时期人们对刑事责任这一概念的不同认识，每一理论都有其存在的价值。环境刑事法律责任则是与环境犯罪的特定社会现象紧密联系的一种特殊刑事法律责任，是刑事法律责任在环境保护领域的具体运用和实践拓展。具体来讲，环境刑事法律责任是指行为人因违反环境法律、法规造成或可能造成环境严重污染或破坏，依法以刑罚进行处罚的法律行为。

环境刑事法律责任的产生和演变，具有现代工业飞速发展的特殊社会经济背景，它是随着人类社会经济的发展、环境污染和环境资源破坏的日趋严重，国家通过立法形式确认的公民或法人因其污染环境和破坏资源的犯罪行为而应承受的刑事否定性评价和实体性刑事法律后果。1990年联合国第八届预防犯罪和罪犯待遇大会讨论通过了《刑法在保护自然和环境中的作用的决议》，1979年《关于国家责任的条款》和1991年《危害人类和平犯罪法典草案》两部联合国国家法委员会决议文件，把大规模污染大气层和海洋的行为、故意严重危害环境的行为，规定为侵犯国际社会安全和秩序的国际犯罪，适用或起诉或引渡的原则。1994年3月在美国亚特兰大召开的运用刑罚手段保护环境国际专家研讨会，通过了环境犯罪的示范法律。我国1997年的新《刑法》在其第六章“妨碍社会管理秩序罪”中专设“破坏环境资源保护罪”一节，对污染环境、破坏自然资源的各种犯罪行为规定了相应的刑事责任。

由于环境问题的特殊性以及环境保护的必要性，需要采取比一般刑事责任更为严厉和广泛的制裁手段来实现环境保护的目的，与一般的刑事责任相比，环境刑事法律责任具有以下特征：①

（1）刑法在环境保护方面的范围扩大。传统刑法的保护范围仅限于对人身权和财产权的保护，适用范围有限。而在环境保护中，环境要素、环境权益成为主要的保护对象，要运用刑法手段来保护环境，就必须扩大刑法的适用范围，将过去对人身及财产的保护扩大到对环境要素、环境权益的保护，从可持续发展的视角出发，将环境要素视同人的生命、健康和财产一样，具有由刑法加以严格保护的价值，拓展刑法的保护范围。

（2）特别刑法的出现。由于环境保护运用刑法手段起步较晚，传统的刑法对此并无规定，而严重危害环境的犯罪行为又不断发生，其社会危害性特别严重，所造成的损失甚至无法用经济价值加以估算，必须予以严厉的制裁，才能起到惩戒、威慑和教育作用。因此，在有些国家出现了特别刑法，或专门制定了有关危害环境罪及其处罚的单行刑事法律，如日本的《公害罪法》；或修订普通刑法，设专章规定危害环境罪，如德国；或在环境法律、法规中规定刑事条款，如俄罗斯等。

（3）扩大刑罚的范围。一般的刑事责任比较注重犯罪事实与犯罪后果，而在环境刑事法律责任中，等到人或环境出现损害后果时再适用刑罚为时已晚，因为环境损害往往是一系列污染行为积累的结果。刑罚到污染和破坏已形成时难以发挥威慑和教育作用；要证明哪些人参与犯罪也会遇到困难，因此，刑法对环境的保护，必须体现预防为主的原则。在先进国家，大多确立了孕育着危险的行为的抽象犯罪构成和刑罚的规定。如法国，就列举了具有危险性的各种典型行为，对于这些行为不要求由产生具体的损害或发生损害后果的现实可能性，只要存在具体的危险就应承担刑事责任；如果发现具体的危险或造成了一定的损害就可能成为相应加重刑罚的依据。同时，扩大刑罚适用范围还有处罚法人以及并罚制度，加重刑罚。

（4）环境刑事法律责任较为广泛地运用了财产刑。因为追究环境刑事法律责任的根本目的仍在于保护环境，恢复和改善遭受损害的环境质量。所以，环境刑事法律责任一方面因实行并罚制度在对法人进行处罚时主要只能采取财产刑，另一方面在对自然环境

① 吕忠梅. 环境法. 北京：法律出版社，2004. 183~184

犯罪追究刑事责任时也必须考虑恢复环境质量的需要，因而也在采取人身刑的同时采取了财产刑的形式。

二、环境犯罪的构成要件

环境犯罪是承担环境刑事法律责任的前提条件，它是指行为人违反环境资源法律、法规，污染和破坏环境，造成人身健康或生命财产的严重危害，应受刑法处罚的行为。较之于普通犯罪，环境犯罪有其特点，而这种特点，又体现在其犯罪构成要件方面。

（一）环境犯罪的主体

环境犯罪的主体是指实施了污染或破坏环境的行为，依法应负刑事责任的人。环境犯罪的主体具有二元性，包括自然人和单位。

自然人主体是指达到刑事责任年龄、具有刑事责任能力的自然人。我国现行《刑法》“破坏环境资源保护罪”一节中的所有环境犯罪，自然人都可以成为犯罪主体。从《刑法》的具体规定来看，已满 14 周岁不满 16 周岁的人属于限制刑事责任年龄。《刑法》第十七条第二款规定：已满 14 周岁不满 16 周岁的人犯故意杀人、故意伤害致人重伤死亡，强奸、抢劫、贩卖毒品、放火、爆炸、投毒罪的，才负刑事责任。因此，环境犯罪的自然人主体应是年满 16 周岁、具有刑事责任能力的人。

相对于一般自然人主体，还有一类特殊自然人主体，是指具有某种特殊身份的国家工作人员，他们在职务上对环境和资源保护有特别的义务。我国《刑法》第四百零七条规定：林业主管部门的工作人员违反《森林法》的规定，超过批准的年采伐限额发放林木采伐许可证或者违反规定滥发林木采伐许可证，情节严重，致使森林遭受严重破坏的，处三年以下有期徒刑或者拘役。《刑法》第四百零八条有关环保工作人员渎职犯罪，《刑法》第四百一十条有关国家工作人员非法批准征用土地、占用土地罪的规定等，同样规定了对环境犯罪中特殊自然人主体的处罚。

单位主体是指违反环境保护法律、法规，严重污染或破坏环境，依法应承担刑事责任的单位。我国刑法规定单位可以成为环境犯罪的主体，并对犯罪单位和有关责任人员实行“双罚制”。单位构成环境犯罪应具备三个条件：第一，单位环境犯罪的整体意志。环境犯罪必须经过单位的决定、批准、授意或认可，这体现了单位的整体意志。单位决策有时取决于一个人的意见，只要是以单位的名义实施的行为，也属于单位整体意志的体现。第二，单位犯罪行为存在依赖性，单位与犯罪行为之间的客观内在联系必须通过环境犯罪行为的实施者来实现。单位的决策机构不能直接实施自己的犯罪意图，必须通过其代表人、管理人员或其他人员实施，并且实施这一行为的人必须是本单位内部成员。非本单位内部成员实施的环境犯罪行为，或者非本单位成员冒用单位名义实施的环境犯罪行为，单位均不构成环境犯罪。第三，实施环境犯罪的功利性。单位决策的内容往往从自身利益出发，追求单位的利益是单位环境犯罪的原动力。这种追求单位功利的环境犯罪必须受到刑事惩罚。单位决策人员或直接责任人员在实施环境犯罪时，如果不是为单位的利益而是为个人利益，构成的就不是单位犯罪主体，而是自然人环境犯罪的主体，追究的是自然人的刑事责任。①

（二）环境犯罪的主观方面

环境犯罪的主观方面是指行为人对所实施的污染或破坏环境的行为可能引起的危害环境的后果所持的心理态度。环境犯罪的主观方面包括故意和过失两种形态。我国《刑法》第十四条规定："明知自己的行为会发生危害社会的结果，并且希望或者放任这种结果发生，因而构成犯罪的，是故意犯罪。故意犯罪，应当负刑事责任。"第十五条规定："应当预见自己的行为可能发生危害社会的结果，因为疏忽大意而没有预见，或者已经预见而轻信能够避免，以致发生这种结果的，是过失犯罪。过失犯罪，法律有规定的才负刑事责任。"就环境犯罪的主观方面来讲，我国采取故意和过失为要件，也有的国家遵循严格责任原则（无过失责任原则）。

1. 故意形态

环境犯罪的故意形态包括直接故意和间接故意两种：所谓直接故意是指行为人明知自己的行为会造成污染或破坏环境的危害结果而希望这种危害结果发生的心理状态；所谓间接故意是指行为人明知自己的行为会造成污染或破坏环境的危害结果，主观上放任这种结果发生的心理状态。实践中，这类犯罪往往与单位的生产经营相关，行为人的主观动机往往是为了经济利益，而放任破坏和污染环境的结果发生，此时行为人往往是间接故意心态。

2. 过失形态

环境犯罪的过失形态包括疏忽大意的过失和过于自信的过失两种。所谓疏忽大意的过失是指行为人应当预见自己的行为会造成环境污染或破坏，因为疏忽大意而没有预见，以致发生了危害结果；所谓过于自信的过失是指行为人已经预见自己的行为会造成污染或破坏环境的危害结果，但轻信能够避免，以致发生了危害后果。由于我国目前社会大众的环境保护意识不强，加之环境问题的复杂性，生产经营活动对环境的不良影响和危害后果尚未被广泛而清醒地认识到，环境犯罪中虽然不乏故意实施法律明令禁止的行为的人，但大多是因为对生产经营活动所造成的环境危害没有预见或预见不足而轻信能够避免所造成的，因此，实践中环境犯罪大多数属于过失犯罪。

3. 严格责任

严格责任又称为无过失责任，它是传统民事侵权法的基本概念，在环境犯罪中即指一切污染危害环境的单位或个人只要对他人客观上造成了财产损失或人身伤害，产生了一定的危害结果，不论其主观上出于故意、过失或无过失，都要承担法律责任。目前，世界各国的环境法在环境污染和破坏的损害赔偿诉讼中，实行"过错责任"和"无过错责任"二元归责制，但大多数国家实行"无过错责任原则"。近年来，在一些国家的环境犯罪及刑事责任的立法中，无过失责任的概念得以运用，如美国的《废料法》规定，只要行为人的行为导致任何废料倾入江河或港口，不论其主观上有无过错，均可构成犯

① 蔡守秋. 环境法学教程. 北京：科学出版社，2003. 166~167

罪。日本的《空气污染控制法》、《水污染控制法》规定，只要排污物对公众生活或身体造成了损害，无须查明排污者的主观心理即可追究其责任。泰国的《提高和保护环境质量法》规定，如果污染物造成了人的死亡或身体、公私财产的损害，无论排污者出于何种动机和心态，都应承担责任。对此一点，我国《刑法》没有规定。

（三）环境犯罪的客体

环境犯罪的客体是指受我国《刑法》所保护的，被环境犯罪行为所侵害的社会关系。环境犯罪的客体是我国环境刑法中争论最多和分歧最大的一个问题。这些观点大体可归纳为七种[①]：①环境权说，认为其客体是国家、法人、自然人的环境权；②复杂客体说，认为其客体是公民的财产所有权、人身权和环境权；③管理秩序说，认为其客体是国家调整人类与环境各种关系的正常管理秩序；④公共安全说，认为其客体是不特定多数人的生命、健康和重大公私财产安全；⑤双重客体说，认为其客体是刑法保护而为犯罪主体间接侵犯的人与自然之间的生态关系以及直接侵犯的人与人之间的社会关系；⑥综合客体说，认为其客体是包括国家环境保护管理制度、公民的环境权以及与环境有关的公民、法人（非法人组织）的财产权、人身权多方面的内容的综合性同类客体；⑦环境社会关系说，认为其客体是人们在开发、利用、保护和改善环境资源过程中形成的人与人之间的社会关系。本书赞成第七种观点，环境犯罪的客体应是在开发、利用、保护和改善环境资源过程中所形成的人与人之间的社会关系。自然环境只是一个媒介，若没有两个以上的人与之发生联系，便不会有社会关系，人与自然之间的关系，也很难说是一种社会关系。人同环境的关系可以作两个方面的最基本的概括：第一，人是环境的产物；第二，人是环境的改造者。法律只能调整这种关系的状态、程度，而无法调整这种关系本身。[②]

（四）环境犯罪的客观方面

环境犯罪的客观方面是指环境犯罪行为的客观外在表现，是犯罪行为人在有意识、有意志的心理态度支配下表现在外的事实特征，主要涉及如下三个问题：环境犯罪行为、环境犯罪的危害结果、环境犯罪行为与危害结果之间的因果关系。

1. 环境犯罪行为

环境犯罪行为是指违反环境保护法律规定，污染或破坏环境，造成一定危害后果的行为。我国《刑法》第六章第六节的“破坏环境资源保护罪”规定了14种罪名：重大环境污染事故罪，非法处置进口固体废物罪，擅自进口固体废物罪，非法捕捞水产品罪，非法猎捕、杀害珍贵、濒危野生动物罪，非法收购、运输、出售珍贵、濒危野生动物及其制品罪，非法狩猎罪，非法占用农用地罪，非法采矿罪，破坏性采矿罪，非法采伐、毁坏珍贵树木或者国家重点保护植物罪，盗伐林木罪，滥伐林木罪，非法收购、运输盗伐、滥伐林木罪。此外，环境犯罪还包括以下罪名：《刑法》第九章“渎职罪”

① 周珂. 环境法. 北京：中国人民大学出版社，2000. 75

② 徐祥民. 环境法学. 北京：北京大学出版社，2005. 207

规定的违法发放林木许可证罪，环境监管失职罪，非法批准征用、占用土地罪，非法低价出让国有土地使用权罪，以及《刑法》第三章“破坏社会主义市场经济秩序罪”，第六节规定的非法转让、倒卖土地使用权罪。我们可以依据不同标准对环境犯罪行为作如下划分：从犯罪手段上，可将环境犯罪行为分为污染行为、破坏行为；从环境犯罪的行为状态上，可将环境犯罪行为分为行为犯（举动犯和危险犯）、结果犯；从行为人实际实施犯罪的行为形态上，可将环境犯罪行为分为作为犯罪、不作为犯罪。

2. 环境犯罪的危害结果

环境犯罪的危害结果是由危害行为所引起的危害社会的结果。环境犯罪的危害结果包括对大气、水体及野生动植物等环境要素或整个生态平衡所造成的损害，也包括对人身或财产造成的损害。危害结果是犯罪构成的选择要件，一般是作为决定某一犯罪行为的社会危害性程度的重要因素之一。环境犯罪的危害结果，大体包括四个方面：第一，危害结果是构成犯罪的必要条件，没有危害结果则不构成犯罪；第二，以行为可能引起某种损害结果，作为构成某种犯罪的必要条件，环境犯罪中的危险犯即是如此；第三，以行为造成的严重后果，作为处以重罚的依据；第四，不对行为所造成的具体损害结果作出规定。

3. 环境犯罪的因果关系

环境犯罪的因果关系是指危害行为与危害结果之间的因果联系。因果关系是结果犯的构成条件。我国《刑法》上的因果关系是指行为人的危害行为同危害结果之间存在着必然联系，但是在环境犯罪领域，要求证明某一因果关系却比较困难，因此，有些国家在环境资源法和刑法中，确立了环境犯罪的因果关系推定原则，即如果某人在企事业单位里伴随生产活动而排放了危害人体健康的物质，而且仅仅由于该排放量足以达到对公众的身体甚至生命产生危害的程度，并且在因这种排放所产生的危害的地区内，是由同一种物质而给公众的身体甚至生命带来危害时，即可推定这种危害是由该人所排放的物质造成的。我国目前法律并无明文规定因果关系推定原则，但从有关法律规定的措辞中仍可以寻到其痕迹，如我国《环境保护法》第四十三条规定：造成重大污染事故，导致公私财产重大损失或者人身伤亡的严重后果的，对直接责任人员依法追究刑事责任。其中“导致”即可视为连接因与果的纽带。虽无从寻觅推定因果关系存在的法律根基，但司法实务在追踪环境犯罪和违法行为时，大多采用推定原则来确定因果关系，进而追究行为人的刑事责任。

【案例分析】

【案情】1978 年 7 月 1 日晚，青岛市化工厂的电气设备因遭雷击毁坏，不能正常工作导致大量氯气外溢，污染了周围的大气环境。该厂附近居民十余人因吸入氯气中毒，当晚送医院抢救，王娟是其中之一。期间的医药费等全部由化工厂承担。王娟病情好转之后办理出院，医院在为其办理出院检查时诊断王娟还患有“过敏性支气管哮喘”，建议王娟出院后继续治疗，对此病青岛市化工厂则拒绝承担费用，理由是王娟的“过敏性支气管哮喘”与氯气中毒无关。王娟诉至法院。①

【问题】环境侵权民事责任中的因果关系如何认定？

【解析】本案的关键问题在于王娟的“过敏性支气管哮喘”与氯气中毒有无关系。法院经审理查明，王娟在此次患病以前从未患过“过敏性支气管哮喘”，并且其本人也无此类疾病的家族史；医学证明氯气中毒可能导致患“过敏性支气管哮喘”；王娟患“过敏性支气管哮喘”是在发生氯气泄漏事故之后。因此，青岛市中级法院认定，王娟的“过敏性支气管哮喘”与化工厂氯气泄漏有关，化工厂应赔偿王娟因治病所需的费用。该案最后调解结案。该案是我国最早一起在环境民事诉讼中采用推定方法认定污染损害行为与损害结果之间的因果关系的环境民事侵权案件。

① 案例来源：曹明德. 环境侵权法. 北京：法律出版社，2000. 177

第二编　环境污染防治法

第五章　环境污染防治法概述

第一节　环境污染和其他公害的概念及防治

一、环境污染和其他公害的概念

（一）环境污染

目前关于环境污染的概念有多种不同的定义，其中比较有影响的是经济合作与发展组织（OECD）在1974年的一份建议书中提出的为成员国共同接受的定义，即被人们利用的物质或者能量直接或间接地进入环境，导致对自然的有害影响，以致危及人类健康、危害生命资源和生态系统，以及损害或者妨害舒适和环境的其他合法用途的现象。

这个定义将污染明确地限定在人类活动所产生的变化中，定义中的物质和能量不仅包括了固体、液体或气体物质，而且包括了噪声、热辐射以及放射性物质等。这里不能将向环境排放的所有不能为人类完全利用的物质或能量都视为污染物，而只能将其可能导致危险或对人类生态系统造成实质性损害的部分视为污染物。

（二）公害

从严格意义上讲，公害的范围较广，在环境法中所称的公害是指由于环境污染而对人类环境造成的社会性危害。最先在环境法中使用“公害”一词的国家是日本，在日本的环境立法中，“污染”与“公害”是作为相似概念使用的。

“公害”的用语在日本法律中的使用，首见于明治二十九年（1897年）大阪府令《制造场管理规则》第3条，日本同年颁布的《河川法》第4条第2款也使用了“公害”一词，其含义是指河水侵蚀、洪水泛滥等阻碍水流畅通或者妨碍航行的现象，与现行日本环境保护法律所称的“公害”含义不同，它只是与“公利”相对的一种用语，是指河水对河道、船舶航行的物理性侵害，并没有考虑到水体污染。[①]以后日本颁布的法律中，也有涉及“公害”一词的，如1911年的《工厂法》、1949年的《工厂公害防治条例》。但是，给“公害”下比较完整的定义是在1967年的《公害对策基本法》中，其第2条第1款规定：“本法所称‘公害’，是指由于工业或人类其他活动所造成的相当范围的

① 韩德培，陈汉光. 环境保护法教程. 北京：法律出版社，2007.212

大气污染、水质污染（包含水质以外水的状态或者水底底质恶化，第9条第1款除外）、土壤污染、噪声、振动、地面沉降（采矿致土地挖掘者除外）以及恶臭，导致危害人体健康或者生活环境的现象。”1993年11月19日，日本颁布了《环境基本法》，该法也沿用了上述《公害对策基本法》关于“公害”的定义。

与欧美国家环境立法相比较，日本环境法上的“公害”概念被认为是英美法中的Public Nuisance（公共妨害）的译语，但是它们两者在实质上和内容上均存在较大差别。木宫高彦认为，日本环境法上的“公害”概念，类似于“环境污染”或“环境破坏”的概念，它是世界上共通语中的一种特殊的用法。[①]

受日本环境法上的“公害”概念的影响，我国大陆及台湾地区在环境立法中也使用了“公害”来描述环境污染。

（三）我国环境污染防治立法中有关“环境污染与其他公害”的概念

我国环境立法目前并没有对环境污染下一个定义，《宪法》和《环境保护法》所采用的是“环境污染和其他公害”的表达形式，但这两部法律均未对其含义作出明确规定。我国1978年的《宪法》第十一条规定：“国家保护环境和自然资源，防治污染和其他公害。”从字面上看，这种表述形式的主要内涵是指“环境污染”，而“其他公害”则是对前者的补充。

《环境保护法》第二十四条所列举的“环境污染”是由于人们在生产建设或者其他活动中产生的废气、废水、废渣、粉尘、恶臭气体、放射性物质等对环境的污染，以及噪声、振动、电磁波辐射等对环境的危害。而“其他公害”则是指除前述的环境污染和危害之外，现在尚未出现而今后可能出现的，或者现在已经出现但尚未包括在《环境保护法》第二十四条所列举的9种环境污染和危害之中的公害，如废热、光污染。

我国环境立法中的“环境污染和其他公害”的概念，从本质含义上即可以作“环境污染”解释。为简便起见，以下论述中的“环境污染”所指称的含义与“环境污染和其他公害”相同。

（四）环境污染的特征

与其他不法侵害相比较而言，环境污染有如下特征：

1. 环境污染具有伴生性

环境污染是伴随人类的生产、生活活动所产生的。工矿企业事业单位向环境排放废气、废水、废渣、噪声等，是伴随人们的生产、生活等对社会有益的正常活动而出现的对人体健康、社会经济发展有害的一种副作用。当今社会要完全避免环境污染，实现所谓“零排放”是不现实的。环境污染的这一特点与投毒、伤害、杀人等本身就属于犯罪而对社会有害的行为是不同的。

2. 环境污染具有间接性

环境污染是以环境质量的改变和自然生态的破坏为媒介影响和危害人类与自然生态

---

① 汪劲. 中国环境法原理. 北京：北京大学出版社，2000.124

系统的，环境污染以环境为媒介对不特定人群造成危害，即人类活动排放的污染物和能量进入环境，使其质量下降之后，受污染的环境才对人体健康、生命安全造成危害，而且是对不特定人群的侵害。这种间接性（以环境为媒介）和不确定性（对不特定人群）侵害的特点，使其与投毒、杀害等对直接和特定对象的侵害行为不同。

3. 环境污染具有综合性和积累性

造成环境污染的原因是多种多样的，且往往是多种污染因子综合地起作用，而且环境污染的发生往往需要经过一定时间的积累，因此，环境污染还具有积累性的特点。以日本水俣事件即含水银废水污染为例，从工厂排放甲基水银到连续发生人畜中毒，前后经历了数十年，这与传统侵害的原因较单一有较大区别。

4. 环境污染后果的严重性

环境污染后果的严重性表现为以下三个方面：

第一，环境污染危及的范围广。不仅可以污染一条河流、一个地区、一个国家，还可以波及几个国家，甚至几个大洲、几个大洋，并扩及整个地球，如大气污染、放射性污染等。

第二，环境污染引起的疾病往往难以发现和治疗。医学表明，人类的疾病多与环境污染和生态破坏有关，有的甚至不能根治，有的还会危及下一代，如恶性肿瘤、畸形儿等。

第三，危害后果的持续性。环境污染一旦发生，在较长时间内将持续地存在，如越战期间美军在越南大规模使用“橙剂”污染越南村庄多达 3 181 个，受污染的越南百姓多达 480 万人。这种“橙剂”包含有剧毒的化学物质，虽然越战已过去三十多年，但这种剧毒物质依然存在于当地环境中，并进入越南人的食物链，导致当地出生众多畸形婴儿。[①] 因此，环境污染具有连续性的特点，这与传统侵害多为一次性侵害不同。

环境污染的上述特点对人们的启示：

第一，从环境污染的伴生性、间接性等特点，可以将公害与传统的侵害行为区别开来，人们在对其作出评价、定性和有关责任者处罚时不应混淆。

第二，从环境污染的连续性、积累性、广泛性等特点，要求人们提高对其危害性的认识，必须采取“预防为主”的原则，使环境保护从单纯的解决环境问题转向将发展与环境保护协调起来，环境保护由末端治理向生产、消费的各个领域延伸，以源头预防、全过程控制和废弃物资源化来代替末端治理；而且，在环境污染侵权责任追究中应适应与传统侵权责任追究不同的归责原则。

二、环境污染和其他公害的产生原因和类型

（一）环境污染和其他公害的产生原因

造成环境污染和其他公害的原因很多，概言之，不外乎是自然原因和人为因素，即

① 安笑兰. 环境污染导致畸形儿的新信息. 中国优生与遗传杂志，2005（9）

自然界自身的运动对环境造成的污染和人类活动中的排污行为。自然界中发生的地震、火山爆发、自然火灾等都会释放出大量的污染物，如尘埃、各种有毒有害化学物质、放射性物质、电磁波辐射等，这也会对环境造成污染和危害。但纵观环境污染问题的产生和发展过程，我们不难发现绝大多数的环境污染是人类造成的。人类在生产建设和其他活动中，一方面生产出大量的物质和文化财富，丰富了人类的物质生活和精神生活，为人类自身的生存和发展提供了更好的条件；另一方面也产生出大量的污染物，如废气、废水、废渣、粉尘、恶臭气体，放射性物质以及噪声、振动、电磁波辐射、光污染、废热等，给环境带来污染，造成公害。这些污染和公害是伴随着生产、生活等对社会的有益活动而出现的对人体健康、经济发展有害的一种副作用。产生污染和公害的上述两种原因，自然灾害是暂时性、局部性的，难以调节与控制的；而人类活动则是经常性的，可调节与控制的。因此，防治环境污染和其他公害，主要针对的是由于人类活动所造成的对环境的污染和危害。

(二) 环境污染和其他公害的类型

环境污染和其他公害根据不同的划分标准可以分为多种不同类型，分类的目的是从不同的角度和侧面细致地了解同类污染的共性和特性，以便我们在应对各类污染时采用行之有效的措施。

最主要的一种划分是根据造成环境污染和危害的污染物性质的不同，将环境污染和其他公害大致分为两种类型：环境要素污染和有毒有害物质污染。环境要素污染根据主要污染物质和因素介入环境要素的不同，又可以分为大气污染、水污染、海洋环境污染、土壤污染等；有毒有害物质污染包括放射性物质、农药、危险化学物质等污染。

在环境科学上，将环境污染分为一次污染和二次污染。其中，将由污染源直接排入环境，其物理和化学性状未发生变化的污染物所造成的污染称为一次污染物，又称原发性污染。排入环境中的一次污染物在物理、化学或生物因素的作用下发生变化，或与环境中的其他物质发生反应所形成的物理、化学性状与一次污染物不同的新的污染称为二次污染，也称继发性污染。

此外，根据污染影响的范围分为地域性污染、区域性污染、全球性污染；根据污染的程度分为轻度污染、中度污染和严重污染。

三、我国防治污染的对象和目标

(一) 环境污染防治的对象

从污染物和能量的种类来说，《环境保护法》第二十四条所列举的九种污染和危害，也就是我国当前防治环境污染和其他公害的对象。从排放单位来说，防治污染的对象首先是工矿企业中的重点行业和重点企业，如能源和原材料工业均属于重点污染行业。据统计，1992 年这些企业的产值在全国县级以上企业中所占的比例仅为 27%，而排放污染物所占的比重为：工业废气 65%，二氧化硫 70%，烟尘 72%，工业粉尘

63%，工业废水53%，工业固体废物84%。其次是乡镇企业。据报道，乡镇工业产值占全国总产值的比例已由1989年的23.8%上升到1994年的45.6%，乡镇工业的污染物排放量呈快速增长的趋势，加剧了环境污染和生态破坏。1996年全国取缔、关闭、停产15种污染严重的小企业7万多家，几乎全是乡镇企业。近年来，交通、饮食、娱乐和旅游等行业的迅猛发展和社会生活污染源大量增加，而废弃物越境或者跨地区转移，农村中过量使用农药、化肥，禽畜和近海渔业过度养殖，则是加重我国环境污染的新行业，也是防治环境污染的对象。

（二）环境污染防治的目标和重点

为了使我国环境污染和其他公害得到有效控制，保护和改善生活环境和生态环境，国务院制定和发布了一系列的文件，以明确我国环境污染防治的总体目标和重点。1996年8月3日发布的《国务院关于环境保护若干问题的决定》规定，我国在“九五”期间防治污染的重点是“三河”、“三湖”和“二区”，即淮河、海河、辽河，太湖、巢湖、滇池以及酸雨区和二氧化硫严重污染区。“十五”期间，治理环境污染的重点是水污染和大气污染。重点地区要“继续抓好‘三河’、‘三湖’、酸雨和二氧化硫控制区、北京市、渤海、三峡库区、南水北调等重点地区和重点项目的污染防治”①。2005年12月3日，《国务院关于落实科学发展观加强环境保护的决定》中提出了环境保护的目标：“到2010年，重点地区和城市的环境质量得到改善，生态环境恶化趋势基本遏制”，“到2020年，环境质量和生态状况明显改善”②。

具体来说，到2010年，可持续发展战略得到较好贯彻，环境管理法规体系进一步完善，基本改变环境污染和生态恶化的状况，环境质量有比较明显的改善，建成一批经济快速发展、环境清洁优美、生态良性循环的城市和地区。在工业污染防治方面，以水污染和大气污染防治为重点，同时抓好废渣、噪声、辐射污染防治；所有工业污染源达标排放，抓好能源、冶金、建材、轻纺等行业的污染防治。加大乡镇企业环境管理力度，关闭经济规模小、污染严重的企业。在城市环境保护方面，开展城市环境综合整治，加快城市环境基础设施建设，实行城市环境目标责任制。直辖市、省会城市、经济特区城市、沿海开放城市、重点旅游城市空气和地面水环境质量达到国家规定标准。建设若干经济快速发展、环境清洁优美的示范城市。在海洋环境保护方面，基本控制近岸海域污染和生态破坏的发展趋势，使部分污染严重的重点河口、海湾、港区环境质量有所改善。建设60处至80处海洋自然保护区，保护珊瑚礁、红树林和重点渔业资源。建立海上溢油监视和应急响应系统。在重点流域和地区环境保护方面，抓好12个重点流域和地区的环境保护。它们是“三河”（淮河、海河、辽河）、“三湖”（太湖、滇池、巢湖）、南方酸雨区、三峡工程区、晋陕蒙接壤地区、阿拉善地区、珠江三角洲和海南省。在全球环境保护方面，认真履行中国已签订的国际环境公约，如关于控制危险废物越境转移及其处置的《巴塞尔公约》、《关于消耗臭氧层物质的蒙特利尔议定书（修订

①② 韩德培，陈汉光. 环境保护法教程. 北京：法律出版社，2007.215

本)》、《生物多样性公约》等。国家环保总局"十五"环保工作的主要任务和措施是：控制污染物排放总量，促进经济结构调整，努力减轻环境污染。加大城市环境保护力度，城乡环境要有明显改善。突出重点，量力而行，努力改善重点地区的环境质量。坚持生态建设和保护并重，遏制生态环境恶化的趋势。强化政府环保职能，依靠科技进步，利用市场机制，全面加强环保工作。[①]

第二节　环境要素污染及其防治立法

一、环境要素污染的概念与特征

如上所述，关于环境污染最常用的分类是根据污染物的性质将环境污染分为环境要素污染和有毒有害物质污染。

环境要素是人类与环境进行交流的介质，如水、空气、土壤等。环境要素污染是指外界物质或能量进入环境，其数量超过环境要素的可容含量或自净能力，导致环境要素某种性能的改变，从而引起环境质量下降而有害于人类及其他生物正常生存和发展的现象，如大气污染、水污染、噪声污染、土壤污染等。这种污染主要是由人类活动所引起的，其产生的原因是资源的浪费和不合理使用，使有用的资源变为废物进入环境而造成危害。环境要素污染具有如下特征：

（一）介入性

环境污染物一般是低浓度、长时间而且是多种物质同时存在，对环境要素积累性、连续性地起作用，并以环境要素为介质对不特定人群及其他多种权益造成危害。这是环境要素污染的介入性。

（二）变异性

环境污染物进入环境要素可通过生物的或物理、化学的作用发生转化、增毒、降解或富集，从而改变环境要素的原有性质、状态或浓度，产生不同的危害作用。这是环境要素污染的变异性。

（三）严重后果性

环境污染物可通过环境要素和食物等多种途径对人体产生长期影响，受影响的对象多，危及的范围广，造成的后果严重，如对人体的危害性难以发现，发现后往往还难以根治，可能还会危及下一代。这是环境要素污染的严重后果性。

① 周珂. 环境法. 北京：中国人民大学出版社，2005. 158

（四）关联性

环境要素及其相互关系构成的环境系统是一个动态平衡的体系，各种环境要素彼此相互依赖，其中任何一个因素发生变化便会影响整个系统的平衡，环境污染所造成的环境要素变化均会引起环境系统的稳定，对环境构成威胁。这是环境要素污染的系统关联性。

因此，防治环境要素污染是保护环境的重要内容，环境要素污染防治立法也是环境立法的重要任务。

二、我国防治环境要素污染的立法现状

环境要素污染防治法是以防治环境要素污染为立法对象的一类法律、法规，它们作为环境污染防治的重要组成部分，以对各环境要素污染的防治为内容，在形式上表现为环境保护基本法下属和单行法规及其配套法规，是对基本法防治环境污染的原则性规定的具体化。

我国环境要素污染防治立法是环境法中发展得较早和较快的领域。早在20世纪70年代初，就已颁布了一系列污染物排放标准，随后又颁布了有关排污收费以及各环境要素污染防治的法律、法规。迄今为止，已经颁布的专门的环境要素污染防治单行法律、法规有《大气污染防治法》（1987年9月通过，1995年8月修订，2000年4月再次修订）、《水污染防治法》（1984年5月通过，1996年5月修订，2008年2月再次修订）、《海洋环境保护法》（1982年8月通过，1999年12月修订）、《环境噪声污染防治法》（1996年10月通过）等，还颁行了大量与之相关的法规、规章，基本上形成了与环境要素保护法相互配套的环境要素立法体系，对我国环境法体系的形成也起到了积极的作用。

三、环境要素污染防治法的特点

（一）综合性

这里所说的综合性是指环境要素污染防治法是针对某一环境要素的污染防治所进行的综合立法，其内容涉及对该环境要素的全面保护。如水污染防治法是以水体作为立法对象的，它既包括了对各种水体的保护措施，又包括了水资源保护与水污染防治的全部内容；而且，对各种不同的重要水体以及可能进入水体的各种污染源和污染物均作了规定，较之于单纯以污染物或污染源控制为立法对象的立法更为全面。

（二）协调性

环境要素污染防治法与环境要素保护法之间应是互相协调与互相配合的关系。如《水污染防治法》与《水法》，它们从不同的角度、不同的层面对环境要素的保护作出

规定。环境要素保护法的实施是防止环境要素污染的重要条件；而环境要素污染的防治又是合理开发和利用环境要素的结果。但它们又各有侧重，环境要素保护法着重于对水、森林、草原、土地等环境要素的开发与利用本身的限制，而环境污染防治法则更注重于对在环境资源开发和利用过程中所产生的副作用的限制。

（三）系统性

环境要素污染防治法是环境法的一个子系统，它是由某一环境要素保护的专门单行法规及其相关法规构成的系统性规范的统一体，并非仅指某一具体的单行法。如水污染防治法就不仅仅是指《水污染防治法》一部法律，还包括《水污染防治法实施细则》、《水污染物排放许可证管理暂行办法》等法律、法规及相关的水环境质量标准、水污染物排放标准，是由有关水污染防治的法律、法规、规章以及各种环境标准组成的法律、法规体系。

第三节　有毒有害物质污染及其防治立法

一、有毒有害物质污染的概念与特征

有毒有害物质是指在工农业生产、医疗卫生、科研教学以及人们日常生活等活动中正常使用的，在一定条件下污染环境使人和动物中毒、生病或死亡的物质。对这类物质在生产、储存、运输、经营、使用等过程中管理不善、使用不当，才会危害人类安全或污染环境，如化学物质、农药、放射性物质等。有毒有害物质污染是指对人体或环境难以降解或不能降解的那些污染物质所造成的环境污染和危害。

与环境要素污染相比，有毒有害物质污染具有以下特征：

（一）稳定性

有毒有害物质大多化学性质稳定，不易被生物分解，而且在自然界中长期残留，其毒性对人体健康的影响稳定且持久，对生态平衡的干扰和破坏也十分严重。

（二）后果严重性

与一般的环境污染物相比，有毒有害物质中有许多是致癌物、致畸物或使基因突变的物质，对人类的正常生存和繁衍产生严重影响。

（三）双重性

与一般的废水、废气相比，有毒有害物质的物理形态较稳定，物质形态明显，可处置性强，它虽然是高度污染物，但它本身是非废弃物，是可以有效利用的资源和能源，

因此，在减量化、无害化的同时，要全力做到资源化，使之化害为利。

当然，有毒有害物质进入不同的环境介质便形成不同的环境要素污染，如有毒有害物质进入大气则为大气污染，进入水体则为水污染。因此，有毒有害物质污染与环境要素污染的划分标准是相对的，而且它们都具有间接性、变异性等共同特征。

二、有毒有害物质污染防治法的特点

有毒有害物质污染防治法是以防治有毒有害物质污染为立法对象的一类法律规范，其作为环境污染防治法的重要组成部分，是对各环境要素污染防治法的补充和完善。它以控制污染物和污染源，阻止有毒有害物质进入生态系统的循环为直接内容，在法律上表现为对人体健康具有特别危害的那些有毒有害物质防治的专门立法，如对固体废物、放射性物质、有毒化学品、农药的专门立法，等等。有毒有害物质污染防治法具有以下特征：

第一，有毒有害物质污染防治法是环境污染防治法的重要组成部分，它与环境要素污染防治法从不同的层面和不同的角度对环境污染的防治作了规定。环境要素污染防治法着重于对环境要素的全面保护；而有毒有害物质污染防治法则着重于某一污染物质对诸环境要素危害的防治。两者是协调配合，相互补充的。

第二，有毒有害物质污染防治法是对某一类特定的污染物或污染源的防治所进行的专门立法，其目的在于防治某一特定的污染物对于生态平衡和人体健康的特殊和严重的干扰与破坏。

第三，有毒有害物质污染防治法重点突出，其所建立的监督管理体制和控制制度较之于环境要素污染防治法更为特殊。

三、我国防治有毒有害物质污染的立法现状

目前，我国有关防治有毒有害物质污染的法律、法规主要有：《固体废物污染环境防治法》（1995 年 10 月通过，2004 年 12 月修订）、《中华人民共和国放射性污染防治法》（以下简称《放射性污染防治法》）（2003 年 6 月通过）、《农药管理条例》（1997 年）、《危险化学品安全管理条例》（2002 年 1 月通过）、《医疗废物管理条例》（2003 年 6 月通过）、《放射性同位素与射线装置安全和防护条例》（2005 年 9 月通过）、《民用核安全设备监督管理条例》（2007 年 9 月通过），等等。针对某一类有毒有害物质污染，我国已颁布的综合性的法律数量较少，只有防治固体废物污染的《固体废物污染环境防治法》和《放射性污染防治法》两部法律，对有毒化学品和农药等污染的防治立法，主要是以大量的部门规章的形式出现或散见于其他的规范性法律文件中。

我国的有毒有害物质污染防治法主要针对对于人体健康和生态平衡影响极大的放射性物质、有毒化学品、固体废物、农药等而制定，而对这些污染物的防治涉及环境保护

行政主管部门以外的多个管理部门。因此，在法律的表现形式上，这类立法多以数个相关管理部门的联合管理法律、法规为主；在管理体制上，则赋予各相关部门明确的管理职责和权限并强调各部门间的协调与配合。

第四节　防治环境污染的基本制度

为了保护和改善环境，防治环境污染和其他公害，我国颁布了一系列法律、法规，确立了一系列防治环境污染和其他公害的原则和制度，以指导和规范我国防治环境污染和其他公害的工作。本书第二章和第三章关于环境资源法的基本原则和基本制度，应该是适用于环境资源法的全域，不仅适用于有关保护自然资源的单行法律、法规，同时也适用于有关防治污染的法律、法规，这是由基本原则和基本制度的法律地位所决定的。下面介绍在环境污染防治法中普遍适应的一些基本制度，如排污申报登记制度、现场检查制度、限期治理严重污染制度、污染事故报告制度、防止污染转嫁制度等。另外，近年来经修订后公布实施的《大气污染防治法》、《水污染防治法》、《环境噪声污染防治法》和新制定的《固体废物污染环境防治法》、《放射性污染防治法》等一些法律、法规，还规定了适用于防治环境污染和其他公害的新制度和措施，如淘汰落后设备、工艺制度等。这些制度在防治环境污染中普遍适用，因而在防治环境污染的监督管理中具有重要的地位和作用，在环境污染防治中属于基本制度，但相对于环境资源法的基本制度而言，这些法律制度又只是适用于环境污染防治的具体法律制度。

一、排污申报登记制度

排污申报登记制度是指直接或间接向环境排放污染物的单位，必须依照国务院环境保护行政主管部门的规定，向所在地环境保护行政主管部门申报、登记拥有的污染物排放设施、处理设施和在正常作业条件下排放污染物的种类、数量和浓度，并提供防治污染方面的有关技术资料的法律规定。

排污申报登记制度主要是针对排污单位而制定的一项程序性制度，该项制度的目的在于使环保部门了解和掌握企业的排污状况，同时将污染物的排放管理纳入环境行政管理的规范，以利于环境监测以及国家或地方对污染物排放状况的统计分析。具体来说，它的实施具有如下重要意义：

第一，排污单位向环境保护部门申报登记有关排污情况，是其履行保护环境、防治环境污染和其他公害义务和接受环境保护部门监督检查的重要方式。

第二，实行排污申报登记有利于环境保护法律制度和措施的全面开展。除了排污收费外，“三同时”制度、现场检查制度、限期治理制度以及污染事故报告制度等的实施，其前提条件就是通过排污申报登记来进行的。

第三，实行排污申报登记，为环境保护行政主管部门全面掌握辖区内的排污情况、拟定环境保护规划、发布环境状况公报和实施监督管理提供了事实依据，还为环境保护行政部门推行污染物排放总量控制、拟定环境保护规划、采取防治措施以及征收排污费打下基础。

我国实行排污申报登记的规定最早见于1982年由国务院颁布的《征收排污费暂行办法》之中，1992年10月1日国家环境保护局公布了《排放污染物申报登记管理规定》，该规定适用于在我国领域内及我国管辖的其他海域内直接或间接向环境排放污染物、工业和建筑施工噪声或者产生固体废物的企业事业单位。该规定要求排污单位必须按所在地环境保护行政主管部门指定的时间，填报排污申报登记表，并按要求提供必要的资料。对于新建、改建、扩建项目的排污申报登记，应当在项目的污染防治设施竣工并经验收合格后一个月内办理。经其行业主管部门审核后向所在地环境保护部门登记注册，领取排污申报登记注册证。排污单位终止营业的，也必须办理注销登记，并同时交回该排污申报登记注册证。

排污单位申报登记后，排放污染物的种类、数量、浓度、排放去向、排放地点等有重大改变的，必须在变更前15日申报；发生紧急重大改变的，必须在改变后3日内申报，否则视为拒报。

对于排放污染物超过国家或者地方规定的污染物排放标准的排污单位，在向所在地环境保护行政主管部门申报登记时，应当写明超过污染物排放标准的原因及限期治理措施。

对于需要拆除或者闲置污染物处理设施的，必须提前向所在地环境保护部门申报，并说明理由。未经环境保护部门同意，擅自拆除或者闲置污染物处理设施未申报的，也视为拒报。违反申报登记制度者将依法受到行政处罚。

二、现场检查制度

现场检查制度是指县级以上环境保护行政主管部门，或者其他依照法律规定行使环境保护监督管理权的部门，有权对管辖范围内的排污单位进行现场检查。被检查的单位应当如实反映情况，提供必要的资料；检查机关应当为被检查的单位保守技术秘密和业务秘密的法律规定。

我国《环境保护法》第十四条规定：县级以上人民政府环境保护行政主管部门或者其他依照法律规定行使环境监督管理权的部门，有权对管辖范围内的排污单位进行现场检查。其他行使环境监督管理权的部门是指国家海洋行政主管部门、港务监督、渔政渔港监督、军队环境保护部门和各级公安、交通、铁道和民航管理部门，这些部门依照有关的法律规定对环境污染防治实施监督管理。现场检查是环境保护法赋予这些部门的权力，但是，行使这些权力的具体事项和范围则有所区别。上述各个行政部门应当依照有关法律的规定行使现场检查权，否则就属于越权或者失职。

被检查的排污单位提供必要的资料是指提供以下资料：污染物排放情况；污染物处理设施的操作、运行和管理情况；监测仪器、设备的型号和规格以及校验情况；采用的监测分析方法和监测记录；限期治理执行情况；事故情况及有关记录；与污染有关的生产工艺、原材料使用方面的资料；其他与环境污染防治有关的情况和资料，等等。

由于在市场竞争日益激烈的情况下，企业事业单位的技术秘密与业务秘密直接关系到这些单位的经济利益，秘密的泄露可能导致因在市场竞争中败北而遭受损失，所以，检查机关应当为被检查的单位保守秘密。此外，为了防止假冒，检查人员必须持有省辖市级以上人民政府环境监督管理部门签发的检查证件，佩戴“中国环境监理”证章。

现场检查制度对于及时发现违法排污行为，制止或者减轻环境污染，避免污染事故发生，以至于监督管理人员正确执法，对违法者合法和适当实施行政处罚等，都具有重大的意义。

三、防止污染转嫁制度

防止污染转嫁是指防止国外、境外地区的厂商或我国企业事业单位，将污染严重的设备、技术工艺或者有毒有害废弃物，转移给没有污染防治能力的单位和个人进行生产、加工、经营或者处理，造成环境污染。例如，经济相对发达的地区，将污染严重的设备或技术转移给没有防治污染能力的地区，技术较先进的企业将淘汰落后的污染设备转移给技术落后的企业，使被转移地区的环境受到严重污染。近年来，发达国家和地区的环境标准越来越严格，使得一些国家和地区的企业承受的环境治理责任越来越多，企业为了逃避污染治理的负担，把在发达国家或地区明令禁止使用的技术和设备转移至欠发达国家或地区。有的则在技术和设备更新以后，将淘汰的设备廉价卖给其他没有治理能力的企业。为防止污染转嫁和转移，保护环境，我国制定了有关规定。

污染转嫁有许多不同的方式，主要有：将境外已禁止生产、使用、销售的设备、工艺，委托或者以联合生产、合资经营甚至是独资经营等形式转移给境内无污染防治能力的企业事业单位生产、加工或者使用；将我国法律规定淘汰的设备、工艺，非法生产、销售、使用或者转移给无防治污染能力的单位生产、使用；以联合生产、设厂甚至是以“支农”的名义将城市中淘汰下来的设备、工艺转移至郊区农村生产、经营、使用；在技术工艺、设备引进合同中不同时引进境内不能配套生产的相应的防治污染设施，外商趁机将污染严重的工艺、设备转移给我方，等等。以环境污染转嫁或转移的不同特征为标准，可将环境污染转嫁或转移分为不同种类，如按照污染转嫁的过程可分为直接转嫁和间接转嫁；按污染转嫁的区域范围可分为国际转嫁和国内转嫁；按转嫁对象不同，污染转嫁可分为大气污染转嫁、水污染转嫁、固体废物污染转嫁等。此外还有显性污染转嫁和隐性污染转嫁、污染本身转嫁和污染治理责任转嫁、扩散性污染转嫁和非扩散性污染转嫁、积极污染转嫁和消极污染转嫁等。

我国《环境保护法》和防治大气污染、水污染、固体废物污染的单行法规，以及我国参加的关于控制危险废物越境转移及其处置的《巴塞尔公约》，均对防止污染转嫁作了严格的规定。

污染转嫁行为必须具备三个构成要件：

（1）转移的设备、技术、废弃物因对环境的污染危害严重而为法律所禁止。

（2）接受转移的企业事业单位没有防治污染的技术、设备、资金因而未能防止其对环境的污染危害。

（3）行为者主观上有过错。

以上三个构成要件缺一不可。其中，转嫁的一方大都出于故意和贪利的动机，接受转移的一方也有出于故意的心理状态，但还有不少是对其危害性认识不足。

四、淘汰落后工艺、设备制度

淘汰落后工艺、设备制度是指国家对严重污染环境的落后生产工艺、生产设备，限期禁止生产、销售和使用，也不得转让给他人使用的法律规定。这是由单纯的末端治理逐步转变为向生产、消费全过程控制的重要举措，也是推行清洁生产实现可持续发展战略的重要内容。该项法律制度最先在1995年发布施行的《固体废物污染环境防治法》中设置，后来，在新颁布的《环境噪声污染防治法》和经修订后颁布施行的《水污染防治法》、《大气污染防治法》和《海洋环境保护法》中，也都设置了该项制度。

工业技术水平低和设备落后，是造成环境污染的重要原因。因此，国家对严重污染环境的落后生产工艺、生产设备，限期禁止生产、销售、进口和使用。为了从根源上防止污染，必须大力开发有利于环境的先进技术，淘汰产生严重污染环境的污染物的落后生产工艺、生产设备。

为实施淘汰落后工艺、设备制度，要求国务院经济综合主管部门会同国务院有关部门制定并公布限期淘汰的严重污染环境的生产工艺名录和限期禁止生产、销售、进口、使用严重污染环境的设备名录。生产者、销售者、进口者或者使用者，必须在规定的期限内分别停止生产、销售、进口或者使用列入上述名录中的生产工艺、设备；任何单位或者个人不得将被淘汰的设备转让给他人使用，否则将依法受到惩处。

五、限期治理制度

限期治理是指对污染严重的项目、行业和区域，由有关国家机关依法限定其在一定期限内，完成治理任务，达到治理目标的制度。限期治理包括污染严重的排放源的限期治理、行业性污染的限期治理和污染严重的某一区域及流域的限期治理。限期治理具有以下三个特点：

（一）法律强制性

限期治理虽然属于一种行政管理措施，是由各级人民政府作出决定的，但依照《环境保护法》第三十九条的规定，对经限期治理逾期未完成治理任务的企业事业单位，除依照国家规定加收超标准排污费外，还可根据所造成的危害后果处以罚款，或者责令停业、关闭。《大气污染防治法》在法律责任中规定了限期治理是一种行政处罚形式，《水污染防治法实施细则》在法律责任中也规定了责令限制治理。

（二）明确的时间要求

它规定了完成治理任务的具体时间，有明确的时间界线，以期限的界线作为承担法律责任的依据之一。

（三）具体的治理任务

体现治理任务的主要衡量尺度是是否符合排放标准和是否达到消除或者减轻污染的效果。

限期治理的对象一般是重点污染源和特别保护区内可能造成严重污染的污染源，其所排放的污染物在全国污染物排放总量中占有相当大的比例。把这些污染大户作为重点实行限期治理，就可以有效地控制污染；而且由于限期治理管理抓得紧，建设周期一般也比较短，因而使限期治理取得明显的效益，可以集中有限的资金解决突出的环境污染问题。

对于具体的污染源的限期治理，其目标是达标排放；对于行业污染源的限期治理，可以要求分期分批逐步做到所有的污染源都达标排放；至于区域环境污染的限期治理，则要求通过治理达到适用于该地区的环境质量标准。

限期治理的期限不宜过长，应尽量做到科学、合理。计划性限期治理项目，多为一年，也有两年和三年的；随机性限期治理项目期限较短，一般从几个月到一年不等。中央或者省、自治区、直辖市人民政府直接管辖的企业事业单位的限期治理，由省、自治区、直辖市人民政府决定。市、县或者市、县以下人民政府管辖的企业事业单位的限期治理，由市、县人民政府决定。限期治理由县级以上地方人民政府环境保护行政主管部门提出意见，报同级人民政府批准。《环境噪声污染防治法》还规定，小型企业事业单位的限期治理，可以由县级以上人民政府在国务院规定的权限内授权其环境保护行政主管部门决定。

【案例分析】

【案情】1992 年 10 月和 1993 年 5 月，沈阳冶炼厂两次向鸡西市梨树区转移含有三氧化二砷（俗称砒霜）等十多种有毒物质 332 吨，由无处理能力的鸡西市化工局劳动服务公司驻绥芬河办事处来处理，他们将废渣倾倒在距穆棱河约 200 米的梨树公路旁、梨树白酒厂等四处。经黑龙江环境监测中心站和省环境科研处所作的监测评价得出结论，这一区域的污染物转移对穆棱河下游约 20 平方千米范围内的土地、植物、地面水、地下水环境造成了不同程度的污染危害。由于污染废渣数量大和污染物成分复杂、含量高以及重金属的难降解性和砷的高毒性，造成的污染程度大、危害时间长、影响范围广，给这一区域的生态环境、社会稳定带来很大危险，对国家财产和人民健康造成了严重损害。鸡西市梨树区人民政府以受害人的身份向鸡西市中级人民法院起诉。鸡西市中院一审判令沈阳冶炼厂和鸡西市化工局限期对污染进行治理，并判令两被告支付赔偿金共 90 万元。[①]

【问题】本案中冶炼厂的行为违反了环境污染防治法的哪一项制度？这一违法行为的构成要件包括哪些？

【解析】本案是一起典型的污染转嫁案件。污染转嫁是指国外、境外地区的厂商或我国企业事业单位，将污染严重的设备、技术工艺或者有毒有害废弃物，转移给没有污染防治能力的单位和个人进行生产、加工、经营或者处理，造成环境污染。污染转嫁行为必须具备三个构成要件：①转移的设备、技术、废弃物因对环境的污染危害严重而为法律所禁止；②接受转移的企业事业单位没有防治污染的技术、设备、资金因而未能防止其对环境的污染危害；③行为者主观上有过错。本案中沈阳冶炼厂的行为构成了污染转嫁，其方式是将污染严重的有毒有害废弃物转移给无防治污染能力的单位处理。为防止污染转嫁，保护环境，我国制定了有关规定。

① 案例来源：钟平. 一重大污染案引发的争议. 中国环境报，1999-05-29

第六章　大气污染防治法

第一节　大气污染问题

一、大气和大气污染的概念

（一）大气的概念[①]

大气污染是相对于大气自然状态而言的，地球大气已有几十亿年的历史，在长期演变过程中，大气的结构和组成都在变化。我们通常研究的大气自然状态是指近几百年来的大气状态，其变化很小。了解大气需要从大气的结构、大气的温度和水汽、大气的组成这三个方面着手。

（1）大气的结构。地球表面的大气层厚度为 1 000 千米以上，一般划分为低层和高层：低层从地面到平流层顶约 50 千米，属于气象学研究范围；高层在 50 千米以上，属于空间科学研究的范围。大气随高度不同而具有不同特性，一般按照平均温度把大气细分为对流层（10~15 千米）、平流层（45~55 千米）、中间层（80~90 千米）、热层（90~500 千米）、外逸层（大于 500 千米）共五层。

（2）大气的温度和水汽。大气中的温度随着地理位置和高度的变化而变化，年平均温度在赤道南北大体上对称分布（但最高温度发生在约北纬 10 度），从赤道向两极温度降低，赤道和极地的地面温差约 35 K。水汽主要分布在低层大气中，它随纬度和高度的变化而变化，赤道大气的地球表面比湿最大，达 16 g/kg，极地大气的比湿为 2 g/kg。

（3）大气的组成。大气是由干燥清洁的空气、水汽和悬浮的气溶胶粒子三部分组成的自然混合体。近地面干燥清洁的空气组分相对较为稳定，水汽则是变化的，气溶胶粒子主要是火山、海洋的喷发和生物过程造成的。干洁空气主要包括 78.09%的氮气、20.95%的氧气、0.93%的氩气和一定量的二氧化碳，其含量占全部干洁空气的 99.996%；氖、氦、氪、甲烷等次要成分只占 0.004%左右。当干洁空气处于一定量值时，可近似地看作理想气体。空气中水分对气象、气候的影响很大，其导致的云、雾、雨、雪、霜、露等天气现象将会引起空气中湿度和热量的变化，其具有的强吸收长波辐射能力对地面的保温起着重要的作用。气溶胶粒子对大气中的各种物理现象和过程有着重要的影响，如削弱太阳辐射、形成各种光学现象、影响大气能见度等。

---

① 黄美元，徐华英，王庚辰. 大气环境学. 北京：气象出版社，2005.6~7

（二）大气污染的概念

按照1979年《长距离跨界大气污染公约》第1条第1款，大气污染是指人类把本质上具有有害作用的物质或能量直接或间接引入大气，以致危害人类健康、损害生物资源和生态系统、损坏物质财产、减损或妨碍环境优美以及环境的其他正当用途，“大气污染物”一词引申为同样的含义。国际标准化组织的定义是：空气（大气）污染通常是指由于人类活动和自然过程引起某些物质介入大气，呈现出足够浓度，持续了足够的时间，并因此而危害了人体的舒适、健康和福利或危害了环境。这两个定义既包括了室内空气污染和室外空气污染，也包括了近地面的大气污染和远地面的大气污染。

也有认为空气污染（air pollution）的概念有别于大气污染（atmospheric pollution）的概念，前者是指地表边界层内的污染，如二氧化硫、氮氧化物等，而大气污染是指整个大气圈（平流层和对流层内）的污染，如温室气体、臭氧层耗竭等。①

（三）大气污染的类型

大气污染的类型可按不同的内容、标准等进行划分：

（1）按照大气污染范围不同一般可划分为四类：①局限性的局部地区大气污染。范围一般为0～30千米，如受某个工厂烟囱排气的直接影响。②城市地区的大气污染。范围为30～100千米，小的城市一般为30千米，但大都可达到100千米。③涉及广泛地区的区域大气污染。范围为100～3 000千米，涉及跨越大的行政区、国家和洲内大陆的大气污染，如酸雨、沙尘暴。④全球性大气污染。范围超过3 000千米，必须从洲际和全球的角度来考虑，如二氧化碳等温室气体引起的全球气候变化问题。②

（2）按照污染源能动性不同一般可划分为两类：①固定源大气污染。由固定地点向大气排放污染物所造成的大气污染，如工厂、家庭的排气孔。②移动源大气污染。由各种可移动的设施或物体向大气排放污染物所造成的大气污染，如交通工具、需移动的其他设施。这种划分的意义在于：污染源能动性不同，相应的防治立法也不同。

（3）按照污染源几何形状不同一般可划分为三类：①点源大气污染。由工业企业和民用锅炉房的排气筒和烟囱排放污染物，影响下风向扇形范围内大气环境的大气污染。②线源大气污染。由公路、铁路和航空线上车辆和飞机的沿程排放污染物，影响下风向一片面积内大气环境的大气污染。③面源大气污染。由居民区分散的无数小炉灶排放污染物，影响该区域上空和周围大气环境的大气污染。

（4）按照污染源成因不同一般可划分为两类：①自然污染源形成的大气污染。因自然活动产生的污染物排放到大气环境中影响大气质量的大气污染，如火山爆发喷放的二氧化硫、尘；森林火灾产生的二氧化碳、一氧化碳和烃类。②人为污染源形成的大气污染。因人类生产和生活活动产生的污染物排放到大气环境中影响大气质量的大气污染，如工业、农业、生活、第三产业所排放的各种污染物。

---

① 羌宁. 城市空气质量管理与控制. 北京：科学出版社，2003.2

② 黄美元，徐华英，王庚辰. 大气环境学. 北京：气象出版社，2005.8

（四）大气污染物的概念和种类[①]

大气污染物是指由于人类活动或自然活动产生的、排放到大气中能够改变大气环境质量，从而对人或环境造成不利影响的物质。

（1）大气污染物的种类按照存在的状态可划分为两类：①气溶胶态污染物。气溶胶系指固体粒子、液体粒子或它们在气体介质中的悬浮体。一般可分为：粉尘（dust）、烟（fume）、飞灰（fly ash）、黑烟（smoke）、雾（fog）。粉尘是指悬浮于气体介质中的细小固体颗粒。它通常是在煤、矿石等固体物料的运输、筛分、碾磨、加料和卸料等机械处理过程中形成的，或者是由风所扬起的灰尘。粉尘（或烟尘）还可分为总悬浮微粒（TSP）、可吸入颗粒（PM10）、微细颗粒（PM2.5）。烟一般是指冶金过程形成的固体粒子的气溶胶，如有色金属冶炼过程中产生的氧化铅烟、氧化锌烟，在硫燃料燃烧后处理厂中的氧化钙烟。飞灰是指随燃料燃烧过程产生的随烟气排出的分散得较细的灰分。黑烟一般是指由燃料燃烧产生的能见气溶胶。雾是气体中液滴浮体的总称，如水雾、酸雾、碱雾、油雾等。②气态污染物。气体状态污染物是指以分子状态存在的污染物，简称气态污染物，总体上可分为：以二氧化硫为主的含硫化合物、以氧化氮和二氧化氮为主的含氮化合物、碳氢化合物、碳氧化合物、卤素化合物。

（2）大气污染物的种类按照形成过程可划分为两类：①一次污染物。直接从各种污染源排出的原始污染物质，主要是二氧化硫、一氧化碳、氮氧化物、颗粒物、碳氢化合物等。②二次污染物。由一次污染物之间或者一次污染物与大气中原有成分之间经过一系列化学或光化学反应而生成的与一次污染物完全不同的新类型污染物，如硫酸烟雾和光化学烟雾。

二、大气污染的危害

（一）大气污染对人体健康的危害

一个成年人每天需要呼吸两万多次，每天吸入的空气量约为所需食物和水的总量的10倍。大气环境已经成为人类生存质量的晴雨表。大气污染物对人体健康产生危害的途径主要是接触（器官、皮肤、人体其他部分的直接接触）、摄入（通过食物和水的中介摄入大气污染物）、吸入（通过呼吸系统吸入含污染物的空气）。大气污染主要是通过下列常见的污染物对人体健康构成严重的危害：

（1）二氧化硫。二氧化硫是一种常见的和主要的大气污染物，是一种无色有刺激性的气体。二氧化硫主要来源于含硫燃料（如煤和石油）的燃烧，含硫矿石（特别是含硫较多的有色金属矿石）的冶炼，化工、炼油和硫酸厂等的生产过程。二氧化硫对人体的危害是：①刺激呼吸道。二氧化硫易溶于水，当其通过鼻腔、气管、支气管时，多被管腔内膜水分吸收阻留，变成亚硫酸、硫酸和硫酸盐，使刺激作用增强。②二氧化硫和悬

① 蒋文举. 大气污染控制工程. 北京：高等教育出版社，2006.4~5

浮颗粒物的联合毒性作用。二氧化硫和悬浮颗粒物一起进入人体，气溶胶微粒能把二氧化硫带到肺深部，使毒性增加3~4倍。此外，当悬浮颗粒物中含有三氧化二铁等金属成分时，可以催化二氧化硫氧化成酸雾，吸附在微粒的表面，被带入呼吸道深部。硫酸雾的刺激作用比二氧化硫强近10倍。③二氧化硫的促癌作用。动物实验证明10毫克/立方米的二氧化硫可加强致癌物苯并（a）芘的致癌作用。在二氧化硫和苯并（a）芘的联合作用下，动物肺癌的发病率高于只含单个致癌因子的发病率。此外，二氧化硫进入人体时，血中的维生素便会与之结合，使体内维生素C的平衡失调，从而影响新陈代谢。二氧化硫还能抑制和破坏或激活某些酶的活性，使糖和蛋白质的代谢发生紊乱，从而影响机体生长发育。北京市大气中的二氧化硫90%来自燃煤。燃煤多是造成北京市大气污染的主要原因之一。

（2）氮氧化物。氮氧化物主要是对呼吸器官有刺激作用。大气中氮氧化物主要来自汽车废气以及煤和石油燃烧的废气。由于氮氧化物较难溶于水，因而能侵入呼吸道深部细支气管及肺泡，并缓慢地溶于肺泡表面的水分中，形成亚硝酸、硝酸，对肺组织产生强烈的刺激及腐蚀作用，引起肺水肿。亚硝酸盐进入血液后，与血红蛋白结合生成高铁血红蛋白，引起组织缺氧。在一般情况，当污染物以二氧化氮为主时，对肺的损害比较明显，二氧化氮与支气管哮喘的发病也有一定的关系；当污染物以一氧化氮为主时，高铁血红蛋白症和中枢神经系统损害比较明显。汽车排出的尾气中的氮氧化物（NOX）95%以上是一氧化氮，一氧化氮进入大气后逐渐氧化成二氧化氮。二氧化氮是一种毒性很强的棕色气体，有刺激性。当二氧化氮的量达到一定程度时，在静风、逆温和强烈阳光等条件下，便参与光化学烟雾的形成。空气中二氧化氮浓度与人体健康密切相关，曾发生过人因短时间暴露在高浓度二氧化氮中引起疾病和死亡的情况。如1929年5月15日，在克里夫兰的克里尔医院发生的一次火灾中，有124人死亡，死亡的直接原因就是由于含有硝化纤维的感光胶片着火而产生大量的二氧化氮所致。北京市城区氮氧化物的47%来自汽车尾气，因此治理汽车尾气污染刻不容缓。

（3）一氧化碳。一氧化碳是一种无色、无味、无臭、无刺激性的有毒气体，几乎不溶于水，在空气中不容易与其他物质产生化学反应，故可在大气中停留很长时间。如局部污染严重，可对健康产生一定危害。一氧化碳属于内窒息性毒物。空气中一氧化碳浓度到达一定高度，就会引起种种中毒症状，甚至死亡。一氧化碳是煤、石油等含碳物质不完全燃烧的产物。一些自然灾害如火山爆发、森林火灾、矿坑爆炸和地震等灾害事件，也能造成局部地区一氧化碳的浓度增高。吸烟也被认为是一氧化碳污染来源之一。随空气进入人体的一氧化碳，在经肺泡进入血液循环后，能与血液中的血红蛋白（Hb）等结合。一氧化碳与血红蛋白的亲和力比氧与血红蛋白的亲和力大200~300倍，因此，当一氧化碳侵入机体后，便会很快与血红蛋白合成碳氧血红蛋白（COHb），阻碍氧与血红蛋白结合成氧合血红蛋白（HbO_2），造成缺氧，导致一氧化碳中毒。当吸入浓度为0.5%的一氧化碳时，只要20~30分钟，中毒者就会出现脉弱，呼吸变慢，最后衰竭致死。这种急性一氧化碳中毒，常发生在车间事故和家庭取暖不慎时。长时间接触低浓度的一氧化碳对人体心血管系统、神经系统乃至对后代均有一定影响。

（4）光化学烟雾。光化学烟雾对人体最突出的危害是刺激眼睛和上呼吸道黏膜，引起眼睛红肿和喉炎，这可能与产生的醛类等二次污染物的刺激有关。光化学烟雾对人体的另一些危害则与臭氧浓度有关。当大气中臭氧的浓度达到200~1 000微克/立方米时，会引起哮喘发作，导致上呼吸道疾患恶化，同时也刺激眼睛，使视觉敏感度和视力降低；浓度在400~1 600微克/立方米时，只要接触两小时就会出现气管刺激症状，引起胸骨下疼痛和肺通透性降低，使机体缺氧；浓度再高，就会出现头痛，并使肺部气道变窄，出现肺气肿。接触时间过长，还会损害中枢神经，导致思维紊乱或引起肺水肿等。臭氧还可引起潜在性的全身影响，如诱发淋巴细胞染色体畸变、损害酶的活性和溶血反应，影响甲状腺功能、使骨骼早期钙化等。长期吸入氧化剂会影响体内细胞的新陈代谢，加速衰老。

（5）汽车尾气。汽车尾气中含有一氧化碳、氧化氮以及对人体产生不良影响的其他一些固体颗粒，尤其是含铅汽油，对人体的危害更大。铅在废气中呈微粒状态，随风扩散。农村居民，一般从空气中吸入体内的铅量每天约为1微克；城市居民，尤其是街道两旁的居民，从空气中吸入体内的铅量会大大超过农村居民。铅进入人体后，主要分布于肝、肾、脾、胆、脑中，以肝、肾中的浓度最高。几周后，铅由以上组织转移到骨骼，以不溶性磷酸铅形式沉积下来。人体内90%~95%的铅积存于骨骼中，只有少量铅存在于肝、脾等脏器中。骨骼中的铅一般较稳定，当食物中缺钙或有感染、外伤、饮酒、服用酸碱类药物而破坏了酸碱平衡时，铅便由骨骼中转移到血液，引起铅中毒的症状。铅中毒的症状表现很广泛，如头晕、头痛、失眠、多梦、记忆力减退、乏力、食欲不振、上腹胀满、恶心、腹泻、便秘、贫血、周围神经炎等；重症中毒者有明显的肝脏损害，会出现黄疸、肝脏肿大、肝功能异常等症状。

（6）悬浮颗粒物。空气中可自然沉降的颗粒物称降尘，而悬浮在空气中的粒径小于100微米的颗粒物统称为总悬浮颗粒物（TSP），其中粒径小于10微米的称可吸入颗粒物(PM10)。可吸入颗粒物因粒小体轻，能在大气中长期飘浮，飘浮范围从几公里到几十公里，可在大气中不断蓄积，使污染程度逐渐加重。可吸入颗粒物成分很复杂，并具有较强的吸附能力，如可吸附各种金属粉尘和强致癌物苯并（a）芘、吸附病原微生物等。可吸入颗粒物随人们呼吸空气而进入肺部，以碰撞、扩散、沉积等方式滞留在呼吸道不同的部位，粒径小于5微米的多滞留在上呼吸道。滞留在鼻咽部和气管的颗粒物，与进入人体的二氧化硫等有害气体产生刺激和腐蚀黏膜的联合作用，损伤黏膜、纤毛，引起炎症和增加气道阻力。持续不断的作用会导致慢性鼻咽炎、慢性气管炎。滞留在细支气管与肺泡的颗粒物也会与二氧化氮等产生联合作用，损伤肺泡和黏膜，引起支气管和肺部产生炎症。长期持续作用，还会诱发慢性阻塞性肺部疾患并出现继发感染，最终导致肺心病死亡率增高。1952年12月英国伦敦发生烟雾事件时，大气中悬浮颗粒物的含量比平时高5倍，引起居民死亡率激增，4天内较同期死亡人数增加四千余人。

（7）室内空气污染。随着建筑装修热的兴起和室内密闭程度的提高，使得室内空气污染物的浓度增加，检测表明，室内甲醛、苯系物、氨气、氡等污染物的浓度远远高于室外，由此引起的“病态建筑综合征”的患者越来越多，室内空气污染已成为影响人体健康的重要因素。主要的室内空气污染物是：①可吸TY颗粒物（PM10）。粒径大于10μm的颗粒物大部分被阻挡在上呼吸道（鼻腔和咽喉部），而粒径小于10μm的可吸入颗粒物能穿过咽喉部进入下呼吸道，特别是粒径小于 2.5 μm 的细颗粒物能沉积在肺泡内，对人体健康危害更大。可吸入颗粒物的化学组成非常复杂，同时细颗粒物富集了空气中的有毒金属、酸性氧化物、有机污染物，并载有细菌、病毒等，进入人体，危害人体健康和安全。对人体健康的危害包括：对呼吸道的毒害作用，损害下呼吸道和肺泡的功能，影响机体的免疫功能；吸附有害气体产生协同毒害作用，吸收太阳辐射产生致突变性和致癌性等。②二氧化碳。二氧化碳是无色无味的气体，二氧化碳在正常空气中的含量为 0.03%~0.04%。当室内空气与室外空气交换良好时，室内空气中二氧化碳的浓度通常不会达到人的主观感觉不适的状态。但是，当室内二氧化碳浓度大于 1.5%时，会引起呼吸困难和呼吸频率加快、改变血液 pH 值、减弱人体的活动能力等；当浓度大于 3%时，会引起头痛、眩晕和恶心；当浓度大于 6%时，可导致昏迷和死亡。二氧化碳作为居室中常见的污染物，当浓度达 0.07%时，少数敏感的人就会感觉到不良气味，并产生不适感。二氧化碳浓度的高低可以用来表示室内空气清洁程度，以及通风换气是否良好，居室内二氧化碳浓度应保持在 0.07%以下，最高不应超过 0.1%。③一氧化碳。一氧化碳是无色无味气体，室内一氧化碳主要来源于吸烟、含碳燃料的不完全燃烧等。当不存在室内源时，室内一氧化碳的含量与室外持平，维持在 3~10 mL / m^3。由于一氧化碳不能透过皮肤，因此，它对人体健康的影响主要通过呼吸系统来实现。④甲醛。室内甲醛主要来自装修材料及家具、吸烟、燃料燃烧和烹饪。它的释放速率除与家用物品所含的甲醛量有关外，还与气温、气湿、风速有关。气温越高，甲醛释放越快；反之亦然。甲醛的水溶性很强，如果室内湿度大，则甲醛易溶于水雾中，滞留室内；如果室内湿度小，空气比较干燥，则容易流向室外。甲醛对皮肤和黏膜有强烈刺激作用，能引起视力和视网膜的选择性损害，当浓度为 1 毫克 / 立方米时，可被人嗅到。在室内装修和家具黏合过程中大量使用以甲醛为主要材料的脲醛树脂（UF），甲醛在室内大量挥发，甲醛含量高于不用脲醛树脂进行装修的几倍到几十倍。由此引起疾病的主要症状是呼吸道强烈刺激、咽喉烧灼痛、呼吸困难、眼睛刺激、咳嗽、发冷等，有的人出现过敏性皮疹和神经失调等症状。长期低剂量接触甲醛，可降低机体免疫水平，引起神经衰弱，出现嗜睡、记忆力减退等症状，严重者可出现精神抑郁症。呼吸道长期受到刺激后，可引起肺功能下降。⑤挥发性有机化合物（VOCs）。挥发性有机化合物是一大类重要的室内空气污染物，是指在常温下饱和蒸汽压约大于 70 Pa、常压下沸点在 260 ℃以内的有机化合物，主要指 C3~C8 有机化合物。这类污染物主要来源于室内装修过程使用的产品，包括装饰材料、胶黏剂、涂料、空气清新剂等，这类产品及原材料中均含有大量 VOCs。VOCs 对健康的影响主要表现为刺激作用，尤其对眼、鼻、咽喉及头、颈和面部皮肤，引起头痛、头晕、神经衰弱和皮肤、黏膜的炎症。近年的研究表明，在已确认的 900 多种室内化学物质和生物性物质中，VOCs 至少有 350 种以上（>1 μL / m^3），其中 20 多种为致癌物或致突变物，如苯、甲苯能损伤造血系统，引起白血病。⑥氨（NH_3）。氨为无色气体，有强烈的刺激性臭味。易溶于水中，水溶液呈弱碱性。氨对健康的影响主要表现为上呼吸道刺激和腐蚀作用，严重中毒时可出现喉头水肿、声门狭窄、窒息、肺水肿。氨气浓度达 3 500 rug / m^3 以上时，可立即致人死亡。轻度中毒时，会出现鼻炎、咽炎、气管炎、咽喉痛、咳嗽、咳血、胸闷、胸骨后疼痛等，还能刺激眼结膜水肿、角膜溃疡、虹膜炎、晶状体浑浊，甚至角膜穿孔。⑦氡。氡是一种无色、无味、无臭的惰性气体，在自然界中有3种放射性同位素存在，通常所指的氡以222Rn为主。氡在衰变过程中放出 α、β、γ 粒子后衰变为各种氡子体，氡及其子体均为放射性粒子，其产生的辐射剂量占天然辐射源的54%，主要来源于室内地基土壤中和建筑装修材料，装修材料中析出的氡是对人体造成辐射危害的主要来源。若氡衰变过程中释放的 α 粒子通过呼吸道进入人体，则会破坏细胞组织的DNA，从而诱发癌症。⑧生物性污染物。生物性污染物是室内三大类污染物之一。室内的生物性污染对人体健康的影响，已有几百年的研究历史。例如，我们知道的肺炎、结核、麻疹、流行性感冒、SARS病毒等呼吸道传染病都是由生物性病原体引起的，此类呼吸道传染病与室内空气不新鲜有很大关系。

（二）大气污染对工业生产的危害

大气污染对工业生产的危害主要是：

（1）大气中的酸性污染物和二氧化硫、二氧化氮等，对工业材料、设备和建筑设施的腐蚀。

（2）飘尘增多给精密仪器、设备的生产、安装调试和使用带来的不利影响。

（3）大气污染直接或间接地危害工业劳动力的健康，从而在实质上危及工业生产的潜力。

（4）大气污染造成工业产品质量下降，影响工业生产效益。

（三）大气污染对农业生产的危害

大气污染对农业生产的危害是：

（1）大气中的主要污染物直接破坏或影响了土壤、水、植被、微生物、天气等农业生产赖以存在的基础性条件，特别是破坏农业生态系统。

（2）大气污染危害农民的身体健康和生活环境，导致农业劳动力素质的降低。

（3）大气污染导致农业产品质量下降，从而影响农业的经济效益和农业的发展。

例如，臭氧层破坏对农作物产生重大不利影响，过量的紫外辐射到达地面会使许多农作物和微生物光合作用受到抑制，形态受到改变，生物量积累受到影响。温室气体排放将导致气候灾害频繁发生，海平面的变化直接会淹没部分农业区域。沙尘暴则直接刮走土壤、破坏农作物和其他农业生产设施。

（四）大气污染对动植物的危害

大气污染对动植物的危害主要体现在：

（1）直接因为污染物的理化性质或生物、辐射性质导致动植物的中毒症状或死亡。

（2）抑制动植物的生长发育过程，导致出现畸形、变异、基因突变，带来意想不到的灾难。

（3）降低动植物对病虫害的抵抗力。特别是二氧化硫、二氧化氮、氟化物、氯气等对植物的危害较大，动植物主要是通过接触、吸入、摄入过程受到大气污染物的危害。

（4）破坏动植物的生境，危及生物多样性，进而危及生物生态系统的稳定和生存。

（五）大气污染对天气、气候自然生态的影响

理解天气、气候自然生态，需要大气环境的自然状态以及与地球系统之间的水热交换过程，具备大气环境学的基础知识。大气污染对天气、气候自然生态的影响，主要体现在大气污染物的大量产生直接破坏大气的结构（比如臭氧层消失），干扰大气的温度和水汽（比如导致大气气温上升的温室效应），改变大气的组成（使大气原有组分发生理化性质的变化，还直接将大气自然状态下不会有的污染物排放到大气环境中）。目前，大气污染对天气、气候自然生态的影响主要表现为：

（1）大气酸化（酸雨、酸雾）。这是大气原有组分经过硫化物、氮化物等污染物的污染后，成为一种酸化了的大气。

（2）臭氧层空洞或消失。臭氧层是大气结构的一个重要部分，而大气污染物导致在某些地区其具有出现空洞或消失的可能。

（3）温室效应导致的全球气候变暖。由于许多人为的大气污染物会加剧温室效应，随着排放量的增加，将可能直接导致全球气候变暖。

（4）热岛效应和拉波特效应。这两个效应将会改变所在地区的天气和气候的自然状态。

三、我国大气污染的状况

目前，我国大气污染状况十分严重，特别是工业比较集中的地区以及机动车（包括汽车和摩托车）比较多的大中城市。主要污染种类为煤烟型污染和机动车污染。具体而言，我国大部分城市大气环境中总悬浮颗粒物浓度普遍超标，二氧化硫污染保持在较高水平，机动车尾气污染物排放总量迅速增加，氮氧化物污染呈加重趋势，酸雨污染严重；而且，随着我国开发中西部地区，原有的沿海地区空气污染类型开始向中西部地区转移，中西部地区的空气污染形势严峻。大气污染还呈现流动性和交叉性的区域污染状态，需要跨行政区域甚至跨省的联合防治。

全球十大污染严重的城市中，我国就占了七个，首都北京被列为污染严重的城市之一。虽然经过治理，但由于政策、立法以及执法上的原因，大气污染状况只是在个别城市得到了某种程度的改善，而就普遍来说效果很不理想，有些地方甚至还有加重的趋势。大气污染给我国人民的生命健康和财产造成极大的损害和威胁，成为隐形杀手。大气污染还对生态环境以及动植物安全构成重大危险，对我国经济发展构成威胁，制约经济发展的空间并直接造成巨大经济损失。

第二节　防治大气污染立法概况

一、西方国家大气污染防治立法简介

西方国家大气污染防治立法是随着其大气污染问题在不同时期的类型而逐渐产生和完善的，据此，基本上可将西方大气污染防治立法分为三个阶段或三种类型：

（一）煤烟型污染

自西方工业革命以来，随着城市化的进展和工业化的扩大，煤和石油等化石燃料成为工业发展的主要能源，在欧美等发达国家均开始出现煤烟型污染问题，主要污染物是烟尘和二氧化硫。这些污染越来越严重，特别是20世纪30年代以来，一些工业发达国家相继出现了与大气污染有关的环境污染事件，例如，比利时马斯河谷事件、英国伦敦烟雾事件、美国多诺拉烟雾事件，这些事件的共性是其污染的产生就是二氧化硫和烟尘过度排放所致。因此，这个阶段，针对特定的大气污染类型，许多西方国家均有针对性地制定了各种法律、法规和政策来防治大气污染。

（二）石油型污染

20世纪50年代以来，由于工业高速发展，大量人口涌入城市，城市机动车数量也大为增加，这导致石油燃料的消耗量大增，机动车排放出来的一氧化碳、氮氧化物、碳氢化合物等污染物急剧增加，大气质量受到严重的破坏。这一时期，从技术上讲，各国开发了大量的机动车尾气治理技术和低氮燃烧技术，但仍未能有效地治理机动车大气污染问题。从法律上讲，西方国家针对机动车污染制定了一些新的政策和法律，包括一些技术措施，但是，效果并不是特别理想。例如，1968年6月10日日本颁布的《大气污染防治法》第1条就规定：本法目的是通过控制企业在伴随生产活动时产生的烟尘等的排放，制定有关汽车尾气排放的容许限度等。该法还设专章规范机动车大气污染治理。1990年德国《联邦污染控制法》第4章标题是“交通工具的特性和运营，公路和铁路的建设和改建”，对机动车的大气污染问题进行了较具特色的规定，特别是交通限制、在高臭氧浓度时的交通禁运、交通禁运程序等制度。

（三）酸雨型污染

大气中的二氧化硫和二氧化氮是形成酸雨的重要物质，它们主要来自煤和石油的燃烧，在大气中氧化剂的作用下，形成溶解于雨水的各种酸。目前，全球有西欧、北美和东南亚三大酸雨区，欧洲和北美在遭受多年的酸雨之害后认识到酸雨防治是全球性问题，需要全球合作。以酸雨污染为代表的全球环境污染问题开始变得突出起来。因此，

关于酸雨问题的防治不仅仅是个别西方国家的事情，也是西方国家积极寻求与其他国家合作解决的问题。与此相应，西方国家不仅仅注重通过立法措施来加强对酸雨的研究和防治，而且通过国际公约和条约的形式来治理国内的大气污染。1993年，日本颁布了新的《环境基本法》，其中一个重要动向是强调日本在全球环境保护中的国际责任和义务，这与全球性环境问题包括酸雨问题的出现是分不开的。

二、我国防治大气污染立法

我国大气污染防治立法主要经过了三个阶段：萌芽阶段（20世纪50年代至70年代末）、起步阶段（20世纪80年代初至90年代中期）、发展阶段（20世纪90年代中期至今）。

（一）萌芽阶段（20世纪50年代至70年代末）

我国关于防治大气污染的规定，最早是为了保护工人劳动环境而针对个别大气污染物制定的，如1956年《关于防止厂矿企业中矽尘危害的决定》。1962年国家计委和卫生部颁布了《工业企业设计卫生标准（试行）》，1973年国家计委发出了《关于加强防止矽尘和有毒物质危害工作的通知》，制定了《防止企业中矽尘和有毒物质的规划》，国家计委、建委和卫生部还联合发布了《工业"三废"排放试行标准》。1979年《环境保护法（试行）》首次对大气污染防治作了原则性规定，将防治大气污染的重点转向改变城市的能源结构和煤炭的加工利用方面，但其过于抽象，难于操作。1979年，卫生部、国家建委、国家计委、国家经委和国家劳动总局联合颁布了经过修订的《工业企业设计卫生标准》。

（二）起步阶段（20世纪80年代初至90年代中期）

我国经济越发展，大气污染就越严重。为了加强大气污染防治，在这个阶段，我国先后制定了下列法规：《关于结合技术改造防治工业污染的几项规定》、《关于防治煤烟型污染技术政策的规定》（1984年）、《大气环境质量标准》、《锅炉烟尘排放标准》、《汽油车怠速污染物排放标准》、《柴油车自由加速烟度排放标准》、《汽车柴油车全负荷烟度排放标准》、《硫酸工业污染物排放标准》、《关于发展民用型煤的暂行办法》（1987年）、《城市烟尘控制区管理办法》（1987年）、《汽车排气污染监督管理办法》（1990年）。

1987年制定的《大气污染防治法》，规定了大气污染防治的基本原则、监督管理体制、防治烟尘污染、防治废气、粉尘和恶臭污染，实施了排污申报登记、排污超标收费、大气污染监测等制度。

（三）发展阶段（20世纪90年代中期至今）

为适应社会主义市场经济体制新发展的需要，我国采纳了国际上大气污染防治关于全过程控制和市场经济的新理念，对《大气污染防治法》进行了重要修改。主要修改内容是：推行清洁能源制度、实行落后生产工艺和设备淘汰制度、划定酸雨控制区或二氧化硫污染控制区制度，城市饮食服务业油烟控制制度、绿化制度，但未规定达标排污收费制度和排污许可证制度等。

由于修订后的《大气污染防治法》远远不能满足人们对环境空气质量的需要，为了进一步强化大气污染控制，1999年又修订了《大气污染防治法》，主要修订内容是：划定大气污染防治重点城市制度、机动车污染防治制度、城市扬尘控制制度、超标排放违法制度、排污收费制度、电厂排放控制制度、总量控制制度、排污许可证制度、划定禁止销售和使用高污染燃料区域制度、臭氧层保护制度，等等。

第三节　我国防治大气污染的主要法律规定

一、国务院和地方各级人民政府在防治大气污染中的总职责

国务院和地方各级人民政府在防治大气污染中的总职责，可概括为以下五个方面：

（1）国务院和地方各级人民政府，必须将大气环境保护工作纳入国民经济和社会发展计划，合理规划工业布局，加强防治大气污染的科学研究，采取防治大气污染的措施，保护和改善大气环境。

（2）国家采取措施，有计划地控制或者逐步削减各地方主要大气污染物的排放总量。地方各级人民政府对本辖区的大气环境质量负责，制定规划，采取措施，使本辖区的大气环境质量达到规定的标准。

（3）国家采取有利于大气污染防治以及相关的综合利用活动的经济、技术政策和措施。

（4）国家鼓励和支持大气污染防治的科学技术研究，推广先进适用的大气污染防治技术；鼓励和支持开发、利用太阳能、风能、水能等清洁能源。国家鼓励和支持环境保护产业的发展。

（5）各级人民政府应当加强植树种草、城乡绿化工作，因地制宜地采取有效措施做好防沙治沙工作，改善大气环境质量。

二、防治大气污染的监督管理体制

《大气污染防治法》第四条规定：县级以上人民政府环境保护行政主管部门对大气污染防治实施统一监督管理。各级公安、交通、铁道、渔业管理部门根据各自的职责，对机动车船污染大气实施监督管理。县级以上人民政府其他有关主管部门在各自职责范

围内对大气污染防治实施监督管理。

三、排污单位防治大气污染的义务

向大气排放污染物的单位，必须按照国务院环境保护行政主管部门的规定向所在地的环境保护行政主管部门申报拥有的污染物排放设施、处理设施和在正常作业条件下排放污染物的种类、数量、浓度，并提供防治大气污染方面的有关技术资料。排污单位排放大气污染物的种类、数量、浓度有重大改变的，应当及时申报；其大气污染物处理设施必须保持正常使用，拆除或者闲置大气污染物处理设施的，必须事先报经所在地的县级以上地方人民政府环境保护行政主管部门批准。

四、关于奖励的规定

《大气污染防治法》第八条第二款规定：在防治大气污染、保护和改善大气环境方面成绩显著的单位和个人，由各级人民政府给予奖励。我国环境资源法中自然保护方面的奖励条款比较多，但是大气污染防治法是污染防治法律中第一部规定了奖励条款的法。

五、大气环境保护标准制定机关及其权限

（一）大气环境质量标准的制定机关及其权限

国务院环境保护行政主管部门制定国家大气环境质量标准。省、自治区、直辖市人民政府对国家大气环境质量标准中未作规定的项目，可以制定地方标准，并报国务院环境保护行政主管部门备案。

（二）大气污染物排放标准的制定机关及其权限

国务院环境保护行政主管部门根据国家大气环境质量标准和国家经济、技术条件制定国家大气污染物排放标准。

省、自治区、直辖市人民政府对国家大气污染物排放标准中未作规定的项目，可以制定地方排放标准；对国家大气污染物排放标准中已作规定的项目，可以制定严于国家排放标准的地方排放标准。地方排放标准须报国务院环境保护行政主管部门备案。省、自治区、直辖市人民政府制定机动车船大气污染物地方排放标准严于国家排放标准的，须报经国务院批准。凡是向已有地方排放标准的区域排放大气污染物的，应当执行地方排放标准。

六、防治大气污染的监督管理制度

《大气污染防治法》第二章专门规定了大气污染防治监督管理，其中涉及的制度有：建设项目“三同时”制度、排污申报制度、浓度控制制度、排污收费制度、总量控制制度、特殊区域大气防治制度、重点城市制度、两控区制度、清洁生产制度、应急制度、行政检查制度、监测制度、大气环境质量预报和公报制度。下面简单介绍其中的总量控制制度、重点城市制度和大气环境质量预报和公报制度。

（一）总量控制制度

国务院和省、自治区、直辖市人民政府对尚未达到规定的大气环境质量标准的区域和国务院批准划定的酸雨控制区、二氧化硫污染控制区，可以划定为主要大气污染物排放总量控制区。主要大气污染物排放总量控制的具体办法由国务院规定。大气污染物总量控制区内有关地方人民政府依照国务院规定的条件和程序，按照公开、公平、公正的原则，核定企业事业单位的主要大气污染物排放总量，核发主要大气污染物排放许可证。有大气污染物总量控制任务的企业事业单位，必须按照核定的主要大气污染物排放总量和许可证规定的排放条件排放污染物。

（二）重点城市制度

国务院按照城市总体规划、环境保护规划目标和城市大气环境质量状况，划定大气污染防治重点城市。直辖市、省会城市、沿海开放城市和重点旅游城市应当列入大气污染防治重点城市。未达到大气环境质量标准的大气污染防治重点城市，应当按照国务院或者国务院环境保护行政主管部门规定的期限，达到大气环境质量标准。该城市人民政府应当制定限期达标规划，并可以根据国务院的授权或者规定，采取更加严格的措施，按期实现达标规划。

（三）大气环境质量预报和公报制度

大、中城市人民政府环境保护行政主管部门应当定期发布大气环境质量状况公报，并逐步开展大气环境质量预报工作。大气环境质量状况公报应当包括城市大气环境污染特征、主要污染物的种类及污染危害程度等内容。

七、防治燃煤产生的大气污染

（一）燃煤污染的一般防治

关于燃煤污染的一般防治，《大气污染防治法》是从以下八个方面来规定的：

（1）国家推行煤炭洗选加工，降低煤的硫分和灰分，限制高硫分、高灰分煤炭的开采。新建的所采煤炭属于高硫分、高灰分的煤矿，必须建设配套的煤炭洗选设施，使煤炭中的含硫分、含灰分达到规定的标准。对已建成的所采煤炭属于高硫分、高灰分的煤矿，应当按照国务院批准的规划，限期建成配套的煤炭洗选设施。禁止开采含放射性物质和砷等有毒有害物质超过规定标准的煤炭。

（2）国务院有关部门和地方各级人民政府应当采取措施，改进城市能源结构，推广清洁能源的生产和使用。大气污染防治重点城市人民政府可以在本辖区内划定禁止销售、使用国务院环境保护行政主管部门规定的高污染燃料的区域。该区域内的单位和个人应当在当地人民政府规定的期限内停止燃用高污染燃料，改用天然气、液化石油气、电或者其他清洁能源。

（3）国家采取有利于煤炭清洁利用的经济、技术政策和措施，鼓励和支持使用低硫分、低灰分的优质煤炭，鼓励和支持洁净煤技术的开发和推广。

（4）国务院有关主管部门应当根据国家规定的锅炉大气污染物排放标准，在锅炉产品质量标准中规定相应的要求；达不到规定要求的锅炉，不得制造、销售或者进口。

（5）在集中供热管网覆盖的地区，不得新建燃煤供热锅炉。

（6）大、中城市人民政府应当制定规划，对饮食服务企业限期使用天然气、液化石油气、电或者其他清洁能源。对未划定为禁止使用高污染燃料区域的大、中城市市区内的其他民用炉灶，限期改用固硫型煤或者使用其他清洁能源。

（7）新建、扩建排放二氧化硫的火电厂和其他大中型企业，超过规定的污染物排放标准或者总量控制指标的，必须建设配套脱硫、除尘装置或者采取其他控制二氧化硫排放、除尘的措施。在酸雨控制区和二氧化硫污染控制区内，属于已建企业超过规定的污染物排放标准排放大气污染物的，依照《大气污染防治法》第四十八条的规定限期治理。国家鼓励企业采用先进的脱硫、除尘技术。企业应当对燃料燃烧过程中产生的氮氧化物采取控制措施。

（8）在人口集中地区存放煤炭、煤矸石、煤渣、煤灰、砂石、灰土等物料，必须采取防燃、防尘措施，防止污染大气。

（二）对燃煤产生的二氧化硫污染的特殊防治

燃煤产生的二氧化硫污染，是我国空气污染防治的重中之重，应给予特殊防治。目前，《大气污染防治法》是从以下五个方面来规定的：

（1）在煤的开采上，要限制高硫份的煤炭开采，对于高硫份的煤矿，必须建设配套的洗选设施，使所含硫份达到规定的标准。

（2）改进城市能源结构，减少含硫的能源的生产和使用，推广清洁能源的生产和使用，并划定禁止销售和使用含硫份高的燃料的区域。

（3）净煤的技术。

（4）大、中城市政府应当制定规划，促使饮食服务企业限期使用清洁能源，并要求民用炉灶限期改用固硫型煤或者使用其他清洁能源。

（5）新建和扩建排放二氧化硫的企业，应当达标排放，否则，应当建设配套的脱硫设施并采取控制二氧化硫排放的措施。

八、防治废气、粉尘和恶臭污染

（一）严格限制含有毒物质的废气和粉尘的排放

向大气排放粉尘的排污单位，必须采取除尘措施。严格限制向大气排放含有毒物质的废气和粉尘；确需排放的，必须经过净化处理，不超过规定的排放标准。

（二）防止可燃性气体污染大气

工业生产中产生的可燃性气体应当回收利用，不具备回收利用条件而向大气排放的，应当进行防治污染处理。向大气排放转炉气、电石气、电炉法黄磷尾气、有机烃类尾气的，须报经当地环境保护行政主管部门批准。可燃性气体回收利用装置不能正常作业的，应当及时修复或者更新。在回收利用装置不能正常作业期间确需排放可燃性气体的，应当将排放的可燃性气体充分燃烧或者采取其他减轻大气污染的措施。

（三）配备脱硫装置

炼制石油、生产合成氨、煤气和燃煤焦化、有色金属冶炼过程中排放含有硫化物气体的，应当配备脱硫装置或者采取其他脱硫措施。

（四）防止放射性物质污染大气

向大气排放含放射性物质的气体和气溶胶，必须符合国家有关放射性防护的规定，不得超过规定的排放标准。

（五）防止饮食服务业排放油烟污染

城市饮食服务业的经营者，必须采取措施，防治油烟对附近居民的居住环境造成污染。

（六）防治恶臭气体和有毒有害烟尘污染

向大气排放恶臭气体的排污单位，必须采取措施防止周围居民区受到污染。在人口集中地区和其他依法需要特殊保护的区域内，禁止焚烧沥青、油毡、橡胶、塑料、皮革、垃圾以及其他产生有毒有害烟尘和恶臭气体的物质。禁止在人口集中地区、机场周围、交通干线附近以及当地人民政府划定的区域露天焚烧秸秆、落叶等产生烟尘污染的物质。城市人民政府还可以根据实际情况，采取防治烟尘污染的其他措施。运输、装卸、贮存能够散发有毒有害气体或者粉尘物质的，必须采取密闭措施或者其他防护措施。

（七）防治扬尘污染大气

城市人民政府应当采取绿化责任制、加强建设施工管理、扩大地面铺装面积、控制渣土堆放和清洁运输等措施，提高人均占有绿地面积，减少市区裸露地面和地面尘土，防治城市扬尘污染。在城市市区进行建设施工或者从事其他产生扬尘污染活动的单位，必须按照当地环境保护的规定，采取防治扬尘污染的措施。国务院有关行政主管部门应当将城市扬尘污染的控制状况作为城市环境综合整治考核的依据之一。

（八）防治消耗臭氧层物质破坏大气环境

国家鼓励、支持消耗臭氧层物质替代品的生产和使用，逐步减少消耗臭氧层物质的产量，直至停止消耗臭氧层物质的生产和使用。在国家规定的期限内，生产、进口消耗臭氧层物质的单位必须按照国务院有关行政主管部门核定的配额进行生产、进口。

九、防治机动车船污染

（一）排放管理

机动车船向大气排放污染物不得超过规定的排放标准。任何单位和个人不得制造、销售或者进口污染物排放超过规定排放标准的机动车船。在用机动车不符合制造当时的在用机动车污染物排放标准的，不得上路行驶。省、自治区、直辖市人民政府规定对在用机动车实行新的污染物排放标准并对其进行改造的，须报经国务院批准。机动车维修单位，应当按照防治大气污染的要求和国家有关技术规范进行维修，使在用机动车达到规定的污染物排放标准。

（二）燃料管理

国家鼓励生产和消费使用清洁能源的机动车船。国家鼓励和支持生产、使用优质燃料油，采取措施减少燃料油中有害物质对大气环境的污染。单位和个人应当按照国务院规定的期限，停止生产、进口、销售含铅汽油。

（三）检测管理

省、自治区、直辖市人民政府环境保护行政主管部门可以委托已取得公安机关资质认定的承担机动车年检的单位，按照规范对机动车排气污染进行年度检测。交通、渔政等有监督管理权的部门可以委托已取得有关主管部门资质认定的承担机动船舶年检的单位，按照规范对机动船舶排气污染进行年度检测。县级以上地方人民政府环境保护行政主管部门可以在机动车停放地对在用机动车的污染物排放状况进行监督抽测。

【案例分析】

【案情】原告韩某自己有果园一处，位于被告赤峰金峰铜业有限公司工厂东侧。1998 年 5 月至 6 月，被告的粗铜冶炼厂出现二氧化硫污染事故，经当地人民政府组织事故调查组进行调查后，划定了污染范围并判定被告进行相应赔偿。同年 6 月，原告果园内林木也出现了异常现象，向被告索赔遭到拒绝。受原告委托，中国林科院生态研究所经鉴定认为林木受损系因二氧化硫超标排放污染所致。1998 年 11 月，经赤峰市环境监测中心站监测，被告工厂二氧化硫排放超标。一审法院在审理期间，委托农业部果品及苗木质量检测中心对原告果园内林木受损害和死亡原因进行鉴定，结论为：是由于病虫害及立地条件差等因素造成，果园内未见到二氧化硫污染的典型症状。一审法院据此鉴定结论驳回原告诉讼请求，二审法院维持原判。①

【问题】结合本案例，请你谈谈对司法鉴定的看法。

【解析】鉴定是司法实践中非常重要但漏洞又非常多的一个问题。本案要考虑的是，原告自行委托的鉴定机构，其鉴定结论为何不被法院采信，而法院却要另外重新委托鉴定机构进行鉴定。目前，按照我国鉴定体制和鉴定工作的观念，大多数法院司法实践都是这样操作的，在起诉前或诉讼过程中，原告或被告自行委托的鉴定机构所作出的鉴定结论一般都不能作为审判的依据，只要对方提出异议，即使这种异议的理由仅仅是鉴定机构未经双方共同委托或未由法院指定，法院也一般都会采纳这种异议，重新要求原告与被告达成协议共同委托一家鉴定机构，或者在达不成协议时由法院指定一家鉴定机构，重新作出鉴定结论，哪怕这种重新作出的鉴定结论与当事人自行委托鉴定的鉴定结论完全相反，最终法院采信的是后一个结论。本案中，法院的做法遵循了我国司法鉴定实践的惯例。因此，当发生环境污染事故时，当事人在起诉之前，最好不要自行鉴定，否则，花费了钱财，法院也不会承认。

在发生环境污染事故时，受害者最好是请求环境保护主管部门到现场调查取证，做好现场笔录，并保护好现场，同时，请求该主管部门附属的鉴定机构进行采样或现场鉴定。这种鉴定在程序上比原告自行委托鉴定要可靠得多，它因为有政府主管部门的参与而具有相当强的公信力和证明力，有些法院可能会直接采纳这种鉴定结论，而不会因为被告反对而重新鉴定。

① 案例来源：王灿发. 环境与资源保护法. 北京：中国人民大学出版社，2005. 86

第七章　水污染防治法

第一节　水污染环境问题

一、水污染的概念

我国最新修订的《水污染防治法》第九十一条以立法形式将水污染定义为：水污染是水体因某种物质的介入，而导致其化学、物理、生物或者放射性等方面特性的改变，从而影响水的有效利用，危害人体健康或者破坏生态环境，造成水质恶化的现象。这个定义与修订前的《水污染防治法》第六十条的规定是完全一样的。

二、水污染的类型①

（一）病原体污染

病原体污染是病原微生物进入水体导致水环境破坏的污染。病原微生物通常分为三类：①病原菌，主要是能够引起疾病的细菌，如大肠杆菌、痢疾杆菌、绿脓杆菌等。②寄生虫，系动物寄生虫的总称，如疟原虫、血吸虫、蛔虫等。③病毒，是一般没有细胞结构，但有遗传、变异、共生、干扰等生命现象的微生物，如流行性感冒病毒、传染性肝炎病毒等。自 1980 年以来，美国平均每年爆发 31 起与水传播有关的疾病，水传播疾病病例数为平均每年 7 000 人。

（二）悬浮物及沉积物污染

砂粒、土粒及矿渣一类的颗粒状污染物质，是无毒害作用的，一般它们和有机性颗粒状的污染物质混在一起统称为悬浮物或悬浮固体。在污水中悬浮物可能处于三种状态：部分密度小于水的悬浮物浮于水面，在水面形成浮渣；部分密度大于水的悬浮物沉于水底，又称为可沉固体；另一部分悬浮物由于密度接近于水，就在水中呈真正的悬浮状态。悬浮物的主要危害有：降低光的穿透能力，减少了水的光合作用并妨碍水体的自净作用；对鱼类产生危害，可能堵塞鱼鳃，导致鱼的死亡，制浆造纸废水中的纸浆对此最为明显；水中的悬浮物又可能是各种污染物的载体，它可能吸附一部分水中的污染物并随水流动迁移。

沉积物污染是指沉积到水底的底泥表面、底泥中甚至更深层的各种污染物质，它会

---

① 周怀东，彭文启. 水污染与水环境修复. 北京：化学工业出版社，2005.40~52

在一定条件通过直接或间接的形式对水体和水生物带来各种有害影响。沉积物并不是一个独立概念，而是指包含各种可能的污染物质的综合性概念。沉积物可能是重金属，也可能是氮、磷等营养物质，还可能是其他化学物质、一般物质等。沉积物根据其物质特性而产生相应的污染，此外，沉积物相互作用还会产生新的污染物质。

（三）需氧物质污染

需氧物质污染是指生活污水和工业废水中所含糖类、脂肪、蛋白质、木质素等有机物，可在微生物的作用下最终分解为简单的无机物，其分解过程需要消耗大量氧，由此类污染物质造成的水体污染。

天然有机残体进入水体将会导致天然水体中有一定的五日生化需氧量。我国东北部分河流源头由于流经草原和原始森林，汇集了大量腐殖质，所以其耗氧指标较高。污染水体的需氧物质主要来自工业废水、城镇生活污水、畜禽养殖污水等。需氧物质污染水体后将导致水中溶解氧大量消耗，如果溶解氧不能通过水体复氧过程得到补偿，将会威胁水生生物的生存。另外，水中溶解氧减少，厌氧细菌将会大量繁殖，形成厌氧分解，分解出甲烷、硫化氢等有毒气体，影响水体感官。

（四）植物营养物质污染

水体中的植物营养物质主要是植物营养盐，包括氮、磷等化合物，它们进入水体在造成污染的同时引起水体富营养化。

富营养化出现在藻类或水生植物过度繁殖的水域，造成昼夜间的溶解氧波动，藻类和水生植物早晨的呼吸作用可以将水中的溶解氧消耗殆尽，致使无脊椎动物和鱼类死亡。藻类会损伤鱼鳃，某些藻类还会释放毒素。富营养化最终对生物多样性和水体生态系统带来显著的破坏性，直接影响人类对水资源的开发利用和保护。

（五）油类污染

水体中油类污染物主要来自船舶漏油和清洗，钻井、油管和储存器泄漏，工业废水和生活污水排放等。其形态包括：浮油、溶解于水体中的油、乳化细滴状的油、吸附于悬浮颗粒或底泥的油。

油类污染物对水体生态造成的破坏性影响主要是：①浮在水面的油膜，阻碍水体复氧、光照；油在降解过程中还消耗溶解氧，令水质恶化。②对生物的毒性作用。例如，对生物的涂敷、窒息，附着于鸟的翅膀上和螃蟹、牡蛎的表面，进入生物体内损害其代谢机制。

（六）酸、碱、盐污染

水体酸碱度对水体生态系统具有重要作用，它能够维持水体中的营养盐平衡。酸性污染能够改变水体酸碱度，打破营养盐形态，进而影响水体的光合作用，同时对水生生物造成损害。矿山排水是水体酸性污水的主要来源，酸沉降（酸雨）是另一个重要来源，第三个来源是冶金和金属加工酸洗废水。

（七）有毒化学物质污染

水体中的有毒化学物质部分来自自然环境，但主要来自工业、农业、矿山等人类生产活动。主要是无机有毒物和有机有毒物，前者包括重金属、氰化物、氟化物等，后者包括各种人工合成的有机化合物，如多氯联苯等。

对环境影响最大的重金属包括汞、镉、铬、铅、砷。重金属在环境中可长久存在而不被降解；重金属在水体中大量积累，可能在一定条件下重新释放，成为水环境污染的"化学定时炸弹"；重金属元素在化学行为和生态效应上的复杂性，使其成为威胁未来水资源安全的永恒敌人。日本水俣湾甲基汞污染发生的水俣病、镉污染发生的"痛痛病"均属重金属污染的典型例子。

氰化物及其化合物几乎普遍存在于有工业和生物的地方，它们不仅仅是生产工艺中的重要原料，而且是许多植物和动物的中间代谢物。水体中的氰化物主要来自化学、电镀、煤气、炼焦等工业行业排放的废水。氰化物是剧毒物质，它会抑制氧的代谢，阻碍生物功能组织的氧交换，是真正的非累积性毒物。

有毒有机物质具有潜在的致癌、致畸、致突变的"三致"效应，它能够改变人体的免疫系统、神经系统、内分泌系统的正常调节功能。1977 年美国《清洁水法》修正案提出的 129 种优先控制物中有 114 种为有毒有机物质。我国《地表水环境质量标准》"集中式生活饮用水地表水源地特定项目"中包括评价项目 80 项，其中有毒有机物项目就有 68 项。这些都说明有毒有机物污染是非常严重的环境问题。

（八）放射性污染

放射性污染是指放射性物质进入水体后，危及水质、水生生物、其他水生生态系统，并且还危害人体、人造物、其他自然要素的一种污染。大多数水体在自然状态下都有极微量的放射性。放射性污染是随着核能开发强度的增加而日益增加的。放射性物质进入生物和人体后，能在一定部位积累，增加对人体的放射性辐照，引起变异或癌症。

放射性物质主要来源于：①核电厂。核电厂放射性物质的使用和处置是水体放射性物质的主要来源。②核武器试验。其一般通过大气放射性尘埃的沉降和地表径流进入水体。③放射性同位素。其在化学、冶金、医学、农业等部门的广泛应用，随污水和地表径流造成水体污染。

（九）热污染

热污染是一种物理性污染，易为人们所感知。物理性污染是指污染物进入水体后引起水温、水色、浊度、硬度等物理性指标的有害性变化。热污染是指高温废水排入水体后引起水温升高，危害水质、水生生物、水体底泥等水生生态系统组成的一种污染。热污染一般来源于火力发电厂、核电厂、冶炼厂、石油化工厂、炼焦炉、钢厂的冷却水等。

例如，水温变化将会带来下列危害：特定水温范围内的浮游植物各不相同，20~30 摄氏度，硅藻占优势，30~35 摄氏度，绿藻占优势，35 摄氏度以上，蓝绿藻占优势。水温上升还导致成鱼或鱼苗死亡，降低鱼类活力或抑制鱼类生长。水温上升还加速水体与底泥有机物的生物降解，加大对水体溶解氧的需求，造成水体溶解氧的耗尽，从而危及需氧生物生存，并导致厌氧细菌的生长。

三、水污染的危害

(一) 对人体健康的危害[①]

水污染对人体健康的危害主要表现为以下四个方面：

（1）水污染和传染病。人们对于水污染物对健康危害的认识最早是从致病细菌开始的，通过饮用受到污染的水，许多致病因子可能进入人体，导致传染病，例如，可导致细菌性传染病、原生动物所致疾病、病毒性疾病。细菌性传染病最早是霍乱，它通常发生在那些不能提供足够清洁的饮用水和没有适当的污水处理设施的发展中国家，现在西方发达国家由于有现代化的污水处理设施和先进的给水处理技术，霍乱已基本不再发生，然而，霍乱却仍是发展中国家面临的大问题。埃希氏大肠杆菌感染能引起严重的出血性腹泻、肾功能衰竭和死亡，空肠弯曲杆菌、沙门氏菌、志贺氏菌能引起腹泻、伤寒、痢疾。原生动物比细菌大，在水体和自然界中广泛存在，一部分生活在水体中的原生动物能引起消化道疾病，如隐孢子虫、贾第虫、圆孢子虫能引起消化道肿胀、排气、腹泻等。病毒是目前已知最小的感染人体并致病的微生物，病毒能引起感冒、肝炎、艾滋病、狂病，如诺沃科病毒、螺旋病毒。全世界每年有 1.4 亿人感染螺旋病毒，近 100 万人死亡。上述病毒的流行大多通过人和人的直接接触或食用蛤肉和鲜贝等带壳的海鲜，也有因饮用自来水、井水，野营、旅游时接触河水、湖水、商品冰块和水上游乐场所而受感染。

（2）水污染和致癌风险。随着分析技术的发展，研究人员在饮用水中发现多种化学物质，其浓度足以使饮用者致癌。从水源地通过自然因素进入水体的可能致癌物质主要是砷、石棉、放射性物质，例如，砷导致皮肤增厚、皮肤色素沉着、皮肤肿瘤和皮肤癌，还导致内器官癌症。人类生产生活产生的污染进入水体后的潜在致癌物质主要有硝酸盐和有机化合物。水处理过程中最广泛使用的饮用水消毒剂氯现在被发现也会产生致癌的副作用。

（3）水污染对雌性激素和生育能力的影响。20 世纪 90 年代早期丹麦的一份医学报告引起公众的强烈关注，这份报告认为类雌性激素化合物将导致男性精子数下降、男性生殖器官和睾丸疾病增多，这些化合物来源于母亲受外界环境的污染，专家推断不断上升的人的生育能力丧失和性器官异常病例与这些合成有机化合物（如滴滴涕、多氯联苯等）有关。不仅仅如此，它还可能与乳腺癌、前列腺癌、子宫膜异位、脑部组织疾病等直接有关。

① ［美］约瑟华・I. 巴兹勒，温克勒・G. 威葆格，J. 威廉・依莱. 饮用水水质对人体健康的影响. 刘文君译. 北京：中国环境科学出版社，2003. 29~86

（4）水中的重金属污染对人体健康的危害。水中的重金属污染物主要是铅、铜、铝、汞。铅和汞能损害人体的神经系统如脑、脊髓、四肢神经，铜能引起恶心、呕吐、腹泻、腹痛等肠胃病。

（二）对渔业的危害

水体受到污染后，会直接影响渔业对产卵用水、养殖用水等水环境质量的要求，从而直接导致渔业生产力受到影响。它还会导致渔业生产的鱼类种类减少，危及生物多样性，尤其是一些珍稀鱼类的减少更是人类共同财富的损失。主要体现在：污染水体会直接影响水体的质量，并且影响底泥质量和水生生物的生长和质量，一些污染物质还进入鱼类体内，通过食物链方式最终将灾难传递给人类。

（三）对工农业生产的危害

水污染对工业生产的危害主要体现在危害工业劳动力、工业劳动对象、工业工艺流程、工业机器设备等方面。例如，受到污染的水会对接触水的工业劳动者造成各种危害，受到污染的水还导致工业原料受到污染，从而影响产品质量和功能，受到污染的水还破坏工艺流程、机器设备的功能和寿命。对于需水量大的工业来讲，水污染后导致达到工业用水标准的供水量减少，从而制约工业发展的前景，这在我国北方体现得最明显。

水污染对农业生产的危害主要体现在对农业用的土壤、灌溉用水、农业种植物、农业生产资料、农民身体健康等造成各种危害，从而综合性危害农业生产力，影响农业稳定。特别是随着水污染面积的扩大，达到农业灌溉用水标准的水量越来越少，这是制约我国农业发展、影响农业稳定的大问题。具体而言，应当结合不同污染物的特性来分析，例如，磷和氮是植物生长所必需的营养物质，但当其含量过高时会使土壤板结，影响作物的生长；热污染导致的水温过高会造成植物根系腐烂、死亡；水的 pH 值除直接影响植物生长外，还会使一些营养物质被淋失或被土壤固定，造成植物缺乏养分而致害；一些有毒的元素被植物吸收，会对其造成生理危害。含有大量的悬浮物的污水灌入农田后，由于流速减缓或胶体被破坏而使悬浮物大量沉淀，如果这些沉淀是由金属粉末、泥沙组成，则会覆盖在农田表层而影响农田的肥力；悬浮物所吸附的各种重金属污染物会沉淀在农田里，造成重金属污染物在土壤和作物中的积累。

四、我国水资源的特点及水污染现状

（一）我国水资源的特点

我国水资源具有以下特点：

（1）水资源总量较丰富，但人均、亩均拥有量少。我国水资源总量为 28 124 亿立方米，我国河川径流量居世界第六位。我国人均水资源量为世界平均值的 25%，亩均水资源量为世界平均值的 80%，总体来看，我国水资源量状况不容乐观。

（2）水资源空间分布不均，与生产力布局不相匹配。北方水资源贫乏，南方水资源相对丰富，且相差悬殊。长江、珠江、东南诸河和西南诸河 4 个水资源区面积占全国水资源面积的 36%，而水资源总量却占全国总量的 81%。北方 6 个水资源区面积占全国水资源面积的 63%，而水资源总量只占全国总量的 19%。

（3）水资源年内、年际变化大。我国降水量年内分配极不均匀，大部分地区年内连续 4 个月降水量占全年降水量的 70%左右，南方一般出现在 4~7 月份，北方一般在 6~9 月份。我国水资源总量的 2/3 左右是洪水径流。水资源年际变化也很大，大江大河流域普遍具有连续丰水或枯水年周期变化，南方年际变化的极值系数在 3~5，北方最大可达 10。水资源量时间分配上的不均，加剧了北方水资源短缺的矛盾，甚至使南方水乡也常出现季节性缺水，更造成旱涝灾害频繁。

（二）我国水污染现状[①]

我国水污染总体势头未能得到有效遏制，水污染呈恶化趋势，情势严峻。其表现在：

（1）我国点源污染不断加剧，非点源污染日趋严重。全国工业和城镇污水年排放量从 1949 年的 20 多亿吨增加到 1980 年的 239 亿吨，年增长率为 8. 6%。目前，我国废水排放量呈大幅增长趋势，在废水处理率较低情况下直接排入水体。全国仍以点源污染为主，但非点源污染的贡献率已经上升到 40%左右；我国大多数水体受到较严重的污染。

（2）我国河流污染以有机污染为主，主要超标参数为氨氮、化学需氧量、高锰酸盐指数、五日化学需氧量、溶解氧和挥发酚。重金属污染出现在西南、长江等局部区域。黄淮海平原、辽河平原、太湖水系、珠江三角洲的河流及其上游的南盘江受有机污染较重；海河南系、淮河中上游是我国挥发酚的污染区，局部地区污染程度惊人。

（3）我国湖泊水库富营养化严重，严重威胁供水安全和渔业生产，严重削弱景观娱乐功能的发挥。

（4）我国江河湖库底质污染严重。重金属污染率高达 80%。

（5）饮用水水质安全面临巨大威胁。我国饮用水水源地合格比例为 75%，部分经济水平较高、人口密度较大的区域，水源地合格比例较低，与我国人民生活水平提高对饮用水安全的需要还存在着相当大的差距。

（6）具有“三致”效应及干扰内分泌作用的有毒有机化合物影响我国重要水源地水质安全。

（7）我国水功能区达标状况不容乐观，部分水功能区已经丧失了其使用功能。我国水功能区现状水质与目标水质类别差一个级别，其中保护区、保留区和饮用水源区水质相对较好，以Ⅱ类为主，缓冲区、景观娱乐用水区现状水质与目标水质差距最大。

（8）我国水功能区纳污能力与入河量的空间分异加剧了水环境状况的恶化，部分水功能区不堪重负，是类似“三江、三湖”等严重污染区水质状况恶劣的主要原因。

（9）水质趋势分析成果表明，部分项目的污染已经得到控制，但地表水资源质量总体在下降，水环境污染势头未能得到有效遏制，情势严峻。

---

① 周怀东，彭文启. 水污染与水环境修复. 北京：化学工业出版社，2005. 1~33

（10）我国地下水水质污染十分严重。

第二节 防治水污染立法概述

一、西方国家水污染防治立法简介

（一）美国水污染防治立法

美国关于水污染防治方面的主要立法是《联邦水污染控制法》和《安全饮用水法》。《联邦水污染控制法》于1972年制定，并于1972年、1977年、1987年进行过修订，其内容非常详细，条文之多，令人惊叹。《联邦水污染控制法》共约205页，属于美国法典第33卷“航行与通航水域法律”中的第26章，共有6个分章，分别是：研究与相关项目、对处理工程建设的补偿、标准与实施、批准与许可、总则、国家水污染控制周转基金。下面重点介绍《联邦水污染控制法》中比较具有特色的具体制度。

（1）研究与示范制度。该法在第1分章中非常具体地规定了研究与示范制度，要求开展下列研究：污染物有害影响研究、污水处理研究、五大湖水质研究、油类污染研究、废油处置研究、河流研究、农业污染和乡村地区污水研究；还要求进行下列示范项目：采矿水污染控制示范、清理废矿用作废物处置场所的示范、五大湖污染控制示范、哈得逊河改造示范、切萨皮克湾示范。与研究、示范相关的还有制订污染防治计划、提供培训、在长岛桑得河和查普林湖设置管理会议之类的管理机构开展研究等。这些研究与示范项目能够详细地规定在法典中，是比较典型的立法例；而且，为了有效地实施这些制度，还设置了大量的资金、奖金、补助条款。

（2）废物处理补偿制度。其目的是协助开发和实施废物处理管理的计划与实践，为最佳可行的废物处理技术的应用提供条件。目前，我国城市污水处理主要是通过政府投资或利用外资来进行，这与美国是不同的。美国的这个制度规定得非常详细，完全是一个关于资金如何有效分配以刺激废物处理行为的做法，显示了经济措施在水污染治理中的力度。

（3）标准与实施制度。这个制度在整个水污染控制法中所占的分量非常大，它的特色是将水环境标准及如何实施标准写进了法典，而我国则没有在水污染防治法中详细规定，而是授权标准制定机构制定标准并授权主管机关实施标准。

（4）批准与许可制度。这是关于水污染排放方面的批准与许可证制度，其特色是规定得非常详细，而且写进了法典之中。

（5）公民诉讼制度。第5分章是总则，主要是关于联邦环境保护局长的管理权力、州的权力、机构设置、术语定义等规定。其中最重要的是公民诉讼制度。任何一个公民可以提起一个民事诉讼，控告违反了根据本卷制定的一个排放标准或限制或者局长或州发布的关于该标准或限制的一个指令的任何人，甚至在局长未能根据本卷完成一个不能由他自由决定的行动或职责时控告他。这时，地方法院应当采权实施该出水标准或限制，或者该指令，或命令局长完成该行动或职责，具体视情况而定，并且有权根据规定给予任何适当的民事处罚。

（6）周转基金制度。这是关于在联邦与州之间如何有效地分配水污染控制周转基金，这些基金是由联邦局长向每个州发放的补助金性质的基金。它相当于我国的财政转移支付。其特色是规定得较为详细，为了得到这项补助金，州必须与联邦局长签订《补助金协议》，并对协议内容作了详细规定，每个州在收到这些资金时应当制定有效的财政控制方式和记账程序以保证在适当的记账时期正确记下资金的流向和收支平衡情况，联邦有权对资金进行审计和检查。

（二）法国水污染防治立法

法国于 1964 年和 1992 年制定了关于水的基本法，规定对水体排放各种废物和物质应当事先取得许可，加强了对水污染的防治，并要求政府制定具体规则强化对基本法的实施。

1998 年《环境法典》对水资源和水污染作了政策性的总规定，主要分布在两个地方：

（1）第 2 卷“自然环境”。其第 1 编即关于“水体和水域”的规定，前 7 章的内容是关于水资源的平衡管理，第 8 章是有关海水及对海洋航行开放航道的专门条款（主要是防治船舶污染、海底勘探和开采污染、倾倒污染）。前 7 章的标题排列也有特色，分别是：水资源管理、规划、行政机构及财政机构、活动、设施及使用、有关非国有河流的条款、处罚（包括行政处罚和刑事处罚）、国防。其特点是将水资源配置与水污染防治结合起来，一方面强调保护水生物体系、景点和潮湿地带，保护和扩大水资源，并将水作为经济资源加以开发和分配，另一方面强调同一切污染作斗争，宣称：与向水体中排放、投掷、直接或间接地倾倒任何性质的物质（更广泛地说是一切可能改变无论是地表水、地下水还是国家领水之内的海水的物理、化学、生物或细菌性质的物质）而导致或加速水质恶化的行为作斗争，并且必须恢复水质，使其再生。该法的另一个特色是大大强化了刑事责任，希望通过刑罚来有效地防治水污染行为。当然，关于排污的规定，还要参考《公共卫生法典》和《地方法典》以及其他的法律规定。

（2）第 5 卷“（可预见）自然灾害、污染及其他公害”。其第 1 编“防治污染及技术危害”分为 5 章，标题分别是：环保设施，化学物质的生产、进口及销售，转基因生物，固体废物，有关某些构筑物与设施的专门条款。其第一个特色是将管制对象直接命名为“环保设施”，而不是抽象的工业生产，即根据有关设施的经营活动造成危险和妨害的严重程度，必须分别申请经营许可或办理申报手续，并对环保设施进行执法检查，设定了非常详细的行政处罚和刑事处罚条款。这是我国《水污染防治法》所不具备的。第二个特色是重点规定了化学物质可能造成的污染，特别是转基因生物的“危险性及发病性”，这是我国《水污染防治法》所没有的。

（三）德国水污染防治立法

德国于1996年颁布并于1998年修订的《水管理法》，是将水污染防治与水资源的利用进行综合规定的一部法律，其适用于地表水、地下水和沿海水域。其基本原则是：要确保水域作为自然的组成部分和动物、植物的生活区域。对它们的利用要为公众健康服务，避免发生对生态的不利影响。每个人都有义务根据情况对影响水域的措施采取谨慎细心的态度，以预防水的污染或其本质的不利变化。通过管理水，达到节约用水的目的，避免水流失的扩大和加速。这部法的特色是规定了三项特别的制度：一是运送水中有害物质管道设备的管制制度。这些管道设备运送的主要是原油、汽油、燃料油、其他液体或气体物质，对这些管道设备的运营和重要改变必须经过批准、检查，并由专业企业安装。这些规定甚为详细。二是企业水源保护人员制度。规定一天向水源排放750立方米以上废水的水源利用者，要任命一个或多个企业水源保护人员，水源保护人员有法定的权利和义务，与企业以及主管行政机关之间的权利和义务也规定得非常详细。这实际上是通过在企业内部设立专业性的水务管理人员来促使企业合法排放污水，并节约用水，充分利用水资源。例如，要求企业提供完成任务所需要的人力、场所、设备仪器和经费，提供培训，水源保护人员的意见可以与企业不一致，在执行其任务时不受歧视并不被恶意解雇。三是水域维修保养制度。水域的维修保养如果不是地区团体、水土协会或公共团体的责任，则就是水域拥有者、附近居民、土地和设备拥有者的责任。州可以规定土地其他拥有者在有关地区对维修保养负有责任。

德国还于1994年制定了《废水纳税法》，其立法依据是《水管理法》第1条第1款，由州进行征税，其目的是通过经济手段来管制废水的排放。1994年公布的《循环经济和废物清除法》，实际上在源头上预防了水污染的产生，也是水污染防治的重要法律。

二、我国有关防治水污染的立法

我国防治水污染的立法主要分为三个阶段：萌芽阶段（20世纪50年代初至60年代末）、起步阶段（20世纪70年代初至90年代中期）、发展阶段（20世纪90年代中期至今）。

（一）萌芽阶段（20世纪50年代初至60年代末）

这一阶段主要是针对特定类型的水（饮用水、工矿企业的有毒废水）进行保护。例如，1955年制定的《自来水水质暂行标准》，1956年国务院发布的《工厂安全卫生规程》，1957年国务院有关部门发布的《关于注意处理工矿企业排出有毒废水、废气问题的通知》，1959年颁布的《生活饮用水卫生规程》。除了饮用水和工厂废水外，对其他类型水的污染防治未作规定。

（二）起步阶段（20 世纪 70 年代初至 90 年代中期）

1973 年颁布《工业“三废”排放试行标准》规定了五类对人体健康有害的物质的最高容许排放浓度。1975 年国务院环境保护领导小组发布了《关于淮河污染情况和治理意见的报告》。1976 年发布了《渔业水质标准（试行)》、《农田灌溉水质标准（试行)》和《工业企业设计卫生标准（试行)》。1979 年《环境保护法（试行)》规定了水污染防治的基本原则和基本制度。1981 年颁布了《关于在国民经济调整时期加强环境保护工作的决定》。1983 年发布了《关于结合技术改造防治工业污染的几项规定》、《地面水水质标准》以及 11 个行业的水污染物排放标准。1984 年颁布了《水污染防治法》。1986 年制定了《关于防治水污染技术政策的规定》。1988 年制定了《水污染物排放许可证管理暂行办法》、《污水处理设施环境保护监督管理办法》、《关于防治造纸行业水污染的规定》、《水法》。1989 年发布了《水污染防治法实施细则》、《饮用水源保护区污染防治管理规定》。此外还制定了以《地表水环境质量标准》为中心的水环境标准体系。

（三）发展阶段（20 世纪 90 年代中期至今）

1995 年制定了《淮河流域水污染防治暂行条例》。1996 年修订了《水污染防治法》，将水污染防治重点从末端治理、浓度治理、点源治理转向源头治理、总量治理、面源治理，强调全过程控制和市场规律这些新的管理理念，是水污染防治立法上的发展阶段。

1996 年修订后的《水污染防治法》起了重要作用，但是，随着我国经济快速增长和中西部开发力度加大、产业梯度转移，水污染防治和水环境保护面临着旧问题未解决而新问题并发的严峻形势，特别是水污染物排放总量居高不下、部分流域开发利用过快、城乡居民饮用水不安全、守法成本高而违法成本低等，因此，自 2007 年起开始了修订工作并于 2008 年 2 月 28 日经第十届全国人大常委会第三十二次会议表决通过水污染防治法修订案。新修订的《水污染防治法》由 62 条增加到 92 条，主要是对下列条款进行了具体化和细化：地方人民政府的环境保护责任、水环境监测网络、水环境状况信息发布、饮用水安全、排污许可、排污总量控制、船舶污染内河水域、水污染应急反应能力、法律责任。

第三节　我国防治水污染的法律规定

一、各级人民政府在水环境保护中的责任

《水污染防治法》第四条、第五条规定：“县级以上人民政府应当将水环境保护工作纳入国民经济和社会发展规划。县级以上地方人民政府应当采取防治水污染的对策和

措施，对本行政区域的水环境质量负责。”“国家实行水环境保护目标责任制和考核评价制度，将水环境保护目标完成情况作为对地方人民政府及其负责人考核评价的内容。”

国民经济和社会发展规划是我国政府开展经济和社会建设和管理活动的最重要法律文件，是各级政府的最重要行动指南。将水环境保护工作纳入规划，就能逐步改变以前规划内容只重视经济增长和社会发展的特点，增加规划中水环境保护的内容和篇幅，体现经济、社会、环境协调发展的原则。

地方政府要对本行政区域内水环境质量负责，这是对地方政府保护水环境不受污染否则应承担法律责任的明确规定。于此，可以对地方政府的水环境保护行为进行审核和评价，并对违法违纪行为进行行政处分，必要时可以追究刑事责任。例如：2006 年 2 月监察部和国家环境保护总局联合颁布了《环境保护违法违纪行为处分暂行规定》。《刑法》第四百零八条规定：“负有环境保护监督管理职责的国家机关工作人员严重不负责任，导致发生重大环境污染事故，致使公私财产遭受重大损失或者造成人身伤亡的严重后果的，处 3 年以下有期徒刑或者拘役。”2006 年 6 月最高人民法院颁布了《关于审理环境污染刑事案件具体应用法律若干问题的解释》，为审理环境污染刑事案件提供了明确的标准。

二、水污染防治的监督管理体制

《水污染防治法》第八条规定：“县级以上人民政府环境保护主管部门对水污染防治实施统一监督管理。交通主管部门的海事管理机构对船舶污染水域的防治实施监督管理。县级以上人民政府水行政、国土资源、卫生、建设、农业、渔业等部门以及重要江河、湖泊的流域水资源保护机构，在各自的职责范围内，对有关水污染防治实施监督管理。”

可见，我国水污染防治实行统一管理与分部门管理相结合的管理体制。这种管理体制基本上仍然沿用了修订前的管理体制，只是在名称上适应我国行政管理体制改革的变化进行了更改，并且增加了农业部门和渔业部门作为分管水污染防治的主体。

三、关于水环境保护标准制度

（一）水环境质量标准的制定

《水污染防治法》第十一条规定：“国务院环境保护主管部门制定国家水环境质量标准。省、自治区、直辖市人民政府可以对国家水环境质量标准中未作规定的项目，制定地方标准，并报国务院环境保护主管部门备案。”

水环境质量标准方面的法律依据主要是：1989 年《环境保护法》第二章的规定、国家环保总局 1999 年发布的《环境标准管理办法》、《中华人民共和国标准化法》（以下简称《标准化法》）及其实施条例、2001 年原国家环保总局与质量技术监督局联合发布的《关于环境标准管理的协调意见》、2006 年《国家环境保护标准制修订工作管理办法》。国家水环境质量标准分为地表水环境质量标准、海水环境质量标准和地下水环境质量标准等。按照水体的功能，可分为生活饮用水水质标准、渔业用水水质标准、农业用水水质标准、娱乐用水水质标准、各种工业用水水质标准等。地方水环境质量标准由省级环保部门和质量技术监督局制定并报省级政府批准。备案手续是一种行政程序，并非地方水环境质量标准生效要件，是为了使国家环境保护部门随时掌握地方水环境质量标准的信息。

国家水环境质量标准已经作出规定的，地方不得再另行制定标准，而必须遵照执行。国家水环境质量标准中未作规定的，包括国家已经制定了某一领域的水环境质量标准但对某些具体项目未作规定的情况和国家尚未对某一领域的水环境质量标准作出规定的情况。根据《标准化法》第六条规定，在公布国家水环境质量标准之后，之前的地方水环境质量标准即行废止。

《水污染防治法》第十二条规定："国务院环境保护主管部门会同国务院水行政主管部门和有关省、自治区、直辖市人民政府，可以根据国家确定的重要江河、湖泊流域水体的使用功能以及有关地区的经济、技术条件，确定该重要江河、湖泊流域的省界水体适用的水环境质量标准，报国务院批准后施行。"由于上下游不同省份执行不同水环境质量标准，如果不能就省界水体适用的水环境质量标准达成一致，就很可能产生跨界水污染问题，严重影响下游水体使用甚至危及公众的生命财产。《国务院关于落实科学发展观加强环境保护的决定》明确要求"建立跨省界河流断面水质考核制度，省级人民政府应当确保出境水质达到考核目标"，实践中多是由环保部门与省级政府以签订目标责任书形式来确保出境断面水质达标。

（二）污染物排放标准的制定

《水污染防治法》第十三条规定："国务院环境保护主管部门根据国家水环境质量标准和国家经济、技术条件，制定国家水污染物排放标准。省、自治区、直辖市人民政府对国家水污染物排放标准中未作规定的项目，可以制定地方水污染物排放标准；对国家水污染物排放标准中已作规定的项目，可以制定严于国家水污染物排放标准的地方水污染物排放标准。制定地方水污染物排放标准须报国务院环境保护主管部门备案。向已有地方水污染物排放标准的水体排放污染物的，应当执行地方水污染物排放标准。"这体现了统一性与灵活性相结合的原则，适应了我国产业梯度转移和地方经济发展不平衡的特点。

污染物排放标准的制定，不仅仅依据国家水环境质量标准，还要参考国家经济技术条件，这是考虑到经济技术可行性的制约。我国目前适用最广的是《污水综合排放标准》，它按照污水排放去向，分年限规定了 69 种水污染物的最高允许排放浓度以及部分行业最高允许排放量。造纸、船舶、海洋石油开发、纺织染整、肉类加工、合成氨、钢铁、兵器、磷肥等工业执行国家行业排放标准。

四、水污染防治的监督管理原则

（一）水资源保护与水污染防治相结合原则

水资源保护是对水资源的保护，包括对水量、水质、水域、水流的天然物理形态的保护。水污染防治的直接目的也是保护水资源，它主要是保护水质，但它们的最终目的都是一样的：经济发展、人类健康、生态系统安全。所以，它们的结合点在于水质保护这一目标。

这个原则，抽象地讲，就是指：水资源保护主管机关与水污染防治主管机关地位平等，职能合理交叉或共享，并具有沟通协作上的良好的法律机制作保障；每一项与水有关的计划或行动应当同时在两个目标而不是单一目标上运作：水资源保护和水污染防治，在水资源保护中要防治水污染，在水污染防治中要保护水资源；在采取具体行动时，在水资源保护的同时要兼顾水污染防治的需要和可能性，尽可能增加水污染防治的利益，在水污染防治的同时要兼顾水资源保护的需要和可能性，尽可能增加水资源保护的利益；在采取具体行动时，在水资源保护时如不能兼顾水污染防治并有可能危害水污染防治利益时，应当采取各种方法将这种危害减少到最低程度，反之亦然；对行动性质及其后果的评价，应当是从水资源保护和水污染防治两个标准上同时进行。

具体而言，两者对水资源保护的手段和方法可能存在差异：前者不仅仅是通过防治水污染来保护水资源，它还从非污染防治的角度，分别从广义和狭义上来保护水资源。从狭义上讲，水资源保护是指《水法》第四章中的前面两个条文即第三十条和第三十一条：通过基本水量和水位控制（如通过开发利用和调度的方法保证不同水域或地区的生态用水量保持平衡）来维持水资源的自然净化能力。从广义上讲，整个《水法》都是对水资源的保护，它的主要制度有：水的产权界定和配置、水功能区划、水利基础设施等水工程建设和运营、水资源的开发、取水许可和有偿使用的措施、水资源节约的措施、保护植被和防治水土流失等涵养水源的措施、先进的技术措施和管理措施、水资源合理配置的措施等。在制定和实施这些措施时，不仅仅只是考虑水资源的保护和开发利用，而且要考虑和研究其对水污染防治的有利和不利的影响。在这些措施有利于水资源的短期保护但不利于水污染防治时，应当慎重考虑。特别是这些手段有时也可直接应用于水污染防治目的，例如，当某一个水域面临严重污染的紧急情况时，国家发展计划主管部门和水行政主管部门可运用其宏观调配全国水资源的权力，跨地区或跨省调配水资源，通过水量的增加来减缓水污染。因此，水行政主管部门和发展计划行政主管部门应当与环境保护行政主管部门协调合作，不能存在着部门利益分割和冲突，前两个部门的政策手段完全在某些情况下运用于污染防治的直接目的上，而环境保护部门的政策手段在某些情况下也完全可以运用到与污染防治没有直接关系的水资源保护目的上。从《水法》的规定来看，水行政主管部门与环境保护主管部门之间的协作也是非常明显的，例如，《水法》第三十二条规定：水行政主管部门与环境保护主管部门会同拟定国家确定的重要江河、湖泊的水功能区划；水行政主管部门或流域管理机构应当按照水功能区划对水质的要求和水体的自然净化能力，核定水域的纳污能力，向环境保护行政主管部门提出对该水域的限制排污总量意见；并且，还要对水功能区的水质状况进行监测，发现超标的，应当向环境保护行政主管部门通报。这些规定，一方面说明水资源保护主管部门与水污染防治主管部门在职能上存在着交叉，水行政主管部门有部分防治污染的职能，而环境行政主管部门也有部分资源保护职能，如前述的生态治理工程建设、水环境生态保护机制；另一方面说明它们之间有一个沟通和合作管理的法律渠道，尽管这些渠道规定得过于简单。这都体现了水资源保护与水污染防治相结合的原则。

另外，环境保护主管部门防治水污染的措施也是多种多样的，如水污染防治标准、水污染防治规划、环境影响评价、总量控制、监测、限制淘汰、污水集中处理等。《水污染防治法》中许多条文都规定了环境保护主管部门与水主管部门应当会同制定规划、会同监测等，如第十二条“省界水体环境质量标准”、第十五条“流域水污染防治规划编制”、第十七条“建设排污口”、第二十二条“设置排污口”、第二十五条“组织监测网络”、第四十四条“城镇污水集中处理”、第五十六条“饮用水源保护区的划定”等。这些条文直接体现了水污染防治与水资源保护相结合的原则。

除此以外，《水污染防治法》与《水法》在某些条文上是基本相同的，例如，《水污染防治法》第五十七条、第十六条与《水法》第三十四条、第三十条；在某些条文上是相互补充的，例如，《水污染防治法》中的生态治理工程建设、水环境生态保护机制是水污染防治的新措施，同时，它也直接与保护植被等水源涵养措施有雷同和交叉之处。这说明水资源保护与水污染防治之间的联系是非常紧密的。

（二）防治水污染应当按流域或区域统一规划原则

《水污染防治法》规定：防治水污染应当按流域或者按区域进行统一规划。国家确定的重要江河、湖泊的流域水污染防治规划，由国务院环境保护主管部门会同国务院经济综合宏观调控、水行政等部门和有关省、自治区、直辖市人民政府编制，报国务院批准。除前面规定外的其他跨省、自治区、直辖市江河、湖泊的流域水污染防治规划，根据国家确定的重要江河、湖泊的流域水污染防治规划和本地实际情况，由有关省、自治区、直辖市人民政府环境保护主管部门会同同级水行政等部门和有关市、县人民政府编制，经有关省、自治区、直辖市人民政府审核，报国务院批准。省、自治区、直辖市内跨县江河、湖泊的流域水污染防治规划，根据国家确定的重要江河、湖泊的流域水污染防治规划和本地实际情况，由省、自治区、直辖市人民政府环境保护主管部门会同同级水行政等部门编制，报省、自治区、直辖市人民政府批准，并报国务院备案。经批准的水污染防治规划是防治水污染的基本依据，规划的修订须经原批准机关批准。县级以上地方人民政府应当根据依法批准的江河、湖泊的流域水污染防治规划，组织制定本行政区域的水污染防治规划。

这个原则是根据水生态的基本自然规律来制定的，同时，由于各个行政区域为了区域利益长期形成上游与下游、左岸与右岸、此地区与彼地区、此部门与彼部门之间的水利益争夺，为了遵循自然规律和解决这些问题，必须按照国际通行做法实行流域管理。

（三）水污染防治与企业布局、改造相结合的原则

《水污染防治法》规定：国务院有关部门和县级以上地方人民政府应当合理规划工业布局，要求造成水污染的企业进行技术改造，采取综合防治措施，提高水的重复利用率，减少废水和污染物排放量。

这是我国防治工业水污染的基本经验。企业布局必须遵循水流和净化能力的自然规律，并与工业园、农业园等产业布局相结合。企业改造不仅仅是产业政策和技术政策，同时也是环境政策的组成部分，必须达到环境法的要求。

五、水污染防治的主要制度

（一）总量控制和核定制度

《水污染防治法》规定：国家对重点水污染物排放实施总量控制制度。省、自治区、直辖市人民政府应当按照国务院的规定削减和控制本行政区域的重点水污染物排放总量，并将重点水污染物排放总量控制指标分解落实到市、县人民政府。市、县人民政府根据本行政区域重点水污染物排放总量控制指标的要求，将重点水污染物排放总量控制指标分解落实到排污单位。具体办法和实施步骤由国务院规定。

省、自治区、直辖市人民政府可以根据本行政区域水环境质量状况和水污染防治工作的需要，确定本行政区域实施总量削减和控制的重点水污染物。对超过重点水污染物排放总量控制指标的地区，有关人民政府环境保护主管部门应当暂停审批新增重点水污染物排放总量的建设项目的环境影响评价文件。

国务院环境保护主管部门对未按照要求完成重点水污染物排放总量控制指标的省、自治区、直辖市予以公布。省、自治区、直辖市人民政府环境保护主管部门对未按照要求完成重点水污染物排放总量控制指标的市、县予以公布。县级以上人民政府环境保护主管部门对违反《水污染防治法》规定、严重污染水环境的企业予以公布。

（二）城市污水集中处理制度

城市污水集中处理制度是指各级人民政府通过有计划地建设城市污水集中处理的设施和配套管网，以统一收集和处理城市污水，由运营单位向污水排放者收取排污费，并对运营单位的集中处理行为进行监管的制度。

城市污水集中处理制度是新修订的《水污染防治法》的重点规定之一，这是因为：我国城市化进程越来越快，城市人口增长也越来越快，大量增加的城市污水是未来水污染防治的重点。另外，由于我国城市中尚有大量中小企业，它们的设置非常分散，排放行为不易监管，独自排放也不符合经济效益原则；而且，我国大多数城市的污水处理工程处于空白状态，即使有污染处理工程，由于经费问题其运营效率也非常低，许多城市污水未经任何处理就直接排放，对该市水环境构成极大的危害。

(三) 划定生活饮用水源保护区制度

《水污染防治法》规定：国家建立饮用水水源保护区制度。这个制度包括下列内容：

饮用水水源保护区分为一级保护区和二级保护区；必要时，可以在饮用水水源保护区外围划定一定的区域作为准保护区。

饮用水水源保护区的划定，由有关市、县人民政府提出划定方案，报省、自治区、直辖市人民政府批准；跨市、县饮用水水源保护区的划定，由有关市、县人民政府协商提出划定方案，报省、自治区、直辖市人民政府批准；协商不成的，由省、自治区、直辖市人民政府环境保护主管部门会同同级水行政、国土资源、卫生、建设等部门提出划定方案，征求同级有关部门的意见后，报省、自治区、直辖市人民政府批准。跨省、自治区、直辖市的饮用水水源保护区，由有关省、自治区、直辖市人民政府协商有关流域管理机构划定；协商不成的，由国务院环境保护主管部门会同同级水行政、国土资源、卫生、建设等部门提出划定方案，征求国务院有关部门的意见后，报国务院批准。

国务院和省、自治区、直辖市人民政府可以根据保护饮用水水源的实际需要，调整饮用水水源保护区的范围，确保饮用水安全。有关地方人民政府应当在饮用水水源保护区的边界设立明确的地理界标和明显的警示标志。

六、水污染防治措施

(一) 防止地表水污染

（1）禁止排放重污染物质。禁止向水体排放油类、酸液、碱液或者剧毒废液。禁止在水体中清洗装贮过油类或者有毒污染物的车辆和容器。

（2）禁止排放含放射性物质的废水。禁止向水体排放、倾倒放射性固体废物或者含有高放射性和中放射性物质的废水。向水体排放含低放射性物质的废水，应当符合国家有关放射性污染防治的规定和标准。

（3）限制排放含热废水。向水体排放含热废水，应当采取措施，保证水体的水温符合水环境质量标准。

（4）限制排放含病原体的污水。含病原体的污水应当经过消毒处理，符合国家有关标准后，方可排放。

（5）禁止排放、倾倒、填埋废弃物。禁止向水体排放、倾倒工业废渣、城镇垃圾和其他废弃物。禁止将含有汞、镉、砷、铬、铅、氰化物、黄磷等的可溶性剧毒废渣向水体排放、倾倒或者直接埋入地下。存放可溶性剧毒废渣的场所，应当采取防水、防渗漏、防流失的措施。

（6）禁止在水域范围内堆放、存贮固体废物和其他污染物。禁止在江河、湖泊、运河、渠道、水库最高水位线以下的滩地和岸坡堆放、存贮固体废物和其他污染物。

（二）防止地下水污染

（1）防止地面渗漏污染地下水。禁止利用渗井、渗坑、裂隙和溶洞排放、倾倒含有毒污染物的废水、含病原体的污水和其他废弃物。禁止利用无防渗漏措施的沟渠、坑塘等输送或者存贮含有毒污染物的废水、含病原体的污水和其他废弃物。

（2）开采地下水时防治地下水污染。多层地下水的含水层水质差异大的，应当分层开采；对已受污染的潜水和承压水，不得混合开采。地下水往往是多层次的，有咸水、半咸水、卤水、已受污染的水、含有毒物质的水、具有特殊医疗卫生价值的水、具有特殊经济价值的水（如地下热水、温泉水、矿泉水）。因此，在开采地下水前，应当调查清楚地下水的分层情况和水质状况，采取不同措施分层开采，以防止水质之间相互混合带来的混合性污染。由于潜水在第一个稳定隔水层之上，受降水影响较大，流量不稳定，易受污染，水质较差，而承压水埋藏较深，受气候影响小，状况稳定，水质较好，因而，对已受污染的潜水和承压水，不得混合开采，防止相互污染。

（3）防止开发、回灌活动污染地下水。兴建地下工程设施或者进行地下勘探、采矿等活动，应当采取防护性措施，防止地下水污染。具体应当采用哪些防护性措施，尚需要根据活动的类型和特点来确定。例如，勘探过程中对勘探井、地震井要及时封井，封隔浅部孔隙水与裂隙水的联系，防止各含水层的相互径流影响。矿井排放废水时应当在矿床外围建设收集废水设施，进行专门处理，防止渗漏入地下。

人工回灌补给地下水，不得造成地下水质恶化。在地下水过量开采的地区，人工回灌补给地下水无疑是解决地下水开采过度、预防地面沉降及其他问题的有效措施，但是，在采取此项行动时，不得造成地下水的现有水质恶化，也不得给地下水的现有水质带来不可预测的危险。

（三）工业水污染防治

（1）合理规划工业布局并采取综合措施减少污染。国务院有关部门和县级以上地方人民政府应当合理规划工业布局，要求造成水污染的企业进行技术改造，采取综合防治措施，提高水的重复利用率，减少废水和污染物排放量。

（2）落后工艺和设备限期淘汰制度。国家对严重污染水环境的落后工艺和设备实行淘汰制度。国务院经济综合宏观调控部门会同国务院有关部门，公布限期禁止采用的严重污染水环境的工艺名录和限期禁止生产、销售、进口、使用的严重污染水环境的设备名录。生产者、销售者、进口者或者使用者应当在规定的期限内停止生产、销售、进口或者使用以上提及的设备名录中的设备。工艺的采用者应当在规定的期限内停止采用列入工艺名录中的工艺。被淘汰的设备，不得转让给他人使用。

（3）禁止新建严重污染水环境的生产项目。国家禁止新建不符合国家产业政策的小型造纸、制革、印染、染料、炼焦、炼硫、炼砷、炼汞、炼油、电镀、农药、石棉、水泥、玻璃、钢铁、火电以及其他严重污染水环境的生产项目。

（4）企业应当进行清洁生产。企业应当采用原材料利用效率高、污染物排放量少的清洁工艺，并加强管理，减少水污染物的产生。

(四) 城镇水污染防治

（1）城镇污水集中处理制度。城镇污水应当集中处理。县级以上地方人民政府应当通过财政预算和其他渠道筹集资金，统筹安排建设城镇污水集中处理设施及配套管网，提高本行政区域城镇污水的收集率和处理率。国务院建设主管部门应当会同国务院经济综合宏观调控、环境保护主管部门，根据城乡规划和水污染防治规划，组织编制全国城镇污水处理设施建设规划。县级以上地方人民政府组织建设、经济综合宏观调控、环境保护、水行政等部门编制本行政区域的城镇污水处理设施建设规划。县级以上地方人民政府建设主管部门应当按照城镇污水处理设施建设规划，组织建设城镇污水集中处理设施及配套管网，并加强对城镇污水集中处理设施运营的监督管理。城镇污水集中处理设施的运营单位按照国家规定向排污者提供污水处理的有偿服务，收取污水处理费用，保证污水集中处理设施的正常运行。向城镇污水集中处理设施排放污水、缴纳污水处理费用的，不再缴纳排污费。收取的污水处理费用应当用于城镇污水集中处理设施的建设和运行，不得挪作他用。城镇污水集中处理设施的污水处理收费、管理以及使用的具体办法，由国务院规定。

（2）城镇污水集中处理设施入水和出水的排放标准。向城镇污水集中处理设施排放水污染物，应当符合国家或者地方规定的水污染物排放标准。城镇污水集中处理设施的出水水质达到国家或者地方规定的水污染物排放标准的，可以按照国家有关规定免缴排污费。城镇污水集中处理设施的运营单位，应当对城镇污水集中处理设施的出水水质负责。环境保护主管部门应当对城镇污水集中处理设施的出水水质和水量进行监督检查。

（3）防治生活垃圾填埋场污染水环境。建设生活垃圾填埋场，应当采取防渗漏等措施，防止造成水污染。

(五) 农业和农村水污染防治

（1）管理农药的使用、运输、存贮，防止水污染。使用农药，应当符合国家有关农药安全使用的规定和标准。运输、存贮农药和处置过期失效农药，应当加强管理，防止造成水污染。

（2）地方政府有关部门应当加强对农药化肥施用的行政指导，防止水污染。县级以上地方人民政府农业主管部门和其他有关部门，应当采取措施，指导农业生产者科学、合理地施用化肥和农药，控制化肥和农药的过量使用，防止造成水污染。

（3）国家支持建设畜禽粪便、废水的综合利用或者无害化处理设施，防止水污染。国家支持畜禽养殖场、养殖小区建设畜禽粪便、废水的综合利用或者无害化处理设施。畜禽养殖场、养殖小区应当保证其畜禽粪便、废水的综合利用或者无害化处理设施正常运转，保证污水达标排放，防止污染水环境。

（4）科学合理地从事水产养殖，防止水产养殖造成的水污染。从事水产养殖应当保护水域生态环境，科学确定养殖密度，合理投饵和使用药物，防止污染水环境。

（5）防止农田灌溉中的水污染。农田灌溉渠道排放工业废水和城镇污水，应当保证其下游最近的灌溉取水点的水质符合农田灌溉水质标准。利用工业废水和城镇污水进行灌溉，应当防止污染土壤、地下水和农产品。

（六）船舶水污染防治

（1）船舶排放应当遵守船舶污染物排放标准。船舶排放含油污水、生活污水，应当符合船舶污染物排放标准。从事海洋航运的船舶进入内河和港口的，应当遵守内河的船舶污染物排放标准。

（2）禁止船舶残废油、船舶垃圾、有毒货物进入水体造成污染。禁止将船舶残油、废油排入水体。禁止向水体倾倒船舶垃圾。船舶装载运输油类或者有毒货物，应当采取防止溢流和渗漏的措施，防止货物落水造成水污染。

（3）船舶应当具备防污设备器材、船舶证书与文书、船舶作业记录簿等。船舶应当按照国家有关规定配置相应的防污设备和器材，并持有合法有效的防止水域环境污染的证书与文书。船舶进行涉及污染物排放的作业，应当严格遵守操作规程，并在相应的记录簿上如实记载。

（4）船舶应当具备污染物、废弃物的接收和处理设施。港口、码头、装卸站和船舶修造厂应当备有足够的船舶污染物、废弃物的接收设施。从事船舶污染物、废弃物接收作业，或者从事装载油类、污染危害性货物船舱清洗作业的单位，应当具备与其运营规模相适应的接收处理能力。

（5）船舶进行下列活动，应当编制作业方案，采取有效的安全和防污染措施，并报作业地海事管理机构批准：进行残油、含油污水、污染危害性货物残留物的接收作业，或者进行装载油类、污染危害性货物船舱的清洗作业；进行散装液体污染危害性货物的过驳作业；进行船舶水上拆解、打捞或者其他水上、水下船舶施工作业。在渔港水域进行渔业船舶水上拆解活动，应当报作业地渔业主管部门批准。

（七）饮用水水源和其他特殊水体保护

（1）饮用水水源保护区的设立和审批。国家建立饮用水水源保护区制度。饮用水水源保护区分为一级保护区和二级保护区；必要时，可以在饮用水水源保护区外围划定一定的区域作为准保护区。饮用水水源保护区的划定，由有关市、县人民政府提出划定方案，报省、自治区、直辖市人民政府批准；跨市、县饮用水水源保护区的划定，由有关市、县人民政府协商提出划定方案，报省、自治区、直辖市人民政府批准；协商不成的，由省、自治区、直辖市人民政府环境保护主管部门会同同级水行政、国土资源、卫生、建设等部门提出划定方案，征求同级有关部门的意见后，报省、自治区、直辖市人民政府批准。跨省、自治区、直辖市的饮用水水源保护区，由有关省、自治区、直辖市人民政府协商有关流域管理机构划定；协商不成的，由国务院环境保护主管部门会同同级水行政、国土资源、卫生、建设等部门提出划定方案，征求国务院有关部门的意见后，报国务院批准。国务院和省、自治区、直辖市人民政府可以根据保护饮用水水源的实际需要，调整饮用水水源保护区的范围，确保饮用水安全。有关地方人民政府应当在饮用水水源保护区的边界设立明确的地理界标和明显的警示标志。

（2）在饮用水水源保护区内，禁止设置排污口。

（3）饮用水水源一级保护区内禁止的活动。禁止在饮用水水源一级保护区内新建、改建、扩建与供水设施和保护水源无关的建设项目；已建成的与供水设施和保护水源无关的建设项目，由县级以上人民政府责令拆除或者关闭。禁止在饮用水水源一级保护区内从事网箱养殖、旅游、游泳、垂钓或者其他可能污染饮用水水体的活动。

（4）饮用水水源二级保护区内禁止或限制的活动。禁止在饮用水水源二级保护区内新建、改建、扩建排放污染物的建设项目；已建成的排放污染物的建设项目，由县级以上人民政府责令拆除或者关闭。在饮用水水源二级保护区内从事网箱养殖、旅游等活动的，应当按照规定采取措施，防止污染饮用水水体。

（5）饮用水水源准保护区内的禁止活动和生态保护措施。禁止在饮用水水源准保护区内新建、扩建对水体污染严重的建设项目；改建建设项目，不得增加排污量。县级以上地方人民政府应当根据保护饮用水水源的实际需要，在准保护区内采取工程措施或者建造湿地、水源涵养林等生态保护措施，防止水污染物直接排入饮用水水体，确保饮用水安全。

（6）供水安全受到威胁时的特殊措施。饮用水水源受到污染可能威胁供水安全的，环境保护主管部门应当责令有关企业事业单位采取停止或者减少排放水污染物等措施。

（7）授权各级政府制定特殊保护措施。国务院和省、自治区、直辖市人民政府根据水环境保护的需要，可以规定在饮用水水源保护区内，采取禁止或者限制使用含磷洗涤剂、化肥、农药以及限制种植养殖等措施。

（8）特殊经济文化价值水体的保护区制度。县级以上人民政府可以对风景名胜区水体、重要渔业水体和其他具有特殊经济文化价值的水体划定保护区，并采取措施，保证保护区的水质符合规定用途的水环境质量标准。

（9）特殊经济文化价值水体的保护区内建设活动的管制。在风景名胜区水体、重要渔业水体和其他具有特殊经济文化价值的水体的保护区内，不得新建排污口。在保护区附近新建排污口，应当保证保护区水体不受污染。

(八) 水污染事故处置

（1）各级人民政府及其有关部门，可能发生水污染事故的企业事业单位的应急义务。各级人民政府及其有关部门，可能发生水污染事故的企业事业单位，应当依照《中华人民共和国突发事件应对法》的规定，做好突发水污染事故的应急准备、应急处置和事后恢复等工作。

（2）有关企业事业单位制定应急方案和进行演练的义务。可能发生水污染事故的企业事业单位，应当制定有关水污染事故的应急方案，做好应急准备，并定期进行演练。生产、储存危险化学品的企业事业单位，应当采取措施，防止在处理安全生产事故过程中产生的可能严重污染水体的消防废水、废液直接排入水体。

（3）企业事业单位发生环境突发事件时应当启动应急预案，履行报告义务并接受调查处理。企业事业单位发生事故或者其他突发性事件，造成或者可能造成水污染事故的，应当立即启动本单位的应急方案，采取应急措施，并向事故发生地的县级以上地方人民政府或者环境保护主管部门报告。环境保护主管部门接到报告后，应当及时向本级人民政府报告，并抄送有关部门。造成渔业污染事故或者渔业船舶造成水污染事故的，应当向事故发生地的渔业主管部门报告，接受调查处理。其他船舶造成水污染事故的，应当向事故发生地的海事管理机构报告，接受调查处理；给渔业造成损害的，海事管理机构应当通知渔业主管部门参与调查处理。

【案例分析】

【案情】

2003年8月，由于天气干旱，农民甲的农作物缺水，甲便将某化肥厂排放的污水引入自己的农田灌溉，结果造成农作物死亡，甲要求化肥厂承担赔偿责任。双方发生纠纷。

【问题】

（1）农民甲可寻求哪些救济途径？

（2）与本案有关的关于责任的免除、减轻、转移等法律规定是什么？

（3）本案举证责任分配应当怎样进行？

（4）本案中，农民甲应当如何注意诉讼时效问题？

【解析】

（1）按照我国《环境保护法》第四十一条的规定："可以根据当事人的请求，由环境保护行政主管部门或者其他依照法律规定行使环境监督管理权的部门处理"；按照《水污染防治法》第八十六条的规定，农民甲可申请环保主管部门、海事管理机构或渔业主管部门按照职责分工调解处理，调解不成的，当事人可以向人民法院起诉，也可以直接向人民法院起诉。这说明，行政调解处理并不是提起诉讼的必要前置程序。另外，《水污染防治法》第八十八条规定，环境保护主管部门和有关社会团体可以依法支持因水污染受到损害的当事人向人民法院提起诉讼。

（2）化肥厂如果想免于承担责任，它必须证明污染损害的发生是由于不可抗拒的自然灾害，并经及时采取合理措施，仍然不能避免造成环境污染损害。这是我国《环境保护法》规定的免责事由。我国《水污染防治法》第八十五条也规定了免责事由：不可抗力、受害人故意；还规定了减轻责任的事由：受害人存在重大过失时可以减轻排污方的赔偿责任；还规定了替代责任的事由：第三人造成水污染损害时，先由排污方承担，排污方赔偿后有权向第三人追偿。

（3）根据《最高人民法院关于民事诉讼证据的若干规定》，因环境污染引起的损害赔偿诉讼，由加害人就法律规定的免责事由及其行为与损害结果之间不存在因果关系承担举证责任。也就是说，化肥厂的举证责任范围是法定的免责事由和不存在因果关系这两个方面。如果化肥厂不能证明这两个方面，它就要承担证明不能的后果，即承担败诉的风险。农民甲也不是不负举证责任，他需要提出证据证明损害已经发生、损害的数额、损害行为系由化肥厂作出、损害行为与损害后果之间存在着表面因果关系。如果农民甲不能证明这些事实，他也要承担败诉的风险。

（4）农民甲如果提起诉讼，为了防止超过诉讼时效，他必须知道或应当知道在自己的农作物受到侵害之日起 3 年内提起诉讼。我国环境污染损害赔偿提起诉讼的时效期间为 3 年，区别于普通的 2 年诉讼时效。

第八章　海洋环境保护法

第一节　海洋环境问题

一、海洋环境

海洋是指地球上连成一片的海和洋的总水域，包括海水、溶解和悬浮于水中的物质、海底沉积物和生活于海洋中的生物，还包括滨海湿地和与海岸相连或者通过管道、沟渠、设施，直接或者间接向海洋排放污染物及其相关活动的沿海陆地。海洋约占地球表面积的71%，是地球的主要自然地理区域和特殊的环境要素，海洋孕育了地球生命，创造并维持着人类赖以生存的自然条件。其中有作为人类生命系统的基本支柱和支持人类生存的丰富的物质和能量源泉，对人类的发展起着决定性的作用，同时海洋有着多样性的经济、科学和环境功能。海洋也是地球的气候调节器，直接影响着地球的气候，调节着地球的温度和湿度。海洋中的藻类每年能产生360亿吨氧气，占大气含氧量的3/4，因而海洋又被称为“地球之肺”，它对保持自然气候的平衡发挥着巨大的作用。海洋中埋藏的矿产资源极为丰富。海洋有着大量的能量资源储备，有人类生产生活所必需的储量巨大的金属及非金属资源，深深影响着人类的发展轨迹。

海洋环境保护随着海洋作用的加强与深化，已成为人类发展的重要组成部分，其领域日趋广泛，内容日益深刻，愈来愈受到人们的重视。海洋作为一个整体是地球环境的组成部分，又是全人类共同享有的环境。同时由于地理的原因，有些国家又可以更多地接受海洋环境的恩惠。我国是一个拥有广阔海域和广泛海上利益的国家，紧临世界最大的洋——太平洋，拥有渤海、黄海、东海和南海四大海区，领海面积38万平方公里，海域面积约473万平方公里，海岸线32 000多公里（其中大陆岸线18 000多公里，岛屿岸线14 000多公里），海岛6 500多个，渔场总面积281万平方公里，沿海滩涂面积2万平方公里。从总体上看，我国海洋地理区位优越，海洋环境类型多样，气候适宜，水质肥沃，海水营养盐丰富，海洋资源种类繁多，海洋资源与陆地资源具有较强的互补性。这片浩瀚的大海蕴藏着极为丰富的生物资源、矿产资源和旅游资源。据《中国21世纪议程》的资料披露，我国仅海洋石油资源就有451亿吨，天然气资源约14万立方米，其中近海油气资源量约占全国储量的1/3，目前年开采海底油气资源仅1 000万吨左右；海滨沙矿种类60多种、探明储量15.25亿吨。丰富的海洋资源对我国经济和社会的可持续发展具有重要的意义和作用。另外根据其自然属性，海洋对人类环境具有巨大的净化作用。人们认识到了海洋的这种功能，也在不断地利用这种功能。合理开发利用海洋资源，防治海洋环境污染，是我国经济和社会发展中的重要任务，也是我国实现可持续发展的重要条件。

二、海洋环境污染的概念

根据《海洋环境保护法》第九十五条的规定：海洋环境污染损害，是指直接或者间接把物质或者能量引入海洋环境，产生损害海洋生物资源、危害人体健康、妨碍渔业和海上其他合法活动、损害海水使用素质和减损环境质量等有害影响。

海洋环境也和地球上的其他区域环境一样，处于急需改善的危机之中。大气中的污染物质可以经由降水等自然作用沉降于陆地和海洋，陆地上的污染物质可以经由河流进入海洋，而海洋只能接受这些污染。作为人类所排放污染物质的最终载体，海洋环境所遭受的压力越来越大。海洋具有一定的自净能力。所谓自净能力就是指由于海水的不停运动以及海洋中发生的物理、化学、生物等过程的作用，污染物进入海洋环境后，会被海水稀释、扩散，或者通过氧化、还原、生物降解等综合作用而逐渐被分解破坏，转化为各种形式的物质。这种转化过程可以起到净化海水或无害化处理污染物质的作用，从而使海洋免受污染。但是海洋的自净能力是有限的。当进入海洋的污水、废弃物、有毒或有害物质的数量、浓度超过环境容量，即超过了海洋的自净能力时，就会造成海洋环境污染，诸如海洋油污染、海洋重金属污染、海洋热污染、海洋放射性污染等。所以，可以说海洋环境污染实际上就是向海洋排入超出其自净能力的污染物而必然出现的一种结果。

海洋环境污染是对海洋环境的一种输入性破坏。除了向海洋输入污染物质可以引起对海洋环境的破坏之外，引入其他非污染物质也有可能对海洋环境造成危害。例如，在不受控制的情况下外来物种可能会快速繁殖，这种入侵会对海洋生物多样性产生破坏性影响，并且有些破坏是不可逆的。海洋环境遭受的另一种破坏是取出性破坏。如过度捕鱼会对鱼类种群的延续造成威胁，滥采乱挖珊瑚礁就破坏了许多鱼类赖以生存的家园。

海洋污染危害主要有以下三个方面：

（1）损害海水使用素质和减损环境质量，损害海洋生物资源。海洋环境污染导致海洋生物赖以栖息繁衍的生态环境发生非自然的变化，从而影响到海洋生物资源的种类、质量和数量。

（2）危害人体健康。海洋生物资源是人类食物和药物的主要来源之一，由于食物链的传递性，受到污染的海洋生物经人类食用会对人体健康产生危害。

（3）妨碍渔业和海上其他活动。这包括造成渔产品的质量和数量的降低，渔场的外移、减少乃至消失，因海水富营养化导致的赤潮对海产养殖的损害。

三、海洋环境污染的特点

与其他环境污染相比较，海洋污染具有以下特点：

（一）污染源广

污染和损害海洋环境的主要污染源，有陆地污染源（简称陆源）和海洋工程项目、海岸工程项目、船舶及其相关活动、海洋倾倒和焚烧废物等污染源。其中既有固定源，又有流动源；既有常规性污染物排放，也有事故性污染物排放。而人类行为可以直接控制的污染源主要有：陆源污染、海岸工程污染、海洋工程污染、船舶污染、倾废污染、拆船污染等。

从世界范围来看，造成海洋污染的污染物70%以上来自陆地，海运和海上倾倒各占10%。

（二）扩散迁移范围大

地球上的海域连接成一片整体，不停流动的海水形成海流，将污染物扩散到各个角落。外国海域或公海的污染物可能漂流到我国海域，污染我国的海洋环境。同样，我国近海的污染物也会随海流扩散到其他海域。

（三）污染物质没有转移的场所

由于海洋只能接收这些污染物，没有或极少向外排出的路径。污染物排入海洋后，海洋仅仅能依靠其自身具有的自净能力，但只能降解不能排除，这就决定了海洋污染是持久性的污染。又由于不可降解物质最后停留在海洋里，这就更使海洋环境污染难以迅速消除。某些不易分解和不能分解的有毒有害物质在海洋中积累，经过海洋生物的富集而长期存在，甚至发生迁移，扩大和加重危害。

第二节　海洋环境保护立法概述

人类在利用海洋的活动中虽然也形成了许多法律文件，但在18世纪工业革命以前，关于海洋的立法主要是海洋领土法、航海法等，基本不存在海洋环境保护法。运用法律制度保护海洋环境，是与海洋环境问题的产生和发展相联系的。保护海洋环境的法律与保护陆地上的环境的法律一样，也是在海洋环境受到了严重的污染或破坏之后才逐步发展起来的。

一、国外防治海洋污染立法概述和防治海洋污染国际公约的签订

工业革命之后西方多数国家进入了大规模的工业生产阶段，尤其工业化中期因化学工业的迅速发展引起的污染逐渐蔓延到海洋。早期许多国家将海洋作为最大的排污场，因此海洋的纳污能力受到了来自工业污染的巨大冲击。因此，海洋环境污染也首先出现在工业发达国家的沿海局部海域。这类污染最先影响的是近岸海域，而遭受损失的首先也是这些海域的沿岸地区与国家，所以这些国家最早在法律上对海洋污染作出立法。学界一般认为 1899 年美国《河流和港口法》中出现的有关海洋环境污染防治的规定是最早的海洋环境保护立法，而各国普遍展开关于海洋污染防治的专门立法则始于第二次世界大战后，起初是为了防止海洋石油污染，而后扩及其他领域，再形成为生态保全和保护、污染防治与资源保护和管理相结合的海洋环境保护综合性立法。

许多沿海工业发达国家也都先后制定了保护海洋环境的法律、法规。如日本在 1967 年制定了《船舶油类污染海洋防治法》，1970 年制定了《海洋污染防治法》；美国在 1972 年及之后制定了《海洋倾倒法》、《海洋保护、研究和禁区法》和《海岸带管理法》；爱尔兰在 1956 年制定了《海洋油污法》；法国从 1964 年开始制定了一系列的海洋环境保护法律；英国有《海洋倾倒法令》；荷兰有《海水污染法》；新加坡有《防止海洋污染法令》；韩国有《海洋污染防治法》，等等。

由于海洋污染是全球性的环境问题，因而引起国际社会日益关注和重视，虽然各国在其国内立法中日益重视对海洋环境的保护，但海洋污染的特点导致了各国自我努力对控制海洋污染的无力和无奈。因为越来越多的国家在其本国立法中对控制海洋污染有了较深刻的理解和认识，直接推动了海洋环境保护的国际立法。国际海洋环境保护法的发展大致经过了以下三个阶段：

（一）初期发展阶段

这一阶段自各国对海洋环境保护产生国际协同认识起至 1972 年联合国“人类环境会议”前。

1954 年应英国政府邀请，在伦敦召开了关于防止海洋污染的专门外交会议。这次会议制定并通过了《1954 年国际防止海上油污染公约》，该公约虽然具有极为重大的历史意义，但它实际上并未起到禁止石油污染和改善海洋环境的作用。当时许多国家忙于第二次世界大战后的重建，没有兴趣解决海洋污染问题，这使得有关法律文件难以发挥应有的作用。

1958 年联合国在日内瓦召开了第一次海洋法会议。该会议制定并通过了四个公约，即《领海及毗连区公约》、《大陆架公约》、《公海公约》和《公海渔业及生物资源保护公约》。形成的四个公约中只有两个提到了海洋环境保护，并且只是一般号召性的规定，这种规定也不能真正解决防止海洋污染的问题。

（二）建立体系阶段

这一阶段从1972年“人类环境会议”开始到1992年6月3日在巴西里约热内卢举行的联合国环境与发展大会。这一时期国际海洋环境立法得到了迅速的发展。

人类环境会议通过了《人类环境宣言》，该宣言分两个部分：第一部分序言就人类与环境的关系、环境问题的严重性、环境问题的产生原因、全球环保目标和宗旨、进行国际合作的必要性等7项对人与环境及环境问题的核心作了全面阐述。第二部分公布了26项指导类环境保护的原则。其中第七项原则专门规定了对海洋环境进行全面保护的内容。

1974年3月22日，波罗的海沿岸各国缔结了《保护波罗的海区域海洋环境公约》。这是第一个对海洋污染实施全面控制的国际环境法律文件。

1972年联合国成立了负责环保事项的专门机构——联合国环境规划署，在这一专门机构的推动下海洋环境保护的国际立法工作迅速发展，在其指导下于1976年制定了《保护地中海免受污染公约》，这种模式既从特定区域沿海国的共同利益和特殊需要出发，又照顾到了不同国家的发展水平，所以该公约取得了很好的效果，成为区域海洋环境保护法的典范，被联合国环境规划署推广。

在这一阶段中，1982年《联合国海洋法公约》是海洋环境保护国际立法最主要的成就。它包括17个部分和9个附件，共计446条（其中正文320条）。其中第12部分是对“海洋环境的保护与保全”的专门规定，共有11节46条，几乎涉及了海洋环境保护的所有方面。该部分明确规定各国有保护和保全海洋环境的义务；有在享有开发其自然资源主权权利的同时不损害国外海洋环境的义务；确定了国际合作等重要原则。该公约反映了国际海洋环境保护发生的变化，即从单一的事后处理到综合的预防防治，从双边、多边的区域合作到全球性的整体合作。该公约的制定建立起全球海洋环境保护的法律体系框架，为各国海洋环境方面的立法提供了法律指导和依据。无论从公约的条文数量还是从条文内容来看，这部法律文件都表明国际社会对海洋环境已经有了更为全面和深刻的认识，保护海洋环境已经受到国际社会的空前重视。

（三）完善发展阶段

1992年6月3日至14日，联合国环境与发展大会在巴西里约热内卢举行，会议通过了五个文件，即《里约宣言》、《21世纪议程》、《关于森林问题的原则声明》、《气候变化框架公约》和《生物多样性公约》。其中，《里约宣言》宣布了环境与发展的27条原则。《里约宣言》与《人类环境宣言》相比有四大突破：不再片面提出环境问题和环境保护措施，而是认识到了环境问题与发展问题的密切关系；提出建立“比全球合作更加紧密和明确的新的公平的全球伙伴关系”；正式将可持续发展确立为思想基础；确认发达国家与发展中国家在环境恶化与环境保护上承担共同但有区别的责任。虽然该宣言本身不具有法律约束力，但它确定了可持续发展这一国际社会共同的发展思路，对各国的国内立法和政治、法律实践具有明显的指导作用。

《21世纪议程》是实践《里约宣言》的行动计划，共有4篇40章1 418条，是一项面向21世纪的综合行动规划。它虽然也与宣言一样不具有法律约束力，但反映了关于发展与环境合作的全球共识和最高级别的政治承诺。其第17章“保护大洋和各种海洋，包括封闭和半封闭海以及沿海区，并保护、合理利用和开发其生物资源”是专门针对海洋的，以《联合国海洋法公约》建立起的法律框架和机制为基础，强调对海洋尤其是近岸海域环境及资源的保护和可持续利用。

受联合国环境与发展大会的影响，在联合国《21世纪议程》出台后，我国率先制定了自己的21世纪议程——《中国21世纪议程——中国21世纪人口、环境与发展白皮书》。其他许多国家也根据《联合国海洋法公约》和联合国《21世纪议程》对其国内保护海洋环境的法律、政策进行了调整和完善。到1994年11月16日，《联合国海洋法公约》正式生效。截至2003年12月23日，已有145个国家和地区正式批准或加入了该公约。

二、我国有关海洋环境保护的立法

1972年的人类环境会议有力地推动了我国环境法制建设，其中包括海洋环境保护法制建设的发展。1974年国务院批准发布了《中华人民共和国防止沿海水域污染暂行规定》。这是我国防治海洋环境污染的第一个规范性法律文件。该暂行规定对防止油类和其他有害物质污染沿海水域作了10条规定，对沿海工矿企业、渔业、船舶、油轮、临海油库、炼油厂、油运码头及油类装卸作业设备等排污单位，都分别作了具体的规定。在我国1979年《环境保护法（试行）》中对海洋环境污染防治作了原则性的规定。为贯彻实施《环境保护法（试行）》，国务院环境保护领导小组于1982年4月6日颁布了《海水水质标准》。该标准按照海水的用途将海水水质要求分为三类。该标准还按三类水质的要求分别规定了海水中有害物质最高容许浓度，另外还规定了防护措施和监督执行的机关。

由于《海洋环境保护法》制定时值改革开放初期，当时对海洋环境保护的认识有着很大局限性，立法规定的内容主要限于污染防治，且注重于防止单个工业污染源污染损害海洋环境，未从整体上对保护海洋环境特别是保护海洋生态作出明确、具体规定，对城市生活污水、农业废水排放，赤潮、病毒和养殖污染等也未作规定，或者规定得过于原则化，使该法的适用范围受到限制。我国在该法实施后，被相继批准加入了《1969年国际油污损害民事责任1992年议定书》、《1990年国际油污防备、反应和合作公约》、《国际海洋环境保护公约》及其议定书，特别是被批准加入了《联合国海洋法公约》，导致我国在国际海洋事务中的权利和义务发生变化，既享有国际公约规定的权利和利益，也必须履行我国作出的国际承诺，且应在我国相关法律中体现出来。因此对该法进行修订是十分必要的，第九届全国人大常委会第13次会议通过了该法的修订决定，对该法进行了大规模修订。修订后的《海洋环境保护法》将立法目的修改为：为了保护和改善海洋环境，保护海洋资源，防治污染损害，维护生态平衡，保障人体健康，促进经济和社会的可持续发展。这不仅在文字上较原法更准确、严谨，扩大了该法的适用范围，更标志着我国海洋环境保护战略和指导思想的重大改变。修订后的《海洋环境保护法》新增“海洋环境监督管理”和“海洋生态保护”两章，分别作为第二章和第三章，修改了原有大部分章节的名称用词，调整了各章顺序，使该法扩为10章，共98条。

除专门性的海洋环境保护法律、法规外，在《环境保护法》、《水污染防治法》、《固体废物污染环境防治法》、《渔业法》、《中华人民共和国海域使用管理法》、《中华人民共和国海上交通安全法》、《中华人民共和国海商法》等法律中也有关于海洋环境保护的规定。我国还积极参加了海洋环境保护的国际合作，先后加入了《联合国海洋法公约》等国际海洋环境保护公约。

第三节　我国海洋环境保护的主要法律规定

一、立法目的

《海洋环境保护法》第一条对立法目的作了明确的规定：保护和改善海洋环境，保护海洋资源，防治污染损害，维护生态平衡，保障人民健康，促进经济和社会的可持续发展。

其中促进经济和社会的可持续发展的目的表明了海洋环境保护不仅仅是海洋事业发展的需要，而且是事关整个国民经济甚至人类命运的大事。海洋环境保护要正确处理经济发展与环境污染的矛盾。保护海洋环境的目的不是要限制经济发展，而是要在保护环境的同时促进经济和社会的可持续发展。

二、法的适用范围和适用对象的规定

（一）法的适用范围

《海洋环境保护法》第二条规定：本法适用于中华人民共和国内水、领海、毗连区、专属经济区、大陆架以及中华人民共和国管辖的其他海域。在中华人民共和国管辖的海域以外，造成中华人民共和国管辖海域污染的，也适用本法。该条宣布了《海洋环境保护法》的空间效力。其中对“内水”在该法第九十五条中作了狭义解释：是指自我国领海基线向内陆一侧的所有海域。按此义理解，内水的范围应包括海湾、海峡、岛屿、岬角、海港、河口湾、测算领海的基线与海岸之间的海域、被陆地所包围或通过狭窄水道连接海洋的海域。领海是指领海基线以外、领海外部界线以内的一定宽度的海域。依照《中华人民共和国领海及毗连区法》第三条规定：我国领海宽度为12海里，我国对领海的主权及于领海上空、海床及海底上。

由于海洋是流动的整体，排放和倾倒到海洋的污染物在海洋中稀释扩散或迁移不会

受沿海国确定的管辖海域范围的限制；同时尽管某些排放、倾倒污染物的行为不在我国管辖海域内，该行为产生的损害后果却直接及于我国的管辖海域，对我国海洋环境权造成危害，应该承担相应的责任。因此，我国的法律有必要规定域外效力。该项规定与《联合国海洋法公约》的相关规定是一致的。

（二）法的适用对象

关于对人的适用范围，《海洋环境保护法》第二条第二款规定：在中华人民共和国管辖海域内从事航行、勘探、开发、生产、旅游、科学研究及其他活动，或者在沿海陆域内从事影响海洋环境活动的任何单位和个人，都必须遵守本法。

三、海洋环境监督管理的法律规定

（一）海洋环境监督管理的职责分工

根据《海洋环境保护法》第五条的规定，我国海洋环境保护监督管理体制按“统一监督管理，分工负责”的原则构建，这是根据海洋环境的特点确定的。海洋是统一的整体，对其保护不应受行业和行政区域的限制，应当实行统一监督管理；同时海洋功能、生态和污染原因的多样性，使得各个海区的环境保护要求及所采取的措施呈现明显的区域性、行业性的特点，因而又必须采取部分分工和地方分级监督管理的方法，才能充分发挥各部和沿海地方的积极性，既分工又合作，提高效率，便于有效管理，切实保护好海洋环境。根据这一原则，我国海洋环境保护监督管理体制的具体构成是：

国务院环境保护行政主管部门作为对全国环境保护工作统一监督管理的部门，对全国海洋环境保护工作进行指导、协调和监督，并负责全国防治陆源污染物和海岸工程建设项目对海洋污染损害的环境保护工作；国家海洋行政主管部门负责海洋环境的监督管理，组织海洋环境的调查、监测、监视、评价和科学研究，负责全国防治海洋工程建设项目和海洋倾倒废弃物对海洋污染损害的环境保护工作；国家海事行政主管部门负责所辖港区区域内非军事船舶和港区水域外非渔业、非军事船舶污染海洋环境的监督管理，负责污染事故的调查处理，对在中华人民共和国管辖海域航行、停泊和作业的外国籍船舶造成的污染事故登轮检查处理。船舶污染事故给渔业造成损害的，应当吸收渔业行政主管部门参与调查处理；国家渔业行政主管部门负责渔港水域内非军事船舶和渔港水域外渔业船舶污染海洋环境的监督管理，负责保护渔业水域生态环境工作，并调查处理前文提及的污染事故以外的渔业污染事故；军队环境保护部门负责军事船舶污染海洋环境的监督管理及污染事故的调查处理。

沿海县级以上地方人民政府行使海洋环境监督管理权的部门的职责，由省、自治区、直辖市人民政府根据《海洋环境保护法》及国务院有关规定确定。

（二）海洋环境监督管理法律制度

1. 总量控制制度

海洋环境保护法中的总量控制制度是指重点海域污染物排海总量控制制度。国家建立并实施重点海域排污总量控制制度，确定主要污染物排海总量控制指标，并对主要污染源分配排放控制数量。我国历史上长期实行单一的浓度控制制度，这种仅以污染物的最高容许浓度作为排放限制的制度，不能适应海域功能类别多样性的特点，对依不同海域的功能区分别采取"高功能海域实行高标准保护，低功能海域实行低标准保护"的合理保护原则的实施形成障碍。同时单一的浓度控制虽可控制污染物的入海浓度，但由于缺乏必要和必需的数量控制要求，难以适用于海水水质整体保护的目标与要求，仍不能有效遏制污染物的排放入海，造成或可能造成因排放总量过多而损害海洋环境质量。

总量控制的核心要求是削减受控的主要污染物的排放总量，采用下达控制指标（即总量削减指标）并附以时限要求的强制实施形式。《海洋环境保护法》第二十九条规定，向海域排放陆源污染物，必须严格执行国家和地方规定的标准和有关规定。该法第五条规定，在实行总量控制的重点海域，水污染物排放标准的制定除将国家和地方海洋环境质量标准作为重要依据之一，还应将主要污染物排海总量控制指标作为重要依据。这两条规定确定了在实施总量控制海域所执行的"标准和有关规定"既有浓度控制的要求，还有总量控制的要求，即"双达标"的强制性要求。

2. 海洋污染事故应急报告制度

《海洋环境保护法》规定的这一制度，主要包括重大海上污染事故应急计划制订与实施和海洋环境执法与事故处理两个方面。

在《海洋环境保护法》中，重大海上污染事故专指重大海上溢油事故，包括海洋石油钻井船、钻井平台和采油平台及海上有关设施发生的海洋石油勘探开发重大海上溢油事故，船舶特别是大型和超大型油轮因碰撞、触礁、搁浅、火灾、爆炸、影响适航性能的机件或重要属具的损坏或灭失、船舶沉没等海难事故造成的船舶重大海上溢油事故和海洋石油勘探开发、船舶、港口、码头、装卸站和船舶修造厂在油类石油运输装卸作业活动造成的可能导致沿海部分区域海洋环境污染的沿海重大海洋污染事故。

重大海上污染事故应急计划的制订主体及权限：全国重大海上污染事故应急计划由国务院制订；全国海洋石油勘探开发重大溢油应急计划由国家海洋行政主管部门制订，报国务院环境保护行政主管部门备案；全国船舶重大海上溢油污染事故应急计划由国家海事行政主管部门制订，报国务院环境保护行政主管部门备案；沿海重大海洋污染事故应急计划由可能发生事故的单位制订，并向当地环境保护和海洋行政主管部门备案。

同时该法规定了海洋环境执法与事故处理的事项：海上巡航权、海上联合执法权、事故调查权、对造成事故的外国籍船舶进行登轮检查处理的登临权、事故应急时采取必要的有效措施的紧急管理权（如扣押权、紧追权等）、事故处理权、代表国家对事故责任者提出赔偿要求的权力、行政处罚权等。

3. 海洋功能区划和海洋环境保护规划制度

海洋功能区，是指根据海洋的自然资源条件、环境状况和地理位置，综合考虑海洋开发利用现状和社会、经济发展与环境保护的要求所划定的，具有特定主导功能，能够发挥海洋最佳效益的区域。

实行海洋功能区划制度，可以科学合理地利用海洋功能和使用海域，以取得最佳综合效益。2002 年 9 月国务院批准了《全国海洋功能区划》，为加强海域使用管理和海洋环境保护提供了具有法定效力的依据。根据这一规划，我国管辖海域划分为港口航运区、渔业资源利用与保护区、旅游区、海水资源利用区、工程用海区、海洋保护区、特殊利用区、保留区等 10 种主要海洋功能区。

海洋环境保护规划必须依据海洋功能区划来制定，规划是海洋环境保护工作的基础和行动的实施方案。海洋环境保护规划的主要内容包括：海洋环境保护总体和具体目标、主要任务和措施、海洋环境保护投资、对各部门和沿海各地方的具体要求等。《海洋环境保护法》第七条规定，国家根据海洋功能区划制定全国海洋环境保护规划和重点海域区域性海洋环境保护规划。毗邻重点海域的有关沿海省级人民政府及其有关部门，可以建立海洋环境保护区域合作组织，负责实施重点海域区域性海洋环境保护规划。

四、保护海洋生态系统

海洋生态环境是海洋生物和人类生存和发展的基本条件。海洋生态保护是全球自然保护的薄弱环节，全世界目前只有不足 0.5%的海洋面积被列为保护区。同时，海洋开发利用活动对海洋生态环境的破坏日益严重，成为制约海洋环境可持续利用的重要因素，1999 年修订后的《海洋环境保护法》新增加保护海洋生态系统的内容，这也从侧面反映出我国保护海洋生态系统的迫切性。

（一）政府对海洋生态保护的职责及保护范围

《海洋环境保护法》第二十条规定：国务院和沿海地方各级人民政府应当采取有效措施，保护红树林、珊瑚礁、滨海湿地、海岛、海湾、入海河口、重要渔业水域等具有典型性、代表性的海洋生态系统，珍稀、濒危海洋生物的天然集中分布区，具有重要经济价值的海洋生物生存区域及有重大科学文化价值的海洋自然历史遗迹和自然景观。对具有重要经济、社会价值的，已遭到破坏的海洋生态环境，应当进行整治和恢复。

（二）海洋生态自然（特殊）保护区的建立

具有下列条件之一的，应当建立海洋自然保护区：

（1）典型的海洋自然地理区域、有代表性的自然生态区域，以及遭受破坏但经保护能恢复的海洋自然生态区域；

（2）海洋生物物种高度丰富的区域，或者珍稀、濒危海洋生物物种的天然集中分布区域；

（3）具有特殊保护价值的海域、海岸、岛屿、滨海湿地、入海河口和海湾等；

（4）具有重大科学文化价值的海洋自然遗迹所在区域；

（5）其他需要予以特殊保护的区域。

具有特殊地理条件、生态系统、生物与非生物资源及海洋开发利用特殊需要的区域，可以建立海洋特别保护区，采取有效的保护措施和科学的开发方式进行特殊管理。国务院有关部门和沿海省级人民政府应当根据保护海洋生态的需要，选划、建立海洋自然保护区。国家级海洋自然保护区的建立须经国务院批准。

（三）其他涉海行为的规定

引进海洋动植物物种，应当进行科学论证，避免对海洋生态系统造成危害。沿海地方各级人民政府应当结合当地自然环境的特点，建设海岸防护设施、沿海防护林、沿海城镇园林和绿地，对海岸侵蚀和海水入侵地区进行综合治理。禁止毁坏海岸防护设施、沿海防护林、沿海城镇园林和绿地。开发利用海洋资源，应当根据海洋功能区划合理布局，不得造成海洋生态环境破坏。新建、改建、扩建海水养殖场，应当进行环境影响评价。海水养殖应当科学地确定养殖密度，并应当合理投饵、施肥、正确使用药物，防止造成海洋环境的污染。

五、防止陆源污染物对海洋环境污染损害

陆源污染物是指由陆地向海洋排放的造成和可能造成海洋环境污染的物质。对此《海洋环境保护法》作了专章规定，1990年施行的《防治陆源污染物污染损害海洋环境管理条例》也作了进一步具体规定，其主要内容如下：

（一）排污单位和个人应尽的义务

任何单位和个人向海域排放陆源污染物，必须执行国家和地方的排放标准和有关规定；按规定进行排污申报登记、缴纳排污费，治理所造成的污染。

（二）防止放射性物质污染海洋环境的规定

禁止向海域排放高、中水平的放射性废水；严格限制向海域排放低水平的放射性废水，确需排放的，应严格执行国家辐射防护规定。

（三）防止传染病原体污染规定

含病原体的医疗污水、生活污水和工业废水必须经过处理，符合国家有关排放标准后，方能排入海域。

（四）防止海水富营养化的规定

应当严格控制含有机物和营养物质的工业废水、生活污水向自净能力差的海域（如海湾、半封闭海区）排放。海水富营养化是指含有大量氮、磷等营养物质进入海域，引起藻类及其他浮游生物大量繁殖、海水中溶氧量下降、水质恶化的现象。当海域出现富

营养化现象时，会使鱼类大量死亡，甚至形成“赤潮”。

(五) 防止热污染的规定

防止热污染的目的主要是保护渔业等水产资源业不受其损害。热污染是指含热能废水排入海域，引起局部海区水温升高，水中溶解氧减少，水质恶化，危害海域生物的现象。向海域排放含热废水，必须采取有效措施，保证邻近渔业水域的水温符合国家海洋环境质量标准，避免热污染对水产资源造成危害。

(六) 防止农药污染海洋环境的规定

为防止化学农药污染海洋环境，沿海农田、林场施用化学农药，必须执行国家农药安全使用的规定和标准，禁止将失效或禁用的药物及器具弃置岸滩。

(七) 防止固体废物污染海洋环境的规定

禁止在岸滩擅自堆放、弃置和处置固体废物；确需临时堆放、处理固体废物的，须经批准；经批准在岸滩设置废物堆放场和处理场的，必须建造防护堤和防渗漏、防扬尘等设施，并经验收合格后方可使用。获准使用的堆放处理场内，不得堆放、弃置未经批准的其他种类的废物。不得露天堆放或者作为最终处置方式露天堆放（如填埋等）危险废物。

(八) 加强对入海排污口和入海河流的管理

沿海城市污水已成污染海洋环境的重要因素，沿海城市人民政府应当建设和完善城市排水管网，有计划地建设城市污水处理厂或者其他污水处理设施，加强城市污水的综合整治。

六、防止海岸工程建设项目对海洋环境污染的损害

海岸工程建设项目是指位于海岸或者与海岸连接，为控制海水或者利用海洋完成部分或者全部功能，并对海洋环境有影响的基本建设项目、技术改造项目和区域开发工程建设项目。其包括港口码头工程、入海河水利工程、沿海涂围垦工程、潮汐发电工程，以及其他与海洋资源开发、利用有关的各种工程。不合理的海岸工程建设项目会破坏海岸生态系统，污染损害海洋环境，易引起港口、航道淤积，破坏海洋生物的生存环境等。

(一) 海岸工程建设项目必须严格执行环境影响报告书制度和“三同时”制度

海岸工程建设项目首先必须符合国家有关建设项目环境保护管理的规定，符合海洋环境区划的要求，这是编制环境影响报告书的必要前提。《海洋环境保护法》规定，禁止在沿海陆域内新建不具备有效治理措施的化学制浆、造纸、化工、印染、制革、电镀、酿造、炼油、岸边海滩拆船以及其他严重污染海洋环境的工业生产项目。严格限制

在海岸采挖砂石。露天开采海滨砂矿和从岸上打井开采海底矿产资源，必须采取有效措施，防止污染海洋环境。《海洋环境保护法》第四十三条规定：海岸工程建设项目的单位，必须在建设项目可行性研究阶段，对海洋环境进行科学调查，根据自然条件和社会条件，合理选址，编报环境影响报告书。海岸工程建设项目的环境保护设施，必须与主体工程同时设计、同时施工、同时投产使用。

（二）采取措施保护水产资源

不合理的海岸工程对水产资源的影响主要有：工程设施直接挤占水产资源生存繁殖场所，影响附近水域水文动力状况和物理、化学因素，使水中生物失去适宜的环境；由于入海河水被截流，入海营养物质减少，鱼、虾、贝类失去饵料，藻类失去肥源；闸坝阻碍溯河性鱼、蟹类产卵回游等。兴建海岸工程建设项目，必须采取有效措施，保护国家和地方重点保护的野生动植物及其生存环境和海洋水产资源。

七、防止海洋工程建设项目对海洋环境污染的损害

《海洋环境保护法》中规定的海洋工程是指在海岸线以下的施工工程，如开发海底隧道、铺设海底电缆、建设人工岛屿、在海岸线以下进行的不包括海岸的工程。海洋石油勘探开发等海洋工程建设项目可能对工程开发区域和周围海域的生态平衡造成污染及损害，对海产养殖、海洋捕捞、海上交通运输等活动产生不良影响。因此《海洋环境保护法》专门就防止海洋工程建设项目对海洋的污染损害作了规定。

（一）海洋工程建设项目必须严格执行环境影响报告书制度和“三同时”制度

海洋工程建设项目必须符合海洋功能区划、海洋环境保护规划和国家有关环境保护标准。在可行性研究阶段编报海洋环境影响报告书，包括防止污染损害海洋环境的有效措施，依照法定程序报请有关部门批准。海洋工程建设项目的环境保护设施，必须与主体工程同时设计、同时施工、同时投产使用。环境保护设施未经海洋行政主管部门检查批准，建设项目不得试运行；环境保护设施未经海洋行政主管部门验收，或者经验收不合格的，建设项目不得投入生产或者使用。拆除或者闲置环境保护设施，必须事先征得海洋行政主管部门的同意。

（二）对特殊污染物质和污染行为的专门规定

海洋工程建设、海洋环境整治和海洋调查活动常采用海上爆破作业的手段。海上爆破可能对海洋生物资源，尤其是渔业资源造成危害，为避免此类现象发生，《海洋环境保护法》第五十条规定：海洋工程建设项目需要爆破作业时，必须采取有效措施，保护海洋资源。如选用电花火、空气枪等非爆破性勘探方法，避开鱼类产卵、繁殖、捕捞期和渔场作业区，作业前须报告主管部门，作业时应有明显标志、信号等。海洋工程建设项目，不得使用含超标准放射性物质或者易溶出有毒有害物质的材料。

（三）海洋工程建设废弃物排放的规定

海洋石油钻井船、钻井平台和采油平台的含油污水和油性混合物，必须经过处理达标后排放；残油、废油必须予以回收，不得排放入海。经回收处理后排放的，其含油量不得超过国家规定的标准。其中所使用的油基泥浆和其他有毒复合泥浆不得排放入海。水基泥浆和无毒复合浆及钻屑的排放，必须符合国家有关规定。海洋石油钻井船、平台和采油平台及其有关海上设施，不得向海域处置含油的工业垃圾。处置其他工业垃圾的，不得造成海洋环境污染。

（四）防止海上作业油类污染的规定

海上作业油类污染主要由于海上试油时的油气燃烧不充分而流入海洋或作业事故溢油造成。为此《海洋环境保护法》第五十三条规定：海上试油时，应当确保油气充分燃烧，油和油性混合物不得排放入海。

八、防止倾倒废弃物对海洋环境的污染损害

倾倒废弃物是指通过船舶、航空器、平台或其他运载工具，将废弃物或其他有害物质投入海洋，包括弃置船舶、航空器、平台和其他浮游工具、与海底矿物资源勘探开发相关的海上加工所产生的废弃物、从陆地发运的生产生活废弃物等。

向海洋倾废是常见的一种费用低、简便易行的利用海水净化能力处置废弃物的方式，但如果方式不当或者管理不妥，则极易造成海洋污染。《海洋环境保护法》及国务院发布的《海洋倾废管理条例》对此作了具体的规定。

（一）倾倒废物的分类

根据废弃物的毒性、有害物质含量和对海洋环境的影响等因素，废弃物可分为三类：第一类为禁止倾倒的废弃物，包括长期不能分解或者含有剧毒，或者严重妨碍航行、渔业及其他海上活动的物质；第二类为需要获得特别许可方能倾倒的废弃物，包括对海洋生物没有剧毒性，但能在其体内富集，污染水产品，危害航行、渔业及其他可移动的废弃物质；第三类指不属于前两类的其他低毒或无毒的废弃物。这三类物质的具体标准，由国家海洋行政主管部门制定。

（二）划定海洋倾倒废物区的规定

选划海洋倾倒废物区，可以在一定程度上避免或减少海洋倾废造成的环境污染损害，有利于从严掌握和控制倾废活动，也便于对倾废活动进行监督。国家海洋行政主管部门按照科学、合理、经济、安全的原则选划海洋倾倒废物区，经国务院环境保护行政主管部门提出审核意见后，报国务院批准。国家海洋行政主管部门监督管理倾倒废物区的使用，组织倾倒废物区的环境监测。对经确认不宜继续使用的倾倒废物区，国家海洋

主管部门应当予以关闭。获准倾倒废弃物的单位，必须按照许可证注明的期限及条件，到指定的区域进行倾倒。

（三）倾废许可证的规定

任何单位和船舶、航空器、平台及其他载运工具向海洋倾废，均须事先向国家海洋局申请，经批准并发给倾废许可证后，方可从事倾废活动。海洋倾废许可证的种类对应着三类废弃物，分为三种：第一种是紧急许可证，适用于第一类废弃物，该类废弃物本系禁止倾倒的物质，但当出现紧急情况，在陆地处置该类废弃物会严重危及人体健康时，经批准获得该许可证，到指定海区按规定的方法倾倒。第二种是特别许可证，适用于第二类废弃物。第三种是普通许可证，适用于第三类废弃物。

（四）倾废单位的义务

《海洋倾废管理条例》规定需要倾废的单位须事先提出申请并附报拟倾倒废弃物的特性和成分检验单；领取许可证后，在装载废弃物时，应通知主管部门核实，并按许可证规定的期限和条件，到指定的海区倾废；倾倒时要如实填写记录上报主管部门；运载工具应有明显标志和信号；因倾废活动造成海洋污染损害，应承担损害赔偿责任。

（五）倾废活动主管部门的职责

海洋倾废活动主管部门是国家海洋局及其派出机构。主管部门在签发许可证时要严格审查，在倾废单位装载废弃物时应予以核实，如发现实际装载与许可证所注明的内容不符，应责令停止装运，情节严重的，应终止或吊销许可证；对倾倒活动进行监视和监督，处理因倾废引起的污染损害纠纷等。国家海洋行政主管部门监督管理倾倒区的使用，组织对倾倒区的环境监测。

（六）境外废弃物的管理

外国的废弃物不得运至我国管辖海域进行倾倒，包括弃置船舶、航空器、平台和其他海上人工构造物。违者由主管部门责令其限期治理，支付清除污染费，赔偿损失，并处以罚款；以倾倒为目的，经过中华人民共和国管辖海域运送废弃物的任何船舶及其他载运工具，应当在进入中华人民共和国管辖海域15天之前，通报主管部门，同时报告进入中华人民共和国管辖海域的时间、航线以及废弃物的名称、数量及成分；外国籍船舶、平台在中华人民共和国管辖海域内，由于海底矿物资源的勘探开发及与勘探开发相关的海上加工产生的废弃物和其他物质需要向海洋倾倒的，应按规定程序报经主管部门批准。

九、防止船舶及有关作业活动对海洋环境的污染损害

从事海上运输和其他海上作业活动的船舶，有可能由于违章排放或海损事故等污染

海洋，《海洋环境保护法》对于防治船舶及有关作业活动对海洋环境的污染作了一些专门规定。

（一）防污设备

船舶必须配置相应的防污设备和器材。运载具有污染危害物质货物的船舶，其结构与设备应当能够防止或者减轻所载货物对海洋环境的污染。150 总吨以上的油轮和 400 总吨以上的非油轮，应当设有相应的防污设备和器材。不足 150 总吨的油轮和不足 400 总吨的非油轮，应当有专用容器，用以回收残油、废油。造船、修船、拆船和打捞船单位均应备有防止污染的器材和设备；进行作业时，应当采取预防措施，防止油类、油性混合物和废弃物污染海域。

（二）防污文书

防污文书是指防治海洋环境污染的证书与文书，船舶必须按照有关规定持有防治海洋环境污染的证书与文书，在进行涉及污物排放的操作时，应当如实记录。150 总吨以上的油轮和 400 总吨以上的非油轮，应当备有《油类记录簿》。载运 2 000 吨以上的散装货油的船舶，应当持有有效的《油污损害民事责任保险或其他财务保证证书》或《油污损害民事责任信用证书》，或提供其他财务信用保证。150 总吨以上的油轮和 400 总吨以上的非油轮，排放含油污水，必须按照国家有关船舶污水的排放标准和规定进行，并如实记录。

（三）船舶载运具有污染危害性货物的污染防治

载运具有污染危害性货物进出港口的船舶，其承运人、货物所有人或者代理人，必须事先向海事行政主管部门申报。经批准后，方可进出港口、过境停留或者装卸作业；需要船舶装运污染危害性不明的货物的，应当按照有关规定事先进行评估。船舶在港口进行散装有毒害液态危险货物时，应严格执行操作的各项规定；船舶在港口进行装卸有毒害、含腐蚀或放射性危险货物时，船方和作业单位都必须采取预防措施，防止货物落水；一旦发生事故，应采取紧急措施，进行打捞清除，并立即向港务监督报告，及时通告有关单位，采取措施，防止造成重大危害。

（四）污染事故的处理

船舶发生海难事故，造成或者可能造成海洋环境重大污染损害的，国家海事行政主管部门有权强制采取避免或者减少污染损害的措施。对在公海上因发生海难事故，造成中华人民共和国管辖海域重大污染损害后果或者具有污染威胁的船舶、海上设施，国家海事行政主管部门有权采取与实际的或者可能发生的损害相称的必要措施。

所有船舶均有监视海上污染的义务，在发现海上污染事故或者违反《海洋环境保护法》规定的行为时，必须立即向就近的海洋环境监督管理部门报告。

(五)船舶污染损害民事赔偿制度

《海洋环境保护法》第六十六条规定,国家完善并实施船舶油污损害民事赔偿责任制度;按照船舶油污损害赔偿责任由船东和货主共同承担风险的原则,建立船舶油污保险、油污损害赔偿基金制度。具体办法由国务院制定。

十、防止拆船污染损害海洋环境的法律规定

拆船是指废船冲滩拆解或者对停靠拆船码头、船坞、完全处于水上的废船进行拆解,包括岸边拆船和水上拆船。拆船是综合利用废旧物资的一种形式,但如果行为不当,也会造成污染。

(一)合理设置拆船厂

地方人民政府应结合本地区特点、环境状况和技术条件,统筹规划、合理设置拆船厂;并规定在饮用水源地、海水淡化取水点、盐场、重要渔业水域、海水浴场、风景名胜区及其他需要特别保护的区域,不得设置拆船厂。

(二)防污设施

拆船单位必须配备或设置防止拆船污染必需的拦油装置、废油接收设备、含油污水接收处理设施或者设备、废弃物回收处理场等,并经环境保护部门验收合格后方可进行拆解。

(三)监督管理

监督拆船污染的主管部门有权对拆船单位的拆船活动进行检查。对于严重污染环境的拆船单位,可依法采取限期治理措施。拆船单位应当健全环境保护规章制度,并认真组织、实施。

(四)拆解作业污染防治

拆船单位在废船拆解前必须清除易燃、易爆和有毒物质;关闭海底阀,封闭可能引起油污水外溢的管道。垃圾、残油、废油、油泥、混合油污水和易燃、易爆物品等废弃物必须送到岸上集中处理,但不得采用渗坑、渗井的处理方式。在拆解废油船前,必须进行洗舱、排污、清舱、测爆等工作。在水上进行拆船作业的,必须事先采取有效措施,严格防止溢出、散入水中的油类和其他飘浮物扩散;一旦出现溢出、散入的状况,必须及时收集处理。排放洗舱水、压舱水和舱底水必须符合国家和地方规定的排放标准。拆下的船舶部件或废弃物,不得投弃或者存放水中。船舶拆解完毕,拆船者应当及时清理拆船现场。拆船单位关闭或者搬迁必须及时清理遗留的污染物,并由拆船监督主管部门检查验收。

【案例分析】

【案情】2002年11月23日凌晨4时零8分，英菲尼特航运公司所属马耳他籍“塔斯曼海”油轮与大连旅顺顺达船务有限公司所属中国籍“顺凯1号”货轮在天津大沽锚地东部海域23海里处发生碰撞，“塔斯曼海”邮轮右舷第四舱破损。载有81 398吨原油的“塔斯曼海”邮轮发生原油泄漏，在海面形成长4.6公里、宽2.6公里的原油漂流带。

事故发生后，国家海洋局北海监测中心于11月26日至12月23日对事故区域进行5次深入细致的调查和取证，对照事故前2002年11月17日对事发水域进行的海水和沉积物监测结果，证明事故海域被严重污染。

11月28日，天津市海洋局率先向天津海事法院提出申请，要求扣押肇事“塔斯曼海”油轮进行财产保全，并责令其提供1 500万美元的担保。天津海洋局请求法院依法判令：①英菲尼特航运有限公司和伦敦汽船船东互保协会两被告赔偿原告海洋环境容量损失3 600万元、海洋生态服务功能损失738.17万元、海洋沉积物恢复费2 614万元、潮滩生物环境恢复费1 306万元、浮游植物恢复费60.84万元、浮游动物恢复费938.09万元、生物治理研究费和监测评估费等579.830 7万元，共计9 836.930 7万元；②两被告承担连带赔偿责任。

之后，天津市渔政渔港监督管理处、渔民协会和沿岸渔民等受害方，陆续向英菲尼特航运有限公司和伦敦汽船船东互保协会提出民事索赔。2004年6月2日，法院开庭审理并公布了调查结果，各原告方根据调查结果分别调整了请求数额，并最终确定为1.7亿元。

经法院庭审查明，本次溢油污染海域属近岸海域，位于渤海湾的曹妲旬附近。该海域临近河口，海水中营养物丰富，浮游植物的种类和数量丰富，浮游动物和其他饵料生物较多，是多种经济鱼类、虾蟹类和贝类的产卵场和索饵场。由于“塔斯曼海”油轮溢油污染面积中油类浓度已超过海洋生物的安全值，严重危害了海洋生物，导致以渔业捕捞为生的渔民不得不停产，给渔民的捕捞生产造成严重损失。原告停产损失与溢油污染事故之间因果关系明确。

2004年12月30日，备受国内外瞩目的天津市海洋局、天津渔政渔港监督管理处、渔民协会分别诉被告英菲尼特航运有限公司和被告伦敦汽船船东互保协会船碰撞油污损害赔偿纠纷案公开宣布一审判决。天津海事法院依据中国法律及1992年《油污民事责任公约》，判决被告英菲尼特航运有限公司赔偿原告天津市海洋局海洋环境容量损失750.58万元、赔偿原告监测评估费及生物治理研究费等2 452.284万元，赔偿原告上述款项的利息。被告伦敦汽船船东互保协会承担连带责任。判决被告英菲尼特航运有限公司赔偿原告天津市渔政渔港监督管理处渔业资源损失1 465.42万元，赔偿原告调查评估费48万元，赔偿上述款项的利息。被告伦敦汽船船东互保协会承担连带责任。法院依法判决被告英菲尼特航运有限公司赔偿原告海洋捕捞停产损失共计1 800多万元及其相应利息。被告伦敦汽船船东互保协会承担连带责任。[①]

【问题】本案处理是否适当?

【解析】该案的基本事实及各子事实的相互关系比较清晰，在处理上的重点是对于分配法律责任中归责原则的认识与选择，在环境保护基本法律制度之中的归责原则既有过错责任，也有无过错责任。本案的处理正确选择并综合运用不同的归责原则，因而处理结果比较恰当。

① 案例来源：张梓太. 环境纠纷处理前沿问题研究. 北京：清华大学出版社，2007. 177

第九章　环境噪声污染防治法

第一节　环境噪声污染防治法概述

一、环境噪声的概念

环境噪声是指在工业生产、建筑施工、交通运输和社会生活中所产生的干扰周围生活环境的声音。构成环境噪声必须具备以下条件：第一，环境噪声必须是由人为活动产生的声音。第二，环境噪声必须是某些人为活动产生的声音，即在工业生产、建筑施工、交通运输和社会生活活动中产生的声音，才属于环境噪声。第三，环境噪声必须是干扰周围生活环境的声音。从环境科学角度讲，凡是声音接受者当时所不需要的声音就是噪声。不管多悦耳的音乐，如果影响了人的休息、工作，就会成为噪声。通常 40 dB 的环境声音被认为是噪声的卫生标准。超过 40 dB 的便是有害的噪声，会影响人的休息、工作，损伤听力，甚至引起心血管系统、神经系统、消化系统等方面的疾病。

我国《环境噪声污染防治法》第二条第一款对环境噪声的概念作了立法解释：环境噪声是指在工业生产、建筑施工、交通运输和社会生活中所产生的干扰周围生活环境的声音。我国法律中规定的环境噪声不包括工作环境噪声，《环境噪声污染防治法》规定："因从事本职生产、经营工作受到噪声危害的防治，不适用本法。"产生环境噪声的来源有很多，按产生机能划分，可分为机械性噪声、空气动力性噪声和电磁性噪声三大类；按时间变化划分，可分为稳态噪声和非稳态噪声两大类。其中非稳态噪声又可分为瞬态的、周期性起伏的、脉冲的和无规则的噪声四种；按产生的区域划分，可分为城市环境噪声、农村环境噪声和海洋环境噪声三大类；按噪声污染源的种类划分，可分为工业噪声、建筑施工噪声、交通噪声和社会生活噪声，我国关于环境噪声污染防治的立法就是针对这四类因人为原因造成的环境噪声污染而规定的。其中，工业噪声、建筑施工噪声和社会生活噪声的传播影响范围通常呈面状，交通噪声的传播影响范围通常沿着道路呈线状。工业噪声中，工厂设备噪声源又可按特性不同，大致分为点声源、线声源和面声源三种不同的类型。[①] 如在噪声评价中，通常把小型设备的噪声辐射视为点声源，把体积较大的设备的噪声辐射视为面声源，把成线状排列的水泵、矿山和选煤场的输送系统等的噪声辐射视为线声源。

---

① 林肇信. 环境保护法概论. 北京：法律出版社，2003.171

二、环境噪声污染的特点及危害

《环境噪声污染防治法》规定，环境噪声污染是指所产生的环境噪声超过国家规定的环境噪声排放标准，并干扰他人正常生活、工作和学习的现象。这个定义规定了作为环境噪声污染，须符合两个条件：首先，所排放出的噪声必须“超过国家规定的环境噪声排放标准”。不超标，则不构成污染。其次，环境噪声污染必须是该噪声对他人正常生活、工作和学习产生干扰。也就是说，环境噪声即使超过了排放标准，但未对他人的正常生活、工作和学习产生干扰的也不受该法规制。例如，有些远离居住点的工厂产生的超标噪声，并不构成噪声污染。

（一）环境噪声污染的特点

环境噪声污染具有以下四个特点：

（1）环境噪声污染是一种感觉性公害。只有当噪声通过传播媒介与人的听觉相联系时才构成危害。同等强度的噪声，由于人体的素质差异、生理及心理承受能力的不同以及所处环境的不同，使不同的人有不同的反应，对不同的人有不同程度的危害结果。

（2）噪声污染是一种多发性和局部性的公害。多发性是指此类污染经常发生，其发生的频率较高。局部性是指它对环境的影响只局限于特定的区域，而不像大气污染或海洋污染那样范围广阔。例如，建筑施工中的噪声只是影响施工地附近的居民。交通噪声只影响到道路两侧的一定范围。

（3）环境噪声污染是一种暂时性的危害。环境噪声污染不像其他污染一样在环境中长期停留、积累、迁移。它是随着噪声声能的产生而产生，随着噪声声能的消失而消失，对人体的危害也只是限定在特定的时空范围内。噪声源停止发声，噪声即时消失，该噪声对人体的危害也就消失。

（4）环境噪声污染的危害性不易评估。由于环境噪声是一种令人不愉快的声音，所以，环境噪声污染对人群的危害，特别是对环境变化比较敏感者的危害不可能以一定的客观数值来评价或衡量。环境噪声的度量，不仅与噪声的物理量有关，还与人对声音的主观听觉感受有关。

（二）环境噪声污染的危害

环境噪声污染是一种危害和影响相当广泛的公害，噪声污染对人、动物、仪器仪表以及建筑物均构成危害，其危害程度主要取决于噪声的频率、强度及暴露时间。环境噪声污染自20世纪70年代以来日益严重，与大气污染、水污染和固体废物污染一起被称为城市四大公害。环境噪声污染的危害主要表现为：

1. 噪声对听力的损伤

噪声对人体最直接的危害是听力损伤。人们在进入强噪声环境暴露一段时间，会感到双耳难受，甚至会出现头痛等感觉。离开噪声环境到安静的场所休息一段时间，听力就会逐渐恢复正常。这种现象叫做暂时性听阈偏移，又称听觉疲劳。但是，如果人们长期在强噪声环境下工作，听觉疲劳不能得到及时恢复，内耳器官就会发生器质性病变，即形成永久性听阈偏移，又称噪声性耳聋。若人突然暴露于极其强烈的噪声环境中，听觉器官会发生急剧外伤，引起鼓膜破裂出血，迷路出血，螺旋器从基底膜急性剥离，可使人完全失去听力，即出现暴震性耳聋。

有研究表明，噪声污染是引起老年性耳聋的一个重要原因。此外，听力的损伤也与生活的环境及从事的职业有关，如农村老年性耳聋发病率较城市低，纺织厂工人、锻工及铁匠与同龄人相比受到更多的听力损伤。

2. 噪声能诱发多种疾病

因为噪声通过听觉器官作用于大脑中枢神经系统，以致影响到全身各个器官，故噪声除对人的听力造成损伤外，还会给人体其他系统带来危害。由于噪声的影响，会产生头痛、脑胀、耳鸣、失眠、全身疲乏无力以及记忆力减退等神经衰弱症状。长期在高噪声环境下工作的人与在低噪声环境下的相比，高血压、动脉硬化和冠心病的发病率要高2~3 倍。可见噪声会导致心血管系统疾病。噪声也可导致消化系统功能紊乱，引起消化不良、食欲不振、恶心呕吐，使肠胃病和溃疡病发病率升高。此外，噪声对视觉器官、内分泌机能及胎儿的正常发育等方面也会产生一定影响。在高噪声中工作和生活的人们，一般健康水平逐年下降，对疾病的抵抗力减弱，从而诱发一些疾病，但也和个人的体质因素有关，不可一概而论。

3. 噪声对正常生活和工作的干扰

噪声对人的睡眠影响极大，人即使在睡眠中，听觉也要承受噪声的刺激。噪声会导致多梦、易惊醒、睡眠质量下降等，突然的噪声对睡眠的影响更为突出。噪声会干扰人的谈话、工作和学习。实验表明，当人受到突然而至的噪声一次干扰，就要丧失 4 秒钟的思想集中。据统计，噪声会使劳动生产率降低 10%~50%，随着噪声的增加，差错率上升。由此可见，噪声会分散人的注意力，导致反应迟钝，容易疲劳，工作效率下降，差错率上升。噪声还会掩蔽安全信号，如报警信号和车辆行驶信号等，以致造成事故。

4. 噪声对动物的影响

噪声能对动物的听觉器官、视觉器官、内脏器官及中枢神经系统造成病理性变化。噪声对动物的行为有一定的影响，可使动物失去行为控制能力，出现烦躁不安、失去常态等现象，强噪声会引起动物死亡。鸟类在噪声中会出现羽毛脱落、影响产卵率等现象。

5. 特强噪声对仪器设备和建筑结构的危害

实验研究表明，特强噪声会损伤仪器设备，甚至使仪器设备失效。噪声对仪器设备的影响与噪声强度、频率以及仪器设备本身的结构与安装方式等因素有关。当噪声级别超过 150 dB 时，会严重损坏电阻、电容、晶体管等元件。当特强噪声作用于火箭、宇航器等机械结构时，由于受声频交变负载的反复作用，会使材料产生疲劳现象而断裂，这种现象叫做声疲劳。

一般的噪声对建筑物几乎没有什么影响，但是噪声级超过 140 dB 时，对轻型建筑开始有破坏作用。例如，当超声速飞机在低空掠过时，在飞机头部和尾部会产生压力和密度突变，经地面反射后形成 N 形冲击波，传到地面时听起来像爆炸声，这种特殊的噪声叫做轰声。在轰声的作用下，建筑物会受到不同程度的破坏，如出现门窗损伤、玻璃破碎、墙壁开裂、抹灰震落、烟囱倒塌等现象。由于轰声衰减较慢，因此传播较远，影响范围较广。此外，在建筑物附近使用空气锤、打桩或爆破，也会导致建筑物的损伤。

三、环境噪声污染的状况

（一）状况

区域环境噪声：全国开展区域环境噪声监测的 378 个市（县）中，城市区域声环境质量为好的城市 19 个（占 5.0%）、较好的城市 241 个（占 63.8%）、轻度污染的城市 111 个（占 29.3%）、中度污染的城市 6 个（占 1.6%）、重度污染的城市 1 个（占 0.3%）。

112 个环保重点城市（未包括遵义市，下同）区域环境噪声等效声级范围在 47.0~62.7 dB（A），等效声级面积加权平均值为 54.5 dB（A）。城市区域声环境质量处于较好水平的城市 78 个（占 69.6%）、处于轻度污染水平的城市 32 个（占 28.6%）、处于中度污染水平的城市 2 个（占 1.8%）。

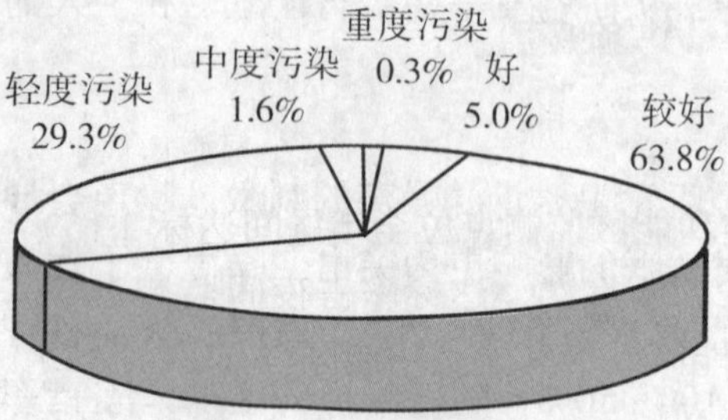

图 9-1　2006 年城市区域声环境质量状况

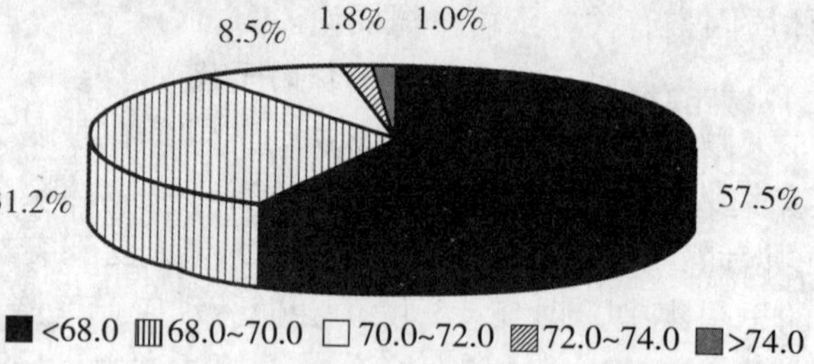

图 9-2　2006 年城市道路交通声环境质量状况

与 2005 年相比，在可比的 111 个城市中，城市区域噪声平均等效声级下降超过 1 dB（A）［含 1 dB（A）］的城市 17 个；城市区域噪声平均等效声级上升超过 1 dB（A）［含 1 dB（A）］的城市 11 个。

道路交通噪声：全国开展道路交通噪声监测的 398 个市（镇）中，道路交通噪声平均等效声级小于 68.0 dB（A）的城市 229 个（占 57.5%）、68.0~70.0 dB（A）的城市 124 个（占 31.2%）、70.0~72.0 dB（A）的城市 34 个（占 8.5%）、72.0~74.0 dB（A）的城市 7 个（占 1.8%）、大于 74.0 dB（A）的城市 4 个（占 1.0%）。

112 个环保重点城市共监测道路长度约 13 068 公里，平均等效声级范围在 61.1~74.7 dB（A），道路交通噪声长度加权平均等效声级为 68.1 dB（A）。其中 2 959.2 公里路段等效声级超过 70.0 dB（A），占监测路段总长度的 22.6%。

2006 年，112 个重点城市中，道路交通噪声平均等效声级较上年增加超过 1 dB（A）的城市 8 个，较上年降低超过 1 dB（A）的城市 21 个。

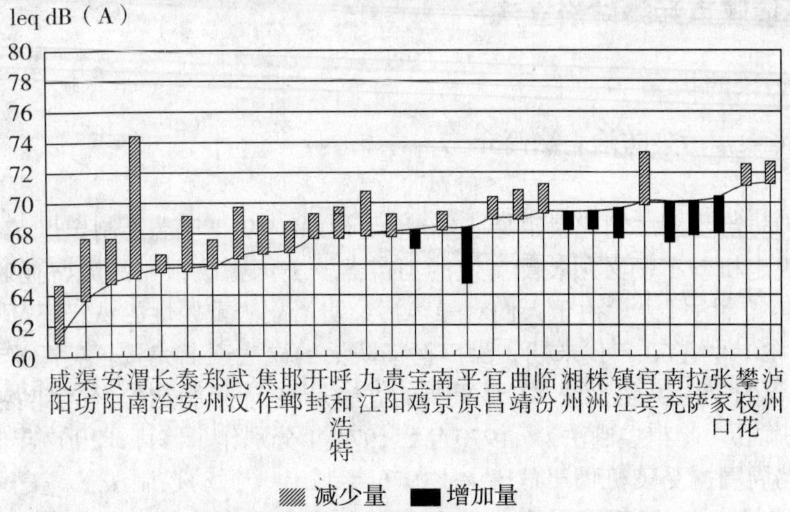

图 9-3　2006 年重点城市道路交通噪声平均等效声级与 2005 年比较

[所列为变化幅度等于或超过 1 dB（A）的城市]

（二）城市功能区噪声

全国开展功能区噪声监测的 168 个城市中，各类功能区监测点位全年昼间达标 3 163 点次，达标率占昼间监测点次的 82.2%；夜间达标 2 504 点次，达标率占夜间监测点次的 65.1%。各类功能区昼间达标率高于夜间，3 类功能区好于其他类功能区。

城市功能区监测点位达标情况

功能区类别	0 类		1 类		2 类		3 类		4 类	
	昼	夜	昼	夜	昼	夜	昼	夜	昼	夜
点次达标	62	45	659	515	883	741	645	555	914	648
监测点次	108	108	813	813	1 087	1 087	706	706	1 133	1 133
达标率（%）	57.4	41.7	81.1	63.3	81.2	68.2	91.4	78.6	80.7	57.2

第二节　环境噪声污染防治立法

一、国外环境噪声污染防治立法简介

噪声污染防治步入法制化轨道始于20世纪初期，1914年瑞士制定了第一个机动车辆的规则，规定机动车辆必须装配有效的消声器。美国密歇根州的庞蒂亚城于1929年制定了《噪声控制法令》。由于人们对噪声污染防治立法重要性的认识不断提高和科学研究的发展，20世纪60年代末期，噪声污染防治的立法逐渐完备。英国噪声防治的立法始于1936年的《公共卫生法》，最重要的立法是1974年制定的《污染控制法》。日本于1968年颁布《噪声控制法》，1970年、1971年分别作了修订；1967年制定《关于防止公用机场周围遭受飞机噪声危害》；1976年制定《振动控制法》。美国于1972年制定《噪声控制法》。联邦德国于1971年颁布《飞机噪声法》，1974年颁布《联邦污染控制法》，1980年制定《噪声防护法》。法国在1977年制定的《关于改革规划的条例》中作了控制噪声的规定，1980年又通过一项《反噪声法》。

在欧洲，一些国家反噪声的活动正在统一步调，防治噪声污染立法的主要内容表现为对交通噪声、工业噪声、社会生活噪声的控制等方面。

二、我国环境噪声污染防治立法

我国早在20世纪50年代制定的《工厂安全卫生规程》中就对工厂中的各种噪声源如何防治作了规定。1957年我国又制定了《治安管理处罚条例》，其中对城市中任意发生强烈声响，影响周围居民工作和休息，且不听制止者规定了处罚条款。我国实质意义上的环境噪声污染防治工作，是随着我国环境保护法制建设的步伐同时展开的。从20世纪70年代初期开始，我国就将环境噪声的控制纳入了环境保护的议事日程。1973年国务院发布的《关于保护和改善环境的若干规定（试行草案)》中专门对工业和交通噪声的控制作了规定。1979年颁布的《环境保护法》中，对城市区域、工业和交通运输等环境噪声污染防治作了原则性的规定。1982年国务院环境保护领导小组发布了《城市区域环境噪声标准》，这是我国第一个综合性环境噪声质量标准。此后，我国又颁布了一系列声环境质量标准和环境噪声排放标准，为防治环境噪声污染提供了现实的依据。1989年9月，国务院发布了《环境噪声污染防治条例》，为全面开展防治环境噪声污染的行政管理提供了依据。1996年12月29日，在总结全国环境噪声污染防治工作经验的基础上，我国制定并通过了《环境噪声污染防治法》，1989年9月26日国务院发布的《环境噪声污染防治条例》同时废止。为了实施《环境噪声污染防治法》，国家

环境保护总局等部门又发布了一系列行政规章，如为在高考期间保证学生有安静的学习和休息环境，国家环保总局在1998年4月和6月两次发布《关于在高考期间加强环境噪声污染现场监督管理的通知》，国家环境保护总局、铁道部于2001年发布《关于加强铁路噪声污染防治的通知》等。另外，针对不同的噪声污染，我国颁布了一系列防治环境噪声的专门法规、条例等。如原国家标准总局在1979年颁布《机动车辆允许噪声标准》；卫生部和原国家劳动总局于1979年颁布了《工业企业噪声卫生标准（试行）》；国家环境保护总局等部门在1999年发布了《关于加强社会生活噪声污染管理的通知》，又于2001年发布了《关于加强铁路噪声污染防治的通知》等。在有关公路、铁路、民用航空、水上交通、道路交通管理和建筑施工管理的法律、法规中也有防治交通运输和建筑施工噪声的内容，如国务院在1986年制定的《民用机场管理规定》，对防治民用飞机产生的噪声作了控制性规定。

此外，由于环境噪声污染的局部性、区域性特点，许多省（市）、自治区、直辖市都制定了环境噪声污染防治的法规和规章，基本建立了我国的环境噪声污染防治的法律、法规体系。

第三节　环境噪声污染防治法的主要法律制度

一、环境噪声污染防治的监督管理体制

我国对环境噪声污染防治工作是实行统一管理与部门分工负责管理相结合的行政管理体制。按照《环境噪声污染防治法》的规定，国务院环境保护行政主管部门对全国环境噪声污染防治实施统一监督管理；县级以上地方人民政府环境保护行政主管部门对本行政区域内的环境噪声污染防治实施统一监督管理。各级公安、交通、铁路、民航等主管部门和港务监督机构，根据各自的职责，对交通运输和社会生活噪声污染的防治实施监督管理，具体分工是：交通部门对某些交通噪声污染的防治实施监督管理；民航部门对民用航空器的噪声污染防治实施监督管理；铁道部门对火车噪声污染的防治实施监督管理；港务部门对进入港口的机动船舶噪声污染的防治实施监督管理。

在行使环境噪声污染监督管理的权限方面，县级以上人民政府环境保护行政主管部门和其他环境噪声污染防治工作的监督管理部门、机构，有权依据各自的职责对管辖范围内排放环境噪声的单位进行现场检查。被检查的单位必须如实反映情况，并提供必要的资料。

另外，根据《环境噪声污染防治法》的规定，任何单位和个人都有保护声环境的义务，并有权对造成环境噪声污染的单位和个人进行检举和控告。

二、各级人民政府防治环境噪声污染的主要职责

（1）国务院和地方各级人民政府应当将环境噪声污染防治工作纳入环境保护规划，并采取有利于声环境保护的经济、技术政策措施。

（2）地方各级人民政府在制定城乡建设规划时，应当充分考虑建设项目和区域开发、改造所产生的噪声对周围生活环境的影响，统筹规划，合理安排功能区和建设布局，防止或者减轻环境噪声污染。

（3）国家鼓励、支持环境噪声污染防治的科学研究、技术开发，推广先进的防治技术和普及防治环境噪声污染的科学知识。

（4）对在环境噪声污染防治方面成绩显著的单位和个人，由人民政府给予奖励。

（5）对在噪声敏感建筑物集中区域内造成严重环境噪声污染的企业事业单位的限期治理，由县级以上人民政府按照国务院规定的权限决定。对于小型企业事业单位的限期治理，可以由县级以上人民政府在国务院规定的权限内授权其环境保护行政主管部门决定。

三、关于声环境标准与城市功能区分控制环境的噪声规定

《环境噪声污染防治法》规定的与环境噪声污染防治相关的标准主要包括国家环境质量标准和环境噪声排放标准两大类。由于国家标准已经涵盖环境噪声污染的各个方面且比较严格，基本上不需要另行制定地方标准。

（一）声环境质量标准

声环境质量标准是衡量区域环境是否受到环境噪声污染的客观判断标准，也是制定环境噪声排放标准的主要依据。《环境噪声污染防治法》规定，国务院环境保护行政主管部门分别对不同的功能区制定国家声环境质量标准，根据国家声环境质量标准和国家经济、技术条件，制定国家环境噪声排放标准，县级以上地方人民政府根据国家声环境质量标准，划定本行政区域内各类声环境质量标准的适用区域，并进行管理。

我国已颁布的声环境质量标准主要是《城市区域环境噪声标准》（1982 年制定，1993 年修订，1994 年 3 月 1 日起实施）。该标准将城市区域的类别划分为 0~4 五类：0 类标准，昼间 50 分贝，夜间 40 分贝，适用于疗养区、高级别墅区、高级宾馆区等区域，位于城郊和乡村的这一类区域分别按严于 0 类标准 5 分贝执行；1 类标准，昼间 55 分贝，夜间 45 分贝，适用于以居住、文教机关为主的区域，乡村居住环境可参照该类标准执行；2 类标准，昼间 60 分贝，夜间 50 分贝，适用于居住、商业、工业混杂区；3 类标准，昼间 65 分贝，夜间 55 分贝，适用于工业区；4 类标准，昼间 70 分贝，夜间 55 分贝，适用于城市中的道路、交通干线道路两侧区域，以及穿越城区的内河航道两侧

区域。另外，夜间突发的噪声，其最大值不准超过标准值15分贝。该标准还规定，乡村生活区域可参照执行。

其他声环境质量标准还有《机场周围飞机噪声环境标准》、《城市港口及江河两岸区域环境噪声标准》、《铁路边界噪声限值及其测量方法》等。此外，国家还制定了《城市区域环境噪声适用区划技术规范》、《城市区域环境噪声测量方法》等执行环境质量标准的技术性规范。

声环境质量标准还是城市规划部门划定建筑物与交通干线防噪声距离的法定标准之一。《环境噪声污染防治法》规定，城市规划部门在确定建设布局时，应当依据国家声环境质量标准和民用建筑隔声设计规范，合理划定建筑物与交通干线的防噪声距离，并提出相应的规划设计要求。县级以上地方人民政府根据国家声环境质量标准，划定本行政区域内各类声环境质量标准的适用区域，并进行管理，即实行城市声环境功能分区控制制度。

(二) 环境噪声排放标准

环境噪声排放标准是指国家为了保护声环境而根据声环境质量标准和其他经济技术条件，对各种不同噪声源排放噪声的最高限值所作的规定。这是实现声环境质量标准的手段，同时也是裁定排放噪声者的排放行为是否合法以及是否要承担有关法律责任的依据之一。

我国已颁布了一系列环境噪声排放标准，主要有：《工业企业厂界噪声标准》、《摩托车和轻便摩托车噪声限值》、《汽车定置噪声值》、《建筑施工厂界噪声限值》、《铁路边界噪声限值及其测量方法》、《机动车辆允许噪声标准》等。

四、关于环境噪声污染防治的监督管理制度的法律规定

环境噪声污染防治的监督管理过程实际上就是执行环境污染防治的基本法律制度的过程。它包括：

(一) 环境噪声影响报告和“三同时”制度

《环境噪声污染防治法》规定，建设项目可能产生环境噪声污染的，建设项目单位必须提出环境影响报告书，规定环境噪声污染的防治措施，并按照规定的程序报环境保护部门审查批准；在环境影响报告书中，还应当有该建设项目所在地单位和居民的意见。

防治环境噪声污染也要实行“三同时”制度。“三同时”制度即指一切新建、改建和扩建的基本建设项目、技术改造项目以及可能对环境造成影响的工程建设，其中防治噪声污染和其他公害的设施，必须与主体工程同时设计、同时施工、同时投产使用的法律制度。因此，防治环境噪声污染的设施达不到要求的，建设项目不得投产使用。

（二）环境噪声监测制度

《环境噪声污染防治法》规定，由国务院环境保护行政主管部门建立环境噪声监测制度，制定监测规范，并会同有关部门组织监测网络。环境噪声监测机构应当按照国务院环境保护行政主管部门的规定报送环境噪声监测结果。

（三）现场检查制度

《环境噪声污染防治法》规定，县级以上人民政府环境保护行政主管部门和其他环境噪声污染防治工作的监督管理部门、机构，有权依据各自的职责对管辖范围内排放噪声的单位进行现场检查，被检查的单位必须如实反映情况，并提供必要的资料。

（四）限期治理制度

《环境噪声污染防治法》规定，对于在噪声敏感建筑物集中区域[①]内造成严重环境噪声污染的企业事业单位，应当采取措施限期治理，被责令限期治理的单位必须按期完成治理任务。限期治理由县级以上人民政府按照国务院规定的权限决定。对于小型企业事业单位的限期治理，可以由县级以上人民政府在国务院规定的权限内授权其环境保护行政主管部门决定。

（五）落后设备淘汰制度

《环境噪声污染防治法》规定，国家对环境噪声污染严重的落后设备实行淘汰制度，并公布限期禁止生产、销售、进口的环境噪声污染严重的设备名录。生产者、销售者和进口者必须在规定期限内分别停止生产、销售和进口名录中所列的设备。

（六）偶发性强烈噪声排放的申请和公告制度

偶发性强烈噪声排放具有突发性、不规则性和强烈性等特点，对人体健康和人们的生活环境造成极大的危害。因此，《环境噪声污染防治法》规定，在城市范围内从事生产活动的确需要排放偶发性强烈噪声的，必须事先向当地公安机关提出申请，经批准后方可进行，当地公安机关应当向社会公告。

五、关于工业噪声污染防治的法律规定

工业噪声是指在工业生产活动中使用固定的设备时产生的干扰周围生活环境的声音。《环境噪声污染防治法》设立专章，对防治工业噪声污染作了以下规定：

① “噪声敏感建筑物集中区域”是指医疗区、文教科研区和以机关或者居民住宅为主的区域。

（一）对噪声排放的要求

在城市范围内向周围生活环境排放工业噪声的，应当符合国家规定的工业企业厂界环境噪声排放标准。产生环境噪声污染的工业企业，应当采取有效措施，减轻噪声对周围生活环境的影响。

（二）环境噪声排放申报登记制度

在工业生产中因使用固定的设备造成环境噪声污染的工业企业，必须按照国务院环境保护行政主管部门的规定，向所在地的县级以上地方人民政府环境保护行政主管部门申报拥有的造成环境噪声污染的设备的种类、数量以及在正常作业条件下所发出的噪声值和防治环境噪声污染的设施情况，并提供防治噪声污染的技术资料。目前，“按照国务院环境保护行政主管部门的规定”是指按照 1992 年国家环境保护局制定的《排放污染物申报登记管理规定》。

造成环境噪声污染的设备的种类、数量、噪声值和防治设施有重大改变的，必须及时申报，并采取应有的防治措施。

（三）规定工业设备的噪声限值

国务院有关主管部门对可能产生环境噪声污染的工业设备，应当根据声环境保护的要求和国家的经济、技术条件，逐步地依法制定产品的噪声限值。工业设备运行时发出的噪声值，应当在有关技术文件中予以注明。

六、关于建筑施工噪声污染防治的法律规定

建筑施工噪声是指在建筑施工过程中产生的干扰周围生活环境的声音。《环境噪声污染防治法》在第四章的第二十七条至三十条对建筑施工噪声污染防治作了以下规定：

（一）对噪声排放的要求

《环境噪声污染防治法》规定，在城市市区范围内向周围生活环境排放建筑施工噪声的，应当符合国家规定的建筑施工厂界噪声排放标准的规定。

（二）申报制度

《环境噪声污染防治法》规定，在城市市区范围内，建筑施工过程中使用机械设备，可能产生环境噪声污染的，施工单位必须在开工 15 日以前向工程所在地县级以上地方人民政府等环境保护行政主管部门申报该工程的项目名称、施工场所和期限、可能产生的环境噪声值以及所采取的环境噪声污染防治措施的情况。

（三）禁止性规定

在城市市区噪声敏感建筑物集中区域内，禁止夜间[1]进行产生环境噪声污染的建筑施工作业，但抢修、抢险作业和因生产工艺上要求或者特殊需要必须连续作业的，必须有县级以上人民政府或者其他有关主管部门的证明，并向附近居民公告。

七、关于交通运输噪声污染防治的法律规定

交通运输噪声是指机动车辆、铁路机车、机动船舶、航空器等交通运输工具在运行时所产生的干扰周围生活环境的声音。目前，交通运输噪声污染呈日益恶化的态势，已经成为环境噪声污染防治的重点，《环境噪声污染防治法》设专章对交通运输噪声污染防治作了以下规定：

（一）有关声响装置的规定

在城市市区范围内行驶的机动车辆[2]的消声器和喇叭必须符合国家规定的要求。要控制警报器的安装和使用；此外，机动船舶和铁路机车在城市市区、疗养区内行驶必须按照规定使用声响装置。

（二）有关特定路段和时间的规定

城市人民政府公安机关可以根据本地城市市区区域声环境保护的需要，划定禁止机动车辆行驶和禁止其使用声响装置的路段和时间，并向社会公告。

（三）有关道路建设和基础设施建设噪声污染防治的规定

建设经过已有的噪声敏感建筑物集中区域的高速公路和城市高架、轻轨道路，有可能造成环境噪声污染的，应当设置声屏障或者采取其他有效的控制环境噪声污染的措施。在已有的城市交通干线的两侧建设噪声敏感建筑物的，建设单位应当按照国家规定间隔一定距离，并采取减轻、避免交通噪声影响的措施。

（四）有关交通指挥作业中减轻噪声污染的规定

交通指挥作业是指各种交通部门在站台、铁路编组、站、港口、码头、航空港等地的指挥作业。根据规定在指挥作业时使用广播喇叭的，应当控制音量，减轻噪声对周围生活环境的影响。

---

① 这里的“夜间”是指 22：00～6：00。

② 这里的“机动车辆”是指汽车和摩托车。

(五) 有关铁路机车运行时噪声污染防治的规定

穿越城市居民区、文教区的铁路，因铁路机车运行造成环境噪声污染的，当地城市人民政府应当组织铁路部门和其他有关部门，制定减轻环境噪声污染的规划。铁路部门和其他有关部门应当按照规划的要求，采取有效措施，减轻环境噪声污染。

(六) 有关航空器噪声污染防治的规定

相关措施有：除起飞、降落或者依法规定的情形以外，民用航空器不得飞越城市市区上空。城市人民政府应当在航空器起飞、降落的净空周围划定限制建设噪声敏感建筑物的区域；在该区域内建设噪声敏感建筑物的，建设单位应当采取减轻、避免航空器运行时产生的噪声影响的措施。民航部门应当采取有效措施，减轻环境噪声污染。

八、关于社会生活噪声污染防治的法律规定

社会生活噪声是指人为活动所产生的除工业噪声、建筑施工噪声和交通运输噪声之外的干扰周围生产环境的声音。社会生活噪声污染，特别是饮食服务、娱乐场所等产生的环境噪声的污染日益严重，是环境噪声污染的防治重点，《环境噪声污染防治法》有专章规定。

(一) 商业企业噪声排放申报登记制度

在城市市区噪声敏感建筑物集中区域内，因在商业经营活动中使用固定设备造成环境噪声污染的商业企业，必须按照国务院环境保护部门的规定，向所在地环境保护部门申报拥有的造成环境噪声污染的设备的状况和防治环境噪声污染的设施的情况。

(二) 文化娱乐场所防治环境噪声污染的规定

新建的营业性文化娱乐场所的边界噪声必须符合国家规定的环境噪声排放标准；不符合国家规定的环境噪声排放标准的，文化行政主管部门不得核发文化经营许可证，工商行政管理部门不得核发营业执照。经营中的文化娱乐场所，其经营管理者必须采取有效措施，使其边界噪声不超过国家规定的环境噪声排放标准。

(三) 商业经营活动中防治环境噪声污染的规定

禁止在商业经营活动中使用高音广播喇叭或者采用其他发出高噪声的方法招揽顾客。在商业经营活动中使用空调器、冷却塔等可能产生环境噪声污染的设备、设施的，其经营管理者应当采取措施，使其边界噪声不超过国家规定的环境噪声排放标准。

(四) 使用声响器材时防治噪声污染的规定

禁止任何单位、个人在城市市区噪声敏感建筑物集中区域内使用高音广播喇叭。在

城市市区街道、广场、公园等场所组织娱乐、集会等活动，使用音响器材可能产生干扰周围生活环境的过大音量的，必须遵守当地公安机关的规定。

使用家用电器、乐器或者进行其他家庭室内娱乐活动时，应当控制音量或者采取其他有效措施，避免对周围居民造成环境噪声污染。

（五）室内装修活动防治环境噪声污染的规定

在已竣工交付使用的住宅楼进行室内装修活动，应当限制作业时间，并采取其他有效措施，以减轻、避免对周围居民造成环境噪声污染。

【案例分析】

【案情】原告董某是华北电力物资公司的职工。1998 年 4 月 30 日，她入住北京市丰台区马家堡的某小区。入住后，她发现生活用水泵房建在她家居住的楼下，水泵产生的噪音严重影响了其正常的生活。经多次与有关部门交涉，未能解决。于是董某把物业管理公司和两家建筑单位告上法庭，要求他们立即停止侵害、排除妨碍，并鉴于噪声无法排除，要求调整住房。同时，要求被告赔偿由于噪声污染给她造成的经济损失 16 万元。

法院经审理查明，1996 年 5 月，北京市小型动力机械厂与华北电力公司签订联建住宅楼协议，在丰台区马家堡路某地建住宅楼。1998 年 4 月，电力公司将其所分到的一套楼房分给董某。2001 年 9 月，机械厂取得 2 号楼房屋所有权证。董某居住的房屋地下设有水泵，水泵工作时发出声响。经环保部门监测噪声超标排放。①

【问题】本案是否属于噪声污染问题？三被告是否都对原告造成侵害？

【解析】本案中的两家建筑公司、物业公司构成共同侵权行为，因此要承担连带责任，原告可以向三方或任何两方或一方被告提出履行判决的要求，任一被告都有义务清偿。

① 案例来源：王灿发. 环境与资源保护法案例. 北京：中国人民大学出版社，2005. 168

第十章 有毒有害物质污染防治法

第一节 固体废物污染环境防治法

一、固体废物污染概述

(一) 固体废物的概念

固体废物是指在生产、生活和其他活动中产生的丧失原有利用价值或者虽未丧失利用价值但被抛弃或者放弃的固态、半固态和置于容器中的气态物品、物质以及法律、行政法规规定纳入固体废物管理的物品、物质。工业固体废物是指在工业生产活动中产生的固体废物。生活垃圾是指在日常生活中或者为日常生活提供服务的活动中产生的固体废物以及法律、行政法规规定视为生活垃圾的固体废物。危险废物是指列入国家危险废物名录或者根据国家规定的危险废物鉴别标准和鉴别方法认定的具有危险特性的固体废物。

(二) 固体废物污染的概念

固体废物污染是指对固体废物处置不当而使其进入环境，从而导致危害人体健康或财产安全，以及破坏自然生态系统、造成环境质量恶化的现象。①一般而言，固体废物可以直接对人类生活产生污染，也可以间接对人类生活产生影响。固体废物的处置需要专业的技术和专门的处理机构，任何对固体废物的处置不当都会导致环境污染和环境破坏。因而，每个国家都建立了对固体废物的处置制度。

为了防患于未然，我国法律明确规定：县级以上人民政府应当将固体废物污染环境防治工作纳入国民经济和社会发展计划，并采取有利于固体废物污染环境防治的经济、技术政策和措施。国务院有关部门、县级以上地方人民政府及其有关部门组织编制城乡建设、土地利用、区域开发、产业发展等规划，应当统筹考虑减少固体废物的产生量和危害性，促进固体废物的综合利用和无害化处置。国家鼓励、支持固体废物污染环境防治的科学研究、技术开发、推广先进的防治技术和普及固体废物污染环境防治的科学知识。各级人民政府应当加强防治固体废物污染环境的宣传教育，倡导有利于环境保护的生产方式和生活方式。各级人民政府对在固体废物污染环境防治工作以及相关的综合利用活动中作出显著成绩的单位和个人给予奖励。任何单位和个人都有保护环境的义务，

① 周柯. 环境法. 北京：中国人民大学出版社，2005. 235

并有权对造成固体废物污染环境的单位和个人进行检举和控告。

（三）我国固体废物污染现状

当前，我国固体废物污染呈加重趋势。其主要表现在：固体废物产生量持续增长，固体废物处置能力明显不足，大部分危险废物处于低水平综合利用或简单储存状态，城市生活垃圾无害化处置率低，垃圾围城的状况十分严重。固体废物造成的老的环境问题尚未得到有效解决，新问题接踵而来，废弃电器产品等新型固体废物不断增长，农村固体废物污染问题日益突出。从历史的角度分析，我国工业固体废物每年产生量很大，历年堆积放置的废物更多，其中有很大部分是危险废物。目前工业固体废物的综合利用率比较低，其余大都堆存在城市工业区和河滩荒地上，风吹雨淋成为严重的污染源，并使污染事件不断发生，造成严重后果。我国每年有很多固体废物被倾倒在江、河、湖泊，污染水体，使湖泊面积减少。可以说，固体废物的污染控制问题已成为我国重要的环境问题之一，影响了经济、社会的发展，迫使我们必须对固体废物的污染进行有效的治理。

二、防治固体废物污染环境立法简介

我国于 1995 年 10 月 30 日颁布了《固体废物污染防治法》，于 1996 年 4 月 1 日起实施；后来随着经济和社会的发展，该法于 2004 年 12 月 29 日得到修订，修订后的《固体废物污染防治法》于 2005 年 4 月 1 日起实施。为了与该法律相配套，国家又制定了行政法规、部门规章、地方政府规章等许多规定，譬如：《医疗废物管理条例》于 2003 年 6 月 4 日公布，该行政法规自公布之日起施行；部门规章《医疗废物管理行政处罚办法》于 2004 年 6 月 1 日起施行；《固体废物鉴别导则（试行）》，该导则自 2006 年 4 月 1 日起施行，等等。这些配套规定和《固体废物污染防治法》构成了一张严密的大网，共同维护自然环境的质量。

三、我国防治固体废物污染环境的法律规定

（一）防治固体废物污染环境的法律原则

在我国，整体而言，国家对固体废物污染环境的防治，实行减少固体废物的产生量和危害性，充分、合理地利用固体废物和无害化处置固体废物的原则，促进清洁生产和循环经济发展。国家采取有利于固体废物综合利用活动的经济、技术政策和措施，对固体废物实行充分回收和合理利用。国家鼓励、支持采取有利于保护环境的集中处置固体废物的措施，促进固体废物污染环境防治产业发展。国家对固体废物污染环境防治实行污染者依法负责的原则。产品的生产者、销售者、进口者、使用者对其产生的固体废物依法承担污染防治责任。国家鼓励单位和个人购买、使用再生产品和可重复利用产品。

(二) 防治固体废物污染环境的监督管理体制

国务院环境保护行政主管部门对全国固体废物污染环境的防治工作实施统一监督管理。国务院有关部门在各自的职责范围内负责固体废物污染环境防治的监督管理工作。县级以上地方人民政府环境保护行政主管部门对本行政区域内固体废物污染环境的防治工作实施统一监督管理。县级以上地方人民政府有关部门在各自的职责范围内负责固体废物污染环境防治的监督管理工作。国务院建设行政主管部门和县级以上地方人民政府环境卫生行政主管部门负责生活垃圾清扫、收集、贮存、运输和处置的监督管理工作。

国务院环境保护行政主管部门会同国务院有关行政主管部门根据国家环境质量标准和国家经济、技术条件，制定国家固体废物污染环境防治技术标准。国务院环境保护行政主管部门建立固体废物污染环境监测制度，制定统一的监测规范，并会同有关部门组织监测网络。大、中城市人民政府环境保护行政主管部门应当定期发布固体废物的种类、产生量、处置状况等信息。建设产生固体废物的项目以及建设贮存、利用、处置固体废物的项目，必须依法进行环境影响评价，并遵守国家有关建设项目环境保护管理的规定。建设项目的环境影响评价文件确定需要配套建设的固体废物污染环境防治设施，必须与主体工程同时设计、同时施工、同时投入使用。固体废物污染环境防治设施必须经原审批环境影响评价文件的环境保护行政主管部门验收合格后，该建设项目方可投入生产或者使用。对固体废物污染环境防治设施的验收应当与对主体工程的验收同时进行。县级以上人民政府环境保护行政主管部门和其他固体废物污染环境防治工作的监督管理部门，有权依据各自的职责对管辖范围内与固体废物污染环境防治有关的单位进行现场检查。被检查的单位应当如实反映情况，提供必要的资料。检查机关应当为被检查的单位保守技术秘密和业务秘密。检查机关进行现场检查时，可以采取现场监测、采集样品、查阅或者复制与固体废物污染环境防治相关的资料等措施。检查人员进行现场检查，应当出示证件。

(三) 防治固体废物污染环境的一般规定

倾倒固体废物的单位和个人，应当采取措施，防止或者减少固体废物对环境的污染。收集、贮存、运输、利用、处置固体废物的单位和个人，必须采取防扬撒、防流失、防渗漏或者其他防止污染环境的措施；不得擅自倾倒、堆放、丢弃、遗撒固体废物。禁止任何单位或者个人向江河、湖泊、运河、渠道、水库及其最高水位线以下的滩地和岸坡等法律、法规规定禁止倾倒、堆放废弃物的地点倾倒、堆放固体废物。

产品和包装物的设计、制造，应当遵守国家有关清洁生产的规定。国务院标准化行政主管部门应当根据国家经济和技术条件、固体废物污染环境防治状况以及产品的技术要求，组织制定有关标准，防止过度包装造成环境污染。生产、销售、进口依法被列入强制回收目录的产品和包装物的企业，必须按照国家有关规定对该产品和包装物进行回收。国家鼓励科研、生产单位研究、生产易回收利用、易处置或者在环境中可降解的薄膜覆盖物和商品包装物。使用农用薄膜的单位和个人，应当采取回收利用等措施，防止或者减少农用薄膜对环境的污染。从事畜禽规模养殖应当按照国家有关规定收集、贮存、利用或者处置养殖过程中产生的畜禽粪便，防止污染环境。禁止在人口集中地区、机场周围、交通干线附近以及当地人民政府划定的区域露天焚烧秸秆。对收集、贮存、运输、处置固体废物的设施、设备和场所，应当加强管理和维护，保证其正常运行和使用。

在国务院和国务院有关主管部门及省、自治区、直辖市人民政府划定的自然保护区、风景名胜区、饮用水水源保护区、基本农田保护区和其他需要特别保护的区域内，禁止建设工业固体废物集中贮存、处置的设施、场所和生活垃圾填埋场。转移固体废物出省、自治区、直辖市行政区域贮存、处置的，应当向固体废物移出地的省、自治区、直辖市人民政府环境保护行政主管部门提出申请。移出地的省、自治区、直辖市人民政府环境保护行政主管部门应当商经接受地的省、自治区、直辖市人民政府环境保护行政主管部门同意后，方可批准转移该固体废物出省、自治区、直辖市行政区域。未经批准的，不得转移。禁止中华人民共和国境外的固体废物进境倾倒、堆放、处置。禁止进口不能用作原料或者不能以无害化方式利用的固体废物；对可以用作原料的固体废物实行限制进口和自动许可进口分类管理。国务院环境保护行政主管部门会同国务院对外贸易主管部门、国务院经济综合宏观调控部门、海关总署、国务院质量监督检验检疫部门制定、调整并公布禁止进口、限制进口和自动许可进口的固体废物目录。禁止进口列入禁止进口目录的固体废物。进口列入限制进口目录的固体废物，应当经国务院环境保护行政主管部门会同国务院对外贸易主管部门审查许可。进口列入自动许可进口目录的固体废物，应当依法办理自动许可手续。进口的固体废物必须符合国家环境保护标准，并经质量监督检验检疫部门检验合格。进口固体废物的具体管理办法，由国务院环境保护行政主管部门会同国务院对外贸易主管部门、国务院经济综合宏观调控部门、海关总署、国务院质量监督检验检疫部门制定。进口者对海关将其所进口的货物纳入固体废物管理范围不服的，可以依法申请行政复议，也可以向人民法院提起行政诉讼。

（四）关于防治工业固体废物污染环境的法律规定

国务院环境保护行政主管部门应当会同国务院经济综合宏观调控部门和其他有关部门对工业固体废物对环境的污染作出界定，制定防治工业固体废物污染环境的技术政策，组织推广先进的防治工业固体废物污染环境的生产工艺和设备。国务院经济综合宏观调控部门应当会同国务院有关部门组织研究、开发和推广减少工业固体废物产生量和危害性的生产工艺和设备，公布限期淘汰产生严重污染环境的工业固体废物的落后生产工艺、落后设备的名录。生产者、销售者、进口者、使用者必须在国务院经济综合宏观调控部门会同国务院有关部门规定的期限内分别停止生产、销售、进口或者使用列入前文提及的名录中的设备。生产工艺的采用者必须在国务院经济综合宏观调控部门会同国务院有关部门规定的期限内停止采用列入前文提及的名录中的工艺。列入限期淘汰名录被淘汰的设备，不得转让给他人使用。

县级以上人民政府有关部门应当制定工业固体废物污染环境防治工作规划，推广能够减少工业固体废物产生量和危害性的先进生产工艺和设备，推动工业固体废物污染环境防治工作。产生工业固体废物的单位应当建立、健全污染环境防治责任制度，采取防治工业固体废物污染环境的措施。企业事业单位应当合理选择和利用原材料、能源和其他资源，采用先进的生产工艺和设备，减少工业固体废物产生量，降低工业固体废物的危害性。国家实行工业固体废物申报登记制度。产生工业固体废物的单位必须按照国务院环境保护行政主管部门的规定，向所在地县级以上地方人民政府环境保护行政主管部门提供工业固体废物的种类、产生量、流向、贮存、处置等有关资料。企业事业单位应当根据经济、技术条件对其产生的工业固体废物加以利用；对暂时不利用或者不能利用的，必须按照国务院环境保护行政主管部门的规定建设贮存设施、场所，安全分类存放，或者采取无害化处置措施。建设工业固体废物贮存、处置的设施、场所，必须符合国家环境保护标准。禁止擅自关闭、闲置或者拆除工业固体废物污染环境防治设施、场所；确有必要关闭、闲置或者拆除的，必须经所在地县级以上地方人民政府环境保护行政主管部门核准，并采取措施，防止污染环境。产生工业固体废物的单位需要终止的，应当事先对工业固体废物的贮存、处置的设施、场所采取污染防治措施，并对未处置的工业固体废物作出妥善处置，防止污染环境。产生工业固体废物的单位发生变更的，变更后的单位应当按照国家有关环境保护的规定对未处置的工业固体废物及其贮存、处置的设施、场所进行安全处置或者采取措施保证该设施、场所安全运行。变更前当事人对工业固体废物及其贮存、处置的设施、场所的污染防治责任另有约定的，从其约定；但是，不得免除当事人的污染防治义务。矿山企业应当采取科学的开采方法和选矿工艺，减少尾矿、矸石、废石等矿业固体废物的产生量和贮存量。尾矿、矸石、废石等矿业固体废物贮存设施停止使用后，矿山企业应当按照国家有关环境保护规定进行封场，防止造成环境污染和生态破坏。拆解、利用、处置废弃电器产品和废弃机动车船，应当遵守有关法律、法规的规定，采取措施，防止污染环境。

（五）关于防治城市生产、生活垃圾污染环境的法律规定

县级以上人民政府应当统筹安排建设城乡生活垃圾收集、运输、处置设施，提高生活垃圾的利用率和无害化处置率，促进生活垃圾收集、处置的产业化发展，逐步建立和完善生活垃圾污染环境防治的社会服务体系。县级以上地方人民政府环境卫生行政主管部门应当组织对城市生活垃圾进行清扫、收集、运输和处置，可以通过招标等方式选择具备条件的单位从事生活垃圾的清扫、收集、运输和处置。对城市生活垃圾应当按照环境卫生行政主管部门的规定，在指定的地点放置，不得随意倾倒、抛撒或者堆放。清扫、收集、运输、处置城市生活垃圾，应当遵守国家有关环境保护和环境卫生管理的规定，防止污染环境。

对城市生活垃圾应当及时清运，逐步做到分类收集和运输，并积极开展合理利用和实施无害化处置。城市人民政府应当有计划地改进燃料结构，发展城市煤气、天然气、液化气和其他清洁能源。城市人民政府有关部门应当组织净菜进城，减少城市生活垃圾。城市人民政府有关部门应当统筹规划，合理安排收购网点，促进生活垃圾的回收利用工作。建设生活垃圾处置的设施、场所，必须符合国务院环境保护行政主管部门和国务院建设行政主管部门规定的环境保护和环境卫生标准。禁止擅自关闭、闲置或者拆除生活垃圾处置的设施、场所；确有必要关闭、闲置或者拆除的，必须经所在地县级以上地方人民政府环境卫生行政主管部门和环境保护行政主管部门核准，并采取措施，防止

污染环境。从生活垃圾中回收的物质必须按照国家规定的用途或者标准使用，不得用于生产可能危害人体健康的产品。从事公共交通运输的经营单位，应当按照国家有关规定，清扫、收集运输过程中产生的生活垃圾。从事城市新区开发、旧区改建和住宅小区开发建设的单位，以及机场、码头、车站、公园、商店等公共设施、场所的经营管理单位，应当按照国家有关环境卫生的规定，配套建设生活垃圾收集设施。农村生活垃圾污染环境防治的具体办法，由地方性法规规定。

（六）关于防治危险废物污染环境的特别规定

国务院环境保护行政主管部门应当会同国务院有关部门制定国家危险废物名录，规定统一的危险废物鉴别标准、鉴别方法和识别标志。对危险废物的容器和包装物以及收集、贮存、运输、处置危险废物的设施、场所，必须设置危险废物识别标志。产生危险废物的单位，必须按照国家有关规定制定危险废物管理计划，并向所在地县级以上地方人民政府环境保护行政主管部门申报危险废物的种类、产生量、流向、贮存、处置等有关资料。前面所称危险废物管理计划应当包括减少危险废物产生量和危害性的措施以及危险废物贮存、利用、处置措施。危险废物管理计划应当报产生危险废物的单位所在地县级以上地方人民政府环境保护行政主管部门备案。国务院环境保护行政主管部门会同国务院经济综合宏观调控部门组织编制危险废物集中处置设施、场所的建设规划，报国务院批准后实施。县级以上地方人民政府应当依据危险废物集中处置设施、场所的建设规划组织建设危险废物集中处置设施、场所。

产生危险废物的单位，必须按照国家有关规定处置危险废物，不得擅自倾倒、堆放；不处置的，由所在地县级以上地方人民政府环境保护行政主管部门责令限期改正；逾期不处置或者处置不符合国家有关规定的，由所在地县级以上地方人民政府环境保护行政主管部门指定单位按照国家有关规定代为处置，处置费用由产生危险废物的单位承担。以填埋方式处置危险废物不符合国务院环境保护行政主管部门规定的，应当缴纳危险废物排污费。危险废物排污费征收的具体办法由国务院规定。危险废物排污费用于污染环境的防治，不得挪作他用。从事收集、贮存、处置危险废物经营活动的单位，必须向县级以上人民政府环境保护行政主管部门申请领取经营许可证；从事利用危险废物经营活动的单位，必须向国务院环境保护行政主管部门或者省、自治区、直辖市人民政府环境保护行政主管部门申请领取经营许可证。禁止无经营许可证或者不按照经营许可证规定从事危险废物收集、贮存、利用、处置的经营活动。禁止将危险废物提供或者委托给无经营许可证的单位从事收集、贮存、利用、处置的经营活动。收集、贮存危险废物，必须按照危险废物特性分类进行。禁止混合收集、贮存、运输、处置性质不相容而未经安全性处置的危险废物。贮存危险废物必须采取符合国家环境保护标准的防护措施，并不得超过一年；确需延长期限的，必须报经原批准经营许可证的环境保护行政主管部门批准；法律、行政法规另有规定的除外。禁止将危险废物混入非危险废物中贮存。转移危险废物的，必须按照国家有关规定填写危险废物转移联单，并向危险废物移出地设区的市级以上地方人民政府环境保护行政主管部门提出申请。移出地设区的市级以上地方人民政府环境保护行政主管部门应当在经过接受地设区的市级以上地方人民政府环境保护行政主管部门同意后，方可批准转移该危险废物。未经批准的，不得转移。转移危险废物途经移出地、接受地以外行政区域的，危险废物移出地设区的市级以上地方人民政府环境保护行政主管部门应当及时通知沿途经过的设区的市级以上地方人民政府环境保护行政主管部门。

运输危险废物，必须采取防止污染环境的措施，并遵守国家有关危险货物运输管理的规定。禁止将危险废物与旅客在同一运输工具上载运。收集、贮存、运输、处置危险废物的场所、设施、设备和容器、包装物及其他物品转作他用时，必须经过消除污染的处理，方可使用。产生、收集、贮存、运输、利用、处置危险废物的单位，应当制定意外事故的防范措施和应急预案，并报所在地县级以上地方人民政府环境保护行政主管部门备案；环境保护行政主管部门应当进行检查。因发生事故或者其他突发性事件，造成危险废物严重污染环境的单位，必须立即采取措施消除或者减轻对环境的污染危害，及时通报可能受到污染危害的单位和居民，并向所在地县级以上地方人民政府环境保护行政主管部门和有关部门报告，接受调查处理。在发生或者有证据证明可能发生危险废物严重污染环境、威胁居民生命财产安全时，县级以上地方人民政府环境保护行政主管部门或者其他固体废物污染环境防治工作的监督管理部门必须立即向本级人民政府和上一级人民政府有关行政主管部门报告，由人民政府采取防止或者减轻危害的有效措施。有关人民政府可以根据需要责令停止导致或者可能导致环境污染事故的作业。重点危险废物集中处置设施、场所的退役费用应当预提，列入投资概算或者经营成本。具体提取和管理办法，由国务院财政部门、价格主管部门会同国务院环境保护行政主管部门规定。禁止经中华人民共和国过境转移危险废物。

第二节 放射性物质污染环境防治法

一、放射性物质污染概述

(一) 放射性与放射性物质的概念

在自然界，某些物质的原子核能发生衰变，即自然地改变核结构从而转变为另外一种物质，在这个过程中，放出肉眼看不见也感觉不到，只能用专门的仪器才能探测到的射线。[①]放射性，是指物质在衰变过程中放出射线的性质。像我们在平常体检活动中，所照的 X 光就是一种射线，即使没有任何感觉，但还是经受了小剂量的辐射。

一般而言，放射性物质可以分为两类，一类是大自然的，另外一类是人类自己产生的。在自然界，因为地质生成的原因，有些地方或者有些物质天然具有放射性，但是基于生物几千万年的生活，这些地方的放射性已经可以为人类所接受，譬如一些盛产大理

① 左玉辉. 环境学. 北京：高等教育出版社，2002.192

石的地方；对人类产生威胁的是人类自己人工行为所制作的放射性特质，最简单的是核武器。核电站所产生的一些核废物、核废水，以及一些被过量使用的农业、医疗核辐射都会对人类的健康构成威胁。

（二）放射性污染的概念及危害

放射性污染是指由于人类活动造成物料、人体、场所、环境介质表面或者内部出现超过国家标准的放射性物质或者射线。国家对放射性污染的防治，实行预防为主、防治结合、严格管理、安全第一的方针。国家鼓励、支持放射性污染防治的科学研究和技术开发利用，推广先进的放射性污染防治技术。国家支持开展放射性污染防治的国际交流与合作。县级以上人民政府应当将放射性污染防治工作纳入环境保护规划。县级以上人民政府应当组织开展有针对性的放射性污染防治宣传教育，使公众了解放射性污染防治的有关情况和科学知识。

放射性污染危害的表现很多，譬如：在大剂量的照射下，放射性对人体和动物存在着某种损害作用。如在 400 rad 的照射下，受照射的人有 5%死亡；若照射 650 rad，则人 100%死亡。照射剂量在 150 rad 以下，死亡率为零，但并非无损害作用，经 20 年以后，一些症状才会表现出来。放射性也能损伤遗传物质，主要在于引起基因突变和染色体畸变，使下一代甚至几代受害。所以，我们可以看到，当妇女怀孕以后，因为工作需要不能不使用电脑时，往往会购买专门的防辐射孕妇装，用以保护胎儿的安全。

二、防治放射性物质污染环境立法简介

《中华人民共和国放射性污染防治法》已由中华人民共和国第十届全国人民代表大会常务委员会第三次会议于 2003 年 6 月 28 日通过，并予公布，自 2003 年 10 月 1 日起施行。除了该法律，各部门还制定了相当多的规定，譬如《放射防护规定》等。目前，我国防治放射性物质污染的法律体系已经严密，只是需要将其严格实施。

三、我国防治放射性物质污染环境的主要法律规定

（一）放射性污染防治的监督管理

国家放射性污染防治标准由国务院环境保护行政主管部门根据环境安全要求、国家经济技术条件制定。国家放射性污染防治标准由国务院环境保护行政主管部门和国务院标准化行政主管部门联合发布。国家建立放射性污染监测制度。国务院环境保护行政主管部门会同国务院其他有关部门组织环境监测网络，对放射性污染实施监测管理。国务院环境保护行政主管部门和国务院其他有关部门，按照职责分工，各负其责，互通信息，密切配合，对核设施、铀（钍）矿开发利用中的放射性污染防治进行监督检查。

县级以上地方人民政府环境保护行政主管部门和同级其他有关部门，按照职责分

工，各负其责，互通信息，密切配合，对本行政区域内核技术利用、伴生放射性矿开发利用中的放射性污染防治进行监督检查。监督检查人员进行现场检查时，应当出示证件。被检查的单位必须如实反映情况，提供必要的资料。监督检查人员应当为被检查单位保守技术秘密和业务秘密。对涉及国家秘密的单位和部门进行检查时，应当遵守国家有关保守国家秘密的规定，依法办理有关审批手续。

核设施营运单位、核技术利用单位、铀（钍）矿和伴生放射性矿开发利用单位，负责本单位放射性污染的防治，接受环境保护行政主管部门和其他有关部门的监督管理，并依法对其造成的放射性污染承担责任。核设施营运单位、核技术利用单位、铀（钍）矿和伴生放射性矿开发利用单位，必须采取安全与防护措施，预防发生可能导致放射性污染的各类事故，避免放射性污染危害。核设施营运单位、核技术利用单位、铀（钍）矿和伴生放射性矿开发利用单位，应当对其工作人员进行放射性安全教育、培训，采取有效的防护安全措施。

国家对从事放射性污染防治的专业人员实行资格管理制度；对从事放射性污染监测工作的机构实行资质管理制度。

运输放射性物质和含放射源的射线装置，应当采取有效措施，防止放射性污染。放射性物质和射线装置应当设置明显的放射性标志和中文警示说明。生产、销售、使用、贮存、处置放射性物质和射线装置的场所，以及运输放射性物质和含放射源的射线装置的工具，应当设置明显的放射性标志。含有放射性物质的产品，应当符合国家放射性污染防治标准；不符合国家放射性污染防治标准的，不得出厂和销售。使用伴生放射性矿渣和含有天然放射性物质的石材做建筑和装修材料，应当符合国家建筑材料放射性核素控制标准。

（二）关于民用核设施的安全监督管理

民用核设施包括用于民用目的的核动力厂（核电厂、核热电厂、核供汽供热厂等）和其他反应堆（研究堆、实验堆、临界装置等）；核燃料生产、加工、贮存和后处理设施；放射性废物的处理和处置设施等。国家对民用核设施应加强监管，保障安全。

核设施选址，应当进行科学论证，并按照国家有关规定办理审批手续。在办理核设施选址审批手续前，应当编制环境影响报告书，报国务院环境保护行政主管部门审查批准；未经批准，有关部门不得办理核设施选址批准文件。核设施营运单位在进行核设施建造、装料、运行、退役等活动前，必须按照国务院有关核设施安全监督管理的规定，申请领取核设施建造、运行许可证和办理装料、退役等审批手续。核设施营运单位领取有关许可证或者批准文件后，方可进行相应的建造、装料、运行、退役等活动。核设施营运单位应当在申请领取核设施建造、运行许可证和办理退役审批手续前编制环境影响报告书，报国务院环境保护行政主管部门审查批准；未经批准，有关部门不得颁发许可证和办理批准文件。与核设施相配套的放射性污染防治设施，应当与主体工程同时设计、同时施工、同时投入使用。放射性污染防治设施应当与主体工程同时验收；验收合格的，主体工程方可投入生产或者使用。

进口核设施，应当符合国家放射性污染防治标准；没有相应的国家放射性污染防治标准的，采用国务院环境保护行政主管部门指定的国外有关标准。核动力厂等重要核设施外围地区应当划定规划限制区。核设施营运单位应当对核设施周围环境中所含的放射性核素的种类、浓度以及核设施流出物中的放射性核素总量实施监测，并定期向国务院环境保护行政主管部门和所在地省、自治区、直辖市人民政府环境保护行政主管部门报告监测结果。国务院环境保护行政主管部门负责对核动力厂等重要核设施实施监督性监测，并根据需要对其他核设施的流出物实施监测。监督性监测系统的建设、运行和维护费用由财政预算安排。核设施营运单位应当建立健全安全保卫制度，加强安全保卫工作，并接受公安部门的监督指导。核设施营运单位应当按照核设施的规模和性质制定核事故场内应急计划，做好应急准备。出现核事故应急状态时，核设施营运单位必须立即采取有效的应急措施控制事故，并向核设施主管部门和环境保护行政主管部门、卫生行政部门、公安部门以及其他有关部门报告。国家应建立健全核事故应急制度。核设施主管部门、环境保护行政主管部门、卫生行政部门、公安部门以及其他有关部门，在本级人民政府的组织领导下，按照各自的职责依法做好核事故应急工作。核设施营运单位应当制订核设施退役计划。核设施的退役费用和放射性废物处置费用应当预提，列入投资概算或者生产成本。核设施的退役费用和放射性废物处置费用的提取和管理办法，由国务院财政部门、价格主管部门会同国务院环境保护行政主管部门、核设施主管部门规定。

（三）放射性同位素与射线装置放射防护的规定

放射性同位素是指某种发生放射性衰变的元素中具有相同原子序数但质量不同的核素。放射源是指除研究堆和动力堆核燃料循环范畴的材料以外，永久密封在容器中或者有严密包层并呈固态的放射性材料。射线装置是指 X 线机、加速器、中子发生器以及含放射源的装置。生产、销售、使用放射性同位素和射线装置的单位，应当按照国务院有关放射性同位素与射线装置放射防护的规定申请领取许可证，办理登记手续。转让、进口放射性同位素和射线装置的单位以及装备有放射性同位素的仪表的单位，应当按照国务院有关放射性同位素与射线装置放射防护的规定办理有关手续。生产、销售、使用放射性同位素和加速器、中子发生器以及含放射源的射线装置的单位，应当在申请领取许可证前编制环境影响评价文件，报省、自治区、直辖市人民政府环境保护行政主管部门审查批准；未经批准，有关部门不得颁发许可证。国家建立放射性同位素备案制度。

新建、改建、扩建放射工作场所的放射防护设施，应当与主体工程同时设计、同时施工、同时投入使用。放射防护设施应当与主体工程同时验收；验收合格的，主体工程方可投入生产或者使用。放射性同位素应当单独存放，不得与易燃、易爆、腐蚀性物品等一起存放，其贮存场所应当采取有效的防火、防盗、防射线泄漏的安全防护措施，并指定专人负责保管。贮存、领取、使用、归还放射性同位素时，应当进行登记、检查，做到账物相符。生产、使用放射性同位素和射线装置的单位，应当按照国务院环境保护行政主管部门的规定对其产生的放射性废物进行收集、包装、贮存。

生产放射源的单位，应当按照国务院环境保护行政主管部门的规定回收和利用废旧放射源；使用放射源的单位，应当按照国务院环境保护行政主管部门的规定将废旧放射源交回生产放射源的单位或者送交专门从事放射性固体废物贮存、处置的单位。生产、销售、使用、贮存放射源的单位，应当建立健全安全保卫制度，指定专人负责，落实安全责任制，制定必要的事故应急措施。发生放射源丢失、被盗和放射性污染事故时，有关单位和个人必须立即采取应急措施，并向公安部门、卫生行政部门和环境保护行政主管部门报告。公安部门、卫生行政部门和环境保护行政主管部门接到放射源丢失、被盗和放射性污染事故报告后，应当报告本级人民政府，并按照各自的职责立即组织采取有效措施，防止放射性污染蔓延，减少事故损失。当地人民政府应当及时将有关情况告知公众，并做好事故的调查、处理工作。

(四) 关于铀（钍）矿和伴生放射性矿开发利用的放射性污染防治

开发利用或者关闭铀（钍）矿的单位，应当在申请领取采矿许可证或者办理退役审批手续前编制环境影响报告书，报国务院环境保护行政主管部门审查批准。开发利用伴生放射性矿的单位，应当在申请领取采矿许可证前编制环境影响报告书，报省级以上人民政府环境保护行政主管部门审查批准。伴生放射性矿是指含有较高水平天然放射性核素浓度的非铀（钍）矿（如稀土矿和磷酸盐矿等)。与铀（钍）矿和伴生放射性矿开发利用建设项目相配套的放射性污染防治设施，应当与主体工程同时设计、同时施工、同时投入使用。放射性污染防治设施应当与主体工程同时验收；验收合格的，主体工程方可投入生产或者使用。铀（钍）矿开发利用单位应当对铀（钍）矿的流出物和周围的环境实施监测，并定期向国务院环境保护行政主管部门和所在地省、自治区、直辖市人民政府环境保护行政主管部门报告监测结果。对铀（钍）矿和伴生放射性矿开发利用过程中产生的尾矿，应当建造尾矿库进行贮存、处置；建造的尾矿库应当符合放射性污染防治的要求。铀（钍）矿开发利用单位应当制定铀（钍）矿退役计划。铀（钍）矿退役费用由国家财政预算安排。

(五) 关于放射性废物管理

放射性废物是指含有放射性核素或者被放射性核素污染，其浓度或者比活度大于国家确定的清洁解控水平，预期不再使用的废弃物。核设施营运单位、核技术利用单位、铀（钍）矿和伴生放射性矿开发利用单位，应当合理选择和利用原材料，采用先进的生产工艺和设备，尽量减少放射性废物的产生量。向环境排放放射性废气、废液，必须符合国家放射性污染防治标准。产生放射性废气、废液的单位向环境排放符合国家放射性污染防治标准的放射性废气、废液，应当向审批环境影响评价文件的环境保护行政主管部门申请放射性核素排放量，并定期报告排放计量结果。产生放射性废液的单位，必须按照国家放射性污染防治标准的要求，对不得向环境排放的放射性废液进行处理或者贮存。产生放射性废液的单位，向环境排放符合国家放射性污染防治标准的放射性废液，必须采用符合国务院环境保护行政主管部门规定的排放方式。禁止利用渗井、渗坑、天然裂隙、溶洞或者国家禁止的其他方式排放放射性废液。低、中水平放射性固体废物在符合国家规定的区域实行近地表处置。高水平放射性固体废物实行集中的深地质处置。对 α 放射性固体废物依照规定处置。禁止在内河水域和海洋上处置放射性固体废物。

国务院核设施主管部门会同国务院环境保护行政主管部门根据地质条件和放射性固

体废物处置的需要，在环境影响评价的基础上编制放射性固体废物处置场所选址规划，报国务院批准后实施。有关地方人民政府应当根据放射性固体废物处置场所选址规划，提供放射性固体废物处置场所的建设用地，并采取有效措施支持放射性固体废物的处置。产生放射性固体废物的单位，应当按照国务院环境保护行政主管部门的规定，对其产生的放射性固体废物进行处理后，送交放射性固体废物处置单位处置，并承担处置费用。设立专门从事放射性固体废物贮存、处置的单位，必须经国务院环境保护行政主管部门审查批准，取得许可证。禁止未经许可或者不按照许可的有关规定从事贮存和处置放射性固体废物的活动。禁止将放射性固体废物提供或者委托给无许可证的单位贮存和处置。禁止将放射性废物和被放射性污染的物品输入中华人民共和国境内或者经中华人民共和国境内转移。

第三节　有毒化学品污染环境防治法

一、有毒化学品污染环境概述

（一）有毒化学品的概念

化学品是指人工制造的或者从自然界获取的化学物质，包括化学物质本身、化学混合物、化学配置中的一部分，以及作为工业化学品和农药使用的物质。我们的日常生活离不开化学品，譬如沐浴露、香皂、汽油、塑料等，化学品已经成为我们生活中不可或缺的一部分，有毒化学品也一样，在工业生产中是不可或缺的。有毒化学品是指进入环境后通过环境蓄积、生物累积、生物转化或化学反应等方式损害人体健康和环境，或者通过接触对人体具有严重危害和潜在危险的化学品。危险化学品是指具有易燃、易爆、有毒、有害及有腐蚀特性，会对人员、设施、环境造成伤害或损害的化学品。危险化学品是从化学品对社会公众影响的角度来定义的，而有毒化学品是从化学品自身的性质来定义的。一般而言，有毒的即是危险的，危险化学品的外延大于有毒化学品的外延。

（二）有毒化学品的污染危害

有毒化学品管理不当和使用不当，容易对社会造成损害。譬如在有毒化学品的生产、运输、销售、存储、使用过程中，管理不善或使用不当，就会导致其泄露、溢出、渗透、流失、扩散，从而进入环境，造成人体健康损害，破坏生态环境和生活环境。譬如以我们最常见的化妆品为例，组成化妆品的化学物质有 4 000 多种，这些化学物质中的一部分可能会引起急、慢性中毒和其他不良影响，对人体造成损害。化妆品中的化学毒物大多是通过原料和添加剂带入化妆品的，有的是生产过程中污染的，有的则是作为原料有意添加的。增白霜、雀斑霜等大都含有无机汞盐；铅粉曾经是一种很时髦的美容品，生发剂和爽身粉中含有高浓度的砷；在香水、花露水等化妆品的制造过程中，有的生产企业用工业酒精代替乙醇作为原料，使甲醇严重超过国家标准。汞和汞化合物为化妆品组分中禁用的物质，但是，鉴于硫柳汞具有良好抑菌作用，允许用于眼部化妆品和眼部卸装品，并须在标签中注明，其最大允许使用浓度为0.007%（汞计）。但是，这样也有可能产生危害：无机汞进入血液后，大部分分布于血浆中，主要蓄积于肾脏，其次是肝脏和脾脏。汞中毒主要是由汞离子引起，因此容易解离的汞盐特别危险。汞离子与蛋白的巯基以及组织蛋白的羧基和氨基反应，形成牢固的络合物——金属蛋白，从而抑制了酶的活性，引起急性或慢性中毒。类似的还有砷及砷化合物、铅和铅化合物、甲醇等。所以，既要发挥有毒化学品的价值，又要制约其负面作用。

二、防治有毒化学品污染环境立法简介

目前，我国已经制定了较为详尽的有关有毒化学品的法律、法规，譬如《化学品首次进口及有毒化学品进出口环境管理规定》、《中国严格限制进出口的有毒化学品目录》、《危险化学品安全管理条例》、《监控化学品管理条例》等；而且，在《环境保护法》、《水污染防治法》等法律中也有关于有毒化学品污染防治的规定。要在实际工作中严格实施上述规定，以维护环境安全和人民群众的身体健康，从而为社会创造价值。

三、我国防治有毒化学品污染环境的主要法律规定

（一）关于有毒化学品生产经营许可证制度的法律规定

国家对危险化学品的生产和储存实行统一规划、合理布局和严格控制，并对危险化学品生产、储存实行审批制度；未经审批，任何单位和个人都不得生产、储存危险化学品。设区的市级人民政府根据当地经济发展的实际需要，在编制总体规划时，应当按照确保安全的原则规划适当区域专门用于危险化学品的生产、储存。危险化学品生产、储存企业，必须具备下列条件：有符合国家标准的生产工艺、设备或者储存方式、设施；工厂、仓库的周边防护距离符合国家标准或者国家有关规定；有符合生产或者储存需要的管理人员和技术人员；有健全的安全管理制度；符合法律、法规规定和国家标准要求的其他条件。

设立剧毒化学品生产、储存企业和其他危险化学品生产、储存企业，应当分别向省、自治区、直辖市人民政府经济贸易管理部门和设区的市级人民政府负责危险化学品安全监督管理综合工作的部门提出申请，并提交规定文件；省、自治区、直辖市人民政府经济贸易管理部门或者设区的市级人民政府负责危险化学品安全监督管理综合工作的部门收到申请和提交的文件后，应当组织有关专家进行审查，提出审查意见后，报本级人民政府作出批准或者不予批准的决定。依据本级人民政府的决定，予以批准的，由省、自治区、直辖市人民政府经济贸易管理部门或者设区的市级人民政府负责危险化学品安全监督管理综合工作的部门颁发批准书；不予批准的，书面通知申请人。申请人凭

批准书向工商行政管理部门办理登记注册手续。

除运输工具加油站、加气站外，危险化学品的生产装置和储存数量构成重大危险源的储存设施，与下列场所、区域的距离必须符合国家标准或者国家有关规定：居民区、商业中心、公园等人口密集区域；学校、医院、影剧院、体育场（馆）等公共设施；供水水源、水厂及水源保护区；车站、码头（按照国家规定，经批准，专门从事危险化学品装卸作业的除外）、机场以及公路、铁路、水路交通干线和地铁风亭及出入口；基本农田保护区、畜牧区、渔业水域和种子、种畜、水产苗种生产基地；河流、湖泊、风景名胜区和自然保护区；军事禁区、军事管理区；法律、行政法规规定予以保护的其他区域。

依法设立的危险化学品生产企业，必须向国务院质检部门申请领取危险化学品生产许可证；未取得危险化学品生产许可证的，不得开工生产。国务院质检部门应当将颁发危险化学品生产许可证的情况通报国务院经济贸易综合管理部门、环境保护部门和公安部门。任何单位和个人不得生产、经营、使用国家明令禁止的危险化学品。禁止用剧毒化学品生产灭鼠药以及其他可能进入人民日常生活的化学产品和日用化学品。生产危险化学品的，应当在危险化学品的包装内附有与危险化学品完全一致的化学品安全技术说明书，并在包装（包括外包装件）上加贴或者拴挂与包装内危险化学品完全一致的化学品安全标签。危险化学品生产企业发现其生产的危险化学品有新的危害特性时，应当立即公告，并及时修订安全技术说明书和安全标签。

使用危险化学品从事生产的单位，其生产条件必须符合国家标准和国家有关规定，并依照国家有关法律、法规的规定取得相应的许可，必须建立、健全危险化学品使用的安全管理规章制度，保证危险化学品的安全使用和管理。生产、储存、使用危险化学品的，应当根据危险化学品的种类、特性，在车间、库房等作业场所设置相应的监测、通风、防晒、调温、防火、灭火、防爆、泄压、防毒、消毒、中和、防潮、防雷、防静电、防腐、防渗漏、防护围堤或者隔离操作等安全设施、设备，并按照国家标准和国家有关规定进行维护、保养，保证符合安全运行要求。生产、储存、使用剧毒化学品的单位，应当对本单位的生产、储存装置每年进行一次安全评价；生产、储存、使用其他危险化学品的单位，应当对本单位的生产、储存装置每两年进行一次安全评价。

安全评价报告应当对生产、储存装置存在的安全问题提出整改方案。安全评价中发现生产、储存装置存在现实危险的，应当立即停止使用，予以更换或者修复，并采取相应的安全措施。安全评价报告应当报所在地设区的市级人民政府负责危险化学品安全监督管理综合工作的部门备案。危险化学品的生产、储存、使用单位，应当在生产、储存和使用场所设置通讯、报警装置，并保证在任何情况下处于正常使用状态。剧毒化学品的生产、储存、使用单位，应当对剧毒化学品的产量、流向、储存量和用途如实记录，并采取必要的安全措施，防止剧毒化学品被盗、丢失或者误售、误用；发现剧毒化学品被盗、丢失或者误售、误用时，必须立即向当地公安部门报告。

危险化学品的包装必须符合国家法律、法规、规章的规定和国家标准的要求。危险化学品包装的材质、型式、规格、方法和单件质量（重量），应当与所包装的危险化学品的性质和用途相适应，便于装卸、运输和储存。危险化学品的包装物、容器，必须由省、自治区、直辖市人民政府经济贸易管理部门审查合格的专业生产企业定点生产，并经国务院质检部门认可的专业检测、检验机构检测、检验合格，方可使用。重复使用的危险化学品包装物、容器在使用前，应当进行检查，并作出记录；检查记录应当至少保存2年。质检部门应当对危险化学品的包装物、容器的产品质量进行定期的或者不定期的检查。危险化学品必须储存在专用仓库、专用场地或者专用储存室（以下统称专用仓库）内，储存方式、方法与储存数量必须符合国家标准，并由专人管理。危险化学品出入库，必须进行核查登记。库存危险化学品应当定期检查。剧毒化学品以及储存数量构成重大危险源的其他危险化学品必须在专用仓库内单独存放，实行双人收发、双人保管制度。储存单位应当将储存剧毒化学品以及构成重大危险源的其他危险化学品的数量、地点以及管理人员的情况，报当地公安部门和负责危险化学品安全监督管理综合工作的部门备案。危险化学品专用仓库，应当符合国家标准对安全、消防的要求，设置明显标志。危险化学品专用仓库的储存设备和安全设施应当定期检测。处置废弃危险化学品，依照固体废物污染环境防治法和国家有关规定执行。危险化学品的生产、储存、使用单位转产、停产、停业或者解散的，应当采取有效措施，处置危险化学品的生产或者储存设备、库存产品及生产原料，不得留有事故隐患。处置方案应当报所在地设区的市级人民政府负责危险化学品安全监督管理综合工作的部门和同级环境保护部门、公安部门备案。负责危险化学品安全监督管理综合工作的部门应当对处置情况进行监督检查。公众上交的危险化学品，由公安部门接收。公安部门接收的危险化学品和其他有关部门收缴的危险化学品，交由环境保护部门认定的专业单位处理。

（二）关于有毒化学品的安全防护和污染防治措施的法律规定

国家对危险化学品经营销售实行许可制度。未经许可，任何单位和个人都不得经营危险化学品。经营剧毒化学品和其他危险化学品的，应当分别向省、自治区、直辖市人民政府经济贸易管理部门或者设区的市级人民政府负责危险化学品安全监督管理综合工作的部门提出申请，并附送相关证明材料。省、自治区、直辖市人民政府经济贸易管理部门或者设区的市级人民政府负责危险化学品安全监督管理综合工作的部门接到申请后，应当依照规定对申请人提交的证明材料和经营场所进行审查。经审查，符合条件的，颁发危险化学品经营许可证，并将颁发危险化学品经营许可证的情况通报同级公安部门和环境保护部门；不符合条件的，书面通知申请人并说明理由。申请人凭危险化学品经营许可证向工商行政管理部门办理登记注册手续。

经营危险化学品，不得有下列行为：从未取得危险化学品生产许可证或者危险化学品经营许可证的企业采购危险化学品；经营国家明令禁止的危险化学品和用剧毒化学品生产的灭鼠药以及其他可能进入人民日常生活的化学产品和日用化学品；销售没有化学品安全技术说明书和化学品安全标签的危险化学品。危险化学品生产企业不得向未取得危险化学品经营许可证的单位或者个人销售危险化学品。危险化学品经营企业储存危险化学品，应当遵守《危险化学品安全管理条例》第二章的有关规定。危险化学品商店内只能存放民用小包装的危险化学品，其总量不得超过国家规定的限量。剧毒化学品经营企业销售剧毒化学品，应当记录购买单位的名称、地址和购买人员的姓名、身份证号码及所购剧毒化学品的品名、数量、用途。记录应当至少保存1年。剧毒化学品经营企业应当每天核对剧毒化学品的销售情况；发现被盗、丢失、误售等情况时，必须立即向当地公安部门报告。

购买剧毒化学品，应当遵守下列规定：生产、科研、医疗等单位经常使用剧毒化学品的，应当向设区的市级人民政府公安部门申请领取购买凭证，凭购买凭证购买；单位临时需要购买剧毒化学品的，应当凭本单位出具的证明（注明品名、数量、用途）向设区的市级人民政府公安部门申请领取准购证，凭准购证购买；个人不得购买农药、灭鼠药、灭虫药以外的剧毒化学品。剧毒化学品生产企业、经营企业不得向个人或者无购买凭证、准购证的单位销售剧毒化学品。剧毒化学品购买凭证、准购证不得伪造、变造、买卖、出借或者以其他方式转让，不得使用作废的剧毒化学品购买凭证、准购证。

（三）关于有毒化学品进出口环境管理的法律规定

国家环境保护局对化学品首次进口和有毒化学品进出口实施统一的环境监督管理，负责全面执行《伦敦准则》的事先知情同意程序，发布中华人民共和国禁止或严格限制的有毒化学品名录，实施化学品首次进口和列入名录内的有毒化学品进出口的环境管理登记和审批，签发《化学品进（出）口环境管理登记证》和《有毒化学品进（出）口环境管理放行通知单》，发布首次进口化学品登记公告。中华人民共和国海关对列入名录的有毒化学品的进出口凭国家环境保护局签发的《有毒化学品进（出）口环境管理放行通知单》验放。对外贸易经济合作部根据其职责协同国家环境保护局对化学品首次进口和有毒化学品进出口环境管理登记申请资料的有关内容进行审查和对外公布《中国禁止或严格限制的有毒化学品名录》。国家环境保护局设立国家有毒化学品评审委员会，负责对申请进出口环境管理登记的化学品的综合评审工作，对实施本规定所涉及的技术事务向国家环境保护局提供咨询意见。国家有毒化学品评审委员会由环境、卫生、农业、化工、外贸、商检、海关及其他有关方面的管理人员和技术专家组成，每届任期 3 年。

外商或其代理人向我国出口所经营的未曾在我国登记（除农药以外）的任何化学品，必须向国家环境保护局提出化学品首次进口环境管理登记申请，并按规定填写“化学品首次进口环境管理登记申请表”，免费提供试验样品（一般不少于 250 克）。外商首次向我国销售农药的登记管理仍按《农药登记规定》执行，农业部和国家环境保护局定期交换登记信息。国家环境保护局在审批化学品首次进口环境管理登记申请时，对符合规定的，准予化学品环境管理登记并发给准许进口的《化学品进（出）口环境管理登记证》。对经审查，认为我国不适于进口的化学品不予登记发证，并通知申请人。对经审查，认为需经进一步试验和较长时间观察方能确定其危险性的首次进口化学品，可给予临时登记并发给“临时登记证”。对未取得化学品进口环境管理登记证和临时登记证的化学品，一律不得进口。进出口化学品的分类、包装、标签和运输，按照国际或国内有关危险货物运输规则的规定执行。在装卸、贮存和运输化学品过程中，必须采取有效的预防和应急措施，防止污染环境。因包装损坏或者不符合要求而造成或者可能造成口岸污染的，口岸主管部门应立即采取措施，防止和消除污染，并及时通知当地环境保护行政主管部门，进行调查处理。防止和消除其污染的费用由有关责任人承担。

(四) 关于监控化学品的法律规定

监控化学品，是指下列各类化学品：第一类：可作为化学武器的化学品；第二类：可作为生产化学武器前体的化学品；第三类：可作为生产化学武器主要原料的化学品；第四类：除炸药和纯碳氢化合物外的特定有机化学品。前述各类监控化学品的名录由国务院化学工业主管部门提出，报国务院批准后公布。国务院化学工业主管部门负责全国监控化学品的管理工作。省、自治区、直辖市人民政府化学工业主管部门负责本行政区域内监控化学品的管理工作。

生产、经营或者使用监控化学品的，应当依照规定向国务院化学工业主管部门或者省、自治区、直辖市人民政府化学工业主管部门申报生产、经营或者使用监控化学品的有关资料、数据和使用目的，接受化学工业主管部门的检查监督。国家严格控制第一类监控化学品的生产。为科研、医疗、制造药物或者防护目的需要生产第一类监控化学品的，应当报国务院化学工业主管部门批准，并在国务院化学工业主管部门指定的小型设施中生产。严禁在未经国务院化学工业主管部门指定的设施中生产第一类监控化学品。国家对第二类、第三类监控化学品和第四类监控化学品中含磷、硫、氟的特定有机化学品的生产，实行特别许可制度；未经特别许可的，任何单位和个人均不得生产。新建、扩建或者改建用于生产第二类、第三类监控化学品和第四类监控化学品中含磷、硫、氟的特定有机化学品的设施，应当向所在地省、自治区、直辖市人民政府化学工业主管部门提出申请，经省、自治区、直辖市人民政府化学工业主管部门审查签署意见，报国务院化学工业主管部门批准后，方可开工建设；工程竣工后，经所在地省、自治区、直辖市人民政府化学工业主管部门验收合格，并报国务院化学工业主管部门批准后，方可投产使用。新建、扩建或者改建用于生产第四类监控化学品中不含磷、硫、氟的特定有机化学品的设施，应当在开工生产前报送所在地省、自治区、直辖市人民政府化学工业主管部门备案。

监控化学品应当在专用的化工仓库中储存，并设专人管理。监控化学品储存条件应当符合国家有关规定。储存监控化学品的单位，应当建立严格的出库、入库检查制度和登记制度；发现丢失、被盗时，应当立即报告当地公安机关和所在地省、自治区、直辖市人民政府化学工业主管部门；省、自治区、直辖市人民政府化学工业主管部门应当积极配合公安机关进行查处。对变质或者过期失效的监控化学品，应当及时处理。处理方案报所在地省、自治区、直辖市人民政府化学工业主管部门批准后实施。为科研、医疗、制造药物或者防护目的需要使用第一类监控化学品的，应当向国务院化学工业主管部门提出申请，经国务院化学工业主管部门审查批准后，凭批准文件同国务院化学工业主管部门指定的生产单位签订合同，并将合同副本报送国务院化学工业主管部门备案。需要使用第二类监控化学品的，应当向所在地省、自治区、直辖市人民政府化学工业主管部门提出申请，经省、自治区、直辖市人民政府化学工业主管部门审查批准后，凭批准文件同国务院化学工业主管部门指定的经销单位签订合同，并将合同副本报送所在地省、自治区、直辖市人民政府化学工业主管部门备案。国务院化学工业主管部门会同国务院对外经济贸易主管部门指定的单位（以下简称被指定单位），可以从事第一类监控化学品和第二类、第三类监控化学品及其生产技术、专用设备的进出口业务。需要进口或者出口第一类监控化学品和第二类、第三类监控化学品及其生产技术、专用设备的，应当委托被指定单位代理进口或者出口。除被指定单位外，任何单位和个人均不得从事这类进出口业务。国家严格控制第一类监控化学品的进口和出口。非以科研、医疗、制造药物或者防护为目的，不得进口第一类监控化学品。接受委托进口第一类监控化学品的被指定单位，应当向国务院化学工业主管部门提出申请，并提交产品最终用途的说明和证明；经国务院化学工业主管部门审查签署意见后，报国务院审查批准。被指定单位凭国务院的批准文件向国务院对外经济贸易主管部门申请领取进口许可证。

（五）关于有毒化学品的污染事故应急救援和善后处理的法律规定

国家对危险化学品的运输实行资质认定制度；未经资质认定，不得运输危险化学品。危险化学品运输企业必须具备的条件由国务院交通部门规定。用于危险化学品运输工具的槽罐以及其他容器，必须依照规定，由专业生产企业定点生产，并经检测、检验合格，方可使用。质检部门应当对这些专业生产企业定点生产的槽罐以及其他容器的产品质量进行定期的或者不定期的检查。危险化学品运输企业，应当对其驾驶员、船员、装卸管理人员、押运人员进行有关安全知识培训；驾驶员、船员、装卸管理人员、押运人员必须掌握危险化学品运输的安全知识，并经所在地设区的市级人民政府交通部门考核合格（船员经海事管理机构考核合格），取得上岗资格证，方可上岗作业。危险化学品的装卸作业必须在装卸管理人员的现场指挥下进行。运输危险化学品的驾驶员、船员、装卸人员和押运人员必须了解所运载的危险化学品的性质、危害特性、包装容器的使用特性和发生意外时的应急措施。运输危险化学品，必须配备必要的应急处理器材和防护用品。通过公路运输危险化学品的，托运人只能委托有危险化学品运输资质的运输企业承运。通过公路运输剧毒化学品的，托运人应当向目的地的县级人民政府公安部门申请办理剧毒化学品公路运输通行证。办理剧毒化学品公路运输通行证，托运人应当向公安部门提交有关危险化学品的品名、数量、运输始发地和目的地、运输路线、运输单位、驾驶人员、押运人员、经营单位和购买单位资质情况等材料。禁止利用内河以及其他封闭水域等航运渠道运输剧毒化学品以及国务院交通部门规定禁止运输的其他危险化学品。利用内河以及其他封闭水域等航运渠道运输前文提及的以外的危险化学品的，只能委托有危险化学品运输资质的水运企业承运，并按照国务院交通部门的规定办理手续，接受有关交通部门（港口部门、海事管理机构）的监督管理。运输危险化学品的船舶及其配载的容器必须按照国家关于船舶检验的规范进行生产，并经海事管理机构认可的船舶检验机构检验合格，方可投入使用。托运人托运危险化学品，应当向承运人说明运输的危险化学品的品名、数量、危害、应急措施等情况。运输危险化学品需要添加抑制剂或者稳定剂的，托运人交付托运时应当添加抑制剂或者稳定剂，并告知承运人。托运人不得在托运的普通货物中夹带危险化学品，不得将危险化学品匿报或者谎报为普通货物托运。运输、装卸危险化学品，应当依照有关法律、法规、规章的规定和国家标准的要求并按照危险化学品的危险特性，采取必要的安全防护措施。运输危险化学品的槽罐以及其他容器必须封口严密，能够承受正常运输条件下产生的内部压力和外部压力，保证危险化学品在运输中不因温度、湿度或者压力的变化而发生渗（洒）漏。通过公路运输危险化学品，必须配备押运人员，并随时处于押运人员的监管之下，不得超装、超载，不得进入危险化学品运输车辆禁止通行的区域；确需进入禁止通行区域的，应当事先向当地公安部门报告，由公安部门为其指定行车时间和路线，运输车辆必须遵守公安部门规定的行车时间和路线。危险化学品运输车辆禁止通行区域，由设区的市级人民政府公安部门划定，并设置明显的标志。运输危险化学品途中需要停车住宿或者遇有无法正常运输的情况时，应当向当地公安部门报告。剧毒化学品在公路运输途中发生被盗、丢失、流散、泄漏等情况时，承运人及押运人员必须立即向当地公安部门报告，并采取一切可能的警示措施。公安部门接到报告后，应当立即向其他有关部门通报情况；有关部门应当采取必要的安全措施。

国家实行危险化学品登记制度，并为危险化学品安全管理、事故预防和应急救援提供技术、信息支持。危险化学品生产、储存企业以及使用剧毒化学品和数量构成重大危险源的危险化学品的单位，应当向国务院经济贸易综合管理部门负责危险化学品登记的机构办理危险化学品登记。负责危险化学品登记的机构应当向环境保护、公安、质检、卫生等有关部门提供危险化学品登记的资料。县级以上地方各级人民政府负责危险化学品安全监督管理综合工作的部门应当会同同级其他有关部门制定危险化学品事故应急救援预案，报经本级人民政府批准后实施。危险化学品单位应当制定本单位事故应急救援预案，配备应急救援人员和必要的应急救援器材、设备，并定期组织演练。危险化学品事故应急救援预案应当报设区的市级人民政府负责危险化学品安全监督管理综合工作的部门备案。发生危险化学品事故，单位主要负责人应当按照本单位制定的应急救援预案，立即组织救援，并立即报告当地负责危险化学品安全监督管理综合工作的部门和公安、环境保护、质检部门。发生危险化学品事故，有关地方人民政府应当做好指挥、领导工作。负责危险化学品安全监督管理综合工作的部门和环境保护、公安、卫生等有关部门，应当按照当地应急救援预案组织实施救援，不得拖延、推诿。有关地方人民政府及其有关部门应当按照下列规定，采取必要措施，减少事故损失，防止事故蔓延、扩大：立即组织营救受害人员，组织撤离或者采取其他措施保护危害区域内的其他人员；迅速控制危害源，并对危险化学品造成的危害进行检验、监测，测定事故的危害区域、危险化学品性质及危害程度；针对事故对人体、动植物、土壤、水源、空气造成的现实危害和可能产生的危害，迅速采取封闭、隔离、洗消等措施；对危险化学品事故造成的危害进行监测、处置，直至符合国家环境保护标准。危险化学品事故造成环境污染的信息，由环境保护部门统一公布。

第四节 农药污染环境防治法

一、农药污染环境概述

(一)农药的概念和特点

农药是指用于预防、消灭或者控制危害农业、林业的病、虫、草和其他有害生物以及有目的地调节植物、昆虫生长的化学合成物或者来源于生物、其他天然物质的一种物质或者几种物质的混合物及其制剂。农药包括用于不同目的、场所的下列各类:预防、消灭或者控制危害农业、林业的病、虫(包括昆虫、蜱、螨)、草和鼠、软体动物等有害生物的;预防、消灭或者控制仓储病、虫、鼠和其他有害生物的;调节植物、昆虫生长的;用于农业、林业产品防腐或者保鲜的;预防、消灭或者控制蚊、蝇、蜚蠊、鼠和其他有害生物的;预防、消灭或者控制危害河流堤坝、铁路、机场、建筑物和其他场所的有害生物的。农药具有扩散、残留、富集性,容易构成危害。

(二)农药污染的危害

农药在防治蔬菜病虫草害等方面起着主要作用,农药的使用量也在迅速增加。然而,大量使用农药的同时,严重污染了环境,尤其污染了蔬菜产品,人吃了受农药污染的蔬菜,又危害了人体的健康。具体而言,农药污染的危害表现在:①农药对环境的污染。喷施农药污染了大气,大气中的农药绝大部分随着降水返回了地面,又污染了水体和土壤,水体被污染后,水草和水生生物也被污染,导致水鸟、鱼类体内均含有大量的农药。而被农药污染的水灌溉蔬菜,蔬菜产品也被污染,施用农药过程中,大部分农药进入土壤,用农药进行拌种、浸种、化学除草、土壤消毒等,更使农药直接进入土壤。②农药对蔬菜的污染。喷施农药后,有些直接黏附在蔬菜表面,有些非极性亲指性农药渗透到蔬菜作物的根、茎、叶、果实和种子中,直接对蔬菜产品造成污染,蔬菜根系吸收与农药的特点和土壤性质有关,多数有机磷农药具有一定的水溶性,容易被作物吸收,如甲拌磷、乙拌磷、内吸磷、磷胺等,比较容易吸收有机氮农药的蔬菜有胡萝卜、黄瓜、马铃薯、火焰菜、莱豆等;较难吸收有机氮农药的有番茄、辣椒、茄子、甘蓝、洋葱、芹菜等,一般在根菜类、块茎类蔬菜中有机氮农药残留量较多(洋葱除外),叶菜类、果菜类蔬菜有机氮农药残留较少。③农药对人类的影响,主要是对使用农药的菜农引起直接毒害,一般多为剧毒农药急性中毒,农药中毒致死时有发生。农药污染蔬菜品种更为普遍。食用农药污染的蔬菜,在人体脂肪、人乳和血液中都能检测出有机氯农药;慢性中毒,会引起人疲倦、头痛、食欲不振和肝肾损害,能导致畸胎,影响后代健康和缩短寿命。农药在防治农作物的病虫害、去除杂草、促进植物生产及控制人畜传染病、确保人体健康等方面具有重要作用,但农药污染也成为当代公害之一。在农药的生产和使用过程中，农作物、畜类、水产等动植物均可能受到农药的污染。有些农药性质稳定，污染了环境很难清除，如DDT在土壤中消失95%需要4~30年。因此，农药不可避免地会以各种形式进入人体。为了防止农药危害，必须进行科学研究，寻找环保的新农药。

二、防治农药污染环境立法简介

我国十分重视对农药的管理，《农药管理条例》是一个重要的行政法规，在《中华人民共和国农业法》（以下简称《农业法》）、《中华人民共和国农业技术推广法》中，也有关于农药的规定，除此之外，各个部门还配套制定了大量的规定。农药在使用过程中，容易产生大量的危害，为了人民群众的身体健康，对于已经制定的法律、法规、规章，各个职能部门要加强执法。除了加强执法之外，对于在执法过程中出现的新问题和新命题，要加强研究，对执法经验进行总结，从而进一步丰富立法。将来有必要，也可以制定一部单列的农药法律，譬如美国的《农药研究法》、《农药控制法》、《联邦杀虫剂、杀菌剂和杀鼠剂法》。

三、我国防治农药污染环境主要的法律规定

（一）关于农药监督管理体制的法律规定

国务院农业行政主管部门负责全国的农药登记和农药监督管理工作。省、自治区、直辖市人民政府农业行政主管部门协助国务院农业行政主管部门做好本行政区域内的农药登记，并负责本行政区域内的农药监督管理工作。县级人民政府和设区的市、自治州人民政府的农业行政主管部门负责本行政区域内的农药监督管理工作。县级以上各级人民政府其他有关部门在各自的职责范围内负责有关的农药监督管理工作。

（二）关于农药登记制度的法律规定

国家实行农药登记制度。生产（包括原药生产、制剂加工和分装）农药和进口农药，必须进行登记。国内首次生产的农药和首次进口的农药的登记，按照下列三个阶段进行：①田间试验阶段。申请登记的农药，由其研制者提出田间试验申请，经批准，方可进行田间试验；田间试验阶段的农药不得销售。②临时登记阶段。田间试验后，需要进行田间试验示范、试销的农药以及在特殊情况下需要使用的农药，由其生产者申请临时登记，经国务院农业行政主管部门发给农药临时登记证后，方可在规定的范围内进行田间试验示范、试销。③正式登记阶段。经田间试验示范、试销可以作为正式商品流通的农药，由其生产者申请正式登记，经国务院农业行政主管部门发给农药登记证后，方可生产、销售。农药登记证和农药临时登记证应当规定登记有效期限；登记有效期限届满，需要继续生产或者继续向我国出售农药产品的，应当在登记有效期限届满前申请续

展登记。经正式登记和临时登记的农药，在登记有效期限内改变剂型、含量或者使用范围、使用方法的，应当申请变更登记。

依照规定申请农药登记时，其研制者、生产者或向我国出售农药的外国企业应当向国务院农业行政主管部门或者经由省、自治区、直辖市人民政府农业行政主管部门向国务院农业行政主管部门提供农药样品，并按照国务院农业行政主管部门规定的农药登记要求，提供农药的产品化学、毒理学、药效、残留、环境影响、标签等方面的资料。国务院农业行政主管部门所属的农药检定机构负责全国的农药具体登记工作。省、自治区、直辖市人民政府农业行政主管部门所属的农药检定机构协助做好本行政区域内的农药具体登记工作。国务院农业、林业、工业产品许可管理、卫生、环境保护、粮食部门和全国供销合作总社等部门推荐的农药管理专家和农药技术专家，组成农药登记评审委员会。农药正式登记的申请资料分别经国务院农业、工业产品许可管理、卫生、环境保护部门和全国供销合作总社审查并签署意见后，由农药登记评审委员会对农药的产品化学、毒理学、药效、残留、环境影响等作出评价。根据农药登记评审委员会的评价，符合条件的，由国务院农业行政主管部门发给农药登记证。国家对获得首次登记的、含有新化合物的农药的申请人提交的其自己所取得且未披露的试验数据和其他数据实施保护。

（三）关于农药生产的法律规定

农药生产应当符合国家农药工业的产业政策。开办农药生产企业（包括联营、设立分厂和非农药生产企业设立农药生产车间），应当具备下列条件，并经企业所在地的省、自治区、直辖市工业产品许可管理部门审核同意后，报国务院工业产品许可管理部门批准；但是，法律、行政法规对企业设立的条件和审核或者批准机关另有规定的，从其规定：有与其生产的农药相适应的技术人员和技术工人；有与其生产的农药相适应的厂房、生产设施和卫生环境；有符合国家劳动安全、卫生标准的设施和相应的劳动安全、卫生管理制度；有产品质量标准和产品质量保证体系；所生产的农药是依法取得农药登记的农药；有符合国家环境保护要求的污染防治设施和措施，并且污染物排放不超过国家和地方规定的排放标准。农药生产企业经批准后，方可依法向工商行政管理机关申请领取营业执照。

国家实行农药生产许可制度。生产有国家标准或者行业标准的农药的，应当向国务院工业产品许可管理部门申请农药生产许可证。生产尚未制定国家标准、行业标准，但已有企业标准的农药的，应当经省、自治区、直辖市工业产品许可管理部门审核同意后，报国务院工业产品许可管理部门批准，发给农药生产批准文件。农药生产企业应当按照农药产品质量标准、技术规程进行生产，生产记录必须完整、准确。农药产品包装必须贴有标签或者附具说明书。标签应当紧贴或者印制在农药包装物上。标签或者说明书上应当注明农药名称、企业名称、产品批号和农药登记证号或者农药临时登记证号、农药生产许可证号或者农药生产批准文件号以及农药的有效成分、含量、重量、产品性能、毒性、用途、使用技术、使用方法、生产日期、有效期和注意事项等；农药分装的，还应当注明分装单位。农药产品出厂前，应当经过质量检验并附具产品质量检验合格证；不符合产品质量标准的，不得出厂。

（四）关于农药经营的法律规定

下列单位可以经营农药：供销合作社的农业生产资料经营单位；植物保护站；土壤肥料站；农业、林业技术推广机构；森林病虫害防治机构；农药生产企业；国务院规定的其他经营单位。经营的农药属于化学危险物品的，应当按照国家有关规定办理经营许可证。

农药经营单位应当具备下列条件和有关法律、行政法规规定的条件，并依法向工商行政管理机关申请领取营业执照后，方可经营农药：有与其经营的农药相适应的技术人员；有与其经营的农药相适应的营业场所、设备、仓储设施、安全防护措施和环境污染防治设施、措施；有与其经营的农药相适应的规章制度；有与其经营的农药相适应的质量管理制度和管理手段。农药经营单位购进农药，应当将农药产品与产品标签或者说明书、产品质量合格证核对无误，并进行质量检验。禁止收购、销售无农药登记证或者农药临时登记证、无农药生产许可证或者农药生产批准文件、无产品质量标准和产品质量合格证和检验不合格的农药。

农药经营单位应当按照国家有关规定做好农药储备工作。贮存农药应当建立和执行仓储保管制度，确保农药产品的质量和安全。农药经营单位销售农药，必须保证质量，农药产品与产品标签或者说明书、产品质量合格证应当核对无误。农药经营单位应当向使用农药的单位和个人正确说明农药的用途、使用方法、用量、中毒急救措施和注意事项。超过产品质量保证期限的农药产品，经省级以上人民政府农业行政主管部门所属的农药检定机构检定，符合标准的，可以在规定期限内销售；但是，必须注明“过期农药”字样，并附具使用方法和用量。

（五）关于农药使用的法律规定

县级以上各级人民政府农业行政主管部门应当根据“预防为主，综合防治”的植保方针，组织推广安全、高效农药，开展培训活动，提高农民施药技术水平，并做好病虫害预测预报工作。县级以上地方各级人民政府农业行政主管部门应当加强对安全、合理使用农药的指导，根据本地区农业病、虫、草、鼠害发生情况，制定农药轮换使用规划，有计划地轮换使用农药，减缓病、虫、草、鼠的抗药性，提高防治效果。使用农药应当遵守农药防毒规程，正确配药、施药，做好废弃物处理和安全防护工作，防止农药污染环境和农药中毒事故。使用农药应当遵守国家有关农药安全、合理使用的规定，按照规定的用药量、用药次数、用药方法和安全间隔期施药，防止污染农副产品。剧毒、高毒农药不得用于防治卫生害虫，不得用于蔬菜、瓜果、茶叶和中草药材。使用农药应当注意保护环境、有益生物和珍稀物种。严禁用农药毒杀鱼、虾、鸟、兽等。林业、粮食、卫生行政部门应当加强对林业、储粮、卫生用农药的安全、合理使用的指导。

（六）关于农药管理的其他规定

任何单位和个人不得生产未取得农药生产许可证或者农药生产批准文件的农药。任何单位和个人不得生产、经营、进口或者使用未取得农药登记证或者农药临时登记证的农药。进口农药应当遵守国家有关规定，货主或者其代理人应当向海关出示其取得的我国农药登记证或者农药临时登记证。禁止生产、经营和使用假农药。禁止生产、经营和使用劣质农药。禁止经营产品包装上未附标签或者标签残缺不清的农药。未经登记的农药，禁止为其刊登、播放、设置、张贴广告。农药广告内容必须与农药登记的内容一致，并依照《广告法》和国家有关农药广告管理的规定接受审查。经登记的农药，在登记有效期内发现对农业、林业、人畜安全、生态环境有严重危害的，经农药登记评审委员会审议，由国务院农业行政主管部门宣布限制使用或者撤销登记。任何单位和个人不得生产、经营和使用国家明令禁止生产或者撤销登记的农药。县级以上各级人民政府有关部门应当做好农副产品中农药残留量的检测工作，并公布检测结果。禁止销售农药残留量超过标准的农副产品。处理假农药、劣质农药、过期报废农药、禁用农药、废弃农药包装和其他含农药的废弃物，必须严格遵守环境保护法律、法规的有关规定，防止污染环境。

【案例分析】

【案情】2001 年 1 月，沈阳市的一户居民因为家庭装修使用的陶瓷洁具有放射性污染，造成父子二人患了鼻癌。依据中国室内空气成分测试中心的专家的分析，现代都市中放射性污染几乎无处不在，人们生活消费品如玻璃、陶瓷、建筑材料等不同程度存在放射性物质。建筑陶瓷（瓷砖、洗面盆和抽水马桶）主要是由黏土、沙石、矿渣或工业废渣和一些天然助料等材料成型涂釉经烧结而成。由于这些材料的地质历史和形成条件的不同，或多或少存在着放射性元素，如钍、镭、钾等。①

【问题】患病的父子有权进行索赔吗?

【解析】该案中，患病的父子有权进行索赔。近年来，天然石材放射性超标的现象经国家有关部门监督检查发现后，建筑陶瓷的放射性也引起了人们的重视。天津市近期对上百名用户送检的石材、瓷砖和 63 个家庭内装饰面的检测结果显示：按照国家目前的建筑材料放射性标准，瓷砖符合放射性质量要求的约占到检验数目的 90%。由于建筑材料的放射性会危及人们的身体健康，世界上很多国家都对建筑装饰材料的放射性进行控制并制定了相应标准，我国也不例外。1986 年以来国家有关部门相继颁布了《建筑材料放射卫生防护标准》、《建筑材料用工业废渣放射性物质限制标准》、《掺工业废渣建筑材料产品放射性物质控制标准》、《天然石材产品放射性分类控制标准》等规定。

① 案例来源：中央电视台《法制在线》节目，2001-01-10

第三编　自然资源保护法

第十一章　自然资源保护法概述

第一节　自然资源与自然资源保护法

一、自然资源概述

（一）自然资源的含义

一般而言，自然资源是指在一定经济和技术条件下，自然界中可以被人类利用的物质和能量，如土壤、阳光、水、草原、森林、野生动植物、矿藏，等等。[①] 自然资源是天然存在的自然物，不包括人类加工制造的原材料，这些自然资源是生产的原料来源和生产布局场所。大英百科全书对自然资源的定义为：人类可以利用的自然生成物，以及形成这些成分源泉的环境功能。联合国环境规划署对自然资源的定义为：自然资源是在一定的时间和技术条件下，能够产生经济价值，提高人类当前和未来福利的自然环境因素的总称。我们认为，自然资源是指自然环境中与人类社会发展有关的、能被利用来产生使用价值，并影响劳动生产率的自然诸要素。自然资源是人类生存和发展的物质基础和社会物质财富的源泉，是可持续发展的重要依据之一。自然资源是个相对概念，随着社会生产力水平的提高与科学技术进步，部分自然条件可转换为自然资源，如随着海水淡化技术的进步，在干旱地区，部分海水和咸湖水有可能成为淡水的来源。随着几年来原油价格的上涨，油页岩也成为可以利用的资源。

（二）自然资源的种类

自然资源的种类分别如下：生物资源、农业资源、森林资源、国土资源、矿产资源、海洋资源、气候气象、水资源等。自然资源的内涵，随时代而变化，随社会生产力的提高和科学技术的进步而扩展。按自然资源的增殖性能，可分为：①可再生自然资源。这类资源可反复利用，如气候资源（太阳辐射、风）、水资源、地热资源（地热与温泉）、水力、海潮。②可更新自然资源。这类资源可生长繁殖，其更新速度受自身繁殖能力和自然环境条件的制约，如生物资源，为能生长繁殖的有生命的有机体，其更新速度取决于自身繁殖能力和外界环境条件，应有计划、有限制地加以开发利用。③不可再生资源。这类资源包括地质资源和半地质资源，前者如矿产资源中的金属矿、非金属

① 周柯. 环境法. 北京：中国人民大学出版社，2005.260

矿、核燃料、化石燃料等，其成矿周期往往以数百万年计；后者如土壤资源，其形成周期虽较矿产资源短，但与消费速度相比，也是十分缓慢的。对这类自然资源，应尽可能综合利用，注意节约，避免浪费和破坏。这类资源形成周期漫长。

（三）自然资源的特征

自然资源具有三个特征：①有限性，指资源的数量与人类社会不断增长的需求相矛盾，故必须强调资源的合理开发利用与保护；②区域性，指资源分布的不平衡，存在数量或质量上的显著地域差异，并有其特殊分布规律；③整体性，每个地区的自然资源要素彼此有生态上的联系，形成一个整体，故必须强调综合研究与综合开发利用。

（四）我国自然资源的现状与特点

在我国，土地资源是指陆地表层部分，由岩石、岩石风化物和土壤构成，其按照利用类型可分为耕地、林地、草地、滩涂、沼泽、荒漠、建筑用地等。我国土地资源的基本特点有：土地资源丰富，类型多样；山地多，平地广，耕地比重小；农业用地绝对数量多，人均占有量少；各类土地资源分布不均，土地生产力地区差异显著。存在的问题有：乱砍滥伐、毁林开荒，导致水土流失；滥垦草原、过度放牧，导致土地沙化；干旱、半干旱地区不合理灌溉，导致土壤次生盐碱化；滥占耕地修路建房，导致耕地锐减。因此，要加强土地资源的利用保护。

在我国，森林资源的特点是：宜林地广，森林树种丰富；森林面积小，覆盖率低，林木蓄积量少；森林资源地区分布不均；森林资源破坏严重。为此，我国严禁乱砍滥伐，毁林开荒，鼓励和支持大力植树造林。我国的草原资源概况是：总面积居世界第二，是我国陆地面积最大的生态系统；我国主要草场分布在东北草原区、蒙甘宁草原区、新疆草原区、青藏草原区和南方山区五大地区。存在的问题是靠天养畜、过度放牧导致草原退化、沙化、碱化，载畜量越来越少，所以，要规定合理载畜量，定期轮牧或轮流打草，并且建设人工草场，扭转靠天养畜的落后局面。

二、自然资源的法律保护

（一）传统环境保护法的局限性

传统的环境保护法起源于污染防治法，其局限性在于：①法律属性的局限性。污染防治法在本质上是对环境污染造成损害的赔偿制度，属于事后救济，世界各国污染防治法基本上是循着一条先污染后治理的道路；这种制度对预防环境污染的作用比较有限，一旦污染形成，民事财产赔偿往往得不偿失，更重要的是，一些严重污染并不是通过财产补偿就可以消除的。②调整范围的局限性。污染防治法直接针对的是向环境排放有害物质的行为，即污染行为，那些虽然不向环境排放有害物质却造成环境严重破坏的行为，如滥伐森林、乱垦土地等破坏自然资源和生态环境的行为并不在污染防治法之列；然而事实上，这些破坏自然资源和生态环境的行为与污染环境的行为同样有害，且危害更为持久、更难以消除。③法律原理的局限性。污染防治法可以借助于环境科学技术规范以及政府的行政管理，防治的对象主要是企业行为，因而法律的实施难度相对较小；而对破坏自然资源和生态环境的防治由于与传统的所有权制度特别是私有制的原则在法律上有冲突，而且破坏自然资源的行为涉及的主体十分广泛，防治的对象既包括企业的行为也包括公民的行为，传统的污染防治法的原理和各项制度已不能适应保护自然资源和生态环境的需要。④调整方法的局限性。污染防治法基本上是民事损害赔偿制度，只要有污染损害行为和结果，必然有受害人主张权利，而法律责任的确定在民法上即完全可以做到有法可依。

但是，自然资源和生态环境的法律保护则要复杂得多，首先，许多自然资源和生态环境资源的价值是难以用金钱计算的，例如一棵树木作为木材的价值是有限的，但它在保护生态环境方面的价值远超其木材的价值，而一棵珍稀树木的自然资源价值或一棵古木的人文生态环境价值更是无法估量的。法律对这种资源的保护方法是民事赔偿方法所不可能包容的。其次，自然资源和生态环境的保护不仅是对当代人利益的保护，也是对后代人利益的保护，是对可持续发展的保护，这也是污染防治法所依赖的民事赔偿制度所不可能解决的。再次，自然资源和生态环境保护的对象主要是一种公共利益，而不是私人利益，这种利益的法律保护难度很大，被西方经济学家称为“公有物的悲剧”（the tragedy of commons）[①]，早已被视为私法保护的一个盲区。正是由于传统的污染防治法的局限性，自然资源和生态环境保护法逐渐成为环境法的一个重要领域。

（二）自然资源保护法的发展

我国转型后的环境法应定位为生态环境法，应由污染防治法与生态保护建设法（亦可称为生态保育法）两大部分组成，前者包括现行的环境保护法和各单项污染防治的立法，也包括海洋环境保护法和臭氧层保护的立法，后者包括生态保护法和生态建设法两部分。生态保护法又可分为生物资源（主要是野生动植物资源、森林资源、草原资源等可再生资源）保护法、非生物资源（主要是土地资源、水资源、矿产资源、能源资源等）保护法和人文生态环境保护法三部分；生态建设法包括水土保持、植树造林、生态区域建设、国土整治、流域治理、气象和自然灾害防治等方面的立法。

（三）我国自然资源保护法律体系

目前，我国生态环境保护立法已初步完备，其中，关于生态资源保护方面的立法主要有：《野生动物保护法》及其两个实施条例、《野生植物保护条例》、《渔业法》及其实施细则、《森林法》及其实施细则、《草原法》、《土地管理法》及其实施条例、《水法》、《矿产资源法》、《基本农田保护条例》、《水土保持法》及其实施条例。关于人文生态环境保护的立法主要有：《风景名胜区管理暂行条例》、《自然保护区条例》、《中华人民共和国文物保护法》及其实施细则、《水下文物保护管理条例》、《森林公园

① [美] 丹尼尔·W. 布罗姆利. 经济利益与经济制度：公共政策的理论基础. 上海：上海三联书店，上海人民出版社，1994.217～224

管理办法》及其实施细则等。

第二节　生态保护与建设

一、我国生态环境问题

我国生态环境问题主要表现为环境污染和生态破坏两大类。由于人类任意排放废弃物和有毒有害物质，导致环境质量下降，例如，工业“三废”和有害人体健康的农药不加处理、不加限制，任意排放到大气、江河湖海和土壤中，造成大气污染、水污染和土壤污染。由于滥砍滥伐，造成森林面积锐减，使森林的环境调节功能下降；由于对自然植被的破坏，导致水土流失，土地荒漠化加剧；这些行为对环境的破坏，导致环境退化，从而影响人类生产和生活。水土流失是我国生态环境最突出的问题之一，目前总的情况是：小片治理，大片加重；上游流失，下游淤积；灾害加重，恶性循环；水土流失面积有增无减。由于我国是一个多山国家，山地面积大，平均海拔高，一方面由于重力梯度和水力梯度的作用，极易形成水土流失；另一方面，高低悬殊的台阶地势对我国水土流失的地域分布具有重大影响。水土流失所引起的危害影响深远，其最直接的后果是破坏土地资源，使耕地表土流失，带走大量营养物质，降低土壤肥力，并最终导致土地生产力的下降；此外是造成下游河道与水库的泥沙淤积，既危及行洪安全，又降低水库库容，缩短水库寿命。水土流失是“自然侵蚀”与人类活动造成的“加速侵蚀”相互叠加的结果，又由于后者的强度增加而不断发展。今后，随着我国人口的增长，人地关系日趋紧张，对土地的开发强度会越来越大，如无根本性治理措施，水土流失将进一步加剧。除此之外，还有其他很多问题，所以我们要加强生态保护和建设。

二、我国生态保护与建设的现状和发展

（一）我国生态保护与建设的现状

目前，我国的生态保护取得了优异的成绩，但是也存在着大量的现实问题。要解决这些问题，就要正确处理人与自然环境之间的关系，核心思想是既满足当代人的需要，又不对后代人构成危害；基本内容是强调人类的发展权利、环境权利与保护环境义务的统一，当代人及后代人发展机会平等。就具体建设而言，首先，在污染控制战略上，由以往的“末端控制”向“源头控制”转移，推行清洁生产；其次，把合理开发利用自然资源、保护自然环境、维护生态平衡作为环境保护相互联系的组成部分，坚持污染防治与自然保护并重的原则，改变以往重污染防治轻自然保护的做法；最后，将环境保护与经济发展二者有机地结合起来，建立符合生态规律的生产方式和生活方式，全面协调人

类与环境的关系，改变以往片面追求经济优先或环境优先的做法。

(二) 我国生态保护与建设的发展——环保产业

能够把生态保护和经济建设结合起来的就是环保产业。环保产业是一种朝阳产业。从狭义角度上看，环保产业是指在污染控制与减排、污染清理及废弃物处理等方面提供设备、技术与信息服务活动的产业总称；从广义角度看，环保产业既包括在测量、防止、限制及治理环境破坏方面提供设备及服务的产业，也包括开发清洁能源、生态农业、提供使污染和资源消耗最小化的洁净技术与产品等产业。一般认为，狭义定义是目前环保产业的核心内容；广义定义是环保产业未来发展的方向。在我国，环保产业一般是指以防治环境污染、改善生态环境、保护自然资源为目的所进行的技术开发、产品生产、商品流通、资源利用、住处服务以及工程承包等新兴产业。它主要包括水体、大气污染和固体废物治理设备、新能源开发和资源综合利用、生态农业、生态保护及环保服务体系（包括环保技术开发、工程设计施工、环保咨询和环保产品营销）等。

发达国家的环保产业兴起于20世纪70年代，由于环境状况的恶化、人们环境意识的提高及政府对环境管制的严格化，环保产业获得了高速的发展。经过数十年的努力，环境状况明显改善，环保产业进入技术成熟期，成为国民经济的支柱产业之一。譬如大气污染控制技术和设备产业，大气污染控制技术主要可以分为除尘技术、脱硫脱氮技术、废弃有害物质去除及脱臭技术等方面。发达国家的除尘装置正逐渐引入现代电子技术，电除尘装置的开发正在向脉冲电荷技术发展。目前在各类除尘器中，旋风除尘器已能清除10~100微米的粉末，出现了斜底板、扭底板等；袋式除尘器的发展不再限于解决过滤器的堵塞问题而是使用寿命长、维护费用少的适用技术和机械，滤布开发的重点是在高温下耐酸碱、强度好的材料，如目前正在使用的玻璃纤维毛毡、聚四氟乙烯纤维、不锈钢纤维等材料；为了提高对微粒的控制和捕集高比电阻的粉尘，日本开发了超高压宽间距除尘器、双区电除尘器；美国则应用蒸汽除尘器、三电极板电除尘器、带屏蔽网电除尘器等。除此之外，一些新的除尘技术正处在研究和试验阶段，如声波辅助青灰、微粒凝聚技术、高压蒸汽喷射、带电湿式除尘和复合式除尘等，这些新技术将为传统的除尘器领域注入新的活力。脱硫脱氮技术和设备主要用于电力工业，其中，烟气脱硫技术用于集中燃烧高硫煤的电厂，主要包括湿式烟气脱硫、干式烟气脱硫、喷雾式烟气脱硫及流化床燃烧脱硫等，这些技术可以获得90%以上的二氧化硫去除率，使发电效率提高30%以上。在脱氮技术方面，日本和欧洲普遍采用选择性催化还原系统（SCR），其氮氧化物去除率已达60%~80%；美国则采用选择非催化还原系统（SNCR）的最新改进系统，使氮氧化物去除率提高到80%。虽然同时减少氮氧化物和二氧化硫的先进技术尚处于研究阶段，但前景十分看好。废弃有害物质去除技术及设备主要包括通过湿式、干式吸附装置去除城市废弃物焚烧炉排放的有害物质，如硫化物、氮化物、重金属及有机化合物。

20世纪80年代以前，我国环保产业基本处于没有市场引导也无政策扶持的自为阶段。这期间主要以“三废”治理为重点，所用的污染处理设备基本上是与主体设备一起从苏联引进的，作为单独的环保技术引进，主要是电除尘及袋除尘设备。环保产业最早由原国务委员宋健于1988年6月首次提出，我国于1990年11月发布了《关于积极发展环境保护产业的若干规定》，为我国环保产业的发展奠定了政策基础。1992年4月，国务院环境保护委员会委托原国家环保局召开了全国第一次环保产业会议，明确了我国环保产业发展的指导思想与基本方向。政府的重视和环保市场的潜在需求明显加快了我国环保产业发展的速度。经过20多年的发展，我国环保产业已初具规模，一些技术、设备和服务项目已接近发达国家的水平。从全球来看，环保产业技术的发展趋势是模仿自然生态系统物质与能量循环的生态化技术，遵守物理、化学和生态学的原理和规律。这种技术不仅是应用生态学原理，而且是应用全部现代高新技术成果进行设计的，包括微电子和计算机技术、航天技术、生物技术和新能源、新材料技术的应用。

三、对生态建设的法律监督

（一）强化生态建设管理，遏制新的重大生态破坏

生态环境是指由生物群落及非生物自然因素组成的各种生态系统所构成的整体，主要或完全由自然因素形成，并间接地、潜在地、长远地对人类的生存和发展产生影响。生态环境的破坏，最终会导致人类生活环境的恶化。因此，要保护和改善生活环境，就必须保护和改善生态环境，加强生态建设管理。我国生态环境建设遵循的基本原则是：坚持统筹规划，突出重点，量力而行，分步实施；优先处理对全国有广泛影响的重点区域和重点工程，力争在短时期内有所突破；坚持按客观规律办事，从实际出发，因地制宜，讲求实效，采取生物措施、工程措施与农艺措施相结合，各种治理措施科学配置，发挥综合治理效益；坚持依法保护和治理生态环境，依靠科技进步加快建设进程，建立法律、法规保障体系和科技支撑体系，使生态环境的保护和建设法制化，工程的设计、施工和管理科学化；坚持以预防为主，治理与保护、建设与管理并重，除害和兴利并举，实行“边建设、边保护”，使各项生态环境建设工程发挥长期效益；坚持把生态环境建设与产业开发、农民脱贫致富、区域经济发展相结合；坚持依靠亿万群众，广泛动员全社会的力量共同参与，建立多元化的投入机制，多渠道筹集生态环境建设资金。

（二）认真执行环境影响评价制度和“三同时”制度，对生态建设实行全程管理

环境影响评价制度，是指在某地区进行可能影响环境的工程建设，在规划或其他活动之前，对其活动可能造成的周围地区环境影响进行调查、预测和评价，并提出防治环境污染和破坏的对策，以及制订相应方案。具体而言，环境影响评价制度所起的作用是：在进行建设活动之前，对建设项目的选址、设计和建成投产使用后可能对周围环境产生的不良影响进行调查、预测和评定，提出防治措施，并按照法定程序进行报批。“三同时”制度是指一切新建、改建和扩建的基本建设项目、技术改造项目、自然开发项目，以及可能对环境造成损害的其他工程项目，其中防治污染和其他公害的设施和其他环境保护设施，必须与主体工程同时设计、同时施工、同时投产。通过认真执行环境影响评价制度和“三同时”制度来对生态环境进行保护，也对生态建设进行全程管理。

（三）预防关口前移，加大对涉及重点资源的生态建设的环境影响评价和监管工作力度

要加大对涉及重点资源的生态建设的环境影响评价和监管工作力度，要把环境保护的预防关口前移，要从生态环境的完整性和生态要素的关联性出发，合理划分资源开发利用、生态建设和生态环境执法监督职责，整合环境执法监督资源，逐步实现国家环境执法监督职能的完整、综合和统一，将生态执法领域拓展到生物多样性保护、野生动植物保护、湿地环境保护、荒漠化防治工作等。要树立“成本—收益”观念，围绕提高执法监督效率和效益，着力增强执行力，努力实现环境效益和社会效益的统一，用最少的投入、最快的速度解决环境问题。要始终遵循科学合理的原则，按照“坚持立足国情，广泛借鉴；着眼实践，注重创新；依法行政，责权一致；全面推进，重点突破；软硬兼顾，整体提升”的要求，积极探索环境执法监督的特点和规律；既立足于解决当前环境执法监督工作中的实际问题，又逐步解决影响环境执法监督效能的根本问题；统一行政执法权力与责任，逐步实现执法有保障、有权必有责、用权受监督、违法受追究、侵权须赔偿；解决强化国家环境监察职能、加强基层环境监管能力、提高环境执法监督效能等紧迫而关键的问题来促进社会公平正义的实现。

（四）加强领导，建立和完善生态建设统一监管机制

建立和完善生态建设需要加强领导，需要强有力的统一的监管机制。因此，各级党和政府要重视生态问题，把解决生态问题、建设生态文明作为贯彻落实科学发展观、构建和谐社会的重要内容。要树立正确的发展观和生态观。把生态文明建设作为实现好、维护好、发展好人民群众根本利益的一项重要任务，特别是领导干部要树立正确的发展观和生态观。各级政府应发挥主导和主体作用，为推进生态文明建设提供制度基础、社会基础以及相应的设施和政治保障。把生态文明建设的绩效纳入各级党委、政府及领导干部的政绩考核体系，建立健全监督制约机制。要通过建立和实施生态环境违法违规责任追究制度，激发和强化各级领导干部、环保执法人员、环保产业单位及其从业人员和广大人民群众的生态文明建设责任意识。重视生态行政建设。正确引导各级领导干部深刻认识发展与人口、资源、环境之间的辩证关系，了解经济活动对生态变化的影响及其变化规律，提高对生态质量变化的识别能力和解决问题的能力，增强保护和改善生态环境、建设生态文明的自觉性和主动性。

第三节　生态安全和自然灾害防治法

一、生态安全

一般认为，生态安全是指人类在生产、生活和健康等方面不受生态破坏与环境污染

等影响的安全保障程度，包括饮用水与食物安全、空气质量与绿色环境等基本要素。健康的生态系统应该是稳定的和可持续的，在时间上能够维持它的组织结构和自治，以及保持对胁迫的恢复力。反之，不健康的生态系统，是功能不完全或不正常的生态系统，其安全状况则处于受威胁之中。强调保障生态安全的生态系统应该包括自然生态系统、人工生态系统和自然—人工复合生态系统。从范围大小也可分成全球生态系统、区域生态系统和微观生态系统等若干层次。生态安全本质是要求自然资源在人口、社会经济和生态环境三个约束条件下稳定、协调、有序和永续利用。如果一个生态系统的结构受到破坏，其生态功能也会受到损害，当一个生态系统所提供服务的质量或数量出现异常时，则表明该系统的生态安全受到了威胁。我们应当努力维护生态安全。

二、气象法

（一）气象事业的性质和原则

气象事业是经济建设、国防建设、社会发展和人民生活的基础性公益事业，气象工作应当把公益性气象服务放在首位。县级以上地方人民政府应当加强对气象工作的领导和协调，将气象事业纳入中央和地方同级国民经济和社会发展计划及财政预算，以保障其充分发挥为社会公众、政府决策和经济发展服务的功能。县级以上地方人民政府根据当地社会经济发展的需要所建设的地方气象事业项目，其投资主要由本级财政承担。气象台站在确保公益性气象无偿服务的前提下，可以依法开展气象有偿服务。《中华人民共和国气象法》（以下简称《气象法》）由中华人民共和国第九届全国人民代表大会常务委员会第十二次会议于1999年10月31日通过，自2000年1月1日起施行。

县、市气象主管机构所属的气象台站应当主要为农业生产服务，及时主动提供保障当地农业生产所需的公益性气象信息服务。国务院气象主管机构负责全国的气象工作。地方各级气象主管机构在上级气象主管机构和本级人民政府的领导下，负责本行政区域内的气象工作。国务院其他有关部门和省、自治区、直辖市人民政府其他有关部门所属的气象台站，应当接受同级气象主管机构对其气象工作的指导、监督和行业管理。从事气象业务活动，应当遵守国家制定的气象技术标准、规范和规程。

国家鼓励和支持气象科学技术研究、气象科学知识普及，培养气象人才，推广先进的气象科学技术，保护气象科技成果，加强国际气象合作与交流，发展气象信息产业，提高气象工作水平。各级人民政府应当关心和支持少数民族地区、边远贫困地区、艰苦地区和海岛的气象台站的建设和运行。对在气象工作中作出突出贡献的单位和个人，给予奖励。外国的组织和个人在中华人民共和国领域和中华人民共和国管辖的其他海域从事气象活动，必须经国务院气象主管机构会同有关部门批准。

（二）气象设施建设与管理

国务院气象主管机构应当组织有关部门编制气象探测设施、气象信息专用传输设施、大型气象专用技术装备等重要气象设施的建设规划，报国务院批准后实施。气象设施建设规划的调整、修改，必须报国务院批准。编制气象设施建设规划，应当遵循合理布局、有效利用、兼顾当前与长远需要的原则，避免重复建设。重要气象设施建设项目，在项目建议书和可行性研究报告报批前，应当按照项目相应的审批权限，经国务院气象主管机构或者省、自治区、直辖市气象主管机构审查同意。国家依法保护气象设施，任何组织或者个人不得侵占、损毁或者擅自移动气象设施。气象设施因不可抗力遭受破坏时，当地人民政府应当采取紧急措施，组织力量修复，确保气象设施正常运行。

未经依法批准，任何组织或者个人不得迁移气象台站；确因实施城市规划或者国家重点工程建设，需要迁移国家基准气候站、基本气象站的，应当报经国务院气象主管机构批准；需要迁移其他气象台站的，应当报经省、自治区、直辖市气象主管机构批准。迁建费用由建设单位承担。气象专用技术装备应当符合国务院气象主管机构规定的技术要求，并经国务院气象主管机构审查合格；未经审查或者审查不合格的，不得在气象业务中使用。气象计量器具应当依照《中华人民共和国计量法》（以下简称《计量法》）的有关规定，经气象计量检定机构检定。未经检定、检定不合格或者超过检定有效期的气象计量器具，不得使用。国务院气象主管机构和省、自治区、直辖市气象主管机构可以根据需要建立气象计量标准器具，其各项最高计量标准器具依照《计量法》的规定，经考核合格后，方可使用。

（三）气象探测和环境保护

各级气象主管机构所属的气象台站，应当按照国务院气象主管机构的规定，进行气象探测并向有关气象主管机构汇交气象探测资料。未经上级气象主管机构批准，不得中止气象探测。国务院气象主管机构及有关地方气象主管机构应当按照国家规定适时发布基本气象探测资料。国务院其他有关部门和省、自治区、直辖市人民政府其他有关部门所属的气象台站及其他从事气象探测的组织和个人，应当按照国家有关规定向国务院气象主管机构或者省、自治区、直辖市气象主管机构汇交所获得的气象探测资料。各级气象主管机构应当按照气象资料共享、共用的原则，根据国家有关规定，与其他从事气象工作的机构交换有关气象信息资料。在中华人民共和国内水、领海和中华人民共和国管辖的其他海域的海上钻井平台和具有中华人民共和国国籍的在国际航线上飞行的航空器、远洋航行的船舶，应当按照国家有关规定进行气象探测并报告气象探测信息。

基本气象探测资料以外的气象探测资料需要保密的，其密级的确定、变更和解密以及使用，依照《中华人民共和国保守国家秘密法》的规定执行。国家依法保护气象探测环境，任何组织和个人都有保护气象探测环境的义务。禁止下列危害气象探测环境的行为：在气象探测环境保护范围内设置障碍物、进行爆破和采石；在气象探测环境保护范围内设置影响气象探测设施工作效能的高频电磁辐射装置；在气象探测环境保护范围内从事其他影响气象探测的行为。气象探测环境保护范围的划定标准由国务院气象主管机构规定。各级人民政府应当按照法定标准划定气象探测环境的保护范围，并纳入城市规划或者村庄和集镇规划。新建、扩建、改建建设工程，应当避免危害气象探测环境；确实无法避免的，属于国家基准气候站、基本气象站的探测环境，建设单位应当事先征得国务院气象主管机构的同意，属于其他气象台站的探测环境，应当事先征得省、自治区、直辖市气象主管机构的同意，并采取相应的措施后，方可建设。

（四）气象预报和灾害性天气警报

国家对公众气象预报和灾害性天气警报实行统一发布制度。各级气象主管机构所属的气象台站应当按照职责向社会发布公众气象预报和灾害性天气警报，并根据天气变化情况及时补充或者订正。其他任何组织或者个人不得向社会发布公众气象预报和灾害性天气警报。国务院其他有关部门和省、自治区、直辖市人民政府其他有关部门所属的气象台站，可以发布供本系统使用的专项气象预报。各级气象主管机构及其所属的气象台站应当提高公众气象预报和灾害性天气警报的准确性、及时性和服务水平。

各级气象主管机构所属的气象台站应当根据需要，发布农业气象预报、城市环境气象预报、火险气象等级预报等专业气象预报，并配合军事气象部门进行国防建设所需的气象服务工作。各级广播、电视台站和省级人民政府指定的报纸，应当安排专门的时间或者版面，每天播报或者刊登公众气象预报或者灾害性天气警报。各级气象主管机构所属的气象台站应当保证其制作的气象预报节目的质量。广播、电视播出单位改变气象预报节目播发时间安排的，应当事先征得有关气象台站的同意；对国计民生可能产生重大影响的灾害性天气警报和补充、订正的气象预报，应当及时增播或者插播。广播、电视、报纸、电信等媒体向社会传播气象预报和灾害性天气警报，必须使用气象主管机构所属的气象台站提供的适时气象信息，并标明发布时间和气象台站的名称。通过传播气象信息获得的收益，应当提取一部分支持气象事业的发展。信息产业部门应当与气象主管机构密切配合，确保气象通信畅通，准确、及时地传递气象情报、气象预报和灾害性天气警报。气象无线电专用频道和信道受国家保护，任何组织或者个人不得挤占和干扰。

（五）气象灾害防御

县级以上人民政府应当加强气象灾害监测、预警系统建设，组织有关部门编制气象灾害防御规划，并采取有效措施，提高防御气象灾害的能力。有关组织和个人应当服从人民政府的指挥和安排，做好气象灾害防御工作。各级气象主管机构应当组织对重大灾害性天气的跨地区、跨部门的联合监测、预报工作，及时提出气象灾害防御措施，并对重大气象灾害作出评估，为本级人民政府组织防御气象灾害提供决策依据。各级气象主管机构所属的气象台站应当加强对可能影响当地的灾害性天气的监测和预报，并及时报告有关气象主管机构。其他有关部门所属的气象台站和与灾害性天气监测、预报有关的单位应当及时向气象主管机构提供监测、预报气象灾害所需要的气象探测信息和有关的水情、风暴潮等监测信息。县级以上地方人民政府应当根据防御气象灾害的需要，制定气象灾害防御方案，并根据气象主管机构提供的气象信息，组织实施气象灾害防御方案，避免或者减轻气象灾害。

县级以上人民政府应当加强对人工影响天气工作的领导，并根据实际情况，有组织、有计划地开展人工影响天气工作。国务院气象主管机构应当加强对全国人工影响天气工作的管理和指导。地方各级气象主管机构应当制定人工影响天气作业方案，并在本级人民政府的领导和协调下，管理、指导和组织实施人工影响天气作业。有关部门应当按照职责分工，配合气象主管机构做好人工影响天气的有关工作。实施人工影响天气作业的组织必须具备省、自治区、直辖市气象主管机构规定的资格条件，并使用符合国务院气象主管机构要求的技术标准的作业设备，遵守作业规范。各级气象主管机构应当加强对雷电灾害防御工作的组织管理，并会同有关部门指导对可能遭受雷击的建筑物、构筑物和其他设施安装的雷电灾害防护装置的检测工作。安装的雷电灾害防护装置应当符合国务院气象主管机构规定的使用要求。

（六）气候资源开发利用和保护

国务院气象主管机构负责全国气候资源的综合调查、区划工作，组织进行气候监测、分析、评价，并对可能引起气候恶化的大气成分进行监测，定期发布全国气候状况公报。县级以上地方人民政府应当根据本地区气候资源的特点，对气候资源开发利用的方向和保护的重点作出规划。地方各级气象主管机构应当根据本级人民政府的规划，向本级人民政府和同级有关部门提出利用、保护气候资源和推广应用气候资源区划等成果的建议。各级气象主管机构应当组织对城市规划、国家重点建设工程、重大区域性经济开发项目和大型太阳能、风能等气候资源开发利用项目进行气候可行性论证。具有大气环境影响评价资格的单位进行工程建设项目大气环境影响评价时，应当使用气象主管机构提供或者经其审查的气象资料。

气象设施是指气象探测设施、气象信息专用传输设施、大型气象专用技术装备等。气象探测是指利用科技手段对大气和近地层的大气物理过程、现象及其化学性质等进行的系统观察和测量。气象探测环境是指为避开各种干扰保证气象探测设施准确获得气象探测信息所必需的最小距离构成的环境空间。气象灾害是指台风、暴雨（雪）、寒潮、大风（沙尘暴）、低温、高温、干旱、雷电、冰雹、霜冻和大雾等所造成的灾害。人工影响天气是指为避免或者减轻气象灾害，合理利用气候资源，在适当条件下通过科技手段对局部大气的物理、化学过程进行人工影响，以实现增雨雪、防雹、消雨、消雾、防霜等为目的的活动。

三、自然灾害防治法

（一）防洪法

1. 防洪体制和防洪规划制度

防洪工作实行全面规划、统筹兼顾、预防为主、综合治理、局部利益服从全局利益的原则。防洪工程设施建设，应当纳入国民经济和社会发展计划。防洪费用按照政府投入同受益者合理承担相结合的原则筹集。开发利用和保护水资源，应当服从防洪总体安排，实行兴利与除害相结合的原则。江河、湖泊治理以及防洪工程设施建设，应当符合流域综合规划，与流域水资源的综合开发相结合。防洪工作按照流域或者区域实行统一规划、分级实施和流域管理与行政区域管理相结合的制度。任何单位和个人都有保护防洪工程设施和依法参加防汛抗洪的义务。《中华人民共和国防洪法》于 1997 年 8 月 29

日由第八届全国人民代表大会常务委员会第二十七次会议通过，自1998年1月1日起施行。

各级人民政府应当加强对防洪工作的统一领导，组织有关部门、单位，动员社会力量，依靠科技进步，有计划地进行江河、湖泊治理，采取措施加强防洪工程设施建设，巩固、提高防洪能力。各级人民政府应当组织有关部门、单位，动员社会力量，做好防汛抗洪和洪涝灾害后的恢复与救济工作。各级人民政府应当对蓄滞洪区予以扶持；蓄滞洪后，应当依照国家规定予以补偿或者救助。国务院水行政主管部门在国务院的领导下，负责全国防洪的组织、协调、监督、指导等日常工作。国务院水行政主管部门在国家确定的重要江河、湖泊设立的流域管理机构，在所管辖的范围内行使法律、行政法规规定和国务院水行政主管部门授权的防洪协调和监督管理职责。国务院建设行政主管部门和其他有关部门在国务院的领导下，按照各自的职责，负责有关的防洪工作。县级以上地方人民政府水行政主管部门在本级人民政府的领导下，负责本行政区域内防洪的组织、协调、监督、指导等日常工作。县级以上地方人民政府建设行政主管部门和其他有关部门在本级人民政府的领导下，按照各自的职责，负责有关的防洪工作。

防洪规划是指为防治某一流域、河段或者区域的洪涝灾害而制定的总体部署，包括国家确定的重要江河、湖泊的流域防洪规划，其他江河、河段、湖泊的防洪规划以及区域防洪规划。防洪规划应当服从所在流域、区域的综合规划；区域防洪规划应当服从所在流域的流域防洪规划。防洪规划是江河、湖泊治理和防洪工程设施建设的基本依据。国家确定的重要江河、湖泊的防洪规划，由国务院水行政主管部门依据该江河、湖泊的流域综合规划，会同有关部门和有关省、自治区、直辖市人民政府编制，报国务院批准。其他江河、河段、湖泊的防洪规划或者区域防洪规划，由县级以上地方人民政府水行政主管部门分别依据流域综合规划、区域综合规划，会同有关部门和有关地区编制，报本级人民政府批准，并报上一级人民政府水行政主管部门备案；跨省、自治区、直辖市的江河、河段、湖泊的防洪规划由有关流域管理机构会同江河、河段、湖泊所在地的省、自治区、直辖市人民政府水行政主管部门、有关主管部门拟定，分别经有关省、自治区、直辖市人民政府审查提出意见后，报国务院水行政主管部门批准。城市防洪规划，由城市人民政府组织水行政主管部门、建设行政主管部门和其他有关部门依据流域防洪规划、上一级人民政府区域防洪规划编制，按照国务院规定的审批程序批准后纳入城市总体规划。修改防洪规划，应当报经原批准机关批准。

编制防洪规划，应当遵循确保重点、兼顾一般，以及防汛和抗旱相结合、工程措施和非工程措施相结合的原则，充分考虑洪涝规律和上下游、左右岸的关系以及国民经济对防洪的要求，并与国土规划和土地利用总体规划相协调。防洪规划应当确定防护对象、治理目标和任务、防洪措施和实施方案，划定洪泛区、蓄滞洪区和防洪保护区的范围，规定蓄滞洪区的使用原则。受风暴潮威胁的沿海地区的县级以上地方人民政府，应当把防御风暴潮纳入本地区的防洪规划，加强海堤（海塘）、挡潮闸和沿海防护林等防御风暴潮工程体系建设，监督建筑物、构筑物的设计和施工是否符合防御风暴潮的需要。山洪可能诱发山体滑坡、崩塌和泥石流的地区以及其他山洪多发地区的县级以上地方人民政府，应当组织负责地质矿产管理工作的部门、水行政主管部门和其他有关部门对山体滑坡、崩塌和泥石流隐患进行全面调查，划定重点防治区，采取防治措施。城市、村镇和其他居民点以及工厂、矿山、铁路和公路干线的布局，应当避开山洪威胁；已经建在受山洪威胁的地方的，应当采取防御措施。平原、洼地、水网圩区、山谷、盆地等易涝地区的有关地方人民政府，应当制定除涝治涝规划，组织有关部门、单位采取相应的治理措施，完善排水系统，发展耐涝农作物种类和品种，开展洪涝、干旱、盐碱综合治理。城市人民政府应当加强对城区排涝管网、泵站的建设和管理。

国务院水行政主管部门应当会同有关部门和省、自治区、直辖市人民政府制定长江、黄河、珠江、辽河、淮河、海河入海河口的整治规划。防洪规划确定的河道整治计划用地和规划建设的堤防用地范围内的土地，经土地管理部门和水行政主管部门会同有关地区核定，报经县级以上人民政府按照国务院规定的权限批准后，可以划定为规划保留区；该规划保留区范围内的土地涉及其他项目用地的，有关土地管理部门和水行政主管部门核定时，应当征求有关部门的意见。在江河、湖泊上建设防洪工程和其他水工程、水电站等，应当符合防洪规划的要求；水库应当按照防洪规划的要求留足防洪库容。

2. 防洪区和防洪工程设施管理

防治江河洪水，应当蓄泄兼施，充分发挥河道行洪能力和水库、洼淀、湖泊调蓄洪水的功能，加强河道防护，因地制宜地采取定期清淤疏浚等措施，保持行洪畅通。防治江河洪水，应当保护、扩大流域林草植被，涵养水源，加强流域水土保持综合治理。整治河道和修建控制引导河水流向、保护堤岸等工程，应当兼顾上下游、左右岸的关系，按照规划治导线实施，不得任意改变河水流向。国家确定的重要江河的规划治导线由流域管理机构拟定，报国务院水行政主管部门批准。其他江河、河段的规划治导线由县级以上地方人民政府水行政主管部门拟定，报本级人民政府批准；跨省、自治区、直辖市的江河、河段和省、自治区、直辖市之间的省界河道的规划治导线由有关流域管理机构组织江河、河段所在地的省、自治区、直辖市人民政府水行政主管部门拟定，经有关省、自治区、直辖市人民政府审查提出意见后，报国务院水行政主管部门批准。

整治河道、湖泊，涉及航道的，应当兼顾航运需要，并事先征求交通主管部门的意见。整治航道，应当符合江河、湖泊防洪安全要求，并事先征求水行政主管部门的意见。在竹木流放的河流和渔业水域整治河道的，应当兼顾竹木水运和渔业发展的需要，并事先征求林业、渔业行政主管部门的意见。在河道中流放竹木，不得影响行洪和防洪工程设施的安全。河道、湖泊管理实行按水系统一管理和分级管理相结合的原则，加强防护，确保畅通。国家确定的重要江河、湖泊的主要河段，跨省、自治区、直辖市的重要河段、湖泊，省、自治区、直辖市之间的省界河道、湖泊以及国（边）界河道、湖泊，由流域管理机构和江河、湖泊所在地的省、自治区、直辖市人民政府水行政主管部门按照国务院水行政主管部门的划定依法实施管理。其他河道、湖泊，由县级以上地方人民政府水行政主管部门按照国务院水行政主管部门或者国务院水行政主管部门授权的机构的划定依法实施管理。

有堤防的河道、湖泊，其管理范围为两岸堤防之间的水域、沙洲、滩地、行洪区和堤防及护堤地；无堤防的河道、湖泊，其管理范围为历史最高洪水位或者设计洪水位之间的水域、沙洲、滩地和行洪区。流域管理机构直接管理的河道、湖泊管理范围，由流域管理机构会同有关县级以上地方人民政府依照规定界定；其他河道、湖泊管理范围，由有关县级以上地方人民政府依照规定界定。河道、湖泊管理范围内的土地和岸线的利用，应当符合行洪、输水的要求。禁止在河道、湖泊管理范围内建设妨碍行洪的建筑物、构筑物，倾倒垃圾、渣土，从事影响河势稳定、危害河岸堤防安全和其他妨碍河道行洪的活动。禁止在行洪河道内种植阻碍行洪的林木和高秆作物。在船舶航行可能危及堤岸安全的河段，应当限定航速。限定航速的标志，由交通主管部门与水行政主管部门商定后设置。

禁止围湖造地。已经围垦的，应当按照国家规定的防洪标准进行治理，有计划地退地还湖。禁止围垦河道。确需围垦的，应当进行科学论证，经水行政主管部门确认不妨碍行洪、输水后，报省级以上人民政府批准。对居住在行洪河道内的居民，当地人民政府应当有计划地组织外迁。护堤护岸的林木，由河道、湖泊管理机构组织营造和管理。护堤护岸林木，不得任意砍伐。采伐护堤护岸林木的，须经河道、湖泊管理机构同意后，依法办理采伐许可手续，并完成规定的更新补种任务。对壅水、阻水严重的桥梁、引道、码头和其他跨河工程设施，根据防洪标准，有关水行政主管部门可以报请县级以上人民政府按照国务院规定的权限责令建设单位限期改建或者拆除。建设跨河、穿河、穿堤、临河的桥梁、码头、道路、渡口、管道、缆线、取水、排水等工程设施，应当符合防洪标准、岸线规划、航运要求和其他技术要求，不得危害堤防安全，影响河势稳定、妨碍行洪畅通；其可行性研究报告按照国家规定的基本建设程序报请批准前，其中的工程建设方案应当经有关水行政主管部门根据上述防洪要求审查同意。上述工程设施需要占用河道、湖泊管理范围内土地，跨越河道、湖泊空间或者穿越河床的，建设单位应当经有关水行政主管部门对该工程设施建设的位置和界限审查批准后，方可依法办理开工手续；安排施工时，应当按照水行政主管部门审查批准的位置和界限进行。对于河道、湖泊管理范围内依照规定建设的工程设施，水行政主管部门有权依法检查；水行政主管部门检查时，被检查者应当如实提供有关的情况和资料。

防洪区是指洪水泛滥可能淹及的地区，分为洪泛区、蓄滞洪区和防洪保护区。洪泛区是指尚无工程设施保护的洪水泛滥所及的地区。蓄滞洪区是指包括分洪口在内的河堤背水面以外临时贮存洪水的低洼地区及湖泊等。防洪保护区是指在防洪标准内受防洪工程设施保护的地区。洪泛区、蓄滞洪区和防洪保护区的范围，在防洪规划或者防御洪水方案中划定，并报请省级以上人民政府按照国务院规定的权限批准后予以公告。各级人民政府应当按照防洪规划对防洪区内的土地利用实行分区管理。地方各级人民政府应当加强对防洪区安全建设工作的领导，组织有关部门、单位对防洪区内的单位和居民进行防洪教育，普及防洪知识，提高水患意识；按照防洪规划和防御洪水方案建立并完善防洪体系和水文、气象、通信、预警以及洪涝灾害监测系统，提高防御洪水能力；组织防洪区内的单位和居民积极参加防洪工作，因地制宜地采取防洪避洪措施。洪泛区、蓄滞洪区所在地的省、自治区、直辖市人民政府应当组织有关地区和部门，按照防洪规划的要求，制订洪泛区、蓄滞洪区安全建设计划，控制蓄滞洪区人口增长，对居住在蓄滞洪区的居民，有计划地组织外迁，并采取其他必要的安全保护措施。因蓄滞洪区而直接受益的地区和单位，应当对蓄滞洪区承担国家规定的补偿、救助义务。国务院和有关的省、自治区、直辖市人民政府应当建立对蓄滞洪区的扶持、补偿、救助制度。

国务院和有关的省、自治区、直辖市人民政府可以制定洪泛区、蓄滞洪区安全建设管理办法以及对蓄滞洪区的扶持、补偿、救助办法。在洪泛区、蓄滞洪区内建设非防洪建设项目，应当就洪水对建设项目可能产生的影响和建设项目对防洪可能产生的影响作出评价，编制洪水影响评价报告，提出防御措施。建设项目可行性研究报告按照国家规定的基本建设程序报请批准时，应当附具有关水行政主管部门审查批准的洪水影响评价报告。在蓄滞洪区内建设的油田、铁路、公路、矿山、电厂、电信设施和管道，其洪水影响评价报告应当包括建设单位自行制订的防洪避洪方案。建设项目投入生产或者使用时，其防洪工程设施应当经水行政主管部门验收。在蓄滞洪区内建造房屋应当采用平顶式结构。大中城市，重要的铁路、公路干线，大型骨干企业，应当列为防洪重点，确保安全。受洪水威胁的城市、经济开发区、工矿区和国家重要的农业生产基地等，应当重点保护，建设必要的防洪工程设施。城市建设不得擅自填堵原有河道沟汊、贮水湖和塘洼淀以及废除原有防洪围堤；确需填堵或者废除的，应当经水行政主管部门审查同意，并报城市人民政府批准。

属于国家所有的防洪工程设施，应当按照经批准的设计，在竣工验收前由县级以上人民政府按照国家规定，划定管理和保护范围。属于集体所有的防洪工程设施，应当按照省、自治区、直辖市人民政府的规定，划定保护范围。在防洪工程设施保护范围内，禁止进行爆破、打井、采石、取土等危害防洪工程设施安全的活动。各级人民政府应当组织有关部门加强对水库大坝的定期检查和监督管理。对未达到防洪标准、抗震设防要求或者有严重质量缺陷的险坝，大坝主管部门应当组织有关单位采取除险加固措施，限期消除危险或者重建，有关人民政府应当优先安排所需资金。对可能出现垮坝的水库，应当事先制定应急抢险和居民临时撤离方案。各级人民政府和有关主管部门应当加强对尾矿坝的监督管理，采取措施，避免因洪水导致垮坝。任何单位和个人不得破坏、侵占、毁损水库大坝、堤防、水闸、护岸、抽水站、排水渠系等防洪工程和水文、通信设施以及防汛备用的器材、物料等。

3. 防汛抗洪与物资保障

防汛抗洪工作实行各级人民政府行政首长负责制，统一指挥、分级分部门负责。国务院设立国家防汛指挥机构，负责领导、组织全国的防汛抗洪工作，其办事机构设在国务院水行政主管部门。在国家确定的重要江河、湖泊可以设立由有关省、自治区、直辖市人民政府和该江河、湖泊的流域管理机构负责人等组成的防汛指挥机构，指挥所管辖范围内的防汛抗洪工作，其办事机构设在流域管理机构。有防汛抗洪任务的县级以上地方人民政府设立由有关部门、当地驻军、人民武装部负责人等组成的防汛指挥机构，在上级防汛指挥机构和本级人民政府的领导下，指挥本地区的防汛抗洪工作，其办事机构设在同级水行政主管部门；必要时，经市人民政府决定，防汛指挥机构也可以在建设行政主管部门设城市市区办事机构，在防汛指挥机构的统一领导下，负责城市市区的防汛抗洪日常工作。有防汛抗洪任务的县级以上地方人民政府根据流域综合规划、防洪工程实际状况和国家规定的防洪标准，制订防御洪水方案（包括对特大洪水的处置措施）。

长江、黄河、淮河、海河的防御洪水方案，由国家防汛指挥机构制订，报国务院批准；跨省、自治区、直辖市的其他江河的防御洪水方案，由有关流域管理机构会同有关省、自治区、直辖市人民政府制订，报国务院或者国务院授权的有关部门批准。防御洪水方案经批准后，有关地方人民政府必须执行。各级防汛指挥机构和承担防汛抗洪任务的部门和单位，必须根据防御洪水方案做好防汛抗洪准备工作。省、自治区、直辖市人民政府防汛指挥机构根据当地的洪水规律，规定汛期起止日期。当江河、湖泊的水情接近保证水位或者安全流量，水库水位接近设计洪水位，或者防洪工程设施发生重大险情时，有关县级以上人民政府防汛指挥机构可以宣布进入紧急防汛期。对河道、湖泊范围内阻碍行洪的障碍物，按照"谁设障谁清除"的原则，由防汛指挥机构责令限期清除；逾期不清除的，由防汛指挥机构组织强行清除，所需费用由设障者承担。在紧急防汛期，国家防汛指挥机构或者其授权的流域、省、自治区、直辖市防汛指挥机构有权对壅水、阻水严重的桥梁、引道、码头和其他跨河工程设施作出紧急处置。在汛期，气象、水文、海洋等有关部门应当按照各自的职责，及时向有关防汛指挥机构提供天气、水文等方面实时信息和风暴潮预报；电信部门应当优先提供防汛抗洪通信的服务；运输、电力、物资材料供应等有关部门应当优先为防汛抗洪服务。中国人民解放军、中国人民武装警察部队和民兵应当执行国家赋予的抗洪抢险任务。

在汛期，水库、闸坝和其他水工程设施的运用，必须服从有关的防汛指挥机构的调度指挥和监督，水库不得擅自在汛期限制水位以上蓄水，其汛期限制水位以上的防洪库容的运用，必须服从防汛指挥机构的调度指挥和监督。在凌汛期，有防凌汛任务的江河的上游水库的下泄水量必须征得有关的防汛指挥机构的同意，并接受其监督。在紧急防汛期，防汛指挥机构根据防汛抗洪的需要，有权在其管辖范围内调用物资、设备、交通运输工具和人力，决定采取取土占地、砍伐林木、清除阻水障碍物和其他必要的紧急措施；必要时，公安、交通等有关部门按照防汛指挥机构的决定，依法实施陆地和水面交通管制。

依照规定调用的物资、设备、交通运输工具等，在汛期结束后应当及时归还；造成损坏或者无法归还的，按照国务院有关规定给予适当补偿或者作其他处理。取土占地、砍伐林木的，在汛期结束后依法向有关部门补办手续；有关地方人民政府对取土后的土地组织复垦，对砍伐的林木组织补种。江河、湖泊水位或者流量达到国家规定的分洪标准，需要启用蓄滞洪区时，国务院，国家防汛指挥机构，流域防汛指挥机构，省、自治区、直辖市人民政府，省、自治区、直辖市防汛指挥机构，按照依法经批准的防御洪水方案中规定的启用条件和批准程序，决定启用蓄滞洪区。依法启用蓄滞洪区，任何单位和个人不得阻拦、拖延；遇到阻拦、拖延时，由有关县级以上地方人民政府强制实施。发生洪涝灾害后，有关人民政府应当组织有关部门、单位做好灾区的生活供给、卫生防疫、救灾物资供应、治安管理、学校复课、恢复生产和重建家园等救灾工作以及所管辖地区的各项水毁工程设施修复工作。水毁防洪工程设施的修复，应当优先列入有关部门的年度建设计划。国家鼓励、扶持开展洪水保险。

各级人民政府应当采取措施，提高防洪投入的总体水平。江河、湖泊的治理和防洪工程设施的建设和维护所需的投资，按照事权和财权相统一的原则，分级负责，由中央和地方财政承担。城市防洪工程设施的建设和维护所需的投资，由城市人民政府承担。受洪水威胁地区的油田、管道、铁路、公路、矿山、电力、电信等企业事业单位应当自筹资金，兴建必要的防洪自保工程。中央财政应当安排资金，用于国家确定的重要江河、湖泊的堤坝遭受特大洪涝灾害时的抗洪抢险和水毁防洪工程修复。省、自治区、直辖市人民政府应当在本级财政预算中安排资金，用于本行政区域内遭受特大洪涝灾害地区的抗洪抢险和水毁防洪工程修复。国家设立水利建设基金，用于防洪工程和水利工程的维护和建设。

受洪水威胁的省、自治区、直辖市为加强本行政区域内防洪工程设施建设，提高防御洪水能力，按照国务院的有关规定，可以规定在防洪保护区范围内征收河道工程修建、维护管理费。有防洪任务的地方各级人民政府应当根据国务院的有关规定，安排一定比例的农村义务工和劳动积累工，用于防洪工程设施的建设、维护。任何单位和个人不得截留和挪用防洪、救灾资金和物资。各级人民政府审计机关应当加强对防洪、救灾资金使用情况的审计监督。

(二) 防震减灾法

1. 防震减灾的管理制度

在国务院的领导下，国务院地震行政主管部门、经济综合主管部门、建设行政主管部门、民政部门以及其他有关部门，按照职责分工，各负其责，密切配合，共同做好防震减灾工作。县级以上地方人民政府负责管理地震工作的部门或者机构和其他有关部门在本级人民政府的领导下，按照职责分工，各负其责，密切配合，共同做好本行政区域内的防震减灾工作。任何单位和个人都有依法参加防震减灾活动的义务。中国人民解放军、中国人民武装警察部队和民兵应当执行国家赋予的防震减灾任务。《中华人民共和国防震减灾法》于 1997 年 12 月 29 日第八届全国人民代表大会常务委员会第二十九次会议通过，自 1998 年 3 月 1 日起施行。防震减灾工作，实行预防为主、防御与救助相结合的方针。防震减灾工作，应当纳入国民经济和社会发展计划。国家鼓励和支持防震减灾的科学技术研究，推广先进的科学研究成果，提高防震减灾工作水平。

2. 地震监测预报和地震灾害预防

国家加强地震监测预报工作，鼓励、扶持地震监测预报的科学技术研究，逐步提高地震监测预报水平。国务院地震行政主管部门负责制订全国地震监测预报方案，并组织实施。省、自治区、直辖市人民政府负责管理地震工作的部门，根据全国地震监测预报方案，负责制订本行政区域内的地震监测预报方案，并组织实施。国务院地震行政主管部门根据地震活动趋势，提出确定地震重点监视防御区的意见，报国务院批准。地震重点监视防御区的县级以上地方人民政府负责管理地震工作的部门或者机构，应当加强地震监测工作，制订短期与临震预报方案，建立震情跟踪会商制度，提高地震监测预报能力。

国务院地震行政主管部门和县级以上地方人民政府负责管理地震工作的部门或者机构，应当加强对地震活动与地震前兆的信息检测、传递、分析、处理和对可能发生地震的地点、时间和震级的预测。国家对地震监测台网的建设，实行统一规划，分级、分类管理。全国地震监测台网，由国家地震监测基本台网、省级地震监测台网和市、县地震监测台网组成，其建设所需投资，按照事权和财权相统一的原则，由中央和地方财政承担为本单位服务的地震监测台网，由有关单位投资建设和管理，并接受所在地的县级以上地方人民政府负责管理地震工作的部门或者机构的指导。国家依法保护地震监测设施和地震观测环境，任何单位和个人不得危害地震监测设施和地震观测环境。地震观测环境应当按照地震监测设施周围不能有影响其工作效能的干扰源的要求划定保护范围。地震监测设施，是指地震监测台网的监测设施、设备、仪器和其他依照国务院地震行政主管部门的规定设立的地震监测设施、设备、仪器。新建、扩建、改建建设工程，应当避免对地震监测设施和地震观测环境造成危害；确实无法避免造成危害的，建设单位应当事先征得国务院地震行政主管部门或者其授权的县级以上地方人民政府负责管理地震工作的部门或者机构的同意，并按照国务院的规定采取相应的措施后，方可建设。

国家对地震预报实行统一发布制度。地震短期预报和临震预报，由省、自治区、直辖市人民政府按照国务院规定的程序发布。任何单位或者从事地震工作的专业人员关于短期地震预测或者临震预测的意见，应当报国务院地震行政主管部门或者县级以上地方人民政府负责管理地震工作的部门或者机构按照前面的规定处理，不得擅自向社会扩散。

新建、扩建、改建建设工程，必须达到抗震设防要求。特定的建设工程，必须按照国家颁布的地震烈度区划图或者地震动参数区划图规定的抗震设防要求，进行抗震设防。重大建设工程和可能发生严重次生灾害的建设工程，必须进行地震安全性评价；并根据地震安全性评价的结果，确定抗震设防要求，进行抗震设防。可能发生严重次生灾害的建设工程，是指受地震破坏后可能引发水灾、火灾、爆炸、剧毒或者强腐蚀性物质大量泄漏和其他严重次生灾害的建设工程，包括水库大坝、堤防和贮油、贮气、贮存易燃易爆、剧毒或者强腐蚀性物质的设施以及其他可能发生严重次生灾害的建设工程。核电站和核设施建设工程，受地震破坏后可能引发放射性污染的严重次生灾害，必须认真进行地震安全性评价，并依法进行严格的抗震设防。

国务院地震行政主管部门负责制定地震烈度区划图或者地震动参数区划图，并负责对地震安全性评价结果的审定工作。国务院建设行政主管部门负责制定各类房屋建筑及其附属设施和城市市政设施的建设工程的抗震设计规范。国务院铁路、交通、民用航空、水利和其他有关专业主管部门负责分别制定铁路、公路、港口、码头、机场、水工程和其他专业建设工程的抗震设计规范。建设工程必须按照抗震设防要求和抗震设计规范进行抗震设计，并按照抗震设计进行施工。对地震可能引起的火灾、水灾、山体滑坡、放射性污染、疫情等次生灾害源，有关地方人民政府应当采取相应的有效防范措施。

根据震情和震害预测结果，国务院地震行政主管部门和县级以上地方人民政府负责管理地震工作的部门或者机构，应当会同同级有关部门编制防震减灾规划，报本级人民政府批准后实施。修改防震减灾规划，应当报经原批准机关批准。各级人民政府应当组织有关部门开展防震减灾知识的宣传教育，增强公民的防震减灾意识，提高公民在地震灾害中自救、互救的能力；加强对有关专业人员的培训，提高抢险救灾能力。地震重点监视防御区的县级以上地方人民政府应当根据实际需要与可能，在本级财政预算和物资储备中安排适当的抗震救灾资金和物资。国家鼓励单位和个人参加地震灾害保险。

3. 地震应急和灾后重建

国务院地震行政主管部门会同国务院有关部门制定国家破坏性地震应急预案，报国务院批准。国务院有关部门应当根据国家破坏性地震应急预案，制定本部门的破坏性地震应急预案，并报国务院地震行政主管部门备案。可能发生破坏性地震地区的县级以上地方人民政府负责管理地震工作的部门或者机构，应当会同有关部门参照国家破坏性地震应急预案，制定本行政区域内的破坏性地震应急预案，报本级人民政府批准；省、自治区和人口在一百万以上的城市的破坏性地震应急预案，还应当报国务院地震行政主管部门备案。破坏性地震，是指造成人员伤亡和财产损失的地震灾害。

国家鼓励、扶持地震应急、救助技术和装备的研究开发工作。可能发生破坏性地震地区的县级以上地方人民政府应当责成有关部门进行必要的地震应急、救助装备的储备和使用训练工作。破坏性地震临震预报发布后，有关的省、自治区、直辖市人民政府可以宣布所预报的区域进入临震应急期；有关的地方人民政府应当按照破坏性地震应急预案，组织有关部门动员社会力量，做好抢险救灾的准备工作。造成特大损失的严重破坏性地震发生后，国务院应当成立抗震救灾指挥机构，组织有关部门实施破坏性地震应急预案。国务院抗震救灾指挥机构的办事机构，设在国务院地震行政主管部门。破坏性地震发生后，有关的县级以上地方人民政府应当设立抗震救灾指挥机构，组织有关部门实施破坏性地震应急预案。严重破坏性地震，是指造成重大的人员伤亡和财产损失，使灾区丧失或者部分丧失自我恢复能力，需要国家采取相应行动的地震灾害。

地震灾区的各级地方人民政府应当及时将震情、灾情及其发展趋势等信息报告上一级人民政府；地震灾区的省、自治区、直辖市人民政府按照国务院有关规定向社会公告震情和灾情。国务院地震行政主管部门或者地震灾区的省、自治区、直辖市人民政府负责管理地震工作的部门，应当及时会同有关部门对地震灾害损失进行调查、评估；对灾情调查结果，应当及时报告本级人民政府。

破坏性地震发生后，地震灾区的各级地方人民政府应当组织各方面力量，抢救人员，并组织基层单位和人员开展自救和互救；非地震灾区的各级地方人民政府应当根据震情和灾情，组织和动员社会力量，对地震灾区提供救助。严重破坏性地震发生后，为了抢险救灾并维护社会秩序，国务院或者地震灾区的省、自治区、直辖市人民政府，可以在地震灾区实行下列紧急应急措施：交通管制；对食品等基本生活必需品和药品统一发放和分配；临时征用房屋、运输工具和通信设备，等等。国务院应当对地震灾区提供救助，责成经济综合主管部门综合协调救灾工作并会同国务院其他有关部门，统筹安排救灾资金和物资。地震灾区的县级以上地方人民政府应当组织卫生、医药和其他有关部门和单位，做好伤员医疗救护和卫生防疫等工作。

地震灾区的县级以上地方人民政府应当组织民政和其他有关部门和单位，迅速设置避难场所和救济物资供应点，提供救济物品，妥善安排灾民生活，做好灾民的转移和安置工作。地震灾区的县级以上地方人民政府应当组织交通、邮电、建设和其他有关部门和单位采取措施，尽快恢复被破坏的交通、通信、供水、排水、供电、供气、输油等工程，并对次生灾害源采取紧急防护措施。地震灾区的县级以上地方人民政府应当组织公安机关和其他有关部门加强治安管理和安全保卫工作，预防和打击各种犯罪活动，维持社会秩序。因救灾需要，临时征用的房屋、运输工具、通信设备等，事后应当及时归还；造成损坏或者无法归还的，按照国务院有关规定给予适当补偿或者作其他处理。在震后救灾中，任何单位和个人都必须遵纪守法、遵守社会公德，服从指挥，自觉维护社会秩序。任何单位和个人不得截留、挪用地震救灾资金和物资。各级人民政府审计机关应当加强对地震救灾资金使用情况的审计监督。地震灾区的县级以上地方人民政府应当根据震害情况和抗震设防要求，统筹规划、安排地震灾区的重建工作。国家依法保护典型地震遗址、遗迹。典型地震遗址、遗迹的保护，应当列入地震灾区的重建规划。

（三）防沙治沙法

土地沙化是指因气候变化和人类活动所导致的天然沙漠扩张和沙质土壤上植被破坏、沙土裸露的过程。土地沙化可以分为天然的原因和人为的原因，因为天然的原因是人力所不能控制的，所以，法律只对人为引起的土地沙化进行规范。所以，法律上的土地沙化，是指主要因人类不合理活动所导致的天然沙漠扩张和沙质土壤上的植被及覆盖物被破坏，形成流沙及沙土裸露的过程。沙化土地，包括已经沙化的土地和具有明显沙化趋势的土地。《中华人民共和国防沙治沙法》于2001年8月31日由第九届全国人民代表大会常务委员会第二十三次会议通过，自2002年1月1日起施行。

1. 防沙治沙管理制度和防沙治沙规划

防沙治沙工作应当遵循以下原则：统一规划，因地制宜，分步实施，坚持区域防治与重点防治相结合；预防为主，防治结合，综合治理；保护和恢复植被与合理利用自然资源相结合；遵循生态规律，依靠科技进步；改善生态环境与帮助农牧民脱贫致富相结合；国家支持与地方自力更生相结合，政府组织与社会各界参与相结合，鼓励单位、个人承包防治；保障防沙治沙者的合法权益。

国务院和沙化土地所在地区的县级以上地方人民政府，应当将防沙治沙纳入国民经济和社会发展计划，保障和支持防沙治沙工作的开展。沙化土地所在地区的地方各级人民政府，应当采取有效措施，预防土地沙化，治理沙化土地，保护和改善本行政区域的生态质量。国家在沙化土地所在地区，建立政府行政领导防沙治沙任期目标责任考核奖惩制度。沙化土地所在地区的县级以上地方人民政府，应当向同级人民代表大会及其常务委员会报告防沙治沙工作情况。在国务院领导下，国务院林业行政主管部门负责组织、协调、指导全国防沙治沙工作。国务院林业、农业、水利、土地、环境保护等行政主管部门和气象主管机构，按照有关法律规定的职责和国务院确定的职责分工，各负其责，密切配合，共同做好防沙治沙工作。县级以上地方人民政府组织、领导所属有关部门，按照职责分工，各负其责，密切配合，共同做好本行政区域的防沙治沙工作。

使用土地的单位和个人，有防止该土地沙化的义务。使用已经沙化的土地的单位和个人，有治理该沙化土地的义务。国家支持防沙治沙的科学研究和技术推广工作，发挥科研部门、机构在防沙治沙工作中的作用，培养防沙治沙专门技术人员，提高防沙治沙的科学技术水平。国家支持开展防沙治沙的国际合作。

防沙治沙实行统一规划。从事防沙治沙活动，以及在沙化土地范围内从事开发利用活动，必须遵循防沙治沙规划。防沙治沙规划应当对遏制土地沙化扩展趋势，逐步减少沙化土地的时限、步骤、措施等作出明确规定，并将具体实施方案纳入国民经济和社会发展五年计划和年度计划。国务院林业行政主管部门会同国务院农业、水利、土地、环境保护等有关部门编制全国防沙治沙规划，报国务院批准后实施。省、自治区、直辖市人民政府依据全国防沙治沙规划，编制本行政区域的防沙治沙规划，报国务院或者国务院指定的有关部门批准后实施。沙化土地所在地区的市、县人民政府，应当依据上一级人民政府的防沙治沙规划，组织编制本行政区域的防沙治沙规划，报上一级人民政府批准后实施。防沙治沙规划的修改，须经原批准机关批准；未经批准，任何单位和个人不得改变防沙治沙规划。编制防沙治沙规划，应当根据沙化土地所处的地理位置、土地类型、植被状况、气候和水资源状况、土地沙化程度等自然条件及其所发挥的生态、经济功能，对沙化土地实行分类保护、综合治理和合理利用。在规划期内不具备治理条件的以及因保护生态的需要不宜开发利用的连片沙化土地，应当规划为沙化土地封禁保护区，实行封禁保护。沙化土地封禁保护区的范围，由全国防沙治沙规划以及省、自治区、直辖市防沙治沙规划确定。防沙治沙规划应当与土地利用总体规划相衔接，防沙治沙规划中确定的沙化土地用途，应当符合本级人民政府的土地利用总体规划。

2. 土地沙化的预防和沙化土地的治理

国务院林业行政主管部门组织其他有关行政主管部门对全国土地沙化情况进行监测、统计和分析，并定期公布监测结果。县级以上地方人民政府林业或者其他有关行政主管部门，应当按照土地沙化监测技术规程，对沙化土地进行监测，并将监测结果向本级人民政府及上一级林业或者其他有关行政主管部门报告。县级以上地方人民政府林业或者其他有关行政主管部门，在土地沙化监测过程中，发现土地发生沙化或者沙化程度加重的，应当及时报告本级人民政府。收到报告的人民政府应当责成有关行政主管部门制止导致土地沙化的行为，并采取有效措施进行治理。各级气象主管机构应当组织对气象干旱和沙尘暴天气进行监测、预报，发现气象干旱或者沙尘暴天气征兆时，应当及时报告当地人民政府。收到报告的人民政府应当采取预防措施，必要时公布灾情预报，并组织林业、农（牧）业等有关部门采取应急措施，避免或者减轻风沙危害。

沙化土地所在地区的县级以上地方人民政府应当按照防沙治沙规划，划出一定比例的土地，因地制宜地营造防风固沙林网、林带，种植多年生灌木和草本植物。由林业行政主管部门负责确定植树造林的成活率、保存率的标准和具体任务，并逐片组织实施，明确责任，确保完成。除了抚育更新性质的采伐外，不得对防风固沙林网、林带进行采伐。在对防风固沙林网、林带进行抚育更新性质的采伐之前，必须在其附近预先形成接替林网和林带。对林木更新困难地区已有的防风固沙林网、林带，不得批准采伐。禁止在沙化土地上砍挖灌木、药材及其他固沙植物。

沙化土地所在地区的县级人民政府，应当制定植被管护制度，严格保护植被，并根据需要在乡（镇）、村建立植被管护组织，确定管护人员。在沙化土地范围内，各类土地承包合同应当包括植被保护责任的内容。草原地区的地方各级人民政府，应当加强草原的管理和建设，由农（牧）业行政主管部门负责指导、组织农牧民建设人工草场，控制载畜量，调整牲畜结构，改良牲畜品种，推行牲畜圈养和草场轮牧，消灭草原鼠害、虫害，保护草原植被，防止草原退化和沙化。草原实行以产草量确定载畜量的制度。由农（牧）业行政主管部门负责制定载畜量的标准和有关规定，并逐级组织实施，明确责任，确保完成。沙化土地所在地区的县级以上地方人民政府水行政主管部门，应当加强流域和区域水资源的统一调配和管理，在编制流域和区域水资源开发利用规划和供水计划时，必须考虑整个流域和区域植被保护的用水需求，防止因地下水和上游水资源的过度开发利用，导致植被破坏和土地沙化。该规划和计划经批准后，必须严格实施。沙化土地所在地区的地方各级人民政府应当节约用水，发展节水型农牧业和其他产业。沙化土地所在地区的县级以上地方人民政府，不得批准在沙漠边缘地带和林地、草原开垦耕地；已经开垦并对生态产生不良影响的，应当有计划地组织退耕还林还草。在沙化土地范围内从事开发建设活动的，必须事先就该项目可能对当地及相关地区生态产生的影响进行环境影响评价，依法提交环境影响报告；环境影响报告应当包括有关防沙治沙的内容。

在沙化土地封禁保护区范围内，禁止一切破坏植被的活动。禁止在沙化土地封禁保护区范围内安置移民。对沙化土地封禁保护区范围内的农牧民，县级以上地方人民政府应当有计划地组织迁出，并妥善安置。沙化土地封禁保护区范围内尚未迁出的农牧民的生产生活，由沙化土地封禁保护区主管部门妥善安排。未经国务院或者国务院指定的部门同意，不得在沙化土地封禁保护区范围内进行修建铁路、公路等建设活动。

沙化土地所在地区的地方各级人民政府，应当按照防沙治沙规划，组织有关部门、单位和个人，因地制宜地采取人工造林种草、飞机播种造林种草、封沙育林育草和合理调配生态用水等措施，恢复和增加植被，治理已经沙化的土地。国家鼓励单位和个人在自愿的前提下，捐资或者以其他形式开展公益性的治沙活动。县级以上地方人民政府林业或者其他有关行政主管部门，应当为公益性治沙活动提供治理地点和无偿技术指导。从事公益性治沙的单位和个人，应当按照县级以上地方人民政府林业或者其他有关行政主管部门的技术要求进行治理，并可以将所种植的林、草委托他人管护或者交由当地人民政府有关行政主管部门管护。使用已经沙化的国有土地的使用权人和农民集体所有土地的承包经营权人，必须采取治理措施，改善土地质量；确实无能力完成治理任务的，可以委托他人治理或者与他人合作治理。委托或者合作治理的，应当签订协议，明确各方的权利和义务。

沙化土地所在地区的地方各级人民政府及其有关行政主管部门、技术推广单位，应当为土地使用权人和承包经营权人的治沙活动提供技术指导。采取退耕还林还草、植树种草或者封育措施治沙的土地使用权人和承包经营权人，按照国家有关规定，享受人民政府提供的政策优惠。不具有土地所有权或者使用权的单位和个人从事营利性治沙活动的，应当先与土地所有权人或者使用权人签订协议，依法取得土地使用权。在治理活动开始之前，从事营利性治沙活动的单位和个人应当向治理项目所在地的县级以上地方人民政府林业行政主管部门或者县级以上地方人民政府指定的其他行政主管部门提出治理申请，方案获得批准后，从事营利性治沙活动的单位和个人，必须按照治理方案进行治理。

国家保护沙化土地治理者的合法权益。在治理者取得合法土地权属的治理范围内，未经治理者同意，其他任何单位和个人不得从事治理或者开发利用活动。治理者完成治理任务后，应当向县级以上地方人民政府受理治理申请的行政主管部门提出验收申请。经验收合格的，受理治理申请的行政主管部门应当发给治理合格证明文件；经验收不合格的，治理者应当继续治理。已经沙化的土地范围内的铁路、公路、河流和水渠两侧，城镇、村庄、厂矿和水库周围，实行单位治理责任制，由县级以上地方人民政府下达治理责任书，由责任单位负责组织造林种草或者采取其他治理措施。沙化土地所在地区的地方各级人民政府，可以组织当地农村集体经济组织及其成员在自愿的前提下，对已经沙化的土地进行集中治理。农村集体经济组织及其成员投入的资金和劳力，可以折算为治理项目的股份、资本金，也可以采取其他形式给予补偿。

3. 防沙治沙保障制度

国务院和沙化土地所在地区的地方各级人民政府应当在本级财政预算中按照防沙治沙规划通过项目预算安排资金，用于本级人民政府确定的防沙治沙工程。在安排扶贫、农业、水利、道路、矿产、能源、农业综合开发等项目时，应当根据具体情况，设立若干防沙治沙子项目。国务院和省、自治区、直辖市人民政府应当制定优惠政策，鼓励和支持单位和个人防沙治沙。县级以上地方人民政府应当按照国家有关规定，根据防沙治沙的面积和难易程度，给予从事防沙治沙活动的单位和个人资金补助、财政贴息以及税费减免等政策优惠。单位和个人投资进行防沙治沙的，在投资阶段免征各种税收；取得一定收益后，可以免征或者减征有关税收。使用已经沙化的国有土地从事治沙活动的，经县级以上人民政府依法批准，可以享有不超过70年的土地使用权。

使用已经沙化的集体所有土地从事治沙活动的，治理者应当与土地所有人签订土地承包合同。具体承包期限和当事人的其他权利、义务由承包合同双方依法在土地承包合同中约定。县级人民政府依法根据土地承包合同向治理者颁发土地使用权证书，保护集体所有沙化土地治理者的土地使用权。因保护生态的特殊要求，将治理后的土地批准划为自然保护区或者沙化土地封禁保护区的，批准机关应当给予治理者合理的经济补偿。国家根据防沙治沙的需要，组织设立防沙治沙重点科研项目和示范、推广项目，并对防沙治沙、沙区能源、沙生经济作物、节水灌溉、防止草原退化、沙地旱作农业等方面的科学研究与技术推广给予资金补助、税费减免等政策优惠。任何单位和个人不得截留、挪用防沙治沙资金。县级以上人民政府审计机关，应当依法对防沙治沙资金使用情况实施审计监督。

【案例分析】

【案情】2004年9月，哈尔滨市气象局接到举报：中国联通哈尔滨分公司利用其198信息台通过寻呼向用户发布非本地气象主管机构所属气象台站提供的适时气象信息，执法人员依法查处了此案。哈尔滨市气象局的执法人员接到有关中国联通哈尔滨分公司擅自转发气象信息的举报后，通过电话对其198信息台关于订制天气预报短信的业务进行了咨询，并及时进行了取证，查明该公司所用的天气预报是中国联通总公司从北京气象所属某公司统一购买的，使用期限至2004年年底。2004年10月，哈尔滨市气象局对中国联通哈尔滨分公司下达了《责令停止违法行为通知书》，责令其限期改正。

【问题】中国联通哈尔滨分公司可以向本地客户发布非本地气象机构所属气象台的适时气象信息吗?

【解析】此案是电信媒体通过寻呼非法传播气象信息案例。依据《气象法》第二十五条的规定："广播、电视、报纸、电信等媒体向社会传播气象预报和灾害性天气警报，必须使用气象主管机构所属的气象台站提供的适时气象信息，并标明发布时间和气象台站的名称。通过传播气象信息获得的收益，应当提取一部分支持气象事业的发展。"所以，中国联通哈尔滨分公司的行为是违法的，气象局有权进行处理。

第十二章　生物资源保护法

第一节　生物多样性保护

一、生物多样性的概念、特征及其保护法的调整范围

（一）生物多样性的概念

按照《生物多样性公约》的规定，生物多样性是指所有来源的活的生物体中的变异性，包括陆地、海洋和其他水生生态系统及其所构成的生态综合体，它还包括物种内、物种之间和生态系统的多样性。

物种多样性是人类生存与发展的基础，人类需要通过农、林、牧、副、渔业生产获取动植物资源来满足对食物、药材、燃料和多种工业原料等基本生存的需要。人类已经利用了大约 5 000 种植物作为粮食作物，其中不到 20 种提供了世界绝大部分的粮食。据世界卫生组织统计表明，发展中国家 80%的人口依赖植物和动物提供的传统药物，以保证基本健康。发达国家 40%以上的药物依靠自然资源，或依靠从大自然中发现的化合物进行化学合成。中医使用的植物药材达 1 万种以上。中国利用野生生物入药已有数千年历史，记载的药用植物有 5 000 多种，其中 1 700 多种为常用药物。植物和动物是主要的工业原料，如木材、纤维、香料、橡胶、动物皮毛、革羽等。人类所需要的能源也主要依靠生物资源，如薪柴、原油、天然气等。除上述的生物物种所具有的直接实物价值外，还具有非实物价值，如旅游观赏、科学文化和畜力使役等方面的服务价值。

（二）生物多样性的法律特征

（1）遗传多样性。这主要指物种内基因变异的多样性，每一个物种包括若干个体组成的若干种群，不同种群之间或同一种群内部由于突变、自然选择或其他原因往往在遗传上存在着变异，这种变异就是生物进化的材料。

（2）物种多样性。这主要指来自地球生命有机体变异的多样性，可用一定空间范围内物种丰富程度和分布是否均匀来衡量。

（3）生态系统多样性。这是指生物群落与生境类型的多样性。多样性的生境条件孕育着多样的生物个体与种群，两者的结合构成了丰富多样的生态类型。

（三）生物多样性保护法的调整范围

生物多样性保护法是调整人类在保护生态系统、自然生境和维护自然环境中有生存

力的种群过程中所发生的人与人之间关系和人与自然之间关系的法律规范的总称。其包括关于管制或管理自然保护区内外对保护生物多样性至关重要的生物资源，以确保这些资源得到保护和持续利用，制定或采取办法以酌情管制、管理或控制由生物技术改变的活生物体在使用和释放时可能产生的危险，即可能对环境产生不利影响，从而影响到生物多样性的保护和持续使用，防止引进、控制或消除那些威胁到生态系统、生境或物种的外来物种等方面的法律规范。

二、生物多样性保护的历史沿革及现状

产业革命以后，世界经济迅速发展，在20世纪中后期可持续发展理论提出以前，人类几乎没有保护生物多样性的意识，很大程度上经济的发展是以牺牲生物的多样性为代价的。到现在，陆续有一些法律、法规出现，但是，人类对保护生物多样性的重视程度依然不够。目前，全球生物多样性正以空前的速度消失。全世界每年有1 700万公顷的热带森林被砍伐，以此速度计算，到2020年将有5%～10%的热带森林物种灭绝，世界平均有5%～15%的物种将消失。地球物种按1 000万种计算，每年可能有5～15万个物种灭绝，每天失去50～150种。到2050年，地球上物种的25%将面临灭绝的危险。生物多样性的丧失反映出人类经济发展对自然资源的巨大破坏，其中森林的大面积砍伐与垦殖、草场的过牧、生物资源的过度利用、无控制旅游、环境污染以及全球气候变化和外来物种的引入是造成生物多样性丧失的直接原因。鉴于生物多样性面临的严峻局面，有关的国际组织或机构以及许多国家政府都纷纷采取措施，致力于生物多样性的保护与可持续利用工作。联合国环境规划署在1987～1988年起草的《1990～1995年联合国全系统中期环境方案》中提出了保护生物多样性的目标、策略以及实施方案。1992年6月在巴西里约热内卢召开的联合国环境与发展大会通过了1994年至2003年为国际生物多样性10年的决议，通过了《生物多样性公约》。

三、生物多样性保护的法律制度现状

（一）国际多样性保护的法律制度现状

1992年6月在巴西里约热内卢召开的联合国环境与发展大会通过了《生物多样性公约》，当时有150个国家首脑在该公约上签字。《生物多样性公约》的宗旨是保护生物多样性、可持续利用生物多样性以及公平共享利用遗传资源所取得的惠益。《生物多样性公约》主要包括国家主权与人类共同关心的问题、保护和可持续利用、有关获取的议题和资助机制等四个方面的内容。《生物多样性公约》是一个框架文件，强调国家水平的行动，为各缔约国如何履行该公约留下了充分的余地。

为了纪念《生物多样性公约》生效，更好地宣传和履行该公约，联合国大会于1994年12月29日通过49／119号决议，决定从1995年起，每年的12月29日为“国

际生物多样性日”。联合国环境规划署分别于1994年、1995年、1996年和1998年在巴哈马首都拿骚、印度尼西亚首都雅加达、阿根廷首都布宜诺斯艾利斯和斯洛伐克首都布拉迪斯拉发召开了四次缔约国大会，对《生物多样性公约》的履行起到了重要的推动作用。为了保证科学有效地履行《生物多样性公约》，还专门成立了科学、技术和工艺附属机构（SBSTTA）。在蒙特利尔议程中，欧洲以外的国家，以加拿大、美国、日本为中心的“寒温带林的持续经营标准指标”进行了协商，最终于1995年2月，就7个基准和67个指标达成协议，发表了《圣地亚哥宣言》。国际热带木材组织确立了到2000年的目标为“天然热带林永续利用作为国际热带木材组织的方针”，有关“生物多样性保护并安全的必要性”等。到2005年5月15日~26日《生物多样性公约》缔约国近70个国家在肯尼亚内罗毕签署《生物安全议定书》。生物安全问题不仅涉及生物多样性的保护和可持续利用及人类健康，而且与国际贸易、社会经济发展密切相关，因此各国对生物安全相关的问题都十分关注。

（二）我国生物多样性保护的法律现状

1987年国务院环境委员会发布了《中国自然保护纲要》，随后适时颁布了各种有关生物多样性保护的法律、法规、条例等，尤其是《环境保护法》、《野生动物保护法》和《自然保护区条例》等。这些法律、政策、管理措施及制度为我国生物多样性保护与持续利用提供了重要保证。中国通过了《中国21世纪议程》，该议程明确指出：“中国的可持续发展建立在资源的可持续利用和良好的生态环境基础上，国家保护整个生命支持系统和生态系统的完整性，保护生物多样性”，该议程共29章，生物多样性保护作为第15章进行专门论述。1994年制定并发布了《中国生物多样性保护行动计划》，提出了我国生物多样性保护的优先项目。1998年《中国生物多样性国情研究报告》正式出版。该报告对我国广阔国土和海域上的生物及其生境的理论研究、实践活动以及近年开展保护生物多样性的各种活动及其经济评估作了全面总结。《中国生物多样性国家策略》也在制定之中。

同时，我国积极参与全球性生物多样性保护行动，1992年李鹏总理代表中国政府参加了在巴西召开的联合国环境与发展大会，并在《生物多样性公约》上签字。继而，中国政府批准了这个公约，并履行承诺的义务。在国务院环境委员会下成立了国家履行《生物多样性公约》工作组，协调我国的履约工作。分别于1994年和1997年完成了《中国生物多样性保护行动计划》和《中国生物多样性国情报告》，并正式发布。同时，加强物种保护和自然保护的法规建设，并陆续启动了天然林保护工程等有关生物多样性保护的工程。在国家一级设立了由国务院有关部委和直属机构组成的“中国履行《生物多样性公约》工作协调组”。

四、体现我国生物多样性保护的主要法律制度

（一）环境影响评价制度

环境影响评价制度指某地区可能影响环境的工程建设，在规划或其他活动之前，对其可能造成的周围地区影响进行调查、预测和评价，并提出防治环境污染和破坏的对策，以及制订相应方案的法律制度。具体措施是在进行建设之前，对项目的选址、设计和建成投产使用后可能对周围环境产生的不良影响进行调查、预测和评定，提出防治措施，并按照法定程序进行报批的制度。

环境影响评价制度是工业发达国家普遍采用的一种环境管理制度。1969 年，美国最早把该制度作为联邦政府在环境管理中必须遵循的一项制度，之后，其他工业国家也开始建立这种制度。我国在《环境保护法》中规定了该制度，全国人民代表大会于 2002 年正式通过了专门的《环境影响评价法》，将建设项目扩展到规划环境评价，取得了环境评价制度的重大进展。

环境影响评价制度可以为建设项目合理选址提供依据，防止由于布局不合理给环境带来难以消除的损害，调查清楚周围环境的现状，预测建设项目对环境影响的范围、程度和趋势，为建设项目的环境管理提供科学依据，是实现经济建设、城乡建设和环境建设同步发展的主要法律手段。

（二）自然保护区及风景名胜区制度

1. 自然保护区制度

自然保护区是指对有代表性的自然生态系统、珍稀濒危野生动植物物种的天然集中分布区、有特殊意义的自然遗迹等保护对象所在的陆地、陆地水体或者海域，依法划出一定面积予以特殊保护和管理的区域。

划定自然保护区对生物多样性进行特殊保护，是当今世界上对一些特殊自然环境和资源给予有效保护的最通行做法。1872 年，美国建立了世界上第一个自然保护区——黄石国家公园，之后许多国家陆续建立了自己的保护区。目前，美国、日本、英国、瑞典、肯尼亚、法国等均是建立自然保护区较多的国家。我国自 1956 年建立第一个自然保护区——鼎湖山自然保护区开始到目前已经经历了 50 多年，经国务院批准建立的国家级自然保护区已达到 150 多个，面积 5 751.5 万公顷，占国土面积的比例为近 6%，其中张家界、长白山等 20 多处自然保护区被纳入国际人与生物圈保护区网络，有的保护区被列入国际重要湿地名录或者世界自然遗产名单。①

自然保护区实行特殊管理和保护制度。保护区所在地的公安机关，可以根据需要在自然保护区设置公安派出机构，维护自然保护区内的治安秩序，在自然保护区内的单位、居民和经批准进入自然保护区的人员，必须遵守自然保护区的各项管理制度，接受

① 吕忠梅. 环境法学. 北京：法律出版社，2004.314

自然保护区管理机构的管理，禁止在自然保护区内进行砍伐、放牧、狩猎、捕捞、采药、开垦、烧荒、开矿、采石、挖沙等活动，但是法律、行政法规另有规定的除外。

2. 风景名胜区制度

风景名胜区是指按照法律规定的具体条件和标准，特别划定一些具有观赏、文化或科学价值且自然景物、人文景物比较集中，环境优美并具有一定规模和范围的区域，这些区域可供人们游览、休息或进行科学、文化活动。风景名胜区按其存在特点及构成要素的性质不同，一般分为自然风景名胜区和人工风景名胜区两类。前者是指其主要景观由自然环境组成的风景区，如湖南张家界风景名胜区，后者是指其主要景观由人工建筑组成的风景区，如八达岭风景名胜区。

在我国，风景名胜区按其景物的观赏、文化、科学价值和环境质量、规模大小、游览条件等，划分为三级：市县级风景名胜区，由市县主管部门组织有关部门提出风景名胜资源调查评价报告，报市县人民政府审定公布，并报省级主管部门备案；省级风景名胜区，由市县人民政府提出风景名胜资源调查评价报告，报省、自治区、直辖市人民政府审定公布，并报建设部备案；国家重点风景名胜区，由省、自治区、直辖市人民政府提出风景名胜资源调查报告，报国务院审定公布。风景名胜区内及其外围的各项建设应当与景观协调，不得建设污染环境的工业生产设施，风景区内的一切景物和自然环境必须严格保护，不得破坏和随意改变。

（三）许可证制度

凡是对环境有不良影响的各种规划、开发、建设项目、排污设施或经营活动，其建设者或经营者，需要事先提出申请，经主管部门审查批准，颁发许可证后才能从事该项活动，这就是许可证制度。在环境管理中使用的许可证种类繁多，使用最广泛的是排污许可证。许可证制度是污染控制法律规范的支柱，它因有下列优点而在环境管理中发挥重要作用：一是便于把影响环境的各种开发、建设、排污活动，纳入国家统一管理的轨道，把各种影响环境的排污活动严格限制在国家规定的范围内，使国家能够有效地进行环境管理。二是便于主管机关针对不同情况，采取灵活的管理办法，规定具体的限制条件和特殊要求。三是便于主管机关及时掌握各方面的情况，及时制止不当规划、开发，及各种损害环境的活动，及时发现违法者，从而加强国家环境行政主管部门的监督职能的行使，保障法律、法规的有效实施。四是促进企业加强环境管理，进行技术改造和工艺改造，采用无污染、少污染工艺。五是便于群众参与环境管理，特别是对损害环境活动的监督。

我国有关环境保护法律中规定的具体许可制度主要包括：向海洋倾倒废弃物的许可证制度，直接或者间接向内陆水体排放污染物的企业事业单位的许可证制度，固体废物污染环境防治许可制度和环境噪声污染防治许可证制度。

（四）检疫制度

检疫制度是《中华人民共和国动植物检疫法》（以下简称《动植物检疫法》）的基本内容。检疫制度是国家制定的出入境动植物检疫的法律规范，主要包括：检疫审批制度、检疫报检制度、现场检疫制度、隔离检疫制度、调离检疫制度、检疫放行制度、废弃物处理制度、检疫监督制度、检疫收费制度。检疫措施是法律规定的强制性的行政措施，是为了农业生产安全和外贸信誉的需要而规定的手段和办法，有关单位和个人必须遵守和执行。《动植物检疫法》规定了多项检疫措施，如禁止入境措施、检疫处理措施、防疫消毒措施和紧急预防措施等。

第二节　野生动植物资源保护法

一、保护野生动物的法律规定

（一）野生动物概述

野生动物一般指生存于自然状态下，非人工驯养的各种哺乳动物、鸟类、爬行动物、两栖动物、鱼类、软体动物、昆虫、腔肠动物及其他动物。[①]我国野生动物保护法律规定的野生动物是指珍贵、濒危的陆生、水生野生动物和有益的或者有重要经济、科学研究价值的陆生野生动物。

野生动物是生物界的重要组成部分，它们与人们的生产、生活各方面休戚相关，能为人们提供多种经济效益、社会效益与生态效益，国际上已将对野生动物资源的保护和合理利用，特别是对珍贵、稀有动物的保护，看作衡量一个国家经济、文化和科学、文明发达水平的重要标志之一。

（二）野生动物保护的立法现状

我国野生动物物种非常丰富，但是，由于存在“野生无主，谁猎谁有”的意识，加上长期以来缺乏行之有效的管理制度，乱捕滥杀现象相当严重，以致一些野生动物尤其是珍稀动物濒于灭绝。为了有效地保护野生动物，我国已经颁布了大量有关野生动物保护方面的法规，目前起主要作用的是1988年11月8日第七届全国人民代表大会常务委员会通过的《野生动物保护法》，该法于2004年进行了修订。随着形势的发展，《野生动物保护法》又出现了某些不合适之处，相关条款的修改工作已经启动。此外，我国还加入了《濒危野生动植物种国际贸易公约》。

（三）野生动物保护的基本法律规定

《野生动物保护法》明确规定野生动物资源属于国家所有。国家保护依法开发利用野生动物资源的单位和个人的合法权益，对野生动物实行加强资源保护、积极驯养繁殖、合理开发利用的方针，鼓励开展野生动物科学研究。在野生动物资源保护、科学研

① 吕忠梅. 环境法学. 北京：法律出版社，2004. 308

究和驯养繁殖方面成绩显著的单位和个人，由政府给予奖励。

国家重点保护的野生动物分为一级保护野生动物和二级保护野生动物。国家对珍贵、濒危的野生动物实行重点保护。国家重点保护的野生动物名录及其调整，由国务院野生动物行政主管部门制定并公布。除国家重点保护野生动物外，由省、自治区、直辖市重点保护的野生动物是地方重点保护野生动物，地方重点保护的野生动物名录，由省级人民政府制定并公布，报国务院备案。国家保护的有益的或者有重要经济、科学研究价值的陆生野生动物名录及其调整，由国务院野生动物行政主管部门制定并公布。国务院野生动物行政主管部门和省级政府，应当重点保护野生动物的主要生息繁衍的地区或水域，划定自然保护区，加强对国家和地方重点保护野生动物及其生存环境的保护管理。自然保护区的划定和管理，按照国务院有关规定办理。

（四）野生动物保护的主要法律措施

1. 建立环境监察制度

各级野生动物行政主管部门应当监视、监测环境对野生动物的影响，由于环境影响对野生动物造成危害时，野生动物行政主管部门应当会同有关部门调查处理。如果有建设项目对国家或者地方重点保护野生动物的生存环境产生不利影响的，建设单位应当提交环境影响报告书。

2. 实施拯救与补偿措施

国家和地方重点保护野生动物受到自然灾害威胁时，当地政府应当采取拯救措施。因保护国家和地方重点保护野生动物，造成农作物或者其他损失的，由当地政府给予补偿。补偿办法由省级人民政府制定。

3. 设立野生动物档案

野生动物行政主管部门应当定期组织对野生动物资源的调查，建立野生动物资源档案。

4. 特许猎捕和驯养繁殖证制度

一般情况下，不得对国家重点保护的野生动物进行捕猎。如果因科学研究、驯养繁殖、展览或者其他特殊情况，需要捕捉、捕捞国家一级保护野生动物的，必须向国务院野生动物行政主管部门申请特许猎捕证；猎捕国家二级保护野生动物的，必须向省、自治区、直辖市政府野生动物行政主管部门申请特许猎捕证。猎捕非国家重点保护野生动物的，必须取得狩猎证，并且服从猎捕量限额管理。持枪猎捕的，必须取得县、市公安机关核发的持枪证。如果需要建立对外国人开放的猎捕场所，应当报国务院野生动物行政主管部门备案。

驯养繁殖国家重点保护野生动物的任何单位和个人，应当持有许可证。许可证的管理办法由国务院野生动物行政主管部门制定。

5. 出售、运输野生动物制度

禁止出售、收购国家重点保护野生动物或者其产品。如果因科学研究、驯养繁殖、展览等特殊情况，需要出售、收购、利用国家一级保护野生动物或者其产品的，必须经国务院野生动物行政主管部门或者其授权的单位批准；需要出售、收购、利用国家二级保护野生动物或者其产品的，必须经省、自治区、直辖市政府野生动物行政主管部门或者其授权的单位批准。

运输、携带国家重点保护野生动物或者其产品出县境的，必须经省、自治区、直辖市政府野生动物行政主管部门或者其授权的单位批准。出口国家重点保护野生动物或者其产品的，进出口中国参加的国际公约所限制进出口的野生动物或者其产品的，必须经国务院野生动物行政主管部门或者国务院批准，并取得国家濒危物种进出口管理机构核发的允许进出口证明书。海关凭允许进出口证明书查验放行。经营、利用野生动物或者其产品的，应当缴纳野生动物资源保护管理费。

另外，外国人在中国境内对国家重点保护野生动物进行野外考察或者在野外拍摄电影、录像，必须经国务院野生动物行政主管部门或者其授权的单位批准。

（五）法律责任

1. 刑事责任

非法捕杀国家重点保护野生动物的，依照关于惩治捕杀国家重点保护的珍贵、濒危野生动物犯罪的补充规定追究刑事责任。

违反《野生动物保护法》规定，在禁猎区、禁猎期或者使用禁用的工具、方法猎捕野生动物的，由野生动物行政主管部门没收猎获物、猎捕工具和违法所得，处以罚款；情节严重、构成犯罪的，依照《刑法》第一百三十条的规定追究刑事责任。违反《野生动物保护法》规定，出售、收购国家重点保护野生动物或者其产品，情节严重、构成投机倒把罪、走私罪的，依照刑法有关规定追究刑事责任。没收的实物，由野生动物行政主管部门或者其授权的单位按照规定处理。非法进出口野生动物或者其产品的，由海关依照海关法处罚；情节严重、构成犯罪的，依照刑法关于走私罪的规定追究刑事责任。

伪造、倒卖、转让特许猎捕证、狩猎证、驯养繁殖许可证或者允许进出口证明书的，由野生动物行政主管部门或者工商行政管理部门吊销证件，没收违法所得，可以并处罚款。伪造、倒卖特许猎捕证或者允许进出口证明书，情节严重、构成犯罪的，依照《刑法》第一百六十七条的规定追究刑事责任。

野生动物行政主管部门的工作人员玩忽职守、滥用职权、徇私舞弊的，由其所在单位或者上级主管机关给予行政处分；情节严重、构成犯罪的，依法追究刑事责任。

2. 行政责任

未取得狩猎证或者未按狩猎证规定猎捕野生动物的，由野生动物行政主管部门没收猎获物和违法所得，处以罚款，并可以没收猎捕工具，吊销狩猎证。

违反《野生动物保护法》规定，未取得持枪证持枪猎捕野生动物的，由公安机关比照《治安管理处罚条例》的规定处罚。

违反《野生动物保护法》规定，在自然保护区、禁猎区破坏国家或者地方重点保护野生动物主要生息繁衍场所的，由野生动物行政主管部门责令停止破坏行为，限期恢复原状，处以罚款。

违反《野生动物保护法》规定，出售、收购、运输、携带国家或者地方重点保护野生动物或者其产品的，由工商行政管理部门没收实物和违法所得，可以并处罚款。

当事人对行政处罚决定不服的，可以在接到处罚通知之日起 15 日内，向作出处罚决定机关的上一级机关申请复议；对上一级机关的复议决定不服的，可以在接到复议决定通知之日起 15 日内，向法院起诉。当事人也可以在接到处罚通知之日起 15 日内，直接向法院起诉。当事人逾期不申请复议或者不向法院起诉又不履行处罚决定的，由作出处罚决定的机关申请法院强制执行。对海关处罚或者治安管理处罚不服的，依照《中华人民共和国海关法》（以下简称《海关法》）或者《治安管理处罚条例》的规定办理。

二、保护野生植物的法律规定

（一）野生植物保护的基本法律规定

野生植物是指原生地天然生长的珍贵植物和原生地天然生长并具有重要经济、科学研究、文化价值的濒危、稀有植物。1996 年国务院发布了《中华人民共和国野生植物保护条例》，随之公布了《国家重点保护野生植物名录（一）》和《国家重点保护野生植物名录（二）》，之后又公布了具体的实施细则。我国政府还签署了《生物多样性公约》和《濒危野生动植物国际贸易公约》等国际保护野生植物保护公约。根据《野生植物保护条例》的规定，国家对野生植物资源实行加强保护、积极发展、合理利用的方针，保护依法开发利用和经营管理野生植物资源的单位和个人的合法权益，鼓励和支持野生植物科学研究、野生植物的就地保护和迁地保护；而且，对于在野生植物资源保护、科学研究、培育利用和宣传教育方面成绩显著的单位和个人，由人民政府给予奖励。

野生植物分国家重点保护野生植物和地方重点保护野生植物。地方重点保护野生植物是指除国家重点保护野生植物以外，由省、自治区、直辖市保护的野生植物。地方重点保护野生植物名录，由省、自治区、直辖市人民政府制定并公布，报国务院备案。在国家重点保护野生植物物种和地方重点保护野生植物物种的天然集中分布区域，应当依照有关法律、行政法规的规定，建立自然保护区；在其他区域，县级以上地方人民政府野生植物行政主管部门和其他有关部门可以根据实际情况建立国家重点保护野生植物和地方重点保护野生植物的保护点或者设立保护标志。禁止破坏国家重点保护野生植物和地方重点保护野生植物的保护点的保护设施和保护标志。县级以上各级人民政府有关主管部门应当开展保护野生植物的宣传教育，普及野生植物知识，提高公民保护野生植物的意识。国家保护野生植物及其生长环境，禁止任何单位和个人非法采集野生植物或者破坏其生长环境。任何单位和个人都有保护野生植物资源的义务，对侵占或者破坏野生植物及其生长环境的行为有权检举和控告。

（二）野生植物保护的主要法律措施

1. 建立植物生长环境监察制度

野生植物行政主管部门及其他有关部门应当监视、监测环境对国家重点保护野生植物生长和地方重点保护野生植物生长的影响，并采取措施，维护和改善国家重点保护野生植物和地方重点保护野生植物的生长条件。由于环境影响对国家重点保护野生植物和地方重点保护野生植物的生长造成危害时，野生植物行政主管部门应当会同其他有关部门调查并依法处理。建设项目对国家重点保护野生植物和地方重点保护野生植物的生长环境产生不利影响的，建设单位提交的环境影响报告书中必须对此作出评价；环境保护部门在审批环境影响报告书时，应当征求野生植物行政主管部门的意见。野生植物行政主管部门和有关单位对生长受到威胁的国家重点保护野生植物和地方重点保护野生植物应当采取拯救措施，保护或者恢复其生长环境，必要时应当建立繁育基地、种质资源库或者采取迁地保护措施。

2. 建立野生植物资源档案

野生植物行政主管部门应当定期组织国家重点保护野生植物和地方重点保护野生植物资源调查，建立资源档案。

3. 实行采集证制度

禁止采集国家一级保护野生植物。如果因科学研究、人工培育、文化交流等特殊需要采集国家一级保护野生植物的，必须经采集地的省、自治区、直辖市人民政府野生植物行政主管部门签署意见后，向国务院野生植物行政主管部门或者其授权的机构申请采集证。采集国家二级保护野生植物的，必须经采集地的县级人民政府野生植物行政主管部门签署意见后，向省、自治区、直辖市人民政府野生植物行政主管部门或者其授权的机构申请采集证。采集城市园林或者风景名胜区内的国家一级或者二级保护野生植物的，须先征得城市园林或者风景名胜区管理机构同意，分别依照前文的规定申请采集证。采集珍贵野生树木或者林区内、草原上的野生植物的，依照《森林法》、《草原法》的规定办理。

野生植物行政主管部门发放采集证后，应当抄送环境保护部门备案。采集证的格式由国务院野生植物行政主管部门制定。采集国家重点保护野生植物的单位和个人，必须按照采集证规定的种类、数量、地点、期限和方法进行采集。县级人民政府野生植物行政主管部门对在本行政区域内采集国家重点保护野生植物的活动，应当进行监督检查，并及时报告批准采集的野生植物行政主管部门或者其授权的机构。

4. 对野生植物的出售、经营的监管

禁止出售、收购国家一级保护野生植物和出口未定名的或者新发现并有重要价值的野生植物，限制出售、收购国家二级野生植物。出售、收购国家二级保护野生植物的，必须经省、自治区、直辖市人民政府野生植物行政主管部门或者其授权的机构批准。野生植物行政主管部门应当对经营利用国家二级保护野生植物的活动进行监督检查。

出口国家重点保护野生植物或者进出口我国参加的国际公约所限制进出口的野生植物的，必须经进出口者所在地的省、自治区、直辖市人民政府野生植物行政主管部门审核，报国务院野生植物行政主管部门批准，并取得国家濒危物种进出口管理机构核发的允许进出口证明书或者标签，海关凭允许进出口证明书或者标签查验放行，国务院野生植物行政主管部门应当将有关野生植物进出口的资料抄送国务院环境保护部门。

5. 对外国人采集、收购和考察野生植物的监管

外国人不得在我国境内采集或者收购国家重点保护野生植物。外国人在我国境内对国家重点保护野生植物进行野外考察的，必须向国家重点保护野生植物所在地的省、自

治区、直辖市人民政府野生植物行政主管部门提出申请，经审核后，报国务院野生植物行政主管部门或者其授权的机构批准。如果是直接向国务院野生植物行政主管部门提出申请的，国务院野生植物行政主管部门在批准前，应当征求有关省、自治区、直辖市人民政府野生植物行政主管部门的意见。

(三) 法律责任

未取得采集证或者未按照采集证的规定采集国家重点保护野生植物的，由野生植物行政主管部门没收所采集的野生植物和违法所得，可以并处违法所得10倍以下的罚款；有采集证的，可以吊销采集证。违反《野生植物保护条例》规定，出售、收购国家重点保护野生植物的，由工商行政管理部门或者野生植物行政主管部门按照职责分工没收野生植物和违法所得，可以并处违法所得10倍以下的罚款。

非法进出口野生植物的，由海关依照《海关法》的规定处罚。伪造、倒卖、转让采集证、允许进出口证明书或者有关批准文件、标签的，由野生植物行政主管部门或者工商行政管理部门按照职责分工收缴，没收违法所得，可以并处5万元以下的罚款。

外国人在我国境内采集、收购国家重点保护野生植物，或者未经批准对国家重点保护野生植物进行野外考察的，由野生植物行政主管部门没收所采集、收购的野生植物和考察资料，可以并处5万元以下的罚款。违反《野生植物保护条例》规定，构成犯罪的，依法追究刑事责任。

野生植物行政主管部门的工作人员滥用职权、玩忽职守、徇私舞弊，构成犯罪的，依法追究刑事责任；尚不构成犯罪的，依法给予行政处分。

第三节　渔业资源保护法

一、渔业资源概述

(一) 渔业资源的概念

渔业是指从事采集、捕捞和养殖水生动植物资源的产业部门。渔业资源是指一切具有渔业生产经营对象和具有科学研究价值的水生生物及其生活的水域的总称。渔业包括两大部分——渔业水域和水产资源。渔业水域是指鱼、虾、蟹贝类的产卵场、索饵场、洄游通道和鱼、虾、蟹、贝类及其他水生生物的养殖场；水产资源是作为渔业生产经营对象的水产动物、植物和其卵子、种子等，包括鱼类、虾蟹类、贝类海藻类和淡水使用水生植物类等。水产资源可分为淡水渔业资源和海水渔业资源。我国《渔业法》所称的渔业资源是指在我国管辖的内水、滩涂、领海以及其他海域内可以养殖、采捕的野生动植物。

（二）我国渔业资源状况

我国是世界上渔业资源最丰富的国家之一，我国众多的江河、湖泊、内陆水库为鱼、虾、蟹、贝、藻类提供了理想的生存、繁养场所，蕴藏了丰富的渔业资源。我国海洋生物一共有 2 000 多种，其中鱼类有 1 500 多种，在低潮线以下 10 米以内的沿海水域润间带生物种超过 2 000 种。

二、渔业资源保护及立法现状

渔业资源作为一种产于覆盖地球绝大部分的水体之中而又再生性很强的资源，本来是一种非常丰富的资源。但是，随着地球人口的迅速增加，人们对渔业资源需求的不断增加，而在消费过程中重利用、轻保护，致使渔业资源遭到极大破坏，有的鱼类甚至面临着灭绝的危险。面对日益枯竭的渔业资源，许多国家制定了一些保护性的法律，国际社会也签订了相当数量的渔业资源保护的公约和条约。

我国政府亦十分重视对渔业资源的保护，并制定了一系列渔业资源保护的法律、法规和规章。目前，我国的渔业资源保护法主要由《渔业法》、《中华人民共和国渔业法实施细则》、《水产资源繁殖保护条例》、《水生野生动物保护实施条例》和一些地方性的法规所组成。1986 年 1 月 20 日第六届全国人民代表大会常务委员会第十四次会议通过的《中华人民共和国渔业法》，对于保护渔业资源，促进渔业生产发展，满足城乡居民生活需要，维护国家渔业权益，发挥了重要作用。但是，有的部门和地区只顾发展经济，对渔业资源进行掠夺性捕捞的现象加剧，对此 2000 年 10 月 31 日第九届全国人民代表大会常务委员会第十八次会议通过了《中华人民共和国渔业法》的修正案，在重要养殖水面的保护、捕捞限额制度、捕捞许可证制度、水产资源保护等方面进行了补充、修改和完善。2004 年 8 月 28 日第十届全国人民代表大会常务委员会第十一次会议又对《中华人民共和国渔业法》进行了第二次修正，使之得到了进一步的完善。

三、渔业资源保护的基本法律规定

（一）适用范围

在中华人民共和国的内水、滩涂、领海、专属经济区以及中华人民共和国管辖的一切其他海域从事养殖和捕捞水生动物、水生植物等渔业生产活动，都必须遵守《渔业法》。

（二）渔业生产的基本方针

国家对渔业生产实行以养殖为主，养殖、捕捞、加工并举，因地制宜，各有侧重的方针。各级人民政府应当把渔业生产纳入国民经济发展计划，采取措施，加强水域的统一规划和综合利用。

(三) 监督管理体制

国家对渔业的监督管理，实行统一领导、分级管理。国务院渔业行政主管部门主管全国的渔业工作。县级以上地方人民政府渔业行政主管部门主管木行政区域内的渔业工作。县级以上人民政府渔业行政主管部门可以在重要渔业水域、渔港设置渔政监督管理机构。县级以上人民政府渔业行政主管部门及其所属的渔政监督管理机构可以设渔政检查人员。渔政检查人员执行渔业行政主管部门及其所属的渔政监督管理机构交付的任务。

对海洋渔业，除国务院划定由国务院渔业行政主管部门及其所属的渔政监督管理机构监督管理的海域和特定渔业资源渔场外，由毗邻海域的省、自治区、直辖市人民政府渔业行政主管部门监督管理。江河、湖泊等水域的渔业，按照行政区划由有关县级以上人民政府渔业行政主管部门监督管理；跨行政区域的，由有关县级以上地方人民政府协商制定管理办法，或者由上一级人民政府渔业行政主管部门及其所属的渔政监督管理机构监督管理。

国家渔政渔港监督管理机构对外行使渔政渔港监督管理权。外国人、外国渔业船舶进入中华人民共和国管辖水域从事渔业生产或者渔业资源调查活动，必须经国务院有关主管部门批准，并遵守《渔业法》和中华人民共和国其他有关法律、法规的规定。外国人、外国船舶所在国同中华人民共和国订有条约、协定的，按照条约、协定的规定办理。

渔业行政主管部门和其所属的渔政监督管理机构及其工作人员不得参与和从事渔业生产经营活动。

四、渔业资源保护的主要法律措施

(一) 关于养殖业的法律规定

1. 水域利用和养殖证制度

国家鼓励全民所有制单位、集体所有制单位和个人充分利用适于养殖的水域、滩涂，发展养殖业。国家对水域利用进行统一规划，确定可以用于养殖业的水域和滩涂。

单位和个人使用国家规划确定用于养殖业的全民所有的水域、滩涂的，使用者应当向县级以上地方人民政府渔业行政主管部门提出申请，由本级人民政府核发养殖证，许可其使用该水域、滩涂从事养殖生产。核发养殖证的具体办法由国务院规定。集体所有的或者全民所有由农业集体经济组织使用的水域、滩涂，可以由个人或者集体承包，从事养殖生产。

县级以上地方人民政府在核发养殖证时，应当优先安排当地的渔业生产者。当事人因使用国家规划确定用于养殖业的水域、滩涂从事养殖生产发生争议的，按照有关法律规定的程序处理。在争议解决以前，任何一方不得破坏养殖生产。

国家建设征用集体所有的水域、滩涂，按照《土地管理法》有关征地的规定办理。县级以上地方人民政府应当采取措施，加强对商品鱼生产基地和城市郊区重要养殖水域的保护。

2. 渔业品种保护

国家鼓励和支持水产优良品种的选育、培育和推广。水产新品种必须经全国水产原种和良种审定委员会审定，由国务院渔业行政主管部门公告后推广。水产苗种的进口、出口由国务院渔业行政主管部门或者省、自治区、直辖市人民政府渔业行政主管部门审批。水产苗种的生产由县级以上地方人民政府渔业行政主管部门审批。但是，渔业生产者自育、自用水产苗种的除外。水产苗种的进口、出口必须实施检疫，防止病害传入境内和传出境外，具体检疫工作按照有关动植物进出境检疫法律、行政法规的规定执行。引进转基因水产苗种必须进行安全性评价，具体管理工作按照国务院有关规定执行。

3. 保护鱼类健康的规定

从事养殖生产不得使用含有毒有害物质的饵料、饲料。从事养殖生产应当保护水域生态环境，科学确定养殖密度，合理投饵、施肥、使用药物，不得造成水域的环境污染。

县级以上人民政府渔业行政主管部门应当加强对养殖生产的技术指导和病害防治工作。

（二）关于捕捞业的法律规定

1. 捕捞限额制度

国家应当在财政、信贷和税收等方面采取措施，鼓励、扶持远洋捕捞业的发展，并根据渔业资源的可捕捞量，安排内水和近海捕捞力量。

国家根据捕捞量低于渔业资源增长量的原则，确定渔业资源的总可捕捞量，实行捕捞限额制度。国务院渔业行政主管部门负责组织渔业资源的调查和评估，为实行捕捞限额制度提供科学依据。内海、领海、专属经济区和其他管辖海域的捕捞限额总量由国务院渔业行政主管部门确定，报国务院批准后逐级分解下达；国家确定的重要江河、湖泊的捕捞限额总量由有关省、自治区、直辖市人民政府确定或者协商确定，逐级分解下达。

捕捞限额总量的分配应当体现公平、公正的原则，分配办法和分配结果必须向社会公开，并接受监督。国务院渔业行政主管部门和省、自治区、直辖市人民政府渔业行政主管部门应当加强对捕捞限额制度实施情况的监督检查，对超过上级下达的捕捞限额指标的，应当在次年捕捞限额指标中予以核减。

2. 捕捞许可证制度

国家对捕捞业实行捕捞许可证制度。海洋大型拖网、围网作业以及到中华人民共和国与有关国家缔结的协定确定的共同管理的渔区或者公海从事捕捞作业的捕捞许可证，由国务院渔业行政主管部门批准发放。其他作业的捕捞许可证，由县级以上地方人民政府渔业行政主管部门批准发放，但批准发放海洋作业的捕捞许可证不得超过国家下达的船网工具控制指标，具体办法由省、自治区、直辖市人民政府规定。

捕捞许可证不得买卖、出租或以其他形式转让，不得涂改、伪造、变造。到他国管辖海域从事捕捞作业的，应当经国务院渔业行政主管部门批准，并遵守中华人民共和国缔结的或者参加的有关条约、协定和有关国家的法律。

具备下列条件的，方可发给捕捞许可证：第一，有渔业船舶检验证书；第二，有渔业船舶登记证书；第三，符合国务院渔业行政主管部门规定的其他条件。县级以上地方人民政府渔业行政主管部门批准发放的捕捞许可证，应当与上级人民政府渔业行政主管部门下达的捕捞限额指标相适应。从事捕捞作业的单位和个人，必须按照捕捞许可证关于作业类型、场所、时限、渔具数量和捕捞限额的规定进行作业，并遵守国家有关保护渔业资源的规定，大中型渔船应当填写渔捞日志。

3. 船舶和渔港建设

制造、更新改造、购置、进口的从事捕捞作业的船舶必须经渔业船舶检验部门检验合格后，方可下水作业，具体管理办法由国务院规定。渔港建设应当遵守国家的统一规划，实行“谁投资谁受益”的原则。县级以上地方人民政府应当对位于本行政区域内的渔港加强监督管理，维护渔港的正常秩序。

（三）关于渔业资源的增殖和保护规定

1. 县级以上政府的职责

县级以上人民政府渔业行政主管部门应当对其管理的渔业水域统一规划，采取措施，保障渔业资源的增殖。具体措施可以是县级以上人民政府渔业行政主管部门向受益的单位和个人征收渔业资源增殖保护费，专门用于增殖和保护渔业资源。渔业资源增殖保护费的征收办法由国务院渔业行政主管部门会同财政部门制定，报国务院批准后施行。

2. 建立水产种质资源保护区

国家保护水产种质资源及其生存环境，并在具有较高经济价值和遗传育种价值的水产种质资源的主要生长繁育区域建立水产种质资源保护区。未经国务院渔业行政主管部门批准，任何单位或者个人不得在水产种质资源保护区内从事捕捞活动。

3. 禁渔期和禁止使用的捕捞工具

禁止使用炸鱼、毒鱼、电鱼等破坏渔业资源的方法进行捕捞；禁止制造、销售、使用禁用的渔具；禁止在禁渔区、禁渔期进行捕捞；禁止使用小于最小网目尺寸的网具进行捕捞。捕捞的渔获物中幼鱼不得超过规定的比例。在禁渔区或者禁渔期内禁止销售非法捕捞的渔获物。

重点保护的渔业资源品种及其可捕捞标准、禁渔区和禁渔期、禁止使用或者限制使用的渔具和捕捞方法、最小网目尺寸以及其他保护渔业资源的措施，由国务院渔业行政主管部门或者省、自治区、直辖市人民政府渔业行政主管部门规定。

4. 保护重要苗种

禁止捕捞有重要经济价值的水生动物苗种。因养殖或者其他特殊需要，捕捞有重要经济价值的苗种或者禁捕的怀卵亲体的，必须经国务院渔业行政主管部门或者省、自治区、直辖市人民政府渔业行政主管部门批准，在指定的区域和时间内，按照限额捕捞。在水生动物苗种重点产区引水用水时，应当采取措施，保护苗种。

国家对白鳍豚等珍贵、濒危水生野生动物实行重点保护，防止其灭绝。禁止捕杀、伤害国家重点保护的水生野生动物。因科学研究、驯养繁殖、展览或者其他特殊情况，需要捕捞国家重点保护的水生野生动物的，依照《野生动物保护法》的规定执行。

5. 保护水域等鱼类生长环境

各级人民政府应当采取措施，保护和改善渔业水域的生态环境，防治污染。在鱼、虾、蟹洄游通道建闸、筑坝，对渔业资源有严重影响的，建设单位应当建造过鱼设施或者采取其他补救措施。用于渔业并兼有调蓄、灌溉等功能的水体，有关主管部门应当确定渔业生产所需的最低水位线。进行水下爆破、勘探、施工作业，对渔业资源有严重影响的，作业单位应当事先同有关县级以上人民政府渔业行政主管部门协商，采取措施，防止或者减少对渔业资源的损害；造成渔业资源损失的，由有关县级以上人民政府责令赔偿。禁止围湖造田，沿海滩涂未经县级以上人民政府批准，不得围垦，重要的苗种基地和养殖场所不得围垦。

对渔业水域生态环境的监督管理和渔业污染事故的调查处理，依照《海洋环境保护法》和《水污染防治法》的有关规定执行。

五、法律责任

（一）违法捕鱼的法律责任

使用炸鱼、毒鱼、电鱼等破坏渔业资源方法进行捕捞的，违反关于禁渔区、禁渔期的规定进行捕捞的，或者使用禁用的渔具、捕捞方法和小于最小网目尺寸的网具进行捕捞或者渔获物中幼鱼超过规定比例的，没收渔获物和违法所得，处5万元以下的罚款；情节严重的，没收渔具，吊销捕捞许可证；情节特别严重的，可以没收渔船；构成犯罪的，依法追究刑事责任。在禁渔区或者禁渔期内销售非法捕捞的渔获物的，县级以上地方人民政府渔业行政主管部门应当及时进行调查处理。制造、销售禁用的渔具的，没收非法制造、销售的渔具和违法所得，并处1万元以下的罚款。

未依法取得捕捞许可证擅自进行捕捞的，没收渔获物和违法所得，并处10万元以下的罚款；情节严重的，并可以没收渔具和渔船。违反捕捞许可证关于作业类型、场所、时限和渔具数量的规定进行捕捞的，没收渔获物和违法所得，可以并处5万元以下的罚款；情节严重的，可以没收渔具，吊销捕捞许可证。

偷捕、抢夺他人养殖的水产品的，或者破坏他人养殖水体、养殖设施的，责令改正，并可以处2万元以下的罚款；造成他人损失的，依法承担赔偿责任；构成犯罪的，依法追究刑事责任。

未经批准在水产种质资源保护区内从事捕捞活动的，责令立即停止捕捞，没收渔获物和渔具，可以并处1万元以下的罚款。

在海上执法时，对违反禁渔区、禁渔期的规定或者使用禁用的渔具、捕捞方法进行捕捞，以及未取得捕捞许可证进行捕捞的，事实清楚、证据充分，但是当场不能按照法定程序作出和执行行政处罚决定的，可以先暂时扣押捕捞许可证、渔具或者渔船，回港后依法作出和执行行政处罚决定。

（二）未按规定养殖的法律责任

使用全民所有的水域、滩涂从事养殖生产，无正当理由使水域、滩涂荒芜满 1 年的，由发放养殖证的机关责令限期开发利用；逾期未开发利用的，吊销养殖证，可以并处 1 万元以下的罚款。未依法取得养殖证擅自在全民所有的水域从事养殖生产的，责令改正，补办养殖证或者限期拆除养殖设施。

未依法取得养殖证或者超越养殖证许可范围在全民所有的水域从事养殖生产，妨碍航运、行洪的，责令限期拆除养殖设施，可以并处 1 万元以下的罚款。

（三）违反捕捞证管理规定的法律责任

涂改、买卖、出租或者以其他形式转让捕捞许可证的，没收违法所得，吊销捕捞许可证，可以并处 1 万元以下的罚款；伪造、变造、买卖捕捞许可证，构成犯罪的，依法追究刑事责任。

渔业行政主管部门和其所属的渔政监督管理机构及其工作人员违反《渔业法》规定核发许可证、分配捕捞限额或者从事渔业生产经营活动的，或者有其他玩忽职守不履行法定义务、滥用职权、徇私舞弊的行为的，依法给予行政处分；构成犯罪的，依法追究刑事责任。

（四）违法生产经营水产苗种的法律责任

非法生产、进口、出口水产苗种的，没收苗种和违法所得，并处 5 万元以下的罚款。经营未经审定的水产苗种的，责令立即停止经营，没收违法所得，可以并处 5 万元以下的罚款。

（五）外国人违法从事渔业生产和资源调查活动的法律责任

外国人、外国渔船违反《渔业法》规定，擅自进入中华人民共和国管辖水域从事渔业生产和渔业资源调查活动的，责令其离开或者将其驱逐，可以没收渔获物、渔具，并处 50 万元以下的罚款；情节严重的，可以没收渔船；构成犯罪的，依法追究刑事责任。

（六）破坏渔业环境的法律责任

造成渔业水域生态环境破坏或者渔业污染事故的，依照《海洋环境保护法》和《水污染防治法》的规定追究法律责任。

《渔业法》规定的行政处罚，由县级以上人民政府渔业行政主管部门或者其所属的渔政监督管理机构决定。但是《渔业法》已对处罚机关作出规定的除外。

第四节 森林资源保护法

一、林业的历史性转变与森林资源保护

我国拥有丰富的林业资源，但是长期以来没有得到很好的保护，林业资源破坏严重。因此，我国林业绝不能再继续走多数发展中国家生态环境“先破坏后治理”“边治理边破坏”的老路，而必须在较短的时间内，缩小差距，赶上需求增长的步伐，实现跨越式发展。这是我国林业建设的必然选择。21世纪是我国历史发展中一个极其重要的时期。党的十六大明确提出：“必须把可持续发展放在十分突出的地位，坚持计划生育、保护环境和保护资源的基本国策。”改善生态环境、加强生态建设、维护生态安全已成为新世纪经济社会发展对林业的主导需求。主导需求的变化，赋予林业以比过去任何时候都重要的特殊地位，林业已成为生态建设的主体、经济社会可持续发展的基础、西部大开发的根本和社会主义现代化建设的重要组成部分。

新时期我国林业的历史任务就是实施天然林资源保护、退耕还林、京津风沙源治理、三北防护林工程建设、野生动植物保护和自然保护区建设、速生丰产林基地建设等六大工程；六大工程的实施必然导致林业的历史性转变。随着六大工程的全面启动，林业建设的主要任务、战略重点、指导思想、经营机制、管理体制、利益原则、政策措施等都将发生重大变化，林业正在孕育着一场深刻变革。变革的核心就是由以木材生产为主向以生态建设为主的历史性转变。这是林业处在这个重要发展阶段的最基本、最重要的特征，它必将导致新世纪中国林业定性定位的根本性变化。同时，在这个阶段里，林业还在加速实现由以采伐天然林为主向以采伐人工林为主、由毁林开荒向退耕还林、由无偿使用森林生态效益向有偿使用森林生态效益、由部门办林业向全社会办林业的重要转变。这些转变是林业处在这个重要发展阶段的主要特征，是林业历史性转变的重要标志，是推动林业历史性转变的重要动力。这五大转变是几代务林人集体智慧的结晶，是对新中国林业建设50多年经验教训的深刻总结，是根据新形势、新需求对传统林业进行改造的审慎选择。“确立以生态建设为主的林业可持续发展道路；建立以森林植被为主体的国土生态安全体系；建设山川秀美的生态文明社会”的中国可持续发展林业战略思想，其核心内容可以概括成十二个字：生态建设，生态安全，生态文明。

二、森林资源保护立法概况

为了保护和增加森林资源，改善自然环境，我国制定和发布了一系列森林保护的法律、法规和规章，基本形成了比较完备的森林保护法体系。主要的法律、法规有：全国

人民代表大会《关于开展全民义务植树运动的决议》、国务院《关于开展全民义务植树运动的实施办法》、《森林法》及其实施细则、《森林防火条例》、《森林采伐更新管理办法》、《城市绿化条例》、《森林病虫害防治条例》、《制定年森林采伐限额暂行规定》、《森林资源档案管理办法》等。这些法律发挥对森林资源进行了系统的保护，起到了一定的作用。

根据现实的需要，1997年10月28日召开的第八届全国人民代表大会常务委员会第二十八次会议审议修正了《森林法》。修正后的《森林法》对涉及国有重点林区林权证的核发、林地使用权和林木的流转、征用和占用林地的管理、森林生态效益补偿、森林公安机关的任务、珍贵木材的出口及法律责任七个方面的内容作了规定，使《森林法》更加贴近现实，更能适应市场经济下森林资源管理的需要。

三、森林资源保护法的基本原则

（一）国家对森林资源实行重点保护的原则

林业是一项产业，更是保护生态环境、造福人类社会的公益事业。但是，在相当长的时期内，我们严重忽视了森林的生态效益和社会效益。在对森林资源的开发利用上，重采轻造、重取轻予、过量采伐、无偿采伐，造成了森林资源的危机和林业企业的经济危困，森林覆盖率提高极为缓慢，我国森林资源亟须休养生息，以便摆脱恶性循环的怪圈。因此，我国提出了对森林资源实行特殊保护的措施。

（二）经济效益服从生态效益的原则

森林的经济效益和生态效益是对立统一的整体，如何很好地处理二者之间的关系是立法原则中的重要内容。在处理二者关系的过程中，片面地、盲目地以牺牲生态效益为代价追求经济效益，就会最终失去经济效益。在确保生态效益的前提下追求最大经济效益，才是明智之举。当二者发生矛盾时，宁可牺牲眼前经济利益，也要维护生态效益，是《森林法》要坚持的原则。

（三）遵循森林资源生态规律的原则

森林属于可再生资源，有其自身消长的特殊规律，对森林资源的开发利用、培育管理，必须顺乎其特有规律，绝不可把人的主观意志强加给自然规律。法律必须充分体现尊重自然规律的要求，人们在遵守法律时才能更好地尊重自然规律。我国《森林法》关于用材林的消耗量应低于自然生长量的规定，关于严禁毁林开垦的规定，关于防护林和特种用途林限制采伐的规定，关于对森林资源应限额消耗并且应当在伐后更新的规定等，都遵循了森林的自然生长规律。

（四）以营林为基础、永续利用的原则

以营林为基础、永续利用是我国《森林法》提出的林业建设的根本方针。以营林

为基础就是把造林、培育、护林等培育森林资源的营林工作，作为林业建设的最基本的工作，把森林的采伐利用建立在搞好营林的基础上。我国是少林的国家，目前森林资源的现状很难满足社会对木材日益增长的需求，在过去相当长的时期内，采育比例失调，森林减少，造成自然环境恶化。因此，要抓紧营林工作，纠正以原木生产为中心、重采轻造的错误做法，培育后续森林资源，才能控制住资源迅速下降的局面，使生态系统的恶性循环有较大改观。

（五）对森林资源实行限额消耗的原则

控制采伐，使森林年消耗量低于生长量，这是我国《森林法》的一个重要立法原则。对资源进行限额消耗，是实现可持续发展的需要，也是世界各国成功的经验。我国《森林法》对木材生产计划不得超过批准年采伐限制作出一系列的法律规定，是解决我国林业长期形成的过量采伐、消耗量大于生长量问题的有力措施，是保证现有森林资源不再继续减少并在短期内使森林覆盖率得以较快提高的根本大计，是发展和振兴林业的重要举措。[①]

四、林权法律制度

（一）林权的种类

森林所有权，又称林权，是指森林法律关系的主体对森林、林木或者林地的占有、使用、收益和处分的权利。

我国《森林法》把林权分为国家林权、集体林权、机关团体林权和公民个人林权。除法律规定属于集体所有的以外，森林资源属于全民所有，即国家所有；全民所有制单位营造的林木，由营造单位经营并按照国家规定支配林木收益；集体所有制单位营造的林木，归该单位所有；农村居民在房前屋后、自留地、自留山种植的林木，归个人所有；城镇居民和职工在自有房屋的庭院内种植的林木，归个人所有；集体或者个人承包全民所有和集体所有的宜林荒山荒地造林的，承包后种植的林木归承包的集体或者个人所有。

（二）关于林权管理的法律规定

国家所有和集体所有的森林、林木和林地，个人所有的林木和使用的林地，由县级以上地方人民政府登记造册，发放证书，确认所有权或者使用权。国务院可以授权国务院林业主管部门，对国务院确定的国家所有的重点林区的森林、林木和林地登记造册，发放证书，并通知有关地方人民政府。

各级人民政府应当制定林业长远规划。国有林业企业事业单位和自然保护区，应当根据林业长远规划，编制森林经营方案，报上级主管部门批准后实行。林业主管部门应

---

① 包玉华，孙巍. 中俄森林资源立法目的和基本原则比较研究. 林业资源管理，2006（2）

当指导农村集体经济组织和国有的农场、牧场、工矿企业等单位编制森林经营方案。单位之间发生的林木、林地所有权和使用权争议，由县级以上人民政府依法处理。个人之间、个人与单位之间发生的林木所有权和林地使用权争议，由当地县级或者乡级人民政府依法处理。当事人对人民政府的处理决定不服的，可以在接到通知之日起1个月内，向人民法院起诉。我国法律对林权的保护，主要采取确认权属、返还非法占有、排除妨碍、赔偿损失等措施。

（三）森林资源的转让

森林、林木、林地使用权可以依法转让，也可以依法作价入股或者作为合资、合作造林、经营林木的出资、合作条件，但不得将林地改为非林地。依照本规定转让、作价入股或者作为合资、合作造林、经营林木的出资、合作条件的，已经取得的林木采伐许可证可以同时转让，同时转让双方都必须遵守《森林法》关于森林、林木采伐和更新造林的规定。

五、森林经营管理的法律规定

（一）林业主管部门

国务院林业主管部门主管全国林业工作。县级以上地方人民政府林业主管部门主管本地区的林业工作。乡级人民政府设专职或者兼职人员负责林业工作。各级林业主管部门依照《森林法》规定，对森林资源的保护、利用、更新，实行管理和监督。

（二）林种的划分

（1）防护林：以防护为主要目的的森林、林木和灌木丛，包括水源涵养林、水土保持林、防风固沙林、农田牧场防护林、护岸林、护路林。

（2）用材林：以生产木材为主要目的的森林和林木，包括以生产竹材为主要目的的竹林。

（3）经济林：以生产果品，食用油料、饮料、调料，工业原料和药材等为主要目的的林木。

（4）薪炭林：以生产燃料为主要目的的林木。

（5）特种用途林：以国防、环境保护、科学实验等为主要目的的森林和林木，包括国防林、实验林、母树林、环境保护林、风景林、名胜古迹和革命纪念地的林木、自然保护区的森林。

（三）森林资源清查和森林资源档案

各级林业主管部门应当负责组织森林资源清查，建立资源档案制度，掌握资源变化情况，管理好本地区的林业资源。

（四）林业长远规划与森林经营方案

我国要实现林业跨越发展，其目的就是要加快林业建设步伐，缩短在常规状态下恢复和发展森林资源所需的时间，跨越多数发展中国家先破坏后治理的漫长历史过程，使我国林业早日跨入可持续发展的新阶段，以使林业建设与国民经济和社会对林业的需求相适应，与全面建设小康社会的要求相适应。2002～2012 年这十年是我国全面建设小康社会的重要十年，也是林业跨越式发展的关键十年。全国森林覆盖率的奋斗目标为 30%。县级以上地方人民政府按照山区一般达到 70%以上、丘陵区一般达到 40%以上、平原区一般达到 10%以上的标准，确定本行政区域内的森林覆盖率的奋斗目标。森林覆盖率是指全国或一个地区森林面积占土地面积的百分比。森林面积是指郁闭度 0.3 以上的乔木林地面积、经济林地和竹林地面积；国家特别规定的灌木林地面积，农田林网以及村旁、路旁、水旁、宅旁林木的覆盖面积也列为森林面积。

随着世界环境保护浪潮的兴起，我国开始重视生态环境建设，在经营思想上表现为兼顾森林的经济与生态效益，新发展战略不但赋予了林业建设的重大历史使命，而且确定了林业在现代化建设总体规划中的特殊地位，以林业分类经营为核心的林业经营体制改革正在不断深入，森林经营理论与发展道路的变化必将对森林经营方案管理工作产生深刻影响。因此，森林经营方案是森林经营主体为了科学、合理、有序地经营森林，充分发挥森林的生态、经济和社会效益，根据森林资源状况和社会、经济、自然条件，编制的森林培育、保护和利用的中长期规划，以及对生产顺序和经营利用措施的规划设计。随着对生态环境保护压力的增加以及林业经济理论的完善，森林资源经营管理进行了变革，主要包括一系列转变：从传统造林到生态造林；从关注木材数量到关注森林质量；从着眼于林分尺度到景观尺度研究；从单主体的所有权下达到多主体参与式方案；从森林作为木材产品到森林作为自然资本。这一系列转变表明今后森林可持续经营以森林经营方案为核心管理，将更加全面化、规范化。

六、植树造林的法律规定

（一）全民的植树造林义务

植树造林和绿化是增加森林面积、提高森林覆盖率的主要途径，也是保护森林资源的主要措施之一。因此，我国对植树造林和绿化作出了比较全面的规定：凡有条件的地方，年满 11 周岁的中华人民共和国公民，除老弱病残者外，因地制宜，每人每年植树 3 至 5 棵，或者完成相应劳动量的育苗、管护和其他绿化任务。每年的 3 月 12 日为植树节。

（二）植树造林规划的规定

各级人民政府应当制定植树造林规划，因地制宜地确定本地区提高森林覆盖率的奋斗目标。各级人民政府应当组织各行各业和城乡居民完成植树造林规划确定的任务。

宜林荒山荒地，属于国家所有的，由林业主管部门和其他主管部门组织造林；属于集体所有的，由集体经济组织组织造林。铁路公路两旁、江河两侧、湖泊水库周围，由各有关主管单位因地制宜地组织造林；工矿区，机关、学校用地，部队营区以及农场、牧场、渔场经营地区，由各该单位负责造林。国家所有和集体所有的宜林荒山荒地可以由集体或者个人承包造林。

（三）植树造林的收益分配

国有企业事业单位、机关、团体、部队营造的林木，由营造单位经营并按照国家规定支配林木收益。集体所有制单位营造的林木，归该单位所有。

农村居民在房前屋后、自留地、自留山种植的林木，归个人所有。城镇居民和职工在自有房屋的庭院内种植的林木，归个人所有。

集体或者个人承包国家所有和集体所有的宜林荒山荒地造林的，承包后种植的林木归承包的集体或者个人所有；承包合同另有规定的，按照承包合同的规定执行。

新造幼林地和其他必须封山育林的地方，由当地人民政府组织封山育林。

七、森林采伐的法律规定

（一）森林年采伐量与年度木材生产计划

国家根据用材林的消耗量低于生长量的原则，严格控制森林年采伐量，制订统一的年度木材生产计划。年度木材生产计划不得超过批准的年采伐限额。计划管理的范围由国务院规定。国家所有的森林和林木以国有林业企业事业单位、农场、厂矿为单位，集体所有的森林和林木、个人所有的林木以县为单位，制定年采伐限额，由省、自治区、直辖市林业主管部门汇总，经同级人民政府审核后，报国务院批准。

（二）森林采伐方法

对于成熟的用材林应当根据不同情况，分别采取择伐、皆伐和渐伐方式；皆伐应当严格控制，并在采伐的当年或者次年内完成更新造林。

防护林和特种用途林中的国防林、母树林、环境保护林、风景林，只准进行抚育和更新性质的采伐。

特种用途林中的名胜古迹和革命纪念地的林木、自然保护区的森林，严禁采伐。

（三）森林采伐许可证制度

采伐林木必须申请采伐许可证，按许可证的规定进行采伐；农村居民采伐自留地和房前屋后个人所有的零星林木除外。

国有林业企业事业单位、机关、团体、部队、学校和其他国有企业事业单位采伐林木，由所在地县级以上林业主管部门依照有关规定审核发放采伐许可证。

铁路、公路的护路林和城镇林木的更新采伐，由有关主管部门依照有关规定审核发放采伐许可证。

农村集体经济组织采伐林木，由县级林业主管部门依照有关规定审核发放采伐许可证。

农村居民采伐自留山和个人承包集体的林木，由县级林业主管部门或者其委托的乡、镇人民政府依照有关规定审核发放采伐许可证。

采伐以生产竹材为主要目的的竹林，适用以上规定。审核发放采伐许可证的部门，不得超过批准的年采伐限额发放采伐许可证。国有林业企业事业单位申请采伐许可证时，必须提出伐区调查设计文件。其他单位申请采伐许可证时，必须提出有关采伐的目的、地点、林种、林况、面积、蓄积、方式和更新措施等内容的文件。对伐区作业不符合规定的单位，发放采伐许可证的部门有权收缴采伐许可证，中止其采伐，直到纠正为止。

（四）森林更新的规定

采伐林木的单位或者个人，必须按照采伐许可证规定的面积、株数、树种、期限完成更新造林任务，更新造林的面积和株数不得少于采伐的面积和株数。

（五）木材管理的规定

从林区运出木材，必须持有林业主管部门发给的运输证件，国家统一调拨的木材除外。依法取得采伐许可证后，按照许可证的规定采伐的木材，从林区运出时，林业主管部门应当发给运输证件。经省、自治区、直辖市人民政府批准，可以在林区设立木材检查站，负责检查木材运输。对未取得运输证件或者物资主管部门发给的调拨通知书运输木材的，木材检查站有权制止。

国家禁止、限制出口珍贵树木及其制品、衍生物。禁止、限制出口的珍贵树木及其制品、衍生物的名录和年度限制出口总量，由国务院林业主管部门会同国务院有关部门制定，报国务院批准。禁止限制出口的珍贵树木或者其制品、衍生物的，必须经出口人所在地省、自治区、直辖市人民政府林业主管部门审核，报国务院林业主管部门批准，海关凭国务院林业主管部门的批准文件放行。进出口的树木或者其制品、衍生物属于我国参加的国际公约限制进出口的濒危物种的，并必须向国家濒危物种进出口管理机构申请办理允许进出口证明书，海关凭允许进出口证明书放行。

第五节　草原资源保护法

一、草原及草原资源概况

（一）草原资源概述

草原资源是指由草和其着生的土地构成的自然综合体。资源学上，可把草原分为草甸草原、典型草原、荒漠草原、高寒草原。草原作为一个特殊的生态系统，对于保持水土、防风固沙、保护和养育草原动物与植物、保持生物多样性、维持生态平衡都有着十分重要的作用。同时，草原也是一种可更新资源，是发展畜牧业的基础。草原资源适应性强，可以自我繁殖再生，更新速度快。只要注意保护和合理利用，草原资源就可以供人类永续利用。

（二）我国的草原资源现状

我国是一个草原资源大国，拥有各类天然草原近 4 亿公顷，主要分布在内蒙古、新疆、西藏、青海、四川和宁夏等省、自治区，草原总面积仅次于澳大利亚，居世界第二位；但人均占有草原面积的数量只有 0.33 公顷，仅为世界平均水平的一半。草原既是牧民的基本生产资料，又是我国面积最大的生态屏障，约占国土面积的 40%。因此，保护、建设和合理利用草原，对国民经济和社会发展具有十分重要的战略意义。但是，由于种种原因，我国在长期开发和利用草原的过程中忽视生态规律，重用轻养，滥垦、滥挖、滥砍、滥捕和过度放牧等现象大量存在，导致草原严重退化和沙化，野生动植物资源日益减少，鼠害虫害有时非常严重。全国已有退化草原面积 1.3 亿公顷，并且每年正以 2 万平方公里的速度蔓延。

二、草原保护立法现状

为了保护草原和合理开发利用草原，我国在 1985 年颁布了《草原法》，并在 1993 年发布了《草原防火条例》，一些省、自治区还制定了地方性的草原保护条例。《草原法》对加强草原的保护、建设和合理利用，保护和改善生态环境，发挥了积极的作用。

但是，随着经济的发展，有些地方对草原的保护意识过于淡漠，超载过牧、乱垦乱挖草原的现象十分严重，部分草原的鼠害、病虫害还未得到有效控制，草原沙化、退化、荒漠化的趋势加剧，草原的基础设施和服务体系建设滞后，于是，第九届全国人大常委会第三十一次会议通过了《中华人民共和国草原法修正案》，新《草原法》于 2003 年 3 月 1 日起开始实施。修正后的《草原法》的指导思想是充分调动牧民保护和合理利用草原的积极性，健全各项责任制度，如建立了草原承包、基本草原保护和草畜平衡制度。修订前的草原法规定的法律责任比较原则，对破坏草原等违法行为的处罚力度不够，新法在这方面加强了力度。

三、草原保护的基本法律规定

（一）监督管理体制

国务院草原行政主管部门主管全国草原监督管理工作。县级以上地方人民政府草原行政主管部门主管本行政区域内草原监督管理工作。乡（镇）人民政府应当加强对本行政区域内草原保护、建设和利用情况的监督检查，根据需要可以设专职或者兼职人员负责具体监督检查工作。

国家对草原实行科学规划、全面保护、重点建设、合理利用的方针，促进草原的可持续利用和生态、经济、社会的协调发展。各级人民政府应当加强对草原保护、建设和利用的管理，将草原的保护、建设和利用纳入国民经济和社会发展计划。各级人民政府应当加强保护、建设和合理利用草原的宣传教育。任何单位和个人都有遵守草原法律、法规及保护草原的义务，同时享有对违反草原法律、法规及破坏草原的行为进行监督、检举和控告的权利。

国家鼓励与支持开展草原保护、建设、利用和监测方面的科学研究，推广先进技术和先进成果，培养科学技术人才。国家对在草原管理、保护、建设、合理利用和科学研究等工作中作出显著成绩的单位和个人，给予奖励。

（二）权属规定

1. 国家所有权

草原属于国家所有，由法律规定属于集体所有的除外。国家所有的草原，由国务院代表国家行使所有权。任何单位或者个人不得侵占、买卖或者以其他形式非法转让草原。国家所有的草原，可以依法确定给全民所有制单位、集体经济组织等使用。

2. 集体所有权

国家所有的草原，可以依法确定给全民所有制单位、集体经济组织等使用。使用草原的单位，应当履行保护、建设和合理利用草原的义务。依法确定给全民所有制单位、集体经济组织等使用的国家所有的草原，由县级以上人民政府登记，核发使用权证，确认草原使用权。未确定使用权的国家所有的草原，由县级以上人民政府登记造册，并负责保护管理。集体所有的草原，由县级人民政府登记，核发所有权证，确认草原所有权。依法改变草原权属的，应当办理草原权属变更登记手续。依法登记的草原所有权和使用权受法律保护，任何单位或者个人不得侵犯。

3. 承包经营权

集体所有的草原或者依法确定给集体经济组织使用的国家所有的草原，可以由本集体经济组织内的家庭或者联户承包经营。在草原承包经营期内，不得对承包经营者使用的草原进行调整；个别确需适当调整的，必须经本集体经济组织成员的村（牧）民会议2/3以上成员或者2/3以上村（牧）民代表的同意，并报乡（镇）人民政府和县级人民政府草原行政主管部门批准。

承包经营草原，发包方和承包方应当签订书面合同。草原承包合同的内容应当包括双方的权利和义务，承包草原的边界、面积和等级，承包期和起止日期，承包草原用途和违约责任等。承包期届满，原承包经营者在同等条件下享有优先承包权。承包经营草原的单位和个人，应当履行保护、建设和按照承包合同约定的用途合理利用草原的义务。

草原承包经营权受法律保护，可以按照自愿、有偿的原则依法转让。原承包经营权转让的受让方必须具有从事畜牧业生产的能力，并应当履行保护、建设和按照承包合同约定的用途合理利用草原的义务。草原承包经营权转让应当经发包方同意。承包方与受让方在转让合同中约定的转让期限，不得超过原承包合同剩余的期限。

草原所有权、使用权的争议，由当事人协商解决；协商不成的，由有关人民政府处理。

四、草原保护的主要法律措施

(一) 草原保护的发展规划

国家对草原保护、建设、利用实行统一规划制度。国务院草原行政主管部门会同国务院有关部门编制全国草原保护、建设、利用规划，报国务院批准后实施。县级以上地方人民政府草原行政主管部门会同同级有关部门依据上一级草原保护、建设、利用规划编制本行政区域的草原保护、建设、利用规划，报本级人民政府批准后实施。经批准的草原保护、建设、利用规划确需调整或者修改时，须经原批准机关批准。草原保护、建设、利用规划应当包括：草原保护、建设、利用的目标和措施，草原功能分区和各项建设的总体部署，各项专业规划等。编制草原保护、建设、利用规划，应当依据国民经济和社会发展规划并遵循下列原则：①改善生态环境，维护生物多样性，促进草原的可持续利用；②以现有草原为基础，因地制宜，统筹规划，分类指导；③保护为主、加强建设、分批改良、合理利用；④生态效益、经济效益、社会效益相结合。

(二) 草原建设

县级以上人民政府应当增加对草原建设的投入，支持草原建设。国家鼓励单位和个人投资建设草原，按照“谁投资谁受益”的原则保护草原投资建设者的合法权益。国家鼓励与支持人工草地建设、天然草原改良和饲草饲料基地建设，稳定和提高草原生产能力。县级以上人民政府应当支持、鼓励和引导农牧民开展草原围栏、饲草饲料储备、牲畜圈舍、牧民定居点等生产生活设施的建设。县级以上地方人民政府应当支持草原水利设施建设，发展草原节水灌溉，改善人畜饮水条件。

县级以上人民政府应当按照草原保护、建设、利用规划加强草种基地建设，鼓励选育、引进、推广优良草品种。新草品种必须经全国草品种审定委员会审定，由国务院草原行政主管部门公告后方可推广。从境外引进草种必须依法进行审批。县级以上人民政府草原行政主管部门应当依法加强对草种生产、加工、检疫、检验的监督管理，保证草种质量。

县级以上人民政府应当有计划地进行火情监测、防火物资储备、防火隔离带等草原防火设施的建设，确保防火需要。对退化、沙化、盐碱化、石漠化和水土流失的草原，地方各级人民政府应当按照草原保护、建设、利用规划，划定治理区，组织专项治理。大规模的草原综合治理，列入国家国土整治计划。

县级以上人民政府应当根据草原保护、建设、利用规划，在本级国民经济和社会发展计划中安排资金用于草原改良、人工种草和草种生产，任何单位或者个人不得截留、挪用；县级以上人民政府财政部门和审计部门应当加强监督管理。

（三）草原利用

草原承包经营者应当合理利用草原，不得超过草原行政主管部门核定的载畜量；草原承包经营者应当采取种植和储备饲草饲料、增加饲草饲料供应量、调剂处理牲畜、优化畜群结构、提高出栏率等措施，保持草畜平衡。草原载畜量标准和草畜平衡管理办法由国务院草原行政主管部门规定。

牧区的草原承包经营者应当实行划区轮牧，合理配置畜群，均衡利用草原。国家提倡在农区、半农半牧区和有条件的牧区实行牲畜圈养。草原承包经营者应当按照饲养牲畜的种类和数量，调剂、储备饲草饲料，采用青贮和饲草饲料加工等新技术，逐步改变依赖天然草地放牧的生产方式。在草原禁牧、休牧、轮牧区，国家对实行舍饲圈养的牧民给予粮食和资金补助，具体办法由国务院或者国务院授权的有关部门规定。县级以上地方人民政府草原行政主管部门对割草场和野生草种基地应当规定合理的割草期、采种期以及留茬高度和采割强度，实行轮割轮采。

遇到自然灾害等特殊情况，需要临时调剂使用草原的，按照自愿互利的原则，由双方协商解决；需要跨县临时调剂使用草原的，由有关县级人民政府或者共同的上级人民政府组织协商解决。

进行矿藏开采和工程建设，应当不占或者少占草原；确需征用或者使用草原的，必须经省级以上人民政府草原行政主管部门审核同意后，依照有关土地管理的法律、行政法规办理建设用地审批手续。因建设征用集体所有的草原的，应当依照《土地管理法》的规定给予补偿；因建设使用国家所有的草原的，应当依照国务院有关规定对草原承包经营者给予补偿。因建设征用或者使用草原的，应当缴纳草原植被恢复费。草原植被恢复费专款专用，由草原行政主管部门按照规定用于恢复草原植被，任何单位和个人不得截留、挪用。草原植被恢复费的征收、使用和管理办法，由国务院价格主管部门和国务院财政部门会同国务院草原行政主管部门制定。

需要临时占用草原的，应当经县级以上地方人民政府草原行政主管部门审核同意。临时占用草原的期限不得超过两年，并不得在临时占用的草原上修建永久性建筑物、构筑物；占用期满，用地单位必须恢复草原植被并及时退还。在草原上修建直接为草原保护和畜牧业生产服务的工程设施，需要使用草原的，由县级以上人民政府草原行政主管部门批准；修筑其他工程，需要将草原转为非畜牧业生产用地的，必须依法办理建设用地审批手续。所谓直接为草原保护和畜牧业生产服务的工程设施是指：①生产、贮存草种和饲草饲料的设施；②牲畜圈舍、配种点、剪毛点、药浴池、人畜饮水设施；③科研、试验、示范基地；④草原防火和灌溉设施。

（四）草原保护

国家实行基本草原保护制度，保护管理办法由国务院制定。下列草原应当划为基本草原，实施严格管理：①重要放牧场；②割草地；③用于畜牧业生产的人工草地、退耕还草地以及改良草地、草种基地；④对调节气候、涵养水源、保持水土、防风固沙具有特殊作用的草原；⑤作为国家重点保护野生动植物生存环境的草原；⑥草原科研、教学试验基地；⑦国务院规定应当划为基本草原的其他草原。

国务院草原行政主管部门或者省、自治区、直辖市人民政府可以按照自然保护区管理的有关规定在下列地区建立草原自然保护区：①具有代表性的草原类型；②珍稀濒危野生动植物分布区；③具有重要生态功能和经济科研价值的草原。

县级以上人民政府应当依法加强对草原珍稀濒危野生植物和种质资源的保护、管理。国家对草原实行以草定畜、草畜平衡制度，县级以上地方人民政府草原行政主管部门应当按照国务院草原行政主管部门制定的草原载畜量标准，结合当地实际情况，定期核定草原载畜量。各级人民政府应当采取有效措施，防止超载过牧。

禁止开垦草原。对水土流失严重、有沙化趋势、需要改善生态环境的已垦草原，应当有计划、有步骤地退耕还草；已造成沙化、盐碱化、石漠化的，应当限期治理。对严重退化、沙化、盐碱化、石漠化的草原和生态脆弱区的草原，实行禁牧、休牧制度。禁止在草原上使用剧毒、高残留以及可能导致二次中毒的农药。

国家支持依法实行退耕还草和禁牧、休牧，具体办法由国务院或者省、自治区、直辖市人民政府制定。对在国务院批准规划范围内实施退耕还草的农牧民，按照国家规定给予粮食、现金、草种费补助。退耕还草完成后，由县级以上人民政府草原行政主管部门核实登记，依法履行土地用途变更手续，发放草原权属证书。

禁止在荒漠、半荒漠和严重退化、沙化、盐碱化、石漠化、水土流失的草原以及生态脆弱区的草原上采挖植物和从事破坏草原植被的其他活动。在草原上从事采土、采砂、采石等作业活动，应当报县级人民政府草原行政主管部门批准；开采矿产资源的，应当依法办理有关手续。经批准在草原上从事上述所列活动的，应当在规定的时间、区域内，按照准许的采挖方式作业，并采取保护草原植被的措施。

在草原上种植牧草或者饲料作物，应当符合草原保护、建设、利用规划；县级以上地方人民政府草原行政主管部门应当加强监督管理，防止草原沙化和水土流失。在草原上开展经营性旅游活动，应当符合有关草原保护、建设、利用规划，并事先征得县级以上地方人民政府草原行政主管部门的同意，方可办理有关手续。在草原上开展经营性旅游活动，不得侵犯草原所有者、使用者和承包经营者的合法权益，不得破坏草原植被。

县级以上地方人民政府应当做好草原鼠害、病虫害和毒害草防治的组织管理工作。县级以上地方人民政府草原行政主管部门应当采取措施，加强草原鼠害、病虫害和毒害草监测预警、调查以及防治工作，组织研究和推广综合防治的办法。除抢险救灾和牧民搬迁的机动车辆外，禁止机动车辆离开道路在草原上行驶，破坏草原植被；因从事地质勘探、科学考察等活动确需离开道路在草原上行驶的，应当向县级人民政府草原行政主管部门提交行驶区域和行驶路线方案，经确认后执行。

（五）草原防火的规定

草原防火工作贯彻预防为主、防消结合的方针。各级人民政府应当建立草原防火责任制，规定草原防火期，制定草原防火扑火预案，切实做好草原火灾的预防和扑救工作。

国务院农牧业部门主管全国草原防火工作。县级以上地方各级人民政府可以根据实际情况确定草原防火主管部门，主管本行政区域内的草原防火工作。乡级人民政府负责本行政区域内的草原防火工作。重点草原防火区的草原防火工作实行有关地方人民政府行政领导负责和部门、单位领导负责制。

国家鼓励和支持草原防火的科学研究，推广先进防火技术。重点草原防火区的有关地方人民政府及有关部门，应当组织经常性的草原防火宣传教育活动，提高公民的草原防火意识。预防和扑救草原火灾，是公民应尽的义务。地方各级人民政府应当组织划定草原防火责任区，确定草原防火责任单位，建立草原防火责任制度，并定期进行检查。重点草原防火区的有关地方人民政府应当加强草原防火工作的组织建设。

五、法律责任

（一）草原行政主管部门及其工作人员的法律责任

草原行政主管部门工作人员及其他国家机关有关工作人员玩忽职守、滥用职权，不依法履行监督管理职责，或者发现违法行为不予查处，造成严重后果，构成犯罪的，依法追究刑事责任；尚不够刑事处罚的，依法给予行政处分。截留、挪用草原改良、人工种草和草种生产资金或者草原植被恢复费，构成犯罪的，依法追究刑事责任；尚不够刑事处罚的，依法给予行政处分。无权批准征用、使用草原的单位或者个人非法批准征用、使用草原的，超越批准权限非法批准征用、使用草原的，或者违反法律规定的程序批准征用、使用草原，构成犯罪的，依法追究刑事责任；尚不够刑事处罚的，依法给予行政处分。非法批准征用、使用草原的文件无效。非法批准征用、使用的草原应当收回，当事人拒不归还的，以非法使用草原论处。非法批准征用、使用草原，给当事人造成损失的，依法承担赔偿责任。

（二）非法转让、使用、开采草原的法律责任

买卖或者以其他形式非法转让草原，构成犯罪的，依法追究刑事责任；尚不够刑事处罚的，由县级以上人民政府草原行政主管部门依据职权责令限期改正，没收违法所得，并处违法所得 1 倍以上 5 倍以下的罚款。

未经批准或者采取欺骗手段骗取批准以非法使用草原，构成犯罪的，依法追究刑事责任；尚不够刑事处罚的，由县级以上人民政府草原行政主管部门依据职权责令退还非法使用的草原，对违反草原保护、建设、利用规划擅自将草原改为建设用地的，限期拆除在非法使用的草原上新建的建筑物和其他设施，恢复草原植被，并处草原被非法使用前三年平均产值 6 倍以上 12 倍以下的罚款。

非法开垦草原，构成犯罪的，依法追究刑事责任；尚不够刑事处罚的，由县级以上人民政府草原行政主管部门依据职权责令停止违法行为，限期恢复植被，没收非法财物和违法所得，并处违法所得 1 倍以上 5 倍以下的罚款；没有违法所得的，并处 5 万元以下的罚款；给草原所有者或者使用者造成损失的，依法承担赔偿责任。

（三）在生态脆弱的草原上从事采挖等破坏活动的法律责任

在荒漠、半荒漠和严重退化、沙化、盐碱化、石漠化、水土流失的草原，以及生态脆弱区的草原上采挖植物或者从事破坏草原植被的其他活动的，由县级以上地方人民政府草原行政主管部门依据职权责令停止违法行为，没收非法财物和违法所得，可以并处违法所得 1 倍以上 5 倍以下的罚款；没有违法所得的，可以并处 5 万元以下的罚款；给草原所有者或者使用者造成损失的，依法承担赔偿责任。

（四）擅自在草原上采土、采砂、采石的法律责任

未经批准或者未按照规定的时间、区域和采挖方式在草原上进行采土、采砂、采石等活动的，由县级人民政府草原行政主管部门责令停止违法行为，限期恢复植被，没收非法财物和违法所得，可以并处违法所得 1 倍以上 2 倍以下的罚款；没有违法所得的，可以并处 2 万元以下的罚款；给草原所有者或者使用者造成损失的，依法承担赔偿责任。

（五）擅自在草原上旅游的法律责任

擅自在草原上开展经营性旅游活动，破坏草原植被的，由县级以上地方人民政府草原行政主管部门依据职权责令停止违法行为，限期恢复植被，没收违法所得，可以并处违法所得 1 倍以上 2 倍以下的罚款；没有违法所得的，可以并处草原被破坏前三年平均产值 6 倍以上 12 倍以下的罚款；给草原所有者或者使用者造成损失的，依法承担赔偿责任。

（六）擅自在草原上行驶机动车的法律责任

非抢险救灾和牧民搬迁的机动车辆离开道路在草原上行驶或者从事地质勘探、科学考察等活动未按照确认的行驶区域和行驶路线在草原上行驶，破坏草原植被的，由县级人民政府草原行政主管部门责令停止违法行为，限期恢复植被，可以并处草原被破坏前三年平均产值 3 倍以上 9 倍以下的罚款；给草原所有者或者使用者造成损失的，依法承担赔偿责任。

（七）占用草原或改变草原规划的法律责任

在临时占用的草原上修建永久性建筑物、构筑物的，由县级以上地方人民政府草原行政主管部门依据职权责令限期拆除；逾期不拆除的，依法强制拆除，所需费用由违法者承担。

临时占用草原，占用期届满，用地单位不予恢复草原植被的，由县级以上地方人民政府草原行政主管部门依据职权责令限期恢复；逾期不恢复的，由县级以上地方人民政府草原行政主管部门代为恢复，所需费用由违法者承担。

未经批准，擅自改变草原保护、建设、利用规划的，由县级以上人民政府责令限期改正；对直接负责的主管人员和其他直接责任人员，依法给予行政处分。

对违反《草原法》有关草畜平衡制度的规定，牲畜饲养量超过县级以上地方人民

政府草原行政主管部门核定的草原载畜量标准的纠正或者处罚措施，由省、自治区、直辖市人民代表大会或者其常务委员会规定。

【案例分析】

【案情】2003年，某村屡屡遭到野牦牛的袭击，牧民的财物损失很大，但是除了驱赶和向森林公安部门报案以外，牧民没有其他办法。村民王某自己和他的儿子也受到了袭击，有一次儿子还住院治疗了一个多星期。在公安部门接到报案后，干警们都会进山驱赶野牦牛，但野牦牛还是经常来袭。一日，王某的妻子遭袭击后，王某上山杀死了两头野牦牛。野牦牛是国家一级保护野生动物。

【问题】王某杀害野牦牛是否要承担责任？如果认为要承担责任，请说明理由，并回答要承担什么责任。如果认为不需要承担责任，请说明理由。

【解析】《野生动物保护法》规定，不得对国家重点保护的野生动物进行捕猎。如果因科学研究、驯养繁殖、展览或者其他特殊情况，需要捕捉、捕捞国家一级保护野生动物的，必须向国务院野生动物行政主管部门申请特许猎捕证。本案王某因为报复而捕杀国家重点保护的野生动物，已经违法了法律的规定，需要承担法律责任。

《野生动物保护法》还规定，非法捕杀国家重点保护野生动物的，依照关于惩治捕杀国家重点保护的珍贵、濒危野生动物犯罪的补充规定追究刑事责任。所以，王某应当承担相应的刑事责任。

第十三章　非生物资源保护法

第一节　土地资源保护法

一、土地资源的特征

土地资源是指在当前和可预见的未来对人类有用的土地。土地是指国家领土范围内的一切陆、水、海域，是地貌、土壤、岩石、水文、气候、植被等各种自然因素长期相互作用以及人类活动的影响所形成的自然综合体。① 土地是人类社会最宝贵的自然资源，是人类赖以生存和发展的物质基础和环境条件，是社会生产活动最基本的生产资料，还是植物生长发育以及动物栖息和繁衍的场所。

本章所指的土地资源，不包括土地的上层空间和气候资源，以及土地下层和矿藏、地下水等。因为在我国的法律中，它们是独立资源类型，有相应的法律予以规定。这里需要明确指出的是，环境与资源保护法中的土地资源不仅仅指耕地或者土壤，还包括以地球表层土地为基础的由各种因素长期的相互作用以及人类活动的影响所形成自然综合体。

土地资源具有以下几个基本属性：

（1）面积有限。地球的面积是恒定的，人类可以通过劳动改良已有的土地，开发荒地滩涂，但土地的面积不会增加，土地是有限的。

（2）位置固定。土地是典型的不动产，它总是固定在地球的某个位置，不能移动，不能互换。

（3）生产能力永久。土地是永久性的生产资料，只要合理利用，其生产力和利用率就会不断提高，而不会磨损。

（4）基本用途不可替代。土地资源作为人类生产、生活的物质条件，其基本用途无法由其他的资源加以替代；而且，土地资源一旦被人工构筑物所覆盖，再要改变其用途十分困难，甚至是不可能的。

（5）自然差异。随着气候带的不同出现相应类型的土地特征以及一定的自然生产力。不同地区的自然条件和经济条件不同，导致了土地资源的自然差异性，也影响了人类对土地资源的选择和利用。②

我国土地资源的基本国情是：土地类型多样，山地面积大，农用土地资源比较少，后备耕地资源不足等。我国幅员辽阔，有 960 万平方公里土地面积，处于温带、暖温带

---

①② 吕忠梅. 环境法学. 北京：法律出版社，2004.267

和亚热带地区；南北纬度和东西经度的跨度都比较大，土地类型多，山地面积大，农用土地资源比较少，生物生产能力高的土地少，后备耕地资源少。由于我国人口众多，使得人均土地，尤其是人均耕地少。我国目前土地开发利用中存在着严峻的问题：水土流失严重，导致跑水、跑土、跑肥、河床抬高、水库淤积、威胁工矿交通设施安全；土地沙化扩展，导致部分土地生产力下降，甚至生产力完全丧失，环境更趋恶化；土地次生盐渍化面积在增加，致使作物生长发育不良，产量极低，如不治理，盐分越积越多，一旦超过作物的耐盐限度，作物无法生长，不得不弃耕；土壤污染和破坏严重；城乡建设用地逐年扩大，占用了大量耕地，仅仅 1998 年到 2003 年 5 年间，我国净耕地减少 1 亿多亩。因此，对土地资源合理开发利用与进行保护不仅十分必要而且十分迫切。土地资源保护的目的在于通过防止土地破坏和土壤污染，保护、维持土地资源的环境效能，提高土地资源的生物生产能力，使土地资源能持续地发挥其经济效能和环境效能。

二、我国的耕地保护法律制度

我国土地资源总量丰富但人均土地资源贫乏。根据国土资源部公布的数据，我国耕地、林地、牧草地总量 2004 年分别高达 12 244.43 万公顷、23 504.7 万公顷和 26 270.68 万公顷，分列世界第 4 位、第 5 位和第 2 位，但人均分别约为当前世界平均水平的 38%、31%和 35%。以耕地为例，我国一直以不到世界 10%的耕地养活世界 22%的人口。从 1996 年到 2004 年，全国耕地面积由 19.51 亿亩减至 18.37 亿亩，是世界上耕地资源消耗速度最快的国家之一，而我国人口数量还在继续增加，结果将是我国人均耕地面积相应下降。我国农村居民占用耕地建房现象严重，城镇人口不断增加又导致城镇住宅用地和各类公共基础设施用地需求迅猛增加从而导致侵占耕地现象大量出现，土地资源保护面临极大挑战。

（一）立法的发展

1986 年 6 月 25 日全国人民代表大会常务委员会通过了《土地管理法》，1998 年 12 月 29 日对之进行了修订，1998 年 8 月 29 日又进行了修订，2004 年 8 月 28 日再次进行了修订。这部法对耕地的保护作了专章规定。为了更好地贯彻执行该法，1998 年 12 月 24 日，国务院颁布了《土地管理法实施条例》。1989 年 12 月 26 日全国人大常务委员会通过《环境保护法》，从环境保护的角度对耕地保护问题作了规定。2002 年 8 月 29 日全国人民代表大会常务委员会通过了《农村土地承包法》，对土地承包中的耕地保护问题作了规定。2007 年 3 月 16 日第十届全国人民代表大会第五次会议通过了第一部《中华人民共和国物权法》，对耕地的保护作了进一步的相应规定。

（二）关于稳定耕地数量的基本制度

1. 严格控制耕地转为非耕地

国家保护耕地，严格控制耕地转为非耕地。省、自治区、直辖市人民政府应当严格执行土地利用总体规划和土地利用年度计划，采取措施，确保本行政区域内耕地总量不减少。耕地总量减少的，由国务院责令在规定期限内组织开垦与所减少耕地的数量与质量相当的耕地，并由国务院土地行政主管部门会同农业行政主管部门验收。个别省、自治区直辖市确因土地后备资源匮乏，新增建设用地后，新开垦耕地的数量不足以补偿所占用耕地的数量的，必须报经国务院批准减免本行政区域内开垦耕地的数量，进行易地开垦。

非农业建设必须节约使用土地，可以利用荒地的，不得占用耕地；可以利用劣地的，不得占用好地。禁止占用耕地建窑、建坟或者擅自在耕地上建房、挖砂、采石、采矿、取土等。禁止占用基本农田发展林果业和挖塘养鱼。

2. 占用耕地补偿制度

国家的政策是不得侵占耕地，保障耕地的数量、质量不改变。如果是非农业建设经批准占用耕地的，应当按照“占多少垦多少”的原则，由占用耕地的单位负责开垦与所占用耕地的数量和质量相当的耕地。如果没有条件开垦或者开垦的耕地不符合要求的，应当按照省、自治区、直辖市的规定缴纳耕地开垦费，专款用于开垦新的耕地。省、自治区、直辖市人民政府应当制订开垦耕地计划，监督占用耕地的单位按照计划开垦耕地或者按照计划组织开垦耕地，并进行验收。县级以上地方人民政府可以要求占用耕地的单位将所占用耕地耕作层的土壤用于新开垦耕地、劣质地或者其他耕地的土壤改良。

3. 鼓励依法开发农用地

国家鼓励单位和个人按照土地利用总体规划，在保护和改善生态环境、防止水土流失和土地荒漠化的前提下，开发未利用的土地，适宜开发为农用地的，应当优先开发成农用地，国家依法保护开发者的合法权益。但是，为了保持生态平衡，开垦未利用的土地，必须经过科学论证和评估，在土地利用总体规划划定的可开垦的区域内，经依法批准后进行。禁止毁坏森林、草原开垦耕地，禁止围湖造田和侵占江河、滩地。根据土地利用总体规划，对破坏生态环境开垦、围垦的土地，必须有计划、有步骤地退耕还林、还牧、还湖。

4. 实行基本农田保护制度

下列耕地应当根据土地利用总体规划划入基本农田保护区，严格管理：①经国务院有关主管部门或者县级以上地方人民政府批准确定的粮、棉、油生产基地范围内的耕地；②有良好的水利与水土保持设施的耕地，正在实施改造计划以及可以改造的中、低产田；③蔬菜生产基地；④农业科研、教学试验田；⑤国务院规定应当划入基本农田保护区的其他耕地。

各省、自治区、直辖市划定的基本农田应当占本行政区域内耕地的80%以上。基本农田保护区以乡（镇）为单位进行划区定界，由县级人民政府土地行政主管部门会同同级农业行政主管部门组织实施。禁止任何单位和个人闲置、荒芜耕地。已经办理审批手续的非农业建设占用耕地，1 年内不用而又可以耕种并收获的，应当由原耕种该幅耕地的集体或者个人恢复耕种，也可以由用地单位组织耕种。1 年以上未动工建设的，应当按照省、自治区、直辖市的规定缴纳闲置费。连续 2 年未使用的，经原批准机关批准，由县级以上人民政府无偿收回用地单位的土地使用权。该幅土地原为农民集体所有的，应当交由原农村集体经济组织恢复耕种。承包经营耕地的单位或者个人连续2年弃耕抛荒的，原发包单位应当终止承包合同，收回发包的耕地。

（三）关于保护耕地质量的基本制度

1. 各级政府应当采取措施保障耕地质量

各级人民政府应当采取措施，维护排灌工程设施，改良土壤，提高地力，防止土地荒漠化、盐渍化、水土流失和污染土地。《环境保护法》第二十条规定："各级人民政府应当加强对农业环境的保护，防治土壤污染、土地沙化、盐渍化、贫瘠化、沼泽化、地面沉降。""推广植物病虫害的综合防治，合理使用化肥、农药以及植物生长激素。"

2. 鼓励土地整理

县、乡（镇）人民政府应当组织农村集体经济组织，按照土地利用总体规划，对田、水、路、林、村综合整治，提高耕地质量，增加有效耕地面积，改善农业生产条件和生态环境。地方各级人民政府应当采取措施，改造中、低产田，整治闲散地和废弃地。

因挖损、塌陷、压占等造成土地破坏，用地单位和个人应当按照国家有关规定负责复垦；没有条件复垦或者复垦不符合要求的，应当缴纳土地复垦费，专项用于土地复垦。复垦的土地应当优先用于农业。

3. 鼓励农民增加投入，提高土壤肥力

为了防止承包户的短期行为，导致土壤肥力下降，农村土地承包法规定耕地的承包期为30年，鼓励农民和农村集体经济组织增加对土地的投入、培养肥力，提高农业生产能力。在承包期内，承包方交回承包地或者发包方依法收回承包地时，承包方对其在承包地上投入而提高土地生产能力的，有权获得相应的补偿。承包方给承包地造成永久性损害的，发包方有权制止，并有权要求承包方赔偿由此造成的损失。

三、我国土地资源保护中存在的问题

我国目前土地开发利用中主要存在两个方面的问题：一是大面积土地质量退化；二是土地浪费严重，优良耕地减少。前者包括水土流失、土地沙漠化、盐碱化、潜育化以及土地污染等；后者是指土地利用不合理，乱占滥用耕地等。据初步统计，我国荒漠化国土面积已占到国土面积的27.3%，沙漠化面积从1994年的2 460平方公里增加到2002年的3 436平方公里。我国水土流失面积367万平方公里，平均年增1万平方公里。如果土地再减少，将威胁到13亿人口的粮食问题。

土地资源退化的主要表现有：

（1）水土流失严重。毁林、毁草开荒和不适当地樵采、放牧，破坏了植被，加剧了水土流失，这是当前土地资源遭到破坏的主要问题。近年来，工矿、交通及其他大型工程日益增多，建设中不注意水土保持，也造成水土流失加重。

（2）土地沙化在扩展。土地沙化是指由于植被遭到破坏，地面失去覆盖后，在干旱和多风的条件下，出现风沙活动和类似沙漠景观的现象。

（3）土地次生盐渍化面积较大。这些主要产生于化肥农药过量使用和水资源的富营养化。

（4）耕地肥力下降。一些地方承包经营户不注意科学合理施肥，铺盖地膜而影响土壤透气能力，甚至还有在耕地上堆放废物等随意毁坏耕地的行为。

（5）土地受污染和破坏。土地受大气污染影响，受生活、工业污水破坏。我国乡镇工业废水排放量达 41.1 亿吨，废气排放量 463.3 万吨，工业废弃物产生量 15 008.8 万吨，工业固体废物排放量 2 143.4 万吨。目前，乡镇工业化学需氧量、粉尘和固体废物排放量占全国工业污染物排放总量的比重均接近或超过 50%。我国受酸雨影响的土地面积已占国土面积的 40%以上；重金属污染面积至少 2 000 万公顷，农药污染面积 1 300～1 600 万公顷；因固体废物堆放而被占用和毁损的农田面积已达 200 万亩以上。

（6）城乡建设用地逐年扩大，占用了大量耕地。

如果不采取措施制止毁坏土地和耕地的行为，将不仅使我国人民的生存环境恶化，疾病增多，更严重的是耕地的减少将直接威胁到全国人民的生存！保护土地是国家的职责、政府的职责，更是我们每一个中国人需要履行的刻不容缓的义务！

第二节　水资源保护及水土保持法

一、水资源保护

（一）水资源概述

水资源是指在一定经济技术条件下可以被人类利用并能逐年恢复的淡水的总称。它具有形态多样性、有限性、可恢复性、不可替代性和不稳定性等特征。根据其在地球上存在位置的不同，可以将其分为地表水资源、地下水资源和土壤水资源。我国《水法》所称的水资源，仅指地表水和地下水，而不包括土壤中的水。水资源对于地球上生命的存在和发展、工农业生产的进行和人类物质文化生活的丰富，都有着不可替代的作用。

一切生命都离不开水。水资源是经济发展、社会稳定和人民生活不可缺少、不可替代的重要物质，是社会发展的重要基础，是环境的一个重要因素。随着社会经济的迅速发展和人民生活水平的不断提高，人类社会对水的数量与质量的要求越来越高。

我国虽然有大江大河和漫长的海岸线，却是一个水资源短缺、水旱灾害频繁的国家，如果从水资源总量考虑，水资源总量居世界第 6 位，人均占有量却只有 2 200 立方米，约为世界人均水量的 1/4，在世界排第 110 位，已经被联合国列为 13 个贫水国家之一。目前，全国 668 座城市中，有 400 多座城市缺水，年缺水量达 60 多亿立方米。[①] 从地表水资源质量现状来看，我国有 50%的河流、90%的城市水域受到不同程度的污染。

① 吕忠梅. 环境法学. 北京：法律出版社，2004.295

地下水资源质量也面临巨大压力，根据水利部的调研结果，我国北方五省区和海河流域地下水资源，无论是农村（包括牧区）还是城市、浅层水还是深层水均遭到不同程度的污染，局部地区（主要是城市周围、排污河两侧及污水灌区）和部分城市的地下水污染比较严重，污染呈上升趋势。农业自然灾害中70%是水旱灾害，而水旱灾害中旱灾又占70%，淡水退化面积占淡水总面积的33%，水资源的减少直接给农业发展造成障碍。

（二）水资源保护立法

为了保护和合理利用水资源，我国十分重视水资源保护的立法，一直强调对水资源的合理开发利用和保护管理，特别是20世纪80年代以来，国家颁布了一系列用水、管水的法律、法规。目前，我国的水资源保护法主要有《水法》、《中华人民共和国河道管理条例》、《取水许可制度实施办法》、《城市供水条例》、《城市节约用水管理规定》和一些水污染防治的法律、法规、标准。另外，各地还制定了相当数量的地方性水资源保护和管理法规与规章。

2002年8月29日，第九届全国人民代表大会常务委员会第二十九次会议审议通过了《中华人民共和国水法修正案》，新《水法》于2002年10月1日起施行。该法对1988年由第六届全国人民代表大会常务委员会审议通过并于同年7月1日起施行的《中华人民共和国水法》进行了重大修改，进一步完善了我国的水资源开发利用与保护制度。

（三）水资源保护法的主要内容

1. 水资源权属制度

水资源属于国家所有，由国务院代表国家行使所有权。农村集体经济组织的水塘和由农村集体经济组织修建管理的水库中的水，归各该农村集体经济组织使用，农村集体经济组织及其成员享有无偿使用的权利。

水资源单一国家所有权制度为解决当前我国面临的严重的水资源问题，实现水资源的宏观调控、合理配置、节约使用、污染控制、有效保护等起了基础性的保障作用。从理论方面看，水资源单一所有权的规定为水权的独立提供了良好的前提，原《水法》确立水资源国家所有与集体所有的依据是中国土地所有权的现状，根据水资源附属于土地所有权的观点设计的。修订后的《水法》确立了单一水所有权制度，规定水资源权属与其承载体——土地所有权是分离的，这是水权得以独立存在的基本观念。因此，这一制度对于有效保护我国水资源有着重大的现实意义。

2. 水资源有偿使用制度

国家对水资源依法实行取水许可制度和有偿使用制度。直接从江河、湖泊或者地下取用水资源的单位和个人，应当按照国家取水许可制度和水资源有偿使用制度的规定，向水行政主管部门或者流域管理机构申请领取取水许可证，并缴纳水资源费，取得取水权，等等。法律明确取水权与有偿使用制度是对水的自然属性与商品属性的认识的结果，或者说是对于水资源的双重价值的承认，而这种认识是市场经济条件下水资源配置的前提与基础，取水权的确立对中国进一步确立水权和完全以市场机制为基础的水权交易提供了制度设计路径。

3. 水资源管理体制

在水的管理模式方面，实行流域管理与区域管理相结合，两者并重；统一管理与分部门管理相结合，监督管理与具体管理相分离的新型管理体制。首先是改变原来的单纯区域管理模式，确立了流域管理与区域管理相结合的新模式。法律明确国家对水资源实行流域管理与行政区域管理相结合的管理体制。国务院水行政主管部门负责全国水资源的统一管理和监督工作。国务院水行政主管部门在国家确定的重要江河、湖泊设立的流域管理机构，在所管辖的范围内行使法律、行政法规规定的和国务院水行政主管部门授予的水资源管理和监督职责。

国务院水行政主管部门在国家确定的重要江河、湖泊设立的流域管理机构的只能是水功能区划的拟订、核定管理水域的纳污能力及提出其限制排污总量意见、水功能区的管理及水质监测、辖区内饮用水水源保护区和排污口的监督管理等。这些规定不仅确立了流域机构在水资源管理中的法律地位，而且原则划分流域管理机构与区域机构的管理职责与权限，对于实施流域控制具有实际意义。

在管理体制方面，实行统一管理与部门管理相结合、监督管理与具体管理相分离的原则。国务院有关部门按照职责分工，负责水资源开发、利用、节约和保护工作。县级以上地方人民政府有关部门按照职责分工，负责本行政区域内水资源开发、利用、节约和保护的有关工作。同时还在相关部分作出了具体的规定，统一监督管理的范围包括水资源权属的确定、水资源费的收取、水资源规划、用水总量控制、节水政策的制定、水量分配、水资源保护、动态监测、执法检查等方面；具体管理则涉及水资源的具体开发、利用、节约、保护诸环节。这样的规定有利于各部门明确职责，强化管理，权力制衡，按照宏观管理与微观管理相分离，决策权、执行权、监督权相分离的原则，保障公共权力的运行不会导致对公共利益的损害。

4. 水资源规划制度

国家制定全国水资源战略规划。开发、利用、节约、保护水资源和防治水害，应当按照流域、区域统一制定规划。规划分为流域规划和区域规划，流域规划包括流域综合规划和流域专业规划；区域规划包括区域综合规划和区域专业规划。

国务院发展计划主管部门和国务院水行政主管部门负责全国水资源的宏观调配。全国的和跨省、自治区、直辖市的水中长期供求规划，由国务院水行政主管部门会同有关部门制定，经国务院发展计划主管部门审查批准后执行。水中长期供求规划应当依据水的供求现状、国民经济和社会发展规划、流域规划、区域规划，按照水资源供需协调、综合平衡、保护生态、厉行节约、合理开源的原则制定。

调蓄径流和分配水量，应当依据流域规划和水中长期供求规划，以流域为单元制订水量分配方案。水供求规划是对水资源规划在水量方面的具体落实，而水量分配方案则是供求计划的具体化，它既关系到水量的平衡，又关系到水质的稳定。只有将水资源规划具体到水量分配方面，这一制度才达到了真正的实现程度，因此，水资源供求规划与水量分配制度是加强对水资源开发利用的宏观管理，合理配置水资源，规范水资源分配行为，减少用水矛盾，保证全社会的经济发展状况与水资源状况相适应的重要制度。

5. 水资源开发利用制度

《水法》特别强调了生态用水的考虑，规定了水资源开发利用的原则，建立了鼓励开发水资源的各种制度，具体规定了水工程移民安置制度，使水资源开发利用中的用水顺序以及开发利用更加符合水资源可持续发展的要求。

开发、利用水资源，首先，应当满足城乡居民生活用水，并兼顾农业、工业、生态环境用水以及航运等需要。在干旱和半干旱地区开发、利用水资源，应当充分考虑生态环境用水需要；其次，地方各级人民政府应当结合本地区水资源的实际情况，按照地表水与地下水统一调度开发、开源与节流相结合、节流优先和污水处理再利用的原则，合理组织开发、综合利用水资源。

国民经济和社会发展规划以及城市总体规划的编制、重大建设项目的布局，应当与当地水资源条件和防洪要求相适应，并进行科学论证；在水资源不足的地区，应当对城市规模和建设耗水量大的工业、农业和服务业项目加以限制。同时鼓励对雨水和微咸水的收集、开发、利用和对海水的利用、淡化，控制和降低地下水的水位。农村集体经济组织或者其成员依法投资兴建水工程设施的，按照“谁投资建设，谁管理和谁受益”的原则，对水工程设施及其蓄水进行管理和合理使用等。

（四）水资源保护的主要法律措施

《水法》从维护水体的自然净化能力的角度考虑，规定了地下水开采禁限制度、水功能区划制度，并在《水污染防治法》饮用水源保护制度的基础上建立了严格的保护措施，使水资源保护力度进一步增强。

1. 政府管理水源的职责划分

国务院水行政主管部门会同国务院环境保护行政主管部门、有关部门和有关省、自治区、直辖市人民政府，按照流域综合规划、水资源保护规划和经济社会发展要求，拟定国家确定的重要江河、湖泊的水功能区划，报国务院批准。跨省、自治区、直辖市的其他江河、湖泊的水功能区划，由有关流域管理机构会同江河、湖泊所在地的省、自治区、直辖市人民政府水行政主管部门、环境保护行政主管部门和其他有关部门拟定，分别经有关省、自治区、直辖市人民政府审查提出意见后，由国务院水行政主管部门会同国务院环境保护行政主管部门审核，报国务院或者其授权的部门批准。

县级以上地方人民政府水行政主管部门和流域管理机构应当对水功能区的水质状况进行监测，发现重点污染物排放总量超过控制指标的，或者水功能区的水质未达到水域使用功能对水质的要求的，应当及时报告有关人民政府采取治理措施，并向环境保护行政主管部门通报。

2. 保护水源和维护水体自然净化能力的措施

县级以上人民政府水行政主管部门、流域管理机构以及其他有关部门在制定水资源开发、利用规划和调度水资源时，应当注意维持江河的合理流量和湖泊、水库以及地下水的合理水位，维护水体的自然净化能力。从事水资源开发、利用、节约、保护和防治水害等水事活动，应当遵守经批准的规划；因违反规划造成江河和湖泊水域使用功能降低、地下水超采、地面沉降、水体污染的，应当承担治理责任。县级以上人民政府水行政主管部门或者流域管理机构应当按照水功能区对水质的要求和水体的自然净化能力，核定该水域的纳污能力，向环境保护行政主管部门提出该水域的限制排污总量意见。

开采矿藏或者建设地下工程，因疏于排水导致地下水水位下降、水源枯竭或者地面塌陷，采矿单位或者建设单位应当采取补救措施；对他人生活和生产造成损失的，依法给予补偿。在地下水超采地区，县级以上地方人民政府应当采取措施，严格控制开采地下水。在地下水严重超采地区，经省、自治区、直辖市人民政府批准，可以划定地下水禁止开采区或者限制开采区。在沿海地区开采地下水，应当经过科学论证，并采取措施，防止地面沉降和海水入侵。

3. 保护饮用水安全的措施

国家建立饮用水水源保护区制度。省、自治区、直辖市人民政府应当划定饮用水水源保护区，并采取措施，防止水源枯竭和水体污染，保证城乡居民饮用水安全。禁止在饮用水水源保护区内设置排污口，如果在江河和湖泊新建、改建或者扩大排污口，应当经过有管辖权的水行政主管部门或者流域管理机构同意，由环境保护行政主管部门负责对该建设项目的环境影响报告书进行审批。

4. 节约用水的措施

国家厉行节约用水，大力推行节约用水措施，推广节约用水新技术、新工艺，发展节水型工业、农业和服务业，建立节水型社会。各级人民政府应当采取措施，加强对节约用水的管理，建立节约用水技术开发推广体系，培育和发展节约用水产业。单位和个人有节约用水的义务。

县级以上地方人民政府水行政主管部门或者流域管理机构应当根据批准的水量分配方案和年度预测来水量，制订年度水量分配方案和调度计划，实施水量统一调度；有关地方人民政府必须服从。国家确定的重要江河、湖泊的年度水量分配方案，应当纳入国家的国民经济和社会发展年度计划。

用水应当计量，并按照批准的用水计划用水。用水实行计量收费和超定额累进加价制度。使用水工程供应的水，应当按照国家规定向供水单位缴纳水费。供水价格应当按照补偿成本、合理收益、优质优价、公平负担的原则确定。

各级人民政府应当履行推行节水灌溉方式和节水技术的职责，承担工业用水重复利用的义务，并采取拒绝已淘汰落后的、耗水量高的工艺、设备和产品。城市人民政府应当提高生活用水效率、加强城市污水集中处理、提高污水再生利用率，并遵循新建、扩建、改建建设项目节水设施“三同时”制度；各级人民政府应承担改善城乡居民的饮用水条件的责任等。

（五）法律责任

1. 违法取水、截水、阻水、排水的法律责任

违反《水法》规定取水、截水、阻水、排水，给他人造成妨碍或者损失的，应当停止侵害，排除妨碍，赔偿损失。

2. 在水域非法作业的法律责任

违反《水法》规定，有下列行为之一的，由县级以上的地方人民政府水行政主管

部门或者有关主管部门责令其停止违法行为，限期清除障碍或者采取其他补救措施，可以并处罚款；对有关责任人员可以由其所在单位或者上级主管机关给予行政处分：在江河、湖泊、水库、渠道内弃置、堆放阻碍行洪、航运的物体的；种植阻碍行洪的林木和高秆作物的；在航道内弃置沉船、设置碍航渔具、种植水生植物的；未经批准在河床、河滩内修建建筑物的；未经批准或者不按照批准的范围和作业方式，在河道、航道内开采砂石、沙金的；违反本法规定，围垦湖泊、河流的。

3. 违法修改水域的法律责任

违反《水法》规定，有下列行为之一的，由县级以上地方人民政府水行政主管部门或者有关主管部门责令其停止违法行为，采取补救措施，可以并处罚款；对有关责任人员可以由其所在单位或者上级主管机关给予行政处分；构成犯罪的，依照刑法规定追究刑事责任：擅自修建水工程或者整治河道、航道的；违反《水法》第四十二条的规定，擅自向下游增大排泄洪涝流量或者阻碍上游洪涝下泄的。

4. 严重危害水资源安全和防水设备的法律责任

违反《水法》规定，有下列行为之一的，由县级以上地方人民政府水行政主管部门或者有关主管部门责令其停止违法行为，赔偿损失，采取补救措施，可以并处罚款；应当给予治安管理处罚的，依照治安管理处罚条例的规定处罚；构成犯罪的，依照《刑法》规定追究刑事责任：毁坏水工程及堤防、护岸等有关设施，毁坏防汛设施、水文监测设施、水产地质监测设施和导航、助航设施的；在水工程保护范围内进行爆破、打井、采石、取土等危害水工程安全的活动。

5. 行政复议和诉讼

当事人对行政处罚决定不服的，可以在接到处罚通知之日起 15 日内，向作出处罚决定的机关的上一级机关申请复议；对复议决定不服的，可以在接到复议决定之日起 15 日内，向人民法院直诉。当事人也可以在接到处罚通知之日起 15 日内，直接向人民法院直诉。当事人逾期不申请复议或者不向人民法院起诉又不履行处罚决定的，由作出处罚决定的机关申请人民法院强制执行。

对治安管理处罚不服的，依照治安管理处罚条例的规定办理。盗窃或者抢夺防汛物资、水工程器材的，贪污或者挪用国家救灾、抢险、防汛、移民安置款物的，依照《刑法》规定追究刑事责任。

水行政主管部门或者其他主管部门以及水工程管理单位的工作人员玩忽职守、滥用职权、徇私舞弊的，由其所在单位或者上级主管机关给予行政处分；对公共财产、国家和人民利益造成重大损失的，依照《刑法》规定追究刑事责任。

二、水土保持立法

（一）水土流失及水土保持

水土流失是指在水力、重力、风力等外力作用下，水土资源和土地生产力的破坏和损失，包括土地表层侵蚀和水土损失，亦称水土损失。它是土地表层缺乏植被保护，被雨水冲蚀后引起跑水、跑土、跑肥，使土层逐渐变薄变疮的现象。水土流失的后果：一是可以直接导致土地的贫瘠，使土地降低甚至完全丧失生物生产能力；二是抬高河床，使泥沙淤积水库、湖泊，降低水利工程的效益和通航能力；三是导致泥石流和滑坡灾害，威胁工矿、交通设施和人民生命财产安全；四是污染水体，影响生态平衡。

水土保持是指对自然因素和人为活动造成的水土流失所采取的预防和治理措施的总称。其目的就是要预防和治理水土流失，改善自然环境。水土流失的形成，有自然的原因，也有人为的原因，现在的水土流失在很大程度上是由于人类对自然的不合理开发利用并使植被遭到破坏造成的。预防水土流失，主要是控制不合理的人为活动。这些不合理的人为活动主要表现在两个方面：一是由于人口增长，对粮食、燃料、肥料、饲料的需求量急剧增长，加快或加重了对土地、植物资源的索取，如陡坡开荒、乱砍滥伐、超载过牧等，严重破坏了植被；二是开矿、筑路、开山采石、工程建设等，在建设过程中忽视水土保持。

（二）我国水土流失概况

我国是世界上水土流失最严重的国家之一。全国几乎每个省都有不同程度的水土流失，其分布之广、强度之大、危害之重，在全球屈指可数。我国的农业耕垦历史悠久，大部分地区自然生态平衡遭到严重破坏，森林覆盖率仅为12%，有些地区不足2%，水蚀、风蚀都很强。据20世纪50年代初期统计，水蚀面积150万平方公里，风蚀面积130万平方公里，合计占国土面积的29.1%，年均土壤流失总量50余亿吨，其中约17亿吨流入海洋。到1990年，全国水土流失总面积达367万平方公里，占国土总面积的38.2%，其中水蚀面积179万平方公里，风蚀面积188万平方公里。从流失的程度来看，轻度流失面积186万平方公里，中度流失面积77.7万平方公里，强度流失面积47.63万平方公里，其强度流失面积25.76万平方公里，剧烈流失面积29.95万平方公里，其中中度以上流失面积占50%。目前全国农耕地水土流失面积约4 867万公顷，占耕地总面积的38%，严重影响了农业生产，特别是粮食生产。

全国七大流域和内陆河流域都有不同程度的水土流失，黄河中上游的黄土高原区60万平方公里面积中，严重水土流失面积达43万平方公里，可以说黄土高原是世界水土流失最严重的地区，黄土高原水土流失量3 700吨/平方公里·年，最严重的地区高达5~6万吨/平方公里·年，每年从黄土高原输入黄河三门峡以下的泥沙达16亿吨，其中4亿吨淤积在下游河床，造成黄河下游河床每年淤高10厘米。目前，黄河下游河床高出地面3~10米，最高达12米，成为有名的地上悬河。每年虽耗费大量财力和人力加高河堤，但河堤越加越险，后患无穷。

北方土石山区水土流失面积达54万平方公里，年平均侵蚀模数为1 130~1 750吨/平方公里。东北三省和内蒙古部分旗盟的水土流失面积达18.5万平方公里。其中黑土区虽属缓坡，但多为长坡（1 000~2 000米），雨量集中，雨势强大，土壤也容易流失，土壤侵蚀模数每年达6 000~10 000吨/平方公里。内蒙古、新疆与东北西部的风蚀面积达130万平方公里，沙漠与戈壁东西绵延近万里，气候干旱。因风沙危害，土壤沙化、碱化，危及西北、东北及华北各省。

南方红壤丘陵区，同样也存在严重的水土流失问题。长江流域以南的红壤丘陵地区水土流失面积达 67.48 万平方公里。这些地区，由于人多耕地少，山大坡陡，雨量充沛，特别是暴雨多，植被一旦遭到破坏，在高雨量的冲击下，很容易产生严重的水土流失，特别是有深厚花岗岩风化壳的红壤地区，严重者土壤侵蚀模数也在 1 000 吨 / 平方公里·年以上，使土壤肥力下降，造成大幅度减产。仅长江上游 35.2 万平方公里水土流失区的土壤流失量就达 15.6 亿吨，年均侵蚀模数达 4 432 吨 / 平方公里。由于长江流失的泥沙颗粒粗，只有 1/3 细泥沙进入干流，2/3 的粗砂、石砾淤积在上游水库、支流和中小河道，给小河的防洪和水库灌溉、供水、发电带来很大危害。

（三）水土保持立法现状

我国历来比较重视水土保持工作，早在 1957 年，国务院就公布了《水土保持暂行纲要》，此后又发布了《水土保持条例》、《水土保持法》及其实施条例。同时还在《环境保护法》、《草原法》、《土地管理法》、《水法》、《农业法》等法律中对水土保持作出了相应规定。

（四）水土保持的基本法律制度

1. 水土保持规划制度

水土保持规划是人民政府对一定时期水土保持的目标、任务和措施等作出的整体安排。按照规定，国务院和县级以上地方人民政府的水行政主管部门，应当在调查评价水土资源的基础上，会同有关部门编制水土保持规划，报经同级人民政府批准，并报上一级人民政府水行政主管部门备案；水土保持规划的修改，须经原批准机关批准；县级以上人民政府应当将水土保持规划确定的任务，纳入国民经济和社会发展计划，安排专项资金，并组织实施。

2. 划定水土流失重点防治区制度

水土流失重点防治区是人民政府依法确定的造成或可能造成水土严重流失并优先予以预防和治理的区域。它可以分为重点预防保护区、重点监督区和重点防治区，按国家、省、县三级划分，具体范围由县级以上人民政府水行政主管部门提出，报同级人民政府批准并公告。

3. 水土流失监测和公告制度

国务院水行政主管部门应当建立水土保持监测网络，对全国水土流失动态进行监测预报，并予以公告。公告的事项包括水土流失面积与分布状况和流失程度、造成的危害及其发展趋势、防治情况及其效益。

4. 水土保持方案和“三同时”制度

水土保持方案是建设单位为防止开发建设活动造成水土流失而编制的对策措施方案。它通常被纳入建设项目的环境影响报告书中。按照规定，在山区、丘陵区、风沙区修建铁路、公路、水工程，开办矿山企业、电力企业和其他大、中型工业企业，在建设项目环境影响报告书中必须有水行政主管部门同意的水土保持方案；在山区、丘陵区、风沙区依法开办乡镇集体矿山企业和个体申请采矿，必须填写水土保持方案报告表，经县级以上地方人民政府水行政主管部门批准后，方可申请办理采矿批准手续。建设项目中的水土保持设施，必须与主体工程同时设计、同时施工、同时投产使用。

5. 水土流失治理的行政代执行制度

企业事业单位在建设和生产过程中造成水土流失的，应当负责治理；因技术等原因无力自行治理的，可以缴纳防治费，由水行政主管部门组织治理。

(五) 水土保持的主要法律措施

1. 宣传发动全民保护水土

各级人民政府加强水土保持的宣传教育工作，普及水土保持科学知识；组织全民植树造林和种草，扩大森林覆盖面积，增加植被；根据当地情况，组织有关单位和组织有计划地进行封山育林育草，轮封轮牧，防风固沙，保护植被；组织农业集体经济组织和农民有计划地对禁止开垦坡度以下、5 度以上的耕地进行治理，根据不同情况，采取整治排水系统、修建梯田、蓄水保土耕作等措施；对在防治水土流失工作中成绩显著的单位和个人给予奖励。

2. 推广水土保护先进方法，鼓励水土保护的行为

国家鼓励开展水土保持科学技术研究，提高水土保持科学技术水平，推广水土保持的先进技术，有计划地培养水土保持的科学技术人才；鼓励水土流失地区的农业集体经济组织和农民对水土流失进行治理，并在资金、能源、粮食、税收等方面实行扶持；对荒山、荒沟、荒丘、荒滩允许实行承包治理，并保护承包人的合法权益。

3. 禁止破坏水土的行为

禁止毁林开荒、烧山开荒和在陡坡地区、干旱地区铲草皮、挖树兜；禁止在 25 度以上陡坡地开垦种植农作物，而且省、自治区、直辖市人民政府还可以根据本辖区的实际情况，规定小于 25 度的禁止开垦坡度；禁止在崩塌滑坡危险区和泥石流易发区取土、挖砂、采石；禁止在荒漠草原、半荒漠草原和沙化地区砍挖灌木、药材及其他固沙植物；禁止开垦草原和破坏草原植被。已经开垦并造成草原沙化或者严重水土流失的，县级以上地方人民政府应当限期封闭，责令恢复植被，退耕还牧。

4. 林业活动和建设行为人必须履行水土保持的义务

采伐林木，必须因地制宜地采用合理采伐方式严格控制皆伐，对采伐区和集材道采取防止水土流失的措施，并在采伐后及时完成更新造林任务；在林区采伐林木的，采伐方案中必须有采伐区水土保持措施；在 5 度以上坡地上整地造林，抚育幼林，垦复油茶、油桐等经济林木，必须采取水土保持措施，防止水土流失。

修建铁路、公路和水工程，应当尽量减少破坏植被；废弃的砂、石、土必须运至规定的专门存放地存放，不得向江河、湖泊、水库和专门存放地以外的沟渠倾倒；在铁路、公路两侧地界以内的山坡地，必须修建护坡或者采取其他土地整治措施；工程竣工后，取土场、开挖面和废弃的砂、石、土存放地的裸露土地，必须植树种草，防止水土流失。

开办矿山、电力和其他大、中型工业企业，排弃的剥离表土、矸石、尾矿、废渣等必须堆放在规定的专门存放地，不得向江河、湖泊、水库和专门存放地以外的沟渠倾

倒；因采矿和建设使植被受到破坏的，必须采取措施恢复表土层和植被，防止水土流失。

（六）法律责任

1. 违法开垦土地、采伐林木的法律责任

违反《水土保持法》规定，在禁止开垦的陡坡地开垦种植农作物的，由县级人民政府水行政主管部门责令停止开垦、采取补救措施，可以处以罚款。

企业事业单位、农业集体经济组织未经县级人民政府水行政主管部门批准，擅自开垦禁止开垦坡度以下、5 度以上的荒坡地的，由县级人民政府水行政主管部门责令停止开垦、采取补救措施，可以处以罚款。

在县级以上地方人民政府划定的崩塌滑坡危险区、泥石流易发区范围内取土、挖砂或者采石的，由县级以上地方人民政府水行政主管部门责令停止上述违法行为、采取补救措施，处以罚款。

在林区采伐林木，不采取水土保持措施，造成严重水土流失的，由水行政主管部门报请县级以上人民政府决定责令限期改正、采取补救措施，处以罚款。

2. 在建设和生产过程中造成水土流失的法律责任

企业事业单位在建设和生产过程中造成水土流失，不进行治理的，可以根据所造成的危害后果处以罚款，或者责令停业治理；对有关责任人员由其所在单位或者上级主管机关给予行政处分。

3. 水土保持监督人员玩忽职守的法律责任

水土保持监督人员玩忽职守、滥用职权给公共财产、国家和人民利益造成损失的，由其所在单位或者上级主管机关给予行政处分；构成犯罪的，依法追究刑事责任。

4. 处罚程序

罚款由县级人民政府水行政主管部门报请县级人民政府决定。责令停业治理由市、县人民政府决定；中央或者省级人民政府直接管辖的企业事业单位的停业治理，须报请国务院或者省级人民政府批准。个体采矿造成水土流失，不进行治理的，按照相关的规定处罚。

以暴力、威胁方法阻碍水土保持监督人员依法执行职务的，依法追究刑事责任；拒绝、阻碍水土保持监督人员执行职务未使用暴力、威胁方法的，由公安机关依照治安管理处罚条例的规定处罚。

当事人对行政处罚决定不服的，可以在接到处罚通知之日起 15 日内向作出处罚决定的机关的上一级机关申请复议；当事人也可以在接到处罚通知之日起 15 日内直接向人民法院起诉。

复议机关应当在接到复议申请之日起 60 日内作出复议决定。当事人对复议决定不服的，可以在接到复议决定之日起 15 日内向人民法院起诉。复议机关逾期不作出复议决定的，当事人可以在复议期满之日起 15 日内向人民法院起诉。当事人逾期不申请复议也不向人民法院起诉又不履行处罚决定的，作出处罚决定的机关可以申请人民法院强制执行。

造成水土流失危害的，有责任排除危害，并对直接受到损害的单位和个人赔偿损失。赔偿责任和赔偿金额的纠纷，可以根据当事人的请求，由水行政主管部门处理；当事人对处理决定不服的，可以向人民法院起诉。当事人也可以直接向人民法院起诉。

由于不可抗拒的自然灾害，并经及时采取合理措施，仍然不能避免造成水土流失危害的，免于承担责任。

第三节　矿产资源保护法

一、矿产资源概述

（一）矿产资源的概念和分类

矿产资源是一种十分重要的非可再生自然资源，是人类社会赖以生存和发展的不可或缺的物质基础。它既是人们生活资料的重要来源，又是极其重要的社会生产资料。据统计，当今我国95%以上的能源和80%以上的工业原料都来自于矿产资源。

新中国成立50多年来，矿产勘查工作取得了辉煌的成就，为国家探明了大批矿产资源，基本上保证了国民经济建设的需要。我国已经成为世界上矿产资源总量丰富、矿种比较齐全的少数几个资源大国之一。与此同时，我国矿产开发利用也成绩斐然，目前已成为世界矿业大国之一，全国年矿石总产量为50亿吨，其中国有生产矿山开发利用的矿种数为150个，年产矿石量约为20亿吨（不含石油、天然气）；非国有小型矿山开发利用的（亚）矿种数为179个，年产矿石量约为30亿吨。原油产量为1.67亿吨。我国原油、煤炭、水泥、粗钢、磷矿、硫铁矿等10种有色金属产量已跃居世界前列。我国固体矿产开发的总规模已居世界第二位。

固体矿产资源储量分类根据矿产勘查所获得的不同地质可靠程度和经相应的可行性评价所获不同的经济意义。可把固体矿产资源储量分为储量、基础储量、资源量三大类。储量是经过详查或勘探，达到控制或探明的程度，在进行了预可行性或可行性研究，扣除了设计和采矿损失，能实际采出的矿产资源数量，经济上表现为在生产期内，每年的平均内部收益率高于行业基准内部收益率。储量是基础储量中的经济可采部分，又可分为可采储量、探明的预可采储量及控制的预可采储量三个类型。

基础储量是经过详查或勘探，达到控制的和探明的程度，在进行了预可行性或可行性研究后，经济意义属于经济的或边际经济的那部分矿产资源。基础储量据评价后的经济意义，可分为经济基础储量和边际经济基础储量。经济基础储量是每年的内部收益率大于行业基准内部收益率并扣除设计和采矿损失之前的那部分基础储量，可分为三个类型：探明的（可研）经济基础储量、探明的（预可研）经济基础储量、控制的经济基础储量。边际经济基础储量是平均内部收益率介于行业基准内部收益率与零之间的那部分基础储量，也分三个类型：探明的（可研）边际经济基础储量、探明的（预可研）边际经济基础储量、控制的边际经济基础储量。由于边际经济的基础储量基本上无效益，因此，不计算其中的储量。

基础储量在我国矿产勘查工作中是一个新名称，其与储量的区别：一是没有扣除影响因素；二是估算范围不同。而储量是从基础储量的经济这部分中扣除各种影响因素后获得。

资源量可分为三部分：内蕴经济的资源量、次边际经济的资源量、预测的资源量。内蕴经济的资源量，即自普查至勘探期间，地质可靠程度达到了推断至探明的，可行性评价只进行了概略研究，尚分不清其真实的经济意义的资源量，统归为内蕴经济的资源量。其可分三个类型：探明的内蕴经济资源量、控制的内蕴经济资源量、推断的内蕴经济资源量。次边际经济资源量，即经过详查或勘探，进行了预可行性或可行性研究后，其年均内部收益率呈负值，在当时开采是不经济的，只有在技术上有了很大进步，能大幅度降低产品成本，或生产资料大幅降价时，才能使其变为经济的那部分矿产资源。其也分三个类型：探明的（可研）次边际经济资源量、探明的（预可研）次边际经济资源量、控制的次边际经济资源量。预测的资源量，即经过预查工作，根据已有资料分析、类比、估算的资源量，属潜在矿产资源。

（二）我国矿产资源的现状

经过多年的发展，总体上我国的矿产资源既有优势，也有劣势。其基本特点主要表现在以下八个方面：

（1）矿产资源总量丰富、品种齐全，但人均占有量少。截至 2005 年年底，我国已发现了 171 种矿产，查明有资源储量的矿产 159 种，其中：能源矿产 10 种，金属矿产 54 种，非金属矿产 92 种，水气矿产 3 种。已发现矿床、矿点 20 多万处，其中有查明资源储量的矿产地 1.8 万余处。煤、稀土、钨、锡、钽、钒、锑、菱镁矿、钛、萤石、重晶石、石墨、膨润土、滑石、芒硝、石膏等 20 多种矿产，无论在数量上或质量上都具有明显的优势，有较强的国际竞争能力。但是我国人均矿产资源拥有量少，仅为世界人均的 58%，位列世界第 53 位。

（2）大多矿产资源质量差，国际竞争力弱。与国外主要矿产资源国相比，我国矿产资源的质量很不理想。考虑矿石品位、矿石类型、矿石的选冶性能等综合因素，我国金矿、钾盐、石油、铅矿、锌矿的质量为中等；煤炭、铁矿、锰矿、铜矿、铝土矿、硫矿、磷矿的质量处于最差地位。从总体上讲，我国大宗矿产，特别是短缺矿产的质量较差，在国际市场中竞争力较弱，制约其开发利用。

（3）一些重要矿产短缺或探明储量不足。我国石油、天然气、铁矿、锰矿、铬铁矿、铜矿、铝土矿、钾盐等重要矿产短缺或探明储量不足，这些重要矿产的消费对国外资源的依赖程度比较大，2006 年我国石油消费对进口的依赖程度已经达到 47.3%。

（4）成分复杂的共（伴）生矿多，大大增加了开发利用的技术难度。据统计，我国有 80 多种矿产是共（伴）生矿，以有色金属最为普遍。例如，铅锌矿中共（伴）生组分达 50 多种，仅铅锌矿中的银就占全国银储量的 60%，产量占 70%；伴生疏达大型、特大型的铜矿床就有 10 余座，全国伴生金的 76%和伴生银的 32.5%均来自铜矿等。虽然共（伴）生矿的潜在价值较大，甚至超过主要组分的价值，但其开发利用的技术难度亦大，选冶复杂，成本高，因而竞争力低。

（5）中、小型矿和坑采矿多，大型、超大型矿和露采矿少，严重制约着矿产开发的规模效益。我国矿产资源总体上是矿产地多，但单个矿床规模大多偏小。拥有大型、超大型矿床的多为钨、铝、锑、铅锌、镍、稀土、菱铁矿、石墨等矿产；一些重要支柱矿产如铁、铜、铝、金及石油天然气等矿产，以中小型为主，不利于规模开发，单个矿床难以形成较大的产量，影响资源开发的总体效益。我国至今尚未发现特大型的富铁矿（5亿吨级）和富铜矿（500万吨级），而国外探明金属量超过1 000万吨的超大型铜矿60余座，其中有一半超过1 000万吨。目前我国已开采的329个铜矿，全年产量仅33.4万吨。世界超200吨的超大型金矿有48个，我国金矿超过60吨的产地也仅有7处。可露采的矿产地少，如煤矿可露采的储量仅占7%，而美国、澳大利亚露采矿分别占总产量的60%和70%，因此生产效率、成本、回采率等，都难以与国外的相比。在金属矿产中，我国70%以上的铝土矿、80%以上的铜矿、90%以上的镍矿都需坑采。而硫铁矿全国可露采的仅15%。此外，由于矿床规模偏小，并以坑采为主，不能形成规模开发。这些都是造成我国矿产资源开发效率和经济效益低的重要原因。

（6）矿产资源地理分布不均衡，产区与加工消费区错位。由于地质成矿条件不同，导致我国部分重要矿产分布特别集中。90%的煤炭查明资源储量集中于华北、西北和西南，这些地区的工业产值占全国工业总产值不到30%，而东北、华东和中南地区的煤炭资源仅占全国10%左右，其工业产值却占全国的70%多；70%的磷矿查明资源储量集中于云、贵、川、鄂四省；铁矿主要集中在辽、冀、川、晋等省，其开发利用也受到一定程度的限制。北煤南调、西煤东运、西电东送和南磷北调的局面将长期存在。

此外，近年来虽然在西部边远地区发现了一批大型、特大型矿区，但开发难度亦大。基于矿产分布的不平衡态势，今后我国矿业发展战略重心西移已成必然之势。

（7）能源矿产结构性矛盾突出。2005年我国一次能源消费结构中，煤炭占68.7%，石油占21.2%，天然气占2.8%，水电占7.3%。煤炭消费所占比例过大，能源效率低，煤炭燃烧还带来严重的环境问题。我国非能源矿产资源品种齐全，但存在着严重的结构性短缺，铁、锰、铜、铝等大宗矿产可采资源后备储量不足，铬、钾盐严重短缺；钨、锑、锡、稀土等优势矿产富矿多、质量好、储量丰富，但存在生产及出口过量、不少矿产品出口价格偏低、储量消耗速度过快、资源利用效率不高等问题，资源优势正在下降。

（8）贫矿多，富矿、易选的矿少，致使商品矿的成本大大增加。我国支柱性矿产大多存在这样的问题。我国铁矿平均品位仅33%，比世界铁矿平均品位低10%，而国外主要铁矿生产国如澳大利亚、巴西、印度、俄罗斯等，其铁矿石不经选矿品位就可达62%的商品矿石品位。我国锰矿平均品位仅22%，不到世界锰商品矿石工业标准48%的一半，且多属难选的碳酸锰。我国铜矿平均品位仅0.87%，而智利、赞比亚分别为1.5%和2%。我国铝土矿几乎全是一水硬铝石，生产成本远高于美、加、澳等国的三水或一水软铝石。磷矿全国平均品位仅17%，富矿储量仅占6.6%，且胶磷矿多，选矿难度大。我国硫矿以硫铁矿为主，贫矿多、富矿少，一级品富矿储量仅占4.3%，而国外大多以自然硫和回收油气副产硫为主。钾盐我国严重短缺，现在利用的盐湖钾镁盐，其开发的成本效益根本无法与国外固态氯化钾的相比。

（三）矿产资源开发利用情况

新中国成立以来，矿业部门以丰富的地质勘查成果为基础，建成了一大批矿业基地，依托矿业发展起来的城镇达 300 多座，它们在我国国民经济发展中发挥了重要作用。目前全国已建成国有矿山企业 8 840 个，集体与个体矿山企业 26 万个，从事矿业的人员总数近 200 万人，已开发利用的矿产达 139 种。如 1997 年全年固体矿石总产量达 46.29 亿吨（其中煤、黑色及有色等矿石产量共 25.45 亿吨，砂石、黏土产量 20.84 亿吨），石油 1.41 亿吨，天然气 160 亿立方米。但是，目前我国矿产资源浪费损失现象十分严重，资源回收利用水平低，对共生、伴生矿产进行综合利用的矿山只占 1/3，而且大多数矿山的利用率很低，总回收率只有 30%~50%。其次是矿产开发秩序混乱，乱采滥挖现象时有发生，在工业生产中，能源、材料浪费大的问题仍然比较突出。

我国矿产资源对国民经济建设的保证程度可分为以下四类情形：

（1）资源丰富、储量充足，可充分保证国内需要，并能出口创汇的矿产有煤、钨、锡、钼、稀土、盐、石墨、萤石、菱镁矿、重晶石、滑石、石膏、高岭土、硅藻土、膨润土、硅灰石、水泥灰岩、玻璃硅质原料、石材等 19 种。

（2）探明储量并可基本保证到 2000 年之前的需要，但 2000 年后资源形势将趋势紧张的矿产有铁、锰、铅、锌、镍、硫、磷、铜、石棉、海泡石和凹凸棒石等 11 种。有人预测到 2000 年，铜只能达到自给 75%。

（3）有一定资源潜力，但探明的后备储量不足，目前可供利用的储量有较大缺口的矿产有石油、天然气、铜、金、银等 5 种。

（4）探明储量短缺，且资源前景不明朗的矿产有钾盐、铬、铂、族、硼、金刚石等 6 种，其中钾盐用量最大，对农业生产有重要影响。

现有矿山不少已进入中后期，原开采资源近于枯竭，今后生产能力将迅速递减，若将这一因素考虑进去，2000 年后，我国矿产资源形势更为严峻。到 2020 年，我国将处于工业化中期，加之人口增长，对矿物能源与原材料的需求总量相当大。今后 10 年间的地质勘查工作若不能有效加强，矿产资源不能得到合理的保护，多数矿产将日趋短缺，我国工业发展将面临“无米下锅”的局面。

二、矿产资源保护法规体系

为了保护和合理利用矿产资源，我国十分重视矿产资源保护的立法。早在 1951 年，当时的政务院就颁发了《中华人民共和国矿业暂行条例》。目前，我国的矿产资源保护法主要由《矿产资源法》、《矿产资源法实施细则》、《矿产资源勘查登记管理暂行办法》、《全民所有制矿山企业采矿登记管理暂行办法》、《矿产资源监督管理暂行办法》、《石油及天然气勘查、开采登记管理暂行办法》、《中外合作开采陆上石油资源缴纳矿区使用费暂行规定》、《矿产资源补偿费征收管理规定》、《中华人民共和国煤炭法》、《煤炭生产许可证管理办法》、《乡镇煤矿管理条例》等组成。

三、矿产资源保护的基本原则

(一) 矿产资源国家所有的原则

矿产资源国家所有权制度是我国国家财产所有权制度的重要组成部分。矿产资源国家所有权制度具有以下三个特点：①主体的统一性。中华人民共和国在其领域及管辖的其他海域内拥有一切矿产资源的所有权，并统一行使所有权。矿产资源国家所有权不因矿产资源所依附的土地所有权或使用权的不同而改变，我国土地所有权分为国家所有和集体所有，而矿产资源只有国家所有。②客体的保护性。我国宪法和法律严格保护矿产资源，侵犯矿产资源国家所有权不仅要承担民事责任、行政责任，还可能承担刑事责任。③对世性和公示性。对世性表现为国家对矿产资源的直接支配关系，并排斥他人支配的权利，通过对矿产资源的绝对支配关系，表现为对抗世人的法律权利。公示性是由对世性所决定的，传统物权的公示方式为占有和登记，而矿产资源国家所有权是法律直接规定的，法律推定为公知状态，法律规定当然具有公示效力。

(二) 国家对矿产资源实行集中统一管理的原则

对矿产资源实行集中统一管理的原则即中央只授权一个机构行使矿产资源的集中管理、统一规划、依法调控、统筹决策的权力，确保矿产资源开发利用的基本规则统一有效。这样便于正确处理中央、地方、企业和资源开发所在地民众的利益关系，运用法律、经济、行政手段，化解矛盾，凝聚合力，形成有利于矿业发展的良好氛围；遵循人与自然协调发展的规律，建立人与自然相协调的矿业组织形式、相关制度和相应政策，把矿业活动限制在生态许可的限度内，同时也有利于建立环境补偿机制，形成可持续发展的生态系统，建设一种螺旋式发展的新的自然动态平衡，实现经济效益、社会效益和生态效益三者的统一。

(三) 矿产资源有偿使用和依法勘查、开采的原则

矿产资源作为支撑国民经济发展的重要战略物资，具有不可再生性。同时，开发矿产资源又不可避免地会对生态环境造成一定破坏。当前，我国正处于综合国力蓬勃发展的大好阶段，对各类矿产资源的需求十分巨大，如何有效地提高矿产资源的开发利用率，并在开发中保护好自然，为子孙后代留下一个青山常在、绿水长流的环境，越来越成为一个严峻的课题摆在当代人面前。如果无节制地开采，将很快耗尽资源或者造成资源短缺；如果在开采过程中不注意对矿产本身的保护和环境的保护，将严重影响经济的可持续发展能力，所以依照法律规定的条件程序依法、科学地勘查和开采是珍惜、保护资源和环境的重要措施。

矿产资源有偿使用是建立资源开发良性经济机制的最有效途径。矿产资源有偿使用制度全面推进，规范矿业权市场主要通过市场竞争确定勘查主体；对高风险性勘查继续坚持申请在先原则，只要没有他人申请并符合规定，申请人就可以取得探矿权。找不到矿，风险自担；找到矿，优先取得采矿权。根据矿产资源赋存特点和地质勘查工作程

度，准确区分不同出让方式的政策界限，依照法律、法规、国际惯例和市场经济需要，切实保护矿业权人权益、维护市场公平和国家权益。

（四）合理开发利用的原则

矿产资源是人类生存和发展的重要物质基础，随着经济规模的迅速扩大，我国资源消耗速度明显加快，需求增长，资源供应日趋紧张，对进口的依赖越来越高，矿产资源长期的过度开发，特别是乱采滥挖，使得生态环境脆弱，环境污染问题突出，资源短缺与浪费并存，人口、资源和环境已经成为我国社会可持续发展的重要制约因素。

合理开发和利用矿产资源，就是要全面落实科学发展观，加快矿产资源的循环经济发展，建立人与自然和谐、经济持续发展的和谐社会目标，努力提高矿产资源开发利用率，减少废弃物的排放，有效地保护生态环境，实现以最小的资源消耗和代价，实现最大经济效益、社会效益和环境效益，它的本质就是要以资源的可持续利用来保障经济的发展。

（五）保护矿产资源与保护环境相协调的原则

在矿产资源开发中，既要合理开发利用矿产资源，又要有效保护自然生态环境，将两者有机地协调起来，不仅非常重要，而且十分紧迫。当今世界经济发展80%的原材料和95%以上的能源取之于矿产。从一定意义上说，没有矿产资源的开发利用，就没有工业化、城市化和现代化。但是，矿产开发出于自身的性质和特点，必然伴随着对环境的破坏，用科学的发展观来指导矿产资源的开发，树立全面、协调、可持续的发展观，就能够做到矿产开发和环境保护相协调。这就要求我们在开发利用矿产资源的同时，必须切实加强对自然生态环境的保护，把两者有机地协调起来。

具体的做法是：在全面实施矿产资源开发规划中求协调。一是开发矿山规划要合理。所有矿产资源规划都要划分禁采区、限采区和开采区。二是开采方案要科学。所有开采矿山不仅要编制开发利用方案，方案必须科学，而且要有合理的开采以及土地的功能定位，与周边的环境相协调。开发利用方案必须经过专家的评审，没有开发利用方案和环境影响评价报告，不得开采。三是治理工作要到位。要督促采矿法人按照有关要求，积极恢复治理矿山自然生态环境。应当在开采过程中，分期进行局部土地的整治复绿工作。

四、矿产资源保护的基本法律制度

（一）矿产资源集中统一管理和分级管理制度

我国的矿产资源实行主管与协管相结合的监督管理体制，即国务院地质矿产主管部门主管全国矿产资源勘查、开采的监督管理工作，国务院有关主管部门协助国务院地质矿产部门进行矿产资源勘查、开采的监督管理工作，省、自治区、直辖市人民政府地质矿产主管部门主管本行政区域内矿产资源勘查、开采的监督管理工作。

设区的市人民政府、自治州人民政府和县级人民政府及其负责管理矿产资源的部门，依法对本级人民政府批准开办的国有矿山企业和本行政区域内的集体所有制矿山企业、个体采矿者以及在本行政区域内从事勘查施工的单位和个人进行监督管理，依法保护探矿权人、采矿权人的合法权益。

开采下列矿产资源的，由国务院地质矿产主管部门审批，并颁发采矿许可证：

（1）国家规划矿区和对国民经济具有重要价值的矿区内的矿产资源；

（2）除以上规定区域以外可供开采的矿产储量规模在大型以上的矿产资源；

（3）国家规定实行保护性开采的特定矿种；

（4）领海及中国管辖的其他海域的矿产资源；

（5）国务院规定的其他矿产资源。

开采石油、天然气、放射性矿产等特定矿种的，可以由国务院授权的有关主管部门审批，并颁发采矿许可证。开采第（1）、（2）项规定以外的矿产资源，其可供开采的矿产的储量规模为中型的，由省、自治区、直辖市人民代表大会常务委员会依法制定。开采第（1）、（2）、（3）项规定以外的矿产资源的管理办法，由省、自治区、直辖市人民政府地质矿产主管部门汇总向国务院地质矿产主管部门备案。矿产储量规模的大型、中型的划分标准，由国务院矿产储量审批机构规定。

（二）矿业权管理制度

矿产资源的所有权是矿产资源法律关系主体对矿产资源占有、使用、收益和处分的权利。按照我国《矿产资源法》的规定，我国的矿产资源实行单一的所有权制度，即矿产资源属于国家所有，由国务院行使国家对矿产资源的所有权。地表或地下的矿产资源的国家所有权，不因其所依附的土地的所有权或使用权的不同而改变。国家保障矿产资源的合理开发利用。禁止任何组织或个人用任何手段侵占或者破坏矿产资源。各级人民政府必须加强矿产资源的保护工作。

国家对矿产资源的勘查、开采实行许可证制度。勘查矿产资源，必须依法申请登记，领取勘查许可证，取得探矿权；开采矿产资源，必须依法申请登记，领取采矿许可证，取得采矿权。矿产资源勘查工作区范围和开采矿区范围，以经纬度划分的区块为基本单位。具体办法由国务院地质矿产主管部门制定。

探矿权是指在依法取得的勘查许可证规定的范围内勘查矿产资源的权利。取得勘查许可证的单位或个人称为探矿权人。探矿权人依法享有的权利包括：按照勘查许可证规定的区域、期限及工作对象进行勘查；在勘查作业区及相邻区域架设供电、供水、通信管线；在勘查作业区及相邻区域通行；根据工程需要临时使用土地；优先取得勘查作业区内新发现矿种的探矿权；优先取得勘查作业区内矿产资源的采矿权；自行销售除国务院规定由指定单位统一收购的矿产品之外的勘查中按照批准的工程设计施工回收的矿产品。

采矿权是指在依法取得的采矿许可证规定的范围内开采矿产资源和获得所开采的矿产品的权利。取得采矿许可证的单位或者个人称为采矿权人。采矿权人享有的权利包括：按照采矿许可证规定的范围和期限从事开采活动；自行销售除国务院规定由指定的单位统一收购的矿产品之外的矿产品；在矿区范围内建设采矿所需的生产和生活设施；根据生产建设的需要依法取得土地使用权；法律、法规规定的其他权利。

探矿权、采矿权的取得必须由具备法定条件者经过申请和管理部门的审查和批准，并依法办理登记，取得矿产资源勘查许可证、采矿许可证。依法取得的探矿权、采矿权受法律保护。

勘查、开采矿产资源，必须依法分别申请、经批准取得探矿权、采矿权，并办理登记；但是，已经依法申请取得采矿权的矿山企业在划定的矿区范围内为本企业的生产而进行的勘查除外。国家保护探矿权和采矿权不受侵犯，保障矿区和勘查作业区的生产秩序、工作秩序不受影响和破坏。从事矿产资源勘查和开采的，必须符合规定的资质条件。国家保障依法设立的矿山企业开采矿产资源的合法权益。国有矿山企业是开采矿产资源的主体。国家保障国有矿业经济的巩固和发展。

国家实行探矿权、采矿权有偿取得制度。开采矿产资源，必须按照国家有关规定缴纳资源税和资源补偿费。除按下列规定可以转让外，探矿权、采矿权不得转让：

（1）探矿权人有权在划定的勘查作业区内进行规定的勘查作业，有权优先取得勘查作业区内矿产资源的采矿权。探矿权人在完成规定的最低勘查投入后，经依法批准，可以将探矿权转让他人。

（2）已取得采矿权的矿山企业，因企业合并、分立，与他人合资、合作经营，或者因企业资产出售以及有其他变更企业资产产权的情形而需要变更采矿权主体的，经依法批准可以将采矿权转让他人采矿。具体办法和实施步骤由国务院规定。禁止将探矿权、采矿权倒卖牟利。

（三）矿产资源有偿使用制度

国家实行探矿权、采矿权有偿取得的制度；但是，国家对探矿权、采矿权有偿取得的费用，可以根据不同情况规定予以减缴、免缴。具体办法和实施步骤由国务院规定。开采矿产资源，必须照国家有关规定缴纳资源税和资源补偿费。但是，探矿权人在没有农作物和其他附着物的荒岭、荒坡、荒地、荒漠、沙滩、河滩、湖滩、海滩上进行勘查的，不予补偿。

矿产资源勘查报告及其他有价值的勘查资料，按照国务院有关规定实行有偿使用。探矿权人取得临时使用土地权后，在勘查过程中给他人造成财产损害的，按照下列规定给以补偿：

（1）对耕地造成损害的，根据受损害的耕地面积前三年平均年产量，以补偿时当地市场平均价格计算，逐年给以补偿，并负责恢复耕地的生产条件，及时归还。

（2）对牧区草场造成损害的，按照前项规定逐年给以补偿，并负责恢复草场植被，及时归还。

（3）对耕地上的农作物、经济作物造成损害的，根据受损害的耕地面积前三年平均年产量，以补偿时当地市场平均价格计算，给以补偿。

（4）对竹木造成损害的，根据实际损害株数，以补偿时当地市场平均价值逐株计算，给以补偿。

（5）对土地上的附着物造成损害的，根据实际损害的程度，以补偿时当地市场价格，给以适当补偿。

（四）矿山生态环境保护制度

进行矿产勘查作业不得阻碍或者损害航运、灌溉、防洪等活动或者设施，勘查作业结束后应当采取措施，防止水土流失，保护生态环境。实行有效保护、合理开采、综合利用矿产资源的原则，开采矿产资源，必须遵守有关环境保护的法律规定，防止污染环境。单位或者个人开采矿产资源前，应当委托持有相应矿山设计证书的单位进行可行性研究和设计，开采零星分散矿产资源和用作建筑材料的砂、石、黏土的，可以不进行可行性研究和设计，但是应当有开采方案和环境保护措施。开采时必须遵守国家有关劳动安全、水土保持、土地复垦和环境保护的法律、法规。

需要关闭矿山的，要按照批准的关闭矿山报告，完成有关劳动安全、水土保持、土地复垦和环境保护工作，或者缴清土地复垦和环境保护的有关费用。耕地、草原、林地因采矿受到破坏的，矿山企业应当因地制宜地采取复垦利用、植树种草或者其他利用措施。

（五）矿产资源监督管理制度

国家对矿产资源勘查实行统一的区块登记管理制度。矿产资源勘查登记工作，由国务院地质矿产主管部门负责；特定矿种的矿产资源勘查登记工作，可以由国务院授权有关主管部门负责。矿产资源勘查区块登记管理办法由国务院制定。

设立矿山企业，必须符合国家规定的资质条件，并依照法律和国家有关规定，由审批机关对其矿区范围、矿山设计或者开采方案、生产技术条件、安全措施和环境保护措施等进行审查，审查合格的，方予批准。

国家对国家规划矿区、对国民经济具有重要价值的矿区和国家规定实行保护性开采的特定矿种实行有计划的开采；未经国务院有关主管部门批准，任何单位和个人不得开采。国家规划矿区的范围、对国民经济具有重要价值的矿区的范围和矿山企业矿区的范围依法划定后，由划定矿区范围的主管机关通知有关县级人民政府予以公告。矿山企业变更矿区范围，必须报请原审批机关批准，并报请原颁发采矿许可证的机关重新核发采矿许可证。地方各级人民政府应当采取措施，维护本行政区域内的国有矿山企业和其他矿山企业矿区范围内的正常秩序。禁止任何单位和个人进入他人依法设立的国有矿山企业和其他矿山企业矿区范围内采矿。非经国务院授权的有关主管部门同意，不得在下列地区开采矿产资源：

（1）港口、机场、国防工程设施圈定地区以内；

（2）重要工业区、大型水利工程设施、城镇市政工程设施附近一定距离以内；

（3）铁路、重要公路两侧一定距离以内；

（4）重要河流、堤坝两侧一定距离以内；

（5）国家划定的自然保护区、重要风景区，国家重点保护的不能移动的历史文物和名胜古迹所在地；

（6）国家规定不得开采矿产资源的其他地区。

关闭矿山，必须提出矿山闭坑报告及有关采掘工程、安全隐患、土地复垦利用、环境保护的资料，并按照国家规定报请审查批准。勘查、开采矿产资源时，发现具有重大科学文化价值的罕见地质现象以及文化古迹，应当加以保护并及时报告有关部门。

国务院规定由指定的单位统一收购的矿产品，任何其他单位或者个人不得收购；开采者不得向非指定单位销售。

（六）矿产资源规划制度

对矿产资源勘查成果档案资料和各类矿产储量的统计资料，实行统一的管理制度，按照国务院规定汇交或者填报。区域地质调查按照国家统一规划进行。区域地质调查的报告和图件按照国家规定验收，提供有关部门使用。

国家对集体矿山企业和个体采矿实行积极扶持、合理规划、正确引导、加强管理的方针，鼓励集体矿山企业开采国家指定范围内的矿产资源，允许个人采挖零星分散资源和只能用作普通建筑材料的砂、石、黏土以及为生活自用采挖少量矿产。矿产储量规模适宜由矿山企业开采的矿产资源、国家规定实行保护性开采的特定矿种和国家规定禁止个人开采的其他矿产资源，个人不得开采。国家指导、帮助集体矿山企业和个体采矿不断提高技术水平、资源利用率和经济效益。地质矿产主管部门、地质工作单位和国有矿山企业应当按照积极支持、有偿互惠的原则向集体矿山企业和个体采矿提供地质资料和技术服务。

国务院和国务院有关主管部门批准开办的矿山企业矿区范围内已有的集体矿山企业，应当关闭或者到指定的其他地点开采，由矿山建设单位给予合理的补偿，并妥善安置群众生活；也可以按照该矿山企业的统筹安排，实行联合经营。集体矿山企业和个体采矿应当提高技术水平，提高矿产资源回收率。禁止乱挖滥采，破坏矿产资源。集体矿山企业必须测绘井上、井下工程对照图。县级以上人民政府应当指导、帮助集体矿山企业和人体采矿进行技术改造，改善经营管理，加强安全生产。

（七）矿产资源储量登记、统计管理制度

对矿产资源勘查成果档案资料和各类矿产储量的统计资料，实行统一的管理制度，按照国务院规定汇交或者填报。国务院矿产储量审批机构或者省、自治区、直辖市矿产储量审批机构负责审查批准供矿山建设设计使用的勘探报告，并在规定的期限内批复报送单位。勘探报告未经批准，不得作为矿山建设设计的依据。

五、法律责任

（一）没有经过批准或者超越批准权限擅自采矿的法律责任

违反《矿产资源法》规定，有下列行为之一的，对主管人员和直接责任人员给予行政处分；构成犯罪的，依法追究刑事责任：批准不符合办矿条件的单位或者个人开办

矿山的；对未经依法批准的矿山企业或者个人颁发采矿许可证的。未取得采矿许可证擅自采矿的，擅自进入国家规划矿区、对国民经济具有重要价值的矿区范围采矿的，擅自开采国家规定实行保护性开采的特定矿种的，责令停止开采、赔偿损失，没收采出的矿产品和违法所得，可以并处罚款；拒不停止开采，造成矿产资源破坏的，依照《刑法》第一百五十六条的规定对直接责任人员追究刑事责任。超越批准的矿区范围采矿的，责令退回本矿区范围内开采、赔偿损失，没收越界开采的矿产品和违法所得，可以并处罚款；拒不退回本矿区范围内开采，造成矿资源破坏的，吊销采矿许可证，依照《刑法》第一百五十六条的规定对直接责任人员追究刑事责任。行政处罚由县级以上人民政府负责地质矿产管理工作的部门按照国务院地质矿产主管部门规定的权限决定。

（二）破坏矿区和勘查作业区的生产秩序、工作秩序的法律责任

盗窃、抢夺矿山企业和勘查单位的矿产品和其他财物的，破坏采矿、勘查设施的，扰乱矿区和勘查作业区的生产秩序、工作秩序的，分别依照《刑法》有关规定追究刑事责任；情节显著轻微的，依照《治安管理处罚条例》有关规定予以处罚。

（三）非法转让矿产资源及探矿权、采矿权的法律责任

买卖、出租或者以其他形式转让矿产资源的，没收违法所得，处以罚款。违反《矿产资源法》第六条的规定将探矿权、采矿权倒卖牟利的，吊销勘查许可证、采矿许可证，没收违法所得，处以罚款。由县级以上人民政府负责地质矿产管理工作的部门按照国务院地质矿产主管部门规定的权限决定处罚。

违反《矿产资源法》的规定收购和销售国家统一收购的矿产品的，没收矿产品和违法所得，可以并处罚款；情节严重的，依照《刑法》第一百一十七条、第一百一十八条的规定，追究刑事责任。行政处罚由县级以上人民政府工商行政管理部门决定。

（四）采取破坏性的开采方法开采矿产资源的法律责任

违反《矿产资源法》规定，采取破坏性的开采方法开采矿产资源的，处以罚款，可以吊销采矿许可证；造成矿产资源严重破坏的，依照《刑法》第一百五十六条的规定对直接责任人员追究刑事责任。行政处罚由省、自治区、直辖市人民政府地质矿产主管部门决定。给予吊销勘查许可证或者采矿许可证处罚的，须由原发证机关决定。

（五）矿产资源管理人员徇私舞弊、滥用职权或者玩忽职守的法律责任

按照《矿产资源法》规定应当给予行政处罚而不给予行政处罚的，上级人民政府地质矿产主管部门有权责令改正或者直接给予行政处罚。负责矿产资源勘查、开采监督管理工作的国家工作人员和其他有关国家工作人员徇私舞弊、滥用职权或者玩忽职守，违反《矿产资源法》规定批准勘查、开采矿产资源和颁发勘查许可证、采矿许可证，或者对违法采矿行为不依法予以制止、处罚，构成犯罪的，依法追究刑事责任；不构成犯罪的，给予行政处分。违法颁发的勘查许可证、采矿许可证，上级人民政府地质矿产主管部门有权予以撤销。

（六）以暴力抗拒矿产资源管理人员执法的法律责任

以暴力、威胁方法阻碍从事矿产资源勘查、开采监督管理工作的国家工作人员依法执行职务的，依照《刑法》第一百五十七条的规定追究刑事责任；拒绝、阻碍从事矿产资源勘查、开采监督管理工作的国家工作人员依法执行职务使用暴力、威胁方法的，由公安机关依照治安管理处罚条例的规定处罚。

（七）对处分不服和争议的处理程序

当事人对行政处罚决定不服的，可以依法申请复议，也可以依法直接向人民法院起诉。当事人逾期不申请复议也不向人民法院起诉，又不履行处罚决定的，由作出处罚决定的机关申请人民法院强制执行。

矿山企业之间的矿区范围的争议，由当事人协商解决，协商不成的，由有关县级以上地方人民政府根据依法核定的矿区范围处理；跨省、自治区、直辖市人民政府协商解决，协商不成的，由国务院处理。

【案例分析】

【案情】

某村村民徐某等人于1996年申请采矿许可证，他们所开采的矿藏属于国家保护性开采的特定矿种，且在该县大型水利工程设施附近。省矿管局因矿井位于大型水利工程设施下，属于不得开采矿产资源的地区，未予批准发证。而徐某等人在没有开采许可证的情况下动工开采。由于徐某乱采滥挖，争抢矿产资源，严重破坏了河堤防水设施。省矿管局责令徐某等其他无证开采者停产封井，但徐某等人拒不执行。1999年5月，徐某的煤矿与另一煤井互相贯通，酿成10人死亡、6人重伤的重大事故。

【问题】

（1）徐某要求省矿管局发放开采许可证的行为是否合乎法律规定？为什么？

（2）省矿管局责令徐某等停产封井是否符合法律规定？为什么？

（3）对本案中的严重后果，徐某应承担什么责任？

【解析】

（1）不符合法律规定。因为，按照《矿产资源法》的规定，采矿必须发放许可证。开采国家保护性特种矿藏性矿产资源的，由国务院地质矿产主管部门审批，并颁发采矿许可证。此外，大型水利工程设施附近的矿藏的开采，只有国务院授权的部门才有权批准。

（2）符合法律规定。因为，根据法律规定，省级人民政府及其负责管理矿产资源的部门，依法对本行政区域内的集体所有制矿山企业、个体采矿者以及在本行政区域内从事勘查施工的单位和个人进行监督管理。本案徐某等人的非法采矿行为是严重违法的，省矿管局有权责令徐某等停产封井。

（3）由于徐某等擅自开采的是国家规定实行保护性开采的特定矿种，应当赔偿损失，没收采出的矿产品和违法所得，可以并处罚款，并依照《刑法》第一百五十六条的规定对徐某等人追究刑事责任。

第十四章　特殊区域环境保护法

第一节　特殊区域环境及其保护法概述

一、特殊区域环境

区域环境是指占有特定地域空间的各种自然因素或人工因素组成的综合体。区域环境具有独立的结构和特征，按功能可分为自然区域环境、人为区域环境、农业区域环境、旅游区域环境等，不同的区域环境所产生的环境问题是不同的。在区域环境中有一类对于科学、文化、教育、历史、美学、旅游、经济和环境保护等方面有着特殊价值的区域环境，如自然保护区、风景名胜区、文化遗迹等，这一类区域环境被称为特殊环境，它们或是大自然造就的宝贵自然遗产，或是在社会历史活动中由人力形成的人文遗迹，或是这两者的巧妙结合。由此，我们可以将特殊区域环境界定为在科学、历史、文化、教育、美学、旅游等方面具有特殊价值，并受到国家法律特殊保护的各种天然的和经过人工改造的自然因素的总称。[①] 一般而言，特殊区域环境是不可再生的，这些环境一旦遭受破坏便很难恢复，有些甚至是不可逆转的，它们是自然界和社会历史留给人类的宝贵财富，不仅仅是所在国家的财富，也是全人类的共同遗产。国际社会把自然保护区和国家公园占国土面积的百分比作为衡量该国自然保护事业及整个科学文化发展水平的重要标志，因此，必须采取更为妥善和严格的措施加以全面保护，防止其遭受破坏。

对特殊区域环境进行保护具有重大意义，具体表现在：

（1）进行特殊区域环境保护，保存了一部分自然环境资源的本来面目，对于保护生物的多样性有重大意义，为人类观察研究自然界的发展规律和人类对自然环境的影响提供了依据，也为我们研究和检测提供了上好的实验场所。

（2）进行特殊区域环境保护可以提高环境质量，保持生态平衡，满足人类对优美舒适环境的需求，对于提高人类生活水平有重要意义。特殊区域环境的天然景观和人文景观为人类保留了精神家园，保留了人与自然、与特殊的历史文化进行交流的领地。如各种风景名胜区、国家公园的设立，既保持了生态平衡，也为人类提供了欣赏自然、享受自然的条件。

（3）进行特殊区域环境保护可以保持水土、涵养水源、调节气候、维持生物圈的生态平衡、显著改善区域性的环境，从而提升人类的生活环境，并且特殊区域环境的保护对于促进农业生产具有不可忽视的作用。

---

① 朴光洙，刘定慧，马品懿. 环境法与环境执法. 北京：中国环境科学出版社，2002.150

二、特殊区域环境保护法

（一）特殊区域环境保护法概念及特征

特殊区域环境保护是指国家和社会为使特殊区域环境免遭人类活动的不利影响，根据特殊区域的特点和结构，采取比一般区域更为严格的保护措施，使其特殊价值得以保全的一系列活动的总称。特殊区域环境保护法是指由国家制定的调整在合理利用、保护和改善特殊环境过程中所产生的法律规范的总称。由于特殊区域环境保护法保护对象的特殊性，较之于一般区域环境保护法，其具有自身的特点：

（1）特殊区域环境保护法以建立、保护和管理特殊环境为主要内容，一般都规定了设置特殊环境保护区的法定程序和标准，并专门发布特殊环境保护区的名录、设置专门的管理机构对这些特殊环境进行管理。而一般区域环境保护法则不需要这样的程序和专门的管理机构。

（2）特殊区域环境保护法所规定的保护措施和制度较之于一般区域环境保护法更为严格，要求也更高。这是特殊区域环境的不可再生性对法律的客观要求。法律对这些区域所采取的态度往往是保护重于开发，有时甚至根本不允许进行开发，以保留特殊区域的原貌仅供科学研究等使用。

（3）由于特殊区域环境自身价值的独特性和不可替代性，使得法律的规定因不同的区域而有所区别，即使在同一类区域环境中，也因具体区域环境的个体性差异而导致法律规定有所不同。如对自然保护区的立法，会因自然保护区的森林类型、野生动物类型等的不同而不同。

（4）特殊区域环境保护法与各环境要素保护法相互衔接和配合，在特殊区域环境保护法中，既要遵守各环境要素保护法的一般规定，也要遵守其特殊的规定。因此，各环境要素保护法中对特殊区域的环境保护也作了相应的规定，而特殊区域环境保护法则规定得更为明确和具体。①

（二）特殊区域环境保护法立法状况

1872年，美国建立了世界上第一个国家公园——黄石国家公园，并先后制定了《黄石国家公园法》、《自然保护区法》、《国家野生动物庇护区系统管理法》、《原始风景河流法》、《联邦洞穴资源保护法》等法律。这种通过划定保护区等方法对特殊区域环境进行保护的方法已成为世界各国的通制。与此同时，国际社会也通过了保护特殊区域环境的规范性文件，如《关于特别是作为水禽栖息地的国际重要湿地公约》、《保护世界文化和自然遗产公约》和《生物多样性公约》等国际公约均有保护特殊环境的规定。我国对特殊区域环境的保护可以追溯到几千年前，如周文王时就建立了兼具现代的自然保护区和国家自然公园性质的“灵囿”，采取特殊措施加以保护；汉代曾在现在的西安、

① 吕忠梅. 环境法学. 北京：法律出版社，2004. 313

洛阳附近设立“上林苑”加以特殊保护；民间和宗教界也有许多将风景秀丽的地区视为“神山”、“风水地”加以保护的情况。就现代特殊区域环境保护来讲，我国于1956年在广东省肇庆市建立了全国第一个自然保护区——鼎湖山自然保护区，随后，云南西双版纳、福建万木林、黑龙江丰林等自然保护区相继建立。目前，我国特殊区域环境保护的立法主要有《环境保护法》、《中华人民共和国文物保护法》（以下简称《文物保护法》)、《森林法》、《渔业法》、《野生动物保护法》、《自然保护区条例》、《森林和野生动物类型自然保护区管理办法》、《风景名胜区管理暂行条例》和《森林公园管理法》等。这主要从三个方面对我国的特殊区域环境进行了保护：自然保护区法律规定、风景名胜区法律规定和历史文化遗迹保护法律规定。

第二节 自然保护区法

自然保护区是当代人类为保护自然环境和自然资源，应对日益加剧的生态破坏挑战而采取有效措施的产物，是体现人与自然和谐发展最具体、最直接的场所。建立自然保护区域的目的在于维持一定生态过程与生态系统的稳定、保护生物多样性及维护某种地理地质景观或历史文化价值等，这是世界各国通行有效的自然保护重要举措，也是《生物多样性公约》、《拉姆萨湿地公约》、《世界遗产公约》以及“人与生物圈”项目普遍要求各缔约国应承担的一项共同性的国际环境责任。在各国，往往是质量最好的自然环境、最好的自然景观和地质遗迹、最多样化的野生生物及其栖息地与生境、最关键的生态平衡要素等，大都已被纳入自然保护区域；而为了明确自然保护区域的地位、规范其建设与管理，各国普遍颁布有专门的立法或构建有系统的相关法律制度。可以说，一个国家的自然保护区区域面积与管理水准，特别是其法治化程度，已经成为衡量其文化、科学和经济发展水平的重要标志。

一、自然保护区概述

（一）自然保护区的概念

关于自然保护区的概念，国际社会并未形成统一的观点，如世界自然保护联盟(IUCN）将自然保护区的定义为：有相当大的面积，有一个或几个未受人类活动影响的生态系统，具有特殊的科学、教育、娱乐意义，或者拥有非常优美的自然景观，由最高国家管理机关采取一切可能措施，全面阻止或消除占用、开发利用活动，切实保护其生态地貌和美学特征，在特定条件下允许进行以精神、教学、文化及娱乐为目的的观赏活动。而美国《自然保护区法》规定的自然保护区则是指：“未经永久性改良或人类居住的、保持原始性质和影响力的、为保存其自然条件而受到保护和管理的符合下列条件的联邦土地：①基本上受自然力影响，不易觉察人类劳动痕迹；②极适于隐居或原始的和未确定类型的消遣活动；③面积至少为5 000英亩或为实际可执行的保存或无损害的利用所足够的面积；④具有生态的、地理的或其他科学的、观赏的或历史的价值。”根据我国《自然保护区条例》第二条的规定，自然保护区是指对有代表性的自然生态系统、珍稀濒危野生动植物物种的天然集中分布区、有特殊意义的自然遗迹等保护对象所在的陆地、陆地水体或者海域，依法划出一定面积予以特殊保护和管理的区域。由此可知，自然保护区既是构成整体环境的一种环境要素，又是保护自然环境的一种比较严格有效的形式，它是依照法定程序建立的，其目的在于有效保护和管理在科学、文化、教育、历史等方面具有重要意义和特殊价值的自然地域，是对环境和自然资源进行特殊保护和管理的一种地域保护形式。

（二）自然保护区的种类

由于对自然保护区含义和性质理解的不同，世界各国对自然保护区类型的划分并没有统一的标准。但国际自然及自然资源保护同盟曾在有关著作中把自然保护区分为十个类型，即科学保护区、国家公园、自然纪念物保护区、管理的自然保护区、景观保护区、资源保护区、人类学保护区、资源经营管理区、生物圈保护区、世界遗产保护地。在我国，迄今已建立各类各级自然保护区2 000余个，约占国土总面积的15%。我国的自然保护区可分为三个类别九种类型：①自然生态系统类，包括森林、草原与草甸、荒漠、内陆湿地及水域、海洋和海岸；②野生生物类，包括野生动物和野生植物；③自然遗迹类，包括地质遗迹和古生物遗迹。[①]

（三）自然保护区的作用

一般来看，自然保护区的主要作用是促进人与自然的和谐，重在保护自然环境和生物多样性，维持生物遗传资源、生态系统服务功能和自然景观资源的可持续利用，为科学研究、科普宣传、生态旅游等提供基地，具体来讲，自然保护区的作用主要有：①自然保护区能为人类提供生态系统的天然“本底”，从而为人类评价自身行为对环境的影响提供参照系数，为人类建立科学的人工生态系统提供了模式，也有利于人类确立防范生态环境遭受破坏的对策；②为各种珍稀濒危的野生动植物提供生存、繁衍的良好环境，是各种生物物种的天然贮存库，建立自然保护区有利于保护生物物种，维持生态平衡；③自然保护区是进行科学研究的天然实验室，是进行宣传教育的活的博物馆，自然保护区为人类提供教学、科研基地，促进教学、科研事业的发展，为社会经济建设服务；④有利于开发旅游资源，发展旅游事业，为人类提供游乐、休息场所。

从自然保护区的这些生态、经济、服务、教育等各方面的功能来看，它的保护目的并不是个人利益，而是整个人类的利益，具有全人类性、利他性与明显的公益性。

---

① 蔡守秋. 环境法学教程. 北京：科学出版社，2003.314

二、自然保护区的主要法律规定

（一）自然保护区的规划

根据我国《自然保护区条例》规定，国家采取有利于发展自然保护区的经济、技术政策和措施，将自然保护区的发展规划纳入国民经济和社会发展计划。国务院环境保护行政主管部门应当会同国务院有关自然保护区行政主管部门，在对全国自然环境和自然资源状况进行调查和评价的基础上，拟定国家自然保护区发展规划，经国务院计划部门综合平衡后，报国务院批准实施。自然保护区管理机构或者该自然保护区行政主管部门应当组织编制自然保护区的建设规划，按照规定的程序纳入国家的、地方的或者部门的投资计划，并组织实施。

（二）自然保护区的设立制度

1. 自然保护区的设立条件

根据我国法律规定，凡具有下列条件之一的，应当建立自然保护区：第一，典型的自然地理区域、有代表性的自然生态系统区域以及已经遭受破坏但经保护能够恢复的同类自然生态系统区域；第二，珍稀、濒危野生动植物物种的天然集中分布区域；第三，具有特殊保护价值的海域、海岸、岛屿、湿地、内陆水域、森林、草原和荒漠；第四，具有重大科学文化价值的地质构造、著名溶洞、化石分布区、冰川、火山、温泉等自然遗迹；第五，经国务院或者省、自治区、直辖市人民政府批准，需要予以特殊保护的其他自然区域。

2. 自然保护区的分级

自然保护区分为国家级自然保护区和地方级自然保护区。在国内外有典型意义、在科学上有重大国际影响或者有特殊科学研究价值的自然保护区，列为国家级自然保护区。除列为国家级自然保护区的外，其他具有典型意义或者重要科学研究价值的自然保护区列为地方级自然保护区。地方级自然保护区又可分为省级、市级和县级，实行分级管理。

3. 自然保护区的命名方法

国家级自然保护区：自然保护区所在地地名加“国家级自然保护区”。地方级自然保护区：自然保护区所在地地名加“地方级自然保护区”。有特殊保护对象的自然保护区，可以在自然保护区所在地地名后加特殊保护对象的名称。

4. 自然保护区的设立程序

申请设立自然保护区，必须填报设立自然保护区申报书并依法定程序申请报批，不同级别的自然保护区有不同的申报和审批程序：

（1）国家级自然保护区的建立。国家级自然保护区的建立，由自然保护区所在的省、自治区、直辖市人民政府或者国务院有关自然保护区行政主管部门提出申请，经国家级自然保护区评审委员会评审后，由国务院环境保护行政主管部门进行协调并提出审批建议，报国务院批准。

（2）地方级自然保护区的建立。地方级自然保护区的建立，由自然保护区所在的市、县、自治县、自治州人民政府或者省、自治区、直辖市人民政府有关自然保护区行政主管部门提出申请，经地方级自然保护区评审委员会评审后，由省、自治区、直辖市人民政府环境保护行政主管部门进行协调并提出审批建议，报省、自治区、直辖市人民政府批准，并报国务院环境保护行政主管部门和国务院有关自然保护区行政主管部门备案。

（3）跨两个以上行政区域的自然保护区的建立。跨两个以上行政区域的自然保护区的建立，由有关行政区域的人民政府协商一致后提出申请，并按照前文规定的程序审批。

此外，建立海上自然保护区，须经国务院批准。

（三）自然保护区的分区保护制度

为了有效保护和科学管理自然保护区，我国确立了自然保护区的分区保护制度，将自然保护区分为核心区、缓冲区和试验区。

（1）核心区。自然保护区内保存完好的天然状态的生态系统以及珍稀、濒危动植物的集中分布地，应当划为核心区，禁止任何单位和个人进入；因科学研究的需要，必须进入核心区从事科学研究观测、调查活动的，应当事先向自然保护区管理机构提交申请和活动计划，并经省级以上人民政府有关自然保护区行政主管部门批准；其中，进入国家级自然保护区核心区的，必须经国务院有关自然保护区行政主管部门批准。自然保护区核心区内原有居民确有必要迁出的，由自然保护区所在地的地方人民政府予以妥善安置。

（2）缓冲区。核心区外围可以划定一定面积的缓冲区，只准进入从事科学研究观测活动。禁止在自然保护区的缓冲区开展旅游和生产经营活动。因教学、科研的目的，需要进入自然保护区的缓冲区从事非破坏性的科学研究、教学实习和标本采集活动的，应当事先向自然保护区管理机构提交申请和活动计划，经自然保护区管理机构批准。

（3）试验区。缓冲区外围划为实验区，可以进入从事科学试验、教学实习、参观考察、旅游以及驯化、繁殖珍稀、濒危野生动植物等活动。

原批准建立自然保护区的人民政府认为必要时，可以在自然保护区的外围划定一定面积的外围保护地带。

（四）自然保护区的管理

1. 自然保护区的管理体制和管理机构

国家对自然保护区实行综合管理与分部门管理相结合的管理体制，其具体规定是：国务院环境保护行政主管部门负责全国自然保护区的综合管理。国务院林业、农业、地质矿产、水利、海洋等有关行政主管部门在各自的职责范围内，主管有关的自然保护区。县级以上地方人民政府负责自然保护区管理的部门的设置和职责，由省、自治区、直辖市人民政府根据当地具体情况确定。全国自然保护区管理的技术规范和标准，由国务院环境保护行政主管部门组织国务院有关自然保护区行政主管部门制定。国务院有关自然保护区行政主管部门可以按照职责分工，制定有关类型自然保护区管理的技术规范，报国务院环境保护行政主管部门备案。县级以上人民政府环境保护行政主管部门有权对本行政区域内各类自然保护区的管理进行监督检查；县级以上人民政府有关自然保护区行政主管部门有权对其主管的自然保护区的管理进行监督检查。被检查的单位应当如实反映情况，提供必要的资料。检查者应当为被检查的单位保守技术秘密和业务秘密。

国家级自然保护区，由其所在地的省、自治区、直辖市人民政府有关自然保护区行政主管部门或者国务院有关自然保护区行政主管部门管理。地方级自然保护区，由其所在地的县级以上地方人民政府有关自然保护区行政主管部门管理。有关自然保护区行政主管部门应当在自然保护区内设立专门的管理机构，配备专业技术人员，负责自然保护区的具体管理工作。自然保护区管理机构的主要职责是：贯彻执行国家有关自然保护的法律、法规和方针、政策；制定自然保护区的各项管理制度，统一管理自然保护区；调查自然资源并建立档案，组织环境监测，保护自然保护区内的自然环境和自然资源；组织或者协助有关部门开展自然保护区的科学研究工作；进行自然保护的宣传教育；在不影响保护自然保护区的自然环境和自然资源的前提下，组织开展参观、旅游等活动。

2. 自然保护区的禁限制度

（1）禁止和限制自然保护区内的人为活动。在自然保护区内的单位、居民和经批准进入自然保护区的人员，必须遵守自然保护区的各项管理制度，除法律、行政法规另有规定外，禁止在自然保护区进行砍伐、放牧、狩猎、捕捞、采药、开垦、烧荒、开矿、采石、挖沙等活动；在自然保护区的核心区和缓冲区内，不得建设任何生产设施；在自然保护区的实验区内，不得建设污染环境、破坏资源或者景观的生产设施；建设其他项目，其污染物排放不得超过国家和地方规定的污染物排放标准；在自然保护区的实验区内已经建成的设施，其污染物排放超过国家和地方规定的排放标准的，应当限期治理；造成损害的，必须采取补救措施；在自然保护区的外围保护地带建设的项目，也不得损害自然保护区的环境质量，已经造成损害的，应当限期治理。

（2）对在自然保护区开展参观、旅游活动的管理。在国家级自然保护区的实验区开展参观、旅游活动的，由自然保护区管理机构提出方案，经省、自治区、直辖市人民政府有关自然保护区行政主管部门审核后，报国务院有关自然保护区行政主管部门批准；在地方级自然保护区的实验区开展参观、旅游活动的，由自然保护区管理机构提出方案，经省、自治区、直辖市人民政府有关自然保护区行政主管部门批准。在自然保护区组织参观、旅游活动的，必须按照批准的方案进行，并加强管理；进入自然保护区参观、旅游的单位和个人，应当服从自然保护区管理机构的管理。严禁开设与自然保护区保护方向不一致的参观、旅游项目。

（3）对外国人的限制。外国人进入自然保护区，应当遵守有关自然保护区的法律、法规和规定。外国人进入地方级自然保护区的，接待单位应当事先报经省、自治区、直辖市人民政府有关自然保护区行政主管部门批准；进入国家级自然保护区的，接待单位应当报经国务院有关自然保护区行政主管部门批准。

（4）事故处理和报告制度。因发生事故或者其他突然性事件，造成或者可能造成自然保护区污染或者破坏的单位和个人，必须立即采取措施处理，及时通报可能受到危害的单位和居民，并向自然保护区管理机构、当地环境保护行政主管部门和自然保护区行政主管部门报告，接受调查处理。

第三节　风景名胜区保护法

一、风景名胜区

(一) 风景名胜区的概念、特征和意义

风景名胜区是指依照法律规定的条件和标准，从环境中特别划定并加以特别保护的一些具有观赏、文化或者科学价值，自然景观、人文景观比较集中，环境优美，可供人们游览或者进行科学、文化活动的区域。风景名胜资源是指具有观赏、文化或科学价值的山河、湖泊、地貌、森林、动植物、化石、特殊地质、天文气象等自然景物和文物古迹、革命纪念地、历史遗址、园林、建筑、工程设施等人文景观和它们所处的环境以及风土人情等。

风景名胜资源是一种不可再生资源，它具有永续性、经济性、地域性、季节性等特征。保护风景名胜区具有重要的意义，具体表现在：①

（1）风景名胜区是维护国土风貌、优化生态环境的重要方式。风景名胜区往往山水风光秀丽，名胜古迹众多，是国家和民族的宝贵财富，应使其受到法律保护。通过风景名胜区的保护，制止可能导致污染、破坏环境的人为活动，从而优化生态环境，保存绚丽多彩的国土风貌。

（2）风景名胜区是弘扬民族文化、激发爱国热情的重要场所。风景名胜区不仅有美丽的自然风光，还有文化古迹、革命纪念地、历史遗迹、园林、古建筑、古代工程等。人们通过游览、观赏这些人文景物，可以得到丰富的历史知识，了解民族的传统文化，从而弘扬民族文化，激发爱国热情。

（3）风景名胜区是促进旅游事业发展的物质基础。风景名胜区具有特定美学价值的自然和人文景物以及风土人情，并具有相当的欣赏价值。与自然保护区不同，它可以供人游览参观，并允许一定的人工装饰与恢复。因此，利用风景名胜区丰富多彩的自然景物和人文景物发展旅游业，对旅游者具有很大的吸引力。

（4）风景名胜区是推动地区经济发展的重要因素。随着旅游业的发展，必然推动风景名胜区所在地区的相关行业的发展，如交通、餐饮、商业、住宿等，从而带动地方经济的发展。

① 蔡守秋. 环境法学教程. 北京：科学出版社，2003.324

(二)风景名胜区的保护

国际社会十分重视对风景名胜区的保护，1972年11月16日联合国教科文组织通过了《保护世界文化和自然遗产公约》，并依该公约规定成立了世界遗产文员会，设立了世界遗产基金，建立了《世界遗产目录》和《处于危险的世界遗产目录》。就我国来讲，我国地域辽阔，山河壮丽，风景名胜众多。1982年，国务院批准公布八达岭、十三陵、承德避暑山庄外八庙、秦皇岛北戴河、黄山、泰山、杭州、西湖、武汉东湖等44处风景名胜区为第一批国家重点风景名胜区；1988年，国务院批准公布野三坡、鸭绿江、松花湖、岳阳楼、昆明滇池、龙宫等40处为第二批国家重点风景名胜区；1994年，国务院批准公布盘山、莫干山、九宫山、韶山、隆中、赤水、九乡等35处为第三批国家重点风景名胜区。截至1995年年底，我国共设立风景名胜区512处，总面积960多万公顷，其中，泰山、黄山、武陵源、九寨沟、黄龙寺、洛阳龙门石窟等风景名胜区被联合国教科文组织列为世界自然与文化遗产。

我国的风景名胜区保护立法，始于20世纪70年代，至今已经形成一个较为完备的体系。1973年，国务院颁布了《关于保护和改善环境的若干决定》，第一次提出了风景游览区的保护问题。1985年国务院发布了《风景名胜区管理暂行条例》；1987年原城乡建设部发布了《风景名胜区管理暂行条例实施办法》；建设部于1993年发布了《风景名胜区建设管理规定》；2001年发布了《国家重点风景名胜区编制审批管理办法》；2002年发布了《关于立即制止在风景名胜区开展采石加强风景名胜区保护的通知》；2006年9月6日国务院第149次常务会议通过了《风景名胜区条例》，自2006年12月1日起施行。除此之外，《环境保护法》、《中华人民共和国城市规划法》、《矿产资源法》等法律中也有风景名胜区的规定。

二、风景名胜区保护法律制度

(一)风景名胜区管理体制

国家对风景名胜区实行科学规划、统一管理、严格保护、永续利用的原则。各级人民政府应加强对风景名胜区工作的领导，组织协调好有关部门的关系。国务院建设主管部门负责全国风景名胜区的监督管理工作。国务院其他有关部门按照国务院规定的职责分工，负责风景名胜区的有关监督管理工作。省、自治区、直辖市人民政府建设主管部门和直辖市人民政府风景名胜区主管部门，负责本行政区域内风景名胜区的监督管理工作。省、自治区、直辖市人民政府其他有关部门按照规定的职责分工，负责风景名胜区的有关监督管理工作。风景名胜区所在地县级以上地方人民政府设置的风景名胜区管理机构，负责风景名胜区的保护、利用和统一管理工作。

(二)风景名胜区的分级管理制度

风景名胜区按其景物的观赏、文化、科学价值和环境质量、规模大小、游览条件等，划分为两级：国家级风景名胜区和省级风景名胜区。

根据我国法律规定，自然景观和人文景观能够反映重要自然变化过程和重大历史文化发展过程，基本处于自然状态或者保持历史原貌，具有国家代表性的，可以申请设立国家级风景名胜区；具有区域代表性的，可以申请设立省级风景名胜区。设立国家级风景名胜区，由省、自治区、直辖市人民政府提出申请，国务院建设主管部门会同国务院环境保护主管部门、林业主管部门、文物主管部门等有关部门组织论证，提出审查意见，报国务院批准公布。设立省级风景名胜区，由县级人民政府提出申请，省、自治区人民政府建设主管部门或者直辖市人民政府风景名胜区主管部门，会同其他有关部门组织论证，提出审查意见，报省、自治区、直辖市人民政府批准公布。

（三）风景名胜区的设立

1. 设立原则

国家遵循有利于保护和合理利用风景名胜资源的原则设立风景名胜区。新设立的风景名胜区与自然保护区不得重合或者交叉；已设立的风景名胜区与自然保护区重合或者交叉的，风景名胜区规划与自然保护区规划应当相协调。

2. 设立程序

设立国家级风景名胜区，由省、自治区、直辖市人民政府提出申请，国务院建设主管部门会同国务院环境保护主管部门、林业主管部门、文物主管部门等有关部门组织论证，提出审查意见，报国务院批准公布。设立省级风景名胜区，由县级人民政府提出申请，省、自治区人民政府建设主管部门或者直辖市人民政府风景名胜区主管部门，会同其他有关部门组织论证，提出审查意见，报省、自治区、直辖市人民政府批准公布。

根据我国法律规定，申请设立风景名胜区应当提交下列材料：风景名胜资源的基本状况；拟设立风景名胜区的范围以及核心景区的范围；拟设立风景名胜区的性质和保护目标；拟设立风景名胜区的游览条件；与拟设立风景名胜区内的土地、森林等自然资源和房屋等财产的所有权人、使用权人协商的内容和结果。

3. 应注意的问题

风景名胜区内的土地、森林等自然资源和房屋等财产的所有权人、使用权人的合法权益受法律保护。

为防止侵犯风景名胜区内居民的权利，我国法律规定，申请设立风景名胜区的人民政府应当在报请审批前，与风景名胜区内的土地、森林等自然资源和房屋等财产的所有权人、使用权人充分协商。因设立风景名胜区对风景名胜区内的土地、森林等自然资源和房屋等财产的所有权人、使用权人造成损失的，应当依法给予补偿。

（四）风景名胜区规划制度

各级风景名胜区都应当制定风景名胜区规划，风景名胜区规划分为总体规划和详细规划。

1. 规划的原则与内容

风景名胜区总体规划的编制，应当体现人与自然和谐相处、区域协调发展和经济社会全面进步的要求，坚持保护优先、开发服从保护的原则，突出风景名胜资源的自然特性、文化内涵和地方特色。

风景名胜区总体规划应当包括下列内容：风景资源评价；生态资源保护措施、重大建设项目布局、开发利用强度；风景名胜区的功能结构和空间布局；禁止开发和限制开发的范围；风景名胜区的游客容量；有关专项规划。

风景名胜区详细规划应当根据核心景区和其他景区的不同要求编制，确定基础设施、旅游设施、文化设施等建设项目的选址、布局与规模，并明确建设用地范围和规划设计条件。风景名胜区详细规划，应当符合风景名胜区总体规划。

2. 规划的编制

风景名胜区应当自设立之日起两年内编制完成总体规划。总体规划的规划期一般为20年。国家级风景名胜区规划由省、自治区、直辖市人民政府建设主管部门或者直辖市人民政府风景名胜区主管部门组织编制。省级风景名胜区规划由县级人民政府组织编制。

编制风景名胜区规划应当采用招标等公平竞争的方式选择具有相应资质等级的单位承担。风景名胜区规划应当按照经审定的风景名胜区范围、性质和保护目标，依照国家有关法律、法规和技术规范编制。编制风景名胜区规划，应当广泛征求有关部门、公众和专家的意见；必要时，应当进行听证。风景名胜区规划报送审批的材料应当包括社会各界的意见以及意见采纳的情况和未予采纳的理由。

国家级风景名胜区的总体规划，由省、自治区、直辖市人民政府审查后，报国务院审批。国家级风景名胜区的详细规划，由省、自治区人民政府建设主管部门或者直辖市人民政府风景名胜区主管部门报国务院建设主管部门审批。省级风景名胜区的总体规划，由省、自治区、直辖市人民政府审批，报国务院建设主管部门备案。省级风景名胜区的详细规划，由省、自治区、直辖市人民政府建设主管部门或者直辖市人民政府风景名胜区主管部门审批。

风景名胜区规划经批准后，应当向社会公布，任何组织和个人有权查阅。风景名胜区内的单位和个人应当遵守经批准的风景名胜区规划，服从规划管理。风景名胜区规划未经批准的，不得在风景名胜区内进行各类建设活动。经批准的风景名胜区规划不得擅自修改。确需对风景名胜区总体规划中的风景名胜区范围、性质、保护目标、生态资源保护措施、重大建设项目布局、开发利用强度以及风景名胜区的功能结构、空间布局、游客容量进行修改的，应当报原审批机关批准；对其他内容进行修改的，应当报原审批机关备案。风景名胜区详细规划确需修改的，应当报原审批机关批准。政府或者政府有关部门修改风景名胜区规划对公民、法人或者其他组织造成财产损失的，应当依法给予补偿。

风景名胜区总体规划的规划期届满前两年，规划的组织编制机关应当组织专家对规划进行评估，作出是否重新编制规划的决定。在新规划批准前，原规划继续有效。

（五）风景名胜区资源保护制度

1. 一般规定

风景名胜区内的景观和自然环境，应当根据可持续发展的原则，严格保护，不得破坏或者随意改变。风景名胜区管理机构应当建立健全风景名胜资源保护的各项管理制度，应当对风景名胜区内的重要景观进行调查、鉴定，并制定相应的保护措施。风景名胜区内的居民和游览者应当保护风景名胜区的景物、水体、林草植被、野生动物和各项设施。

2. 禁止性规定

在风景名胜区内禁止进行下列行为：禁止从事开山、采石、开矿、开荒、修坟立碑等破坏景观、植被和地形地貌的活动；禁止修建储存爆炸性、易燃性、放射性、毒害性、腐蚀性物品的设施；禁止在景物或者设施上刻划、涂污；禁止乱扔垃圾；禁止违反风景名胜区规划，在风景名胜区内设立各类开发区和在核心景区内建设宾馆、招待所、培训中心、疗养院以及与风景名胜资源保护无关的其他建筑物；已经建设的，应当按照风景名胜区规划，逐步迁出。

3. 限制性规定

在风景名胜区内进行下列活动，应当经风景名胜区管理机构审核后，依照有关法律、法规的规定报有关主管部门批准：设置、张贴商业广告；举办大型游乐等活动；改变水资源、水环境自然状态的活动；其他影响生态和景观的活动。其中，在国家级风景名胜区内修建缆车、索道等重大建设工程，项目的选址方案应当报国务院建设主管部门核准。

4. 保护措施

风景名胜区内的建设项目应当符合风景名胜区规划，并与景观相协调，不得破坏景观、污染环境、妨碍游览。在风景名胜区内进行建设活动的，建设单位、施工单位应当制订污染防治和水土保持方案，并采取有效措施，保护好周围景物、水体、林草植被、野生动物资源和地形地貌。

国家建立风景名胜区管理信息系统，对风景名胜区规划实施和资源保护情况进行动态监测。国家级风景名胜区所在地的风景名胜区管理机构应当每年向国务院建设主管部门报送风景名胜区规划实施和土地、森林等自然资源保护的情况；国务院建设主管部门应当将土地、森林等自然资源保护的情况，及时抄送国务院有关部门。

（六）风景名胜区资源管理制度

为加强对风景名胜区资源的管理，我国法律规定风景名胜区管理机构负有下列职责：

（1）风景名胜区管理机构应当根据风景名胜区的特点，保护民族民间传统文化，开展健康有益的游览观光和文化娱乐活动，普及历史文化和科学知识。

（2）风景名胜区管理机构应当根据风景名胜区规划，合理利用风景名胜资源，改善交通、服务设施和游览条件。风景名胜区管理机构应当在风景名胜区内设置风景名胜区标志和路标、安全警示等标牌。

（3）风景名胜区管理机构应当建立健全安全保障制度，加强安全管理，保障游览安全，并督促风景名胜区内的经营单位接受有关部门依据法律、法规进行的监督检查。禁止超过允许容量接纳游客和在没有安全保障的区域开展游览活动。

（4）风景名胜区管理机构应当依照有关价格的法律、法规的规定确定门票价格并负责出售。风景名胜区管理机构应当依照有关法律、法规和风景名胜区规划，采用招标等公平竞争的方式确定风景名胜区内的交通、服务等项目的经营者。风景名胜区管理机构应当与经营者签订合同，依法确定各自的权利和义务。经营者应当缴纳风景名胜资源有偿使用费。

风景名胜区的门票收入和风景名胜资源有偿使用费，实行收支两条线管理。风景名胜区的门票收入和风景名胜资源有偿使用费应当专门用于风景名胜资源的保护和管理以及风景名胜区内财产的所有权人、使用权人损失的补偿。具体管理办法，由国务院财政部门、价格主管部门会同国务院建设主管部门等有关部门制定。

（5）风景名胜区管理机构不得从事以营利为目的的经营活动，不得将规划、管理和监督等行政管理职能委托给企业或者个人行使。风景名胜区管理机构的工作人员，不得在风景名胜区内的企业兼职。

国务院建设主管部门应当对国家级风景名胜区的规划实施情况、资源保护状况进行监督检查和评估。对发现的问题，应当及时纠正、处理。

此外，我国法律规定，风景名胜区内宗教活动场所的管理，依照国家有关宗教活动场所管理的规定执行。风景名胜区内涉及自然资源保护、利用、管理和文物保护以及自然保护区管理的，还应当执行国家有关法律、法规的规定。

第四节　国家公园保护法

国家公园是生态保护的重要手段，其兴起于美国，随后在世界范围得到发展并逐步走向成熟。我国在这方面起步较晚，但发展较迅速。

一、国家公园概述

（一）国家公园的概念

一般认为“国家公园”这一概念是由美国艺术家乔治·卡特林（Geoge Catlin）在《美国野牛和印第安人处于濒危状态》中首先提出的。这一概念被提出后引起了世界各国的重视，1969年，国际保护自然及自然资源联盟（IUCN）对国家公园的定义得到了全球学术组织的普遍认同。其将国家公园定义为：“国家公园是一片比较广大的土地：①它有一个或多个通常没有或极少受到人类开发利用影响的生态系统，这里的物种具有科学的、教育的或游憩的特定作用，或在这里存在着具有高度美学价值的自然景观；②国家最高管理机关采取措施，尽快制止或排除在该地区进行各种占用和开发活动，切实保护其生态、地貌或美学特征；③在特定条件下，经批准允许进行以游憩、教育、文化娱乐为目的的观赏活动。”由此我们可以将国家公园界定为：用以保护自然生态系统和自然景观的原始状态，同时又作为科学研究、科学普及以及供公众旅游娱乐和了解、观赏大自然奇特景观的场所。国家公园往往森林景观优美，自然景观和人文景物比较集中，且具有一定规模，它是对自然环境和自然资源进行法律保护的一种地域保护形式。其中自然景观一般包括具有观赏价值的自然资源，如山岳、河川、湖泊、森林、海滨、瀑布、石林、溶洞、花草等；地球历史变迁遗迹，如冰川、火山口、温泉、地质剖面、地下河流等；生物进化资源，如各种树木、植被、野生动物、濒危物种、已灭绝的生物化石等；野外娱乐资源，如滑冰、滑雪、狩猎、野营、登山、游泳等；人文景物，如文物古迹、革命历史纪念地、古文化遗址、古墓葬、古建筑、石窟寺、摩崖石刻等。

（二）历史发展

19 世纪中期，美国有一批自然爱护者极力要求政府保护美国的自然资源和文化遗产，在他们的倡导推动下，1872 年由美国政府（美国国会批准）出面建立了世界上第一个国家公园——黄石国家公园。从黄石国家公园诞生到现在的 100 多年以来，美国积累了管理国家公园的丰富经验，创立了完整的体制、法规和运行机制，迄今为止，有关国家公园方面的法律、法规已达 60 项之多，其中涉及国家公园管理局的联邦法律有 20 个，美国逐步形成了一整套源于这些法律、法规的国家公园管理政策和管理体制，在国际上具有代表性。加拿大、日本等国也紧随其后建立了国家公园，并形成了一整套管理体制。

我国现阶段还没有建立类似于国外的国家公园，只是根据我国国情，建立了国家公园的一种类型——森林公园。[①] 林业部于 1980 年发出了《关于风景名胜地区国营林场保护山林和开发旅游事业的通知》，依据该通知，我国开始组建国家森林公园。1982 年，我国建立了第一个国家森林公园——张家界国家森林公园，我国现已有各类森林公园 800 多处，其中国家森林公园 200 多处。但是，我国兴建的国家森林公园又与世界上定义的森林公园有所不同，具体表现在：①世界上的其他国家公园一般是占地较大的一片土地，而我国的森林公园一般面积较小。1972 年召开的国家公园第二次国际会议上要求："在国家公园名录中所列的国家公园面积不少于 1 000 公顷。"我国的森林公园鲜有符合这项要求的。②世界上的其他国家公园绝大多数是自然状态，很少有古迹遗址，而我国森林公园是兼容了自然景观与人文景观的场所，其大多既有优美的森林环境、较多的自然景观，又有历史悠久的文物古迹。③世界上的其他国家公园除园区外围地带允许开发外，一般是禁止开发建设的，而我国森林公园在不破坏自然环境与周围景观和环境相协调的前提下，可进行适度的开发建设，适当考虑经济效益，如我国森林公园往往鼓励旅游开发。④ 我国的森林公园属于国家公园的一种类型，其大多数资源仅限于森林，只有少数森林公园包括水库、海滨、沙漠等自然景观。

① 国家公园包括森林公园、自然公园、国家历史公园、国家海岸公园和国家湖岸公园等。

二、保护森林公园的法律规定

我国自林业部1980年发出了《关于风景名胜地区国营林场保护山林和开发旅游事业的通知》以来，通过了一系列关于保护森林公园的法律规定，如林业部于1994年年初颁发了《森林公园管理办法》，又于1997年发布了创建“文明森林公园”活动的通知，2005年6月16日国家林业局又发布了《国家级森林公园设立、撤销、合并、改变经营范围或者变更隶属关系审批管理办法》，对森林公园的保护和建设等有关问题都作了具体的规定。此外，山西、湖南、贵州、福建和广州等省市也制定了相应的森林公园管理办法或条例，加上《森林法》、《环境保护法》、《野生动物保护法》、《中华人民共和国房地产法》等相关法律和《中国森林公园风景资源质量等级评定（国家标准)》、《森林公园总体设计规范》等相关法规的实施，这在一定程度上保证了我国森林公园的健康发展。

（一）森林公园的管理体制

国家林业局主管全国森林公园工作。县级以上地方人民政府林业主管部门主管本行政区域内的森林公园工作。在国有林业局、国有林场、国有苗圃、集体林场等单位经营范围内建立森林公园的，应当依法设立经营管理机构；但在国有林场、国有苗圃经营范围内建立森林公园的，国有林场、国有苗圃经营管理机构也是森林公园的经营管理机构，仍属事业单位。森林公园经营管理机构负责森林公园的规划、建设、经营和管理。森林公园经营管理机构对依法确定其管理的森林、林木、林地、野生动植物、水域、景点景物、各类设施等，享有经营管理权，其合法权益受法律保护，任何单位和个人不得侵犯。

（二）森林公园的分级

为了明确森林公园的重要程度和影响大小，以便对不同级别的森林公园采取有针对性的政策和措施，进行规划、建设、保护和经营管理，依据森林公园的自然条件可以将其分为以下三级：

（1）国家级森林公园。森林景观特别优美，人文景物比较集中，观赏、科学、文化价值高，地理位置特殊，具有一定的区域代表性，旅游服务设施齐全，有较高的知名度。

（2）省级森林公园。森林景观优美，人文景物相对集中，观赏、科学、文化价值较高，在本行政区域内具有代表性，具备必要的旅游服务设施，有一定的知名度。

（3）市、县级森林公园。森林景观有特色，景点景物有一定的观赏、科学、文化价值，在当地知名度较高。

(三) 森林公园的建立、撤销、合并与变更

1. 森林公园的建立

森林、林木、林地的所有者和使用者，可以申请设立国家级森林公园。建立国家级森林公园由国家林业局审批。设立国家级森林公园，应当具备以下条件：森林风景资源质量等级达到《中国森林公园风景资源质量等级评定》（GB/T18005—1999）一级标准；拟建的森林公园质量等级评定分值 40 分以上；符合国家森林公园建设发展规划；森林风景资源权属清楚，无权属争议；经营管理机构健全，职责和制度明确，具备相应的技术和管理人员。申请设立国家级森林公园的，应当提交以下材料：申请文件；符合规定的可行性研究报告；森林、林木和林地的权属证明材料；森林风景资源的景观照片、光盘等影像资料；经营管理机构职责、制度和技术、管理人员配置等情况的说明材料；所在地省、自治区、直辖市林业主管部门的书面意见。

建立省级森林公园和市、县级森林公园，由相应的省级或者市、县级林业主管部门审批。经批准成立省级森林公园和市、县级森林公园，由省级林业主管部门将有关材料报国家林业局备案。

2. 森林公园的撤销、合并与变更

森林公园的撤销、合并或者变更经营范围，必须经原审批单位批准。下面就国家级森林公园的撤销与合并等情况逐一论述。

（1）森林公园的撤销。依照 2005 年 6 月 16 日国家林业局发布的《国家级森林公园设立、撤销、合并、改变经营范围或者变更隶属关系审批管理办法》的规定，有下列情况之一的，可以申请撤销国家级森林公园：主要景区的林地依法变更为非林地的；经营管理者发生变更或者改变经营方向的；因不可抗力等原因，无法继续履行保护利用森林风景资源义务或者提供森林旅游服务的。其第六条规定："申请撤销国家级森林公园的，应当提交以下材料：（一）申请文件；（二）说明理由的书面材料；（三）所在地省、自治区、直辖市林业主管部门的书面意见。"

（2）森林公园的合并。国家级森林公园申请合并或者改变经营范围的，应当具备以下条件：符合国家森林公园建设发展规划；符合国家级森林公园的森林风景资源质量等级标准。申请合并或者改变国家级森林公园经营范围的，应当提交以下材料：申请文件；说明理由的书面材料；合并的，提交合并后经营管理机构职责、制度和技术、管理人员配置等情况的说明材料；扩大经营范围的，提交拟新增范围内的森林风景资源调查报告和景观照片、光盘等影像资料；缩小经营范围的，提交拟减少面积的位置图；所在地省、自治区、直辖市林业主管部门的书面意见。

（3）森林公园的变更。申请变更国家级森林公园隶属关系的，应当具备以下条件：符合国家林业发展总体规划；不影响森林风景资源的保护。申请变更国家级森林公园隶属关系的，应当提交以下材料：申请文件；说明理由的书面材料；所在地省、自治区、直辖市林业主管部门的书面意见。

国家林业局应当在收到国家级森林公园设立、撤销、合并、改变经营范围或者变更隶属关系审批的申请后，对申请材料齐全、符合法定形式的，即时出具《国家林业局行

政许可受理通知书》；对不予受理的，应当即时告知申请人并说明理由，出具《国家林业局行政许可不予受理通知书》；对申请材料不齐或者不符合法定形式的，应当在5日内出具《国家林业局行政许可补正材料通知书》，并一次性告知申请人需要补正的全部内容。

（四）森林公园的规划和建设

国家级森林公园的总体规划设计，由森林公园经营管理机构组织具有规划设计资格的单位负责编制，报省级林业主管部门审批，并报国家林业局备案。修改总体规划设计必须经原审批单位批准。在国家级森林公园经营管理范围内，不得再建立自然保护区、风景名胜区、地质公园等。确有必要的，必须经国家林业局批准后方可建立。

森林公园的开发建设，可以由森林公园经营管理机构单独进行；由森林公园经营管理机构同其他单位或个人以合资、合作等方式联合进行的，不得改变森林公园经营管理机构的隶属关系。森林公园的设施和景点建设，必须按照总体规划设计进行。在珍贵景物、重要景点和核心景区，除必要的保护和附属设施外，不得建设宾馆、招待所、疗养院和其他工程设施。

（五）森林公园的保护

（1）禁止森林公园毁林开垦和毁林采石、采砂、采土以及其他毁林行为。采伐森林公园的林木，必须遵守有关林业法规、经营方案和技术规程的规定。

（2）占用、征用或者转让森林公园经营范围内的林地，必须征得森林公园经营管理机构同意，并按《森林法》及其实施细则等有关规定，办理占用、征用或者转让手续，按法律审批权限报人民政府批准，缴纳有关费用。依前面的规定占用、征用或者转让国有林地的，必须经省级林业主管部门审核同意。

（3）森林公园经营管理机构应当按照林业法的规定，做好植树造林、森林防火、森林病虫害防治、林木林地和野生动植物资源保护工作。

（六）森林公园的管理

（1）森林公园经营管理机构经有关部门批准可以收取门票及有关费用。要在森林公园设立商业网点，必须经森林公园经营管理机构同意，并按国家有关部门的规定向森林公园经营管理机构缴纳有关费用。

（2）森林公园经营范围内的单位、居民和进入森林公园内的游人，应当保护森林公园的各项设施，遵守有关管理制度。

（3）森林公园经营管理机构应当按规定设置防火、卫生、环保、安全等设施和标志，维护旅游秩序。

（4）森林公园的治安管理工作，由所在地林业公安机构负责。

第五节　文物古迹保护法

一、概念界定

一般来说，“文物”和“古迹”统称为“文物”。全面界定文物这一概念的内涵和外延是保护文物的关键。什么是“文物”？理论界对此有不同的说法。文物，旧为礼乐、典章制度的统称。《左传·桓公二年》记载：“夫德，俭而有度，登降有数，文物以纪之，声明以发之；以临百官，百官于是乎戒惧而不敢易纪律。”中国社会科学院语言研究所编辑的《现代汉语词典》中，对文物的解释是：“历史遗留下来的在文化发展史上有价值的东西，如建筑、碑刻、工具、武器、生活器皿和各种艺术品。”《辞海》中对文物的解释是：“遗存在社会上或埋藏在地下的历史文化遗物，一般包括：①与重大历史事件、革命运动和重要人物有关的、具有纪念意义和历史价值的建筑物、遗址、纪念物等；②具有历史、艺术、科学价值的古文化遗址、古墓群、古建筑、石窟寺、石刻等；③各时代有价值的艺术品、工艺美术品；④革命文献资料以及具有历史、艺术和科学价值的古旧图书资料；⑤反映各时代社会制度、社会生产、社会生活的代表性实物。

迄今为止，我国相关法律只是列举了文物的范围，并没有对其进行概念界定，如2002年10月28日，第九届全国人民代表大会常务委员会第三十次会议通过的新的《中华人民共和国文物保护法》第二条对保护文物的范围作了明确规定，在中华人民共和国境内，下列文物受国家保护：具有历史、艺术、科学价值的古文化遗址、古墓葬、古建筑、石窟寺和石刻、壁画；与重大历史事件、革命运动或者著名人物有关的以及具有重要纪念意义、教育意义或者史料价值的近代现代重要史迹、实物、代表性建筑；历史上各时代珍贵的艺术品、工艺美术品；历史上各时代重要的文献资料以及具有历史、艺术、科学价值的手稿和图书资料等；反映历史上各时代、各民族社会制度、社会生产、社会生活的代表性实物。文物认定的标准和办法由国务院文物行政部门制定，并报国务院批准。同时还规定，具有科学价值的古脊椎动物化石和古人类化石同文物一样受到国家保护。有些地方性的行政规章也没有规定文物的概念而是以文物的年代来确定其范围，如《上海市文物市场管理办法》的第三条规定，本办法所称的文物是指：①1911年以前中国或外国制作、生产、出版的陶瓷器，金银器、铜器和其他金属器，玉石器，漆器，玻璃器皿，各种质料的雕刻品和雕塑品，家具，书画，碑帖，拓片，图书，文献资料，织绣，文化用品，邮票，货币，器具，工艺美术品等；②1911年至1949年期间中国或外国制作、生产、出版的前项所列物品中经国家文物局或市文物行政管理部门确定具有重要历史、科学、艺术价值的物品；③国家文物局确定的1949年以后已故的著名书画家的作品。这些列举式排列是必要的，但不管是哪种方式都只是对文物概念外延的列举而文物的内涵并没有在法律中加以明确。多年来，由于文物这一概念未加以明确，一些人随意曲解，夸大解释，造成了文物的收藏、流通领域内诸多的混乱，对文物的保护十分不利。因此，我们有必要从法律的角度对文物的概念予以界定。

在探讨文物的概念的时候，我们可以把这一概念同文化资源结合起来。程恩富在《文化经济学通论》一书中提出了文化资源的概念，认为“文化资源就是人们从事文化生产或文化活动所利用或可资利用的各种资源”、“文化资源不仅是指物质财富资源，同时也是精神财富资源。”①可见，从经济学的角度来看，文物是一种文化资源，是人们从事文化生产或文化活动所利用或可以利用的资源。这种资源并不是指文物本身，而是指附着在文物之上的历史文化信息，这种信息自文物产生之时即已存在。文物资源是一种特殊的资源，需要发掘和开发。由此，我们可以将文物界定为：人类社会的发展过程中所遗留下的，并能反映人类社会的文明进程的，具有历史性、稀缺性、资源性等特性的文化遗物。

二、文物古迹的保护

文物古迹是人类历史发展的见证，对其进行保护，不仅有利于开展科学、文化、历史、艺术研究，陶冶人们的精神品质，丰富人们的精神文化生活，而且有利于发展旅游业，增强对外交流，扩大国家的国际影响。因此，世界上大多数国家对文物古迹的保护都相当重视。1970 年国际社会在巴黎签订了《关于禁止和防止非法进出口文化财产和非法转让其所有权的方法的公约》，该公约于 1990 年 1 月 25 日对我国生效。1972 年 11 月 23 日国际社会在巴黎签订了《保护世界文化和自然遗产公约》，该公约于 1986 年 3 月 12 日对我国生效。此外还有《国际统一私法协会关于被盗和非法出口文物的公约》和《武装冲突情况下保护文化财产公约》等，这都证明了文化遗产在国际社会中的特殊地位。

我国是世界四大文明古国之一。在漫长的历史岁月中，我们的祖先用勤劳和智慧创造了辉煌灿烂的中华文明，给子孙后代留下了丰富的文化遗产。截至 2004 年，我国已知的地上、地下不可移动文物约为 40 余万处。长城、故宫等 28 处文物古迹和自然遗产还被联合国列为世界遗产，这一数字现居世界前列；由政府确定的“全国重点文物保护单位”总数达 1 269 处；全国现有各类博物馆达 2 000 余座，收藏着约 1 200 万件文物，每年推出陈列展览 8 000 多件，接待国内外观众 1.5 亿人次。我国对文物保护高度重视，颁行了大量的文物保护法规，初步形成了一个保护文物古迹的法规体系，如全国人民代表大会 1982 年公布施行、2004 年修正的《宪法》第二十二条规定：“国家保护名胜古迹、珍贵文物和其他重要历史文化遗产。”这是我国一切文物古迹保护和立法活动的宪法依据。2002 年 10 月 28 日第九届全国人民代表大会常务委员会第三十次会议通过的《中华人民共和国文物保护法》是我国文物保护领域的基本法律。除此以外，《矿产资源法》、《海关法》、《环境保护法》、《中华人民共和国军事设施保护法》以及《刑

① 程恩富. 文化经济学通论. 上海：上海财经大学出版社，1999.37

法》等重要法律都设条文对各自领域内有关文物古迹保护的活动作了规范。国务院也出台了大量的行政法规对文物古迹进行保护，如《风景名胜区管理暂行条例》、《国务院关于进一步加强文物工作的通知》、《中华人民共和国水下文物保护管理条例》、《中华人民共和国考古涉外工作管理办法》、《中华人民共和国文物保护法实施细则》、《中华人民共和国文物保护法实施条例》、《国务院关于加强和改善文物工作的通知》、《国务院办公厅关于西部大开发中加强文物保护和管理工作的通知》等。全国各省、自治区、直辖市根据《文物保护法》，都已制定并颁布了相应的地方法规。

三、文物古迹保护的法律制度

（一）文物保护工作的方针

根据我国《文物保护法》第四条的规定："文物工作贯彻保护为主、抢救第一、合理利用、加强管理的方针。"各级人民政府应当重视文物保护，正确处理经济建设、社会发展与文物保护的关系，确保文物安全。基本建设、旅游开发必须遵守文物保护工作的方针，其活动不得对文物造成损害。

（二）文物的分级与分类制度

古文化遗址、古墓葬、古建筑、石窟寺、石刻、壁画、近代现代重要史迹和代表性建筑等不可移动文物，根据它们的历史、艺术、科学价值，可以分别确定为全国重点文物保护单位，省级文物保护单位，市、县级文物保护单位。

历史上各时代重要实物、艺术品、文献、手稿、图书资料、代表性实物等可移动文物，分为珍贵文物和一般文物；珍贵文物分为一级文物、二级文物、三级文物。

（三）文物的权属

1. 国家所有的文物

中华人民共和国境内地下、内水和领海中遗存的一切文物，属于国家所有。古文化遗址、古墓葬、石窟寺属于国家所有。国家指定保护的纪念建筑物、古建筑、石刻、壁画、近现代代表性建筑等不可移动文物，除国家另有规定的以外，属于国家所有。国有不可移动文物的所有权不因其所依附的土地所有权或者使用权的改变而改变。属于国家所有的可移动文物的所有权不因其保管、收藏单位的终止或者变更而改变。

根据我国法律规定，属于国家所有的文物包括：我国境内出土的文物，国家另有规定的除外；国有文物收藏单位以及其他国家机关、部队和国有企业事业组织等收藏、保管的文物；国家征集、购买的文物；公民、法人和其他组织捐赠给国家的文物；法律规定属于国家所有的其他文物。

2. 集体与私人所有的文物

属于集体所有和私人所有的纪念建筑物、古建筑和祖传文物以及依法取得的其他文物，其所有权受法律保护。文物的所有者必须遵守国家有关文物保护的法律、法规的规定。

（四）文物保护的管理体制

国务院文物行政部门主管全国文物保护工作。地方各级人民政府负责本行政区域内的文物保护工作。县级以上地方人民政府承担文物保护工作的部门对本行政区域内的文物保护实施监督管理。县级以上人民政府有关行政部门在各自的职责范围内，负责有关的文物保护工作。公安机关、工商行政管理部门、海关、城乡建设规划部门和其他有关国家机关，应当依法认真履行所承担的保护文物的职责，维护文物管理秩序。

（五）文物保护单位及城市、街区的确定

1. 文物保护单位的确定

古文化遗址、古墓葬、古建筑、石窟寺、石刻、壁画、近现代重要史迹和代表性建筑等不可移动文物，根据它们的历史、艺术、科学价值，可以分别确定为全国重点文物保护单位，省级文物保护单位，市、县级文物保护单位。国务院文物行政部门在省级、市、县级文物保护单位中，选择具有重大历史、艺术、科学价值的确定为全国重点文物保护单位，或者直接确定为全国重点文物保护单位，报国务院核定公布。省级文物保护单位，由省、自治区、直辖市人民政府核定公布，并报国务院备案。市级和县级文物保护单位，分别由设区的市、自治州和县级人民政府核定公布，并报省、自治区、直辖市人民政府备案。

2. 历史文化名城、街区、村镇的确定

保存文物特别丰富并且具有重大历史价值或者革命纪念意义的城市，由国务院核定公布为历史文化名城。保存文物特别丰富并且具有重大历史价值或者革命纪念意义的城镇、街道、村庄，由省、自治区、直辖市人民政府核定公布为历史文化街区、村镇，并报国务院备案。历史文化名城和历史文化街区、村镇所在地的县级以上地方人民政府应当组织编制专门的历史文化名城和历史文化街区、村镇保护规划，并纳入城市总体规划。历史文化名城和历史文化街区、村镇的保护办法，由国务院制定。

（六）对文物保护单位的特别保护制度

1. 文物保护单位保护范围的确定

各级文物保护单位，分别由省、自治区、直辖市人民政府和市、县级人民政府划定必要的保护范围，作出标志说明，建立记录档案，并区别情况分别设置专门机构或者专人负责管理。全国重点文物保护单位的保护范围和记录档案，由省、自治区、直辖市人民政府文物行政部门报国务院文物行政部门备案。

县级以上地方人民政府文物行政部门应当根据不同文物的保护需要，制定文物保护单位和未核定为文物保护单位的不可移动文物的具体保护措施，并公告施行。

2. 文物保护范围内的相关建设制度

各级人民政府制定城乡建设规划，应当根据文物保护的需要，事先由城乡建设规划部门会同文物行政部门商定对本行政区域内各级文物保护单位的保护措施，并纳入规划。

（1）文物保护范围内的建设特许制度。文物保护单位的保护范围内不得进行其他建

设工程或者爆破、钻探、挖掘等作业。但是，因特殊情况需要在文物保护单位的保护范围内进行其他建设工程或者爆破、钻探、挖掘等作业的，必须保证文物保护单位的安全，并经核定公布该文物保护单位的人民政府批准，在批准前应当征得上一级人民政府文物行政部门同意；在全国重点文物保护单位的保护范围内进行其他建设工程或者爆破、钻探、挖掘等作业的，必须经省、自治区、直辖市人民政府批准，在批准前应当征得国务院文物行政部门同意。

（2）建设控制地带的划定及保护。根据保护文物的实际需要，经省、自治区、直辖市人民政府批准，可以在文物保护单位的周围划出一定的建设控制地带，并予以公布。在文物保护单位的建设控制地带内进行建设工程，不得破坏文物保护单位的历史风貌。工程设计方案应当根据文物保护单位的级别，经相应的文物行政部门同意后，报城乡建设规划部门批准。在文物保护单位的保护范围和建设控制地带内，不得建设污染文物保护单位及其环境的设施，不得进行可能影响文物保护单位安全及其环境的活动。对已有的污染文物保护单位及其环境的设施，应当限期治理。

（3）文物的原址保护制度。建设工程选址，应当尽可能避开不可移动文物；因特殊情况不能避开的，对文物保护单位应当尽可能实施原址保护。实施原址保护的，建设单位应当事先确定保护措施，根据文物保护单位的级别报相应的文物行政部门批准，并将保护措施列入可行性研究报告或者设计任务书。无法实施原址保护，必须迁移异地保护或者拆除的，应当报省、自治区、直辖市人民政府批准；迁移或者拆除省级文物保护单位的，批准前须征得国务院文物行政部门同意。全国重点文物保护单位不得拆除；需要迁移的，须由省、自治区、直辖市人民政府报国务院批准。依法拆除的国有不可移动文物中具有收藏价值的壁画、雕塑、建筑构件等，由文物行政部门指定的文物收藏单位收藏。原址保护、迁移、拆除所需费用，由建设单位列入建设工程预算。

（4）文物的修缮、保养。对不可移动文物进行修缮、保养、迁移，必须遵守不改变文物原状的原则。国有不可移动文物由使用人负责修缮、保养；非国有不可移动文物由所有人负责修缮、保养。非国有不可移动文物有损毁危险，所有人不具备修缮能力的，当地人民政府应当给予帮助；所有人具备修缮能力而拒不依法履行修缮义务的，县级以上人民政府可以给予抢救修缮，所需费用由所有人负担。对文物保护单位进行修缮，应当根据文物保护单位的级别报相应的文物行政部门批准；对未核定为文物保护单位的不可移动文物进行修缮，应当报登记的县级人民政府文物行政部门批准。文物保护单位的修缮、迁移、重建，由取得文物保护工程资质证书的单位承担。

（5）文物的遗址保护。不可移动文物已经全部毁坏的，应当实施遗址保护，不得在原址重建。但是，因特殊情况需要在原址重建的，由省、自治区、直辖市人民政府文物行政部门征得国务院文物行政部门同意后，报省、自治区、直辖市人民政府批准；全国重点文物保护单位需要在原址重建的，由省、自治区、直辖市人民政府报国务院批准。

（6）文物保护单位的用途改变。核定为文物保护单位的属于国家所有的纪念建筑物或者古建筑，除可以建立博物馆、保管所或者辟为参观游览场所外，如果必须作其他用途的，应当经核定公布该文物保护单位的人民政府文物行政部门征得上一级文物行政部门同意后，报核定公布该文物保护单位的人民政府批准；全国重点文物保护单位作其他用途的，应当由省、自治区、直辖市人民政府报国务院批准。国有未核定为文物保护单位的不可移动文物作其他用途的，应当报告县级人民政府文物行政部门。

（七）文物的权属变动及使用制度

1. 国有文物

国有不可移动文物不得转让、抵押。建立博物馆、保管所或者辟为参观游览场所的国有文物保护单位，不得作为企业资产经营。

2. 非国有文物

非国有不可移动文物不得转让、抵押给外国人。非国有不可移动文物转让、抵押或者改变用途的，应当根据其级别报相应的文物行政部门备案；由当地人民政府出资帮助修缮的，应当报相应的文物行政部门批准。

3. 文物的使用

使用不可移动文物，必须遵守不改变文物原状的原则，负责保护建筑物及其附属文物的安全，不得损毁、改建、添建或者拆除不可移动文物。对危害文物保护单位安全、破坏文物保护单位历史风貌的建筑物、构筑物，当地人民政府应当及时调查处理，必要时，对该建筑物、构筑物予以拆迁。

【案例分析】

【案情】四川卧龙自然保护区位于汶川县境内，包括卧龙、耿达两个乡，是省政府直辖的一个特区。该区东西长 52 公里，南北宽 62 公里，总面积约 70 万公顷。卧龙保护区处于邛崃山脉东麓，青藏高原向四川盆地过渡地带的高山峡谷区，5 000 米以上的高山就有 101 座，最高峰四姑娘山海拔 6 250 米。沟内最低海拔 1 150 米，相对高差 5 100 米。这里峰峦重叠、云雾缭绕，原始森林、次生灌木林、箭竹林郁郁葱葱。保护区内有各种植物三四千种，有四川红杉、金钱槭等珍贵植物；有各种兽类 50 多种，鸟类 300 多种，属国家保护的珍贵动物就达 29 种。卧龙是动物“活化石”大熊猫生存和繁衍后代理想的地区。这里地势较高而湿润，十分适宜大熊猫的主要食物——箭竹和桦橘竹的生长。卧龙自然保护区已列为联合国国际生物圈保护区，设有大熊猫研究中心和大熊猫野外生态观察站。

【问题】结合所学，谈谈建设自然保护区的意义。

【解析】自然保护区的主要作用是促进人与自然的和谐，重在保护自然环境和生物多样性，维持生物遗传资源、生态系统服务功能和自然景观资源的可持续利用，它保留了生态系统的天然“本底”，为各种珍稀濒危的野生动植物提供生存、繁衍的良好环境，对维持生态平衡、促进人与自然的和谐相处起了非常重要的作用。

参考文献

1. 蔡守秋. 环境资源法学. 北京：人民法院出版社，中国人民公安大学出版社，2003
2. 周柯. 环境法学. 北京大学出版社，2005
3. 汪劲. 环境法学. 北京：北京大学出版社，2006
4. 张梓太. 环境与资源保护法. 北京：北京大学出版社，2007
5. 吕忠梅. 环境法学. 北京：清华大学出版社，2006
6. 陶信平. 环境资源法学. 西安：西安交通大学出版社，2003
7. 史学瀛. 环境法学. 北京：中国政法大学出版社，2006
8. 陈慈阳. 环境法总论. 北京：中国政法大学出版社，2003
9. 韩德培，陈汉光. 环境保护法教程. 北京：法律出版社，2007
10. 齐树洁，林建文. 环境纠纷解决机制研究. 厦门：厦门大学出版社，2005
11. 金瑞林. 环境与资源保护法学. 北京：北京大学出版社，2006
12. 邹雄. 环境侵权救济研究. 北京：中国环境科学出版社，2004
13. 黄霞，常纪文. 环境法学. 北京：机械工业出版社，2002
14. 徐祥民. 环境法学. 北京：北京大学出版社，2005
15. 朴光洙，刘定慧，马品懿. 环境法与环境执法. 北京：中国环境科学出版社，2002
16. 程恩富. 文化经济学通论. 上海：上海财经大学出版社，1999
17. 王树义. 可持续发展与中国环境法治. 北京：科学出版社，2007
18. 王灿发. 环境法学教程. 北京：中国政法大学出版社，1997
19. 韩广，杨兴，陈维春. 中国环境保护的基本法律制度研究. 北京：中国法制出版社，2007
20. 黄美元，徐华英，五庚辰. 大气环境学. 北京：气象出版社，2005
21. 羌宁. 城市空气质量管理与控制. 北京：科学出版社，2003
22. 蒋文举. 大气污染控制工程. 北京：高等教育出版社，2006
23. 周怀东，彭文启. 水污染与水环境修复. 北京：化学工业出版社，2005
24. 孙佑海. 中华人民共和国水污染防治法解读. 北京：中国法制出版社，2008
25. [美] 保甸·R. 伯特尼，罗伯特·N. 史蒂文斯. 环境保护的公共政策. 上海：上海三联书店，上海人民出版社，2004
26. 常纪文. 环境法原论. 北京：人民出版社，2003
27. 左玉辉. 环境学. 北京：高等教育出版社，2002
28. [美] 库巴塞克，西尔夫曼. 环境法. 北京：清华出版社，2003